高职会计专业项目化课程改革系列教材

总主编　陈　丽

财务管理实务与实训

主编　万顾钧　袁东霞

副主编　杨淑慧　徐烨　董胜囡

立信会计出版社
LIXIN ACCOUNTING PUBLISHING HOUSE

图书在版编目(CIP)数据

财务管理实务与实训 / 万顾钧,袁东霞主编. —上海:立信会计出版社,2018.11(2023.1 重印)

高职会计专业项目化课程改革系列教材

ISBN 978 - 7 - 5429 - 6004 - 7

Ⅰ.①财… Ⅱ.①万… ②袁… Ⅲ.①财务管理—高等职业教育—教材 Ⅳ.①F275

中国版本图书馆 CIP 数据核字(2018)第 265481 号

策划编辑　　　余　榕
责任编辑　　　余　榕

财务管理实务与实训

CAIWU GUANLI SHIWU YU SHIXUN

出版发行	立信会计出版社		
地　　址	上海市中山西路 2230 号	邮政编码	200235
电　　话	(021)64411389	传　　真	(021)64411325
网　　址	www.lixinaph.com	电子邮箱	lixinaph2019@126.com
网上书店	http://lixin.jd.com		http://lxkjcbs.tmall.com
经　　销	各地新华书店		
印　　刷	江苏凤凰数码印务有限公司		
开　　本	787 毫米×1092 毫米	1/16	
印　　张	22.5		
字　　数	553 千字		
版　　次	2018 年 11 月第 1 版		
印　　次	2023 年 1 月第 3 次		
书　　号	ISBN 978 - 7 - 5429 - 6004 - 7/F		
定　　价	48.00 元		

如有印订差错,请与本社联系调换

高职会计专业项目化课程改革系列教材
编 委 会

主 任 陈 丽

编 委 杨智慧　万顾钧　王雪梅

郭红梅　王亚静　杨淑慧

孙志海　朱海燕　孙 静

孙玉红　徐 烨　孙中平

袁东霞　邱明明　徐淑莲

陈奭艳　潘 罡

2014 年 5 月,国务院颁布《关于加快发展现代职业教育的决定》,要求高职院校要密切产学研合作,培养服务区域发展的技术技能人才。因此,高职会计专业应当以培养高端技术技能型人才为目标。这就要求会计专业教学在兼顾会计基本原理的基础上,注重学生会计实务操作能力的培养,同时加强学生会计基本技能的训练。教材在会计教学中起着至关重要的作用,优秀实用的教材不仅能够帮助教师进行课程教学设计和实施,而且能够指导学生课前预习、课中自学和课后训练,最终实现上述教学目标。基于此,我们组织行业企业专家及专业骨干教师编写了本系列教材。

本系列教材以"能力导向、项目(任务)载体、素养贯穿、课证结合"作为整体设计理念并确定基本框架和结构,是进行项目导向、任务驱动等"教学做"一体的教学模式改革的阶段性成果,也是校企深度合作的成果体现。本系列教材具有以下特色:

一是在内容设计上,突出了学生实务操作能力的培养,同时兼顾学生考证的需要。从内容上看,本系列教材提供了大量企业经营中涉及的原始凭证,帮助学生在进入工作岗位时能直接根据原始凭证识别经济业务,避免了教学中过多使用文字叙述经济业务的弊端;明确区分了会计的日常业务和期末业务内容,使学生对会计工作的日常处理和期末处理能够有较为完整的理解;通过内容对接和习题训练,将课程教学与学生会计从业资格考试和会计专业技术资格考试密切结合。

二是在结构设计上,将学生职业素养的培养贯穿始终。从结构上看,本系列教材根据会计岗位任职要求设计了若干项目和任务,每个任

务以"任务布置"作为引导,后面进一步为学生完成任务提供"知识链接"。值得一提的是,本系列教材在每个任务下为每个教学单元设计了子任务。课前,学生通过自学知识链接分组完成每个单元的子任务;课上,学生展示任务成果并与教师和其他同学讨论,再由教师进行点评和知识要点总结;课后,学生通过完成教材提供的对应实训项目进一步巩固知识和能力。总之,上述设计方便教师采用"教学做"的教学模式开展教学,使学生在训练会计实务操作能力的同时提升计算机办公软件应用能力、团队协作能力、交流能力、表达能力等职业素养。

本系列教材作为校本教材,已在山东外贸职业学院会计专业和会计电算化专业 2011 级、2012 级和 2013 级学生中使用。本系列教材在使用过程中不断征询学生、相关授课老师和校外行业企业专家的意见和建议,每次课程结束时都对学生进行问卷调查,并根据他们提出的意见和建议进行了多次修改。

本系列教材理论与实务相结合,习题、实训及其答案、ppt 课件一应俱全,能够充分满足高职学生提升操作能力和学习知识的需要。因此,授课教师普遍反映本系列教材是课程教学的好帮手;学生也喜欢使用本系列教材上课,可以大幅度提高学习效率和效果,毕业后也能迅速适应会计岗位工作。

本系列教材的出版得到了立信会计出版社的大力支持,特别是有余榕编辑的大力协助才促使本系列教材得以顺利出版,在此致以衷心的谢意。

本系列教材所做的探索是初步的,由于编者水平有限,教材中难免有考虑不周甚至错误之处,敬请读者批评指正。

编委会

2018 年 11 月

  "财务管理"课程是一门理论知识与实践技能相结合、课程内容与工作过程相结合的系统化课程。本教材是根据高职高专应用型、操作型人才培养目标,结合本领域教学改革的要求编写而成的。本教材广泛吸取了近年来财务管理教学经验和教学改革的最新成果,从结构到内容,力求有所突破、有所创新。

  本教材采用项目教学法进行教材编写设计,即围绕财务管理的工作过程进行项目设计,把财务管理理论知识与实践技能融合到实际项目工作任务之中,对每个财务管理基本理论知识点,先是进行具体的情境描述与任务布置导入,再用通俗的语言阐释具体的理论知识。这样方便学生在完成项目任务的目标驱动下,自主学习其基本理论知识点,形成以学生为主体、任务驱动式的"教学做"一体的教材结构体系。同时,本教材将真实企业的经营活动融入"教学做"各环节,教材的设计是以山东美晨生态环境股份有限公司(2017 年 12 月 1 日前名为"山东美晨科技股份有限公司")为主的一个个企业真实项目作为具体的情境教学项目,导出相应的实际理财问题后,再用通俗的语言将理论问题阐释清楚,从而使"教、学、做"各环节都融入真实企业的经营活动中。

  本教材融入了 Excel 财务管理技能。实践中的烦琐而复杂的财务管理工作,大部分可以通过 Excel 工具建立模型并迅速解决,但目前市面上所有的《财务管理》教材,都没有纳入 Excel 工具的应用。针对这一空白,本教材将 Excel 的应用融入财务管理各个教学项目。在实务部分,给出基本案例,结合基本案例讲解 Excel 的基本功能及基本工具手段;在实训部分,配套了 Excel 财务管理专项实训。无论案例与实训,都给出了详细细致的具体步骤,易学、易懂,即使是对 Excel 不是很熟悉的学生,也完全可以按照其具体操作步骤进行操作,得到一个可以

用于实际工作的 Excel 财务模型。因此,本教材职业性特征显著,利于学生职业素质的培育和职业能力的养成。

本教材的主要特点如下:

(1) 本教材以一个实际企业(山东美晨生态环境股份有限公司)的财务管理工作项目作为项目任务设计的基本依据,山东美晨生态环境股份有限公司的财务管理项目为本教材的贯穿项目与主导项目。

(2) 教学方法主要采用任务驱动教学,学生在自主完成项目任务的任务驱动下以进行自主学习为主,因此本教材的知识讲述部分的内容力求通俗易懂,较为深奥的内容,一般通过口语化、通俗化、故事化的导读部分帮助学生理解与记忆,并配有大量的漫画、图片,以增加教材内容的趣味性、可读性与可理解性。

(3) 各项目教学内容的选取是依据"以职业能力为核心,以够用为度",项目的设计以锻炼与培养学生的自主学习能力、分析问题与解决问题能力为目标。

本教材分为上下两篇:实务篇和实训篇。实务篇以一个实际企业(山东美晨生态环境股份有限公司)的实际财务管理工作项目作为主要教学情境,按其财务管理程序及内容进行项目与任务设计,共包括了 9 个项目 33 个任务,在每个任务下,根据高职学生特点与认知规律,设置了若干子任务及相应情境,使学生能在情境及任务驱动下,进行项目化的系统学习训练,实务篇配有专门的分项目练习题。实训篇为 Excel 财务管理实训,通过 Excel 配套实训,使学生一方面能够进一步深刻领悟财务管理的基本理论与方法;另一方面能够以 Excel 为工具,掌握利用 Excel 工具建立财务管理模型的方法与技巧,把财务管理工作变得形象而可操作,从而培养学生的现代化工具应用能力与实践操作能力,掌握工作技巧,利于今后在职业生涯中高效完成烦琐而复杂的财务管理工作。

本教材由万顾钧、袁东霞任主编,由杨淑慧、徐烨、董胜囷任副主编,上述老师均参与了初稿的编写工作,教材的体例、结构由全体参编者多次讨论后确定,万顾钧负责全部教材各章节的统纂、修改与定稿工作。

本教材是山东外贸职业学院与山东美晨生态环境股份有限公司校企合作的结果,在教材编写过程中,援引了山东美晨生态环境股份有限公司提供的基本案例素材,公司财务部孙淑芹经理在提供教材编写思路、提供企业基本素材方面鼎力协助;在财务人员企业理财过程中需要应用的知识和技能,以及教材的内容结构等方面提供了大量宝贵意见,并对教材进行了最终审阅,在此深表谢意!

本教材中的部分图片元素来源于百度图片、互动百科和百度文库等,因网站未提供图片作者信息,请图片作者见图后与本教材作者联系,联系方式 1343235353@qq.com。在此,也向相关图片作者表示深深的感谢!

编　　者
2018 年 11 月

CONTENTS 目　录

上篇　实　务　篇

下篇 实 训 篇

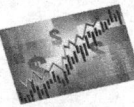

上　篇
实务篇

导视图

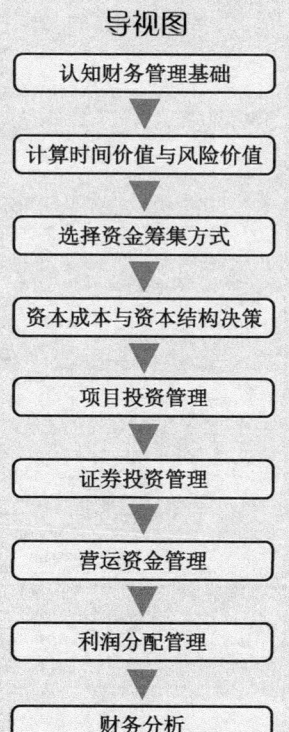

认知财务管理基础

计算时间价值与风险价值

选择资金筹集方式

资本成本与资本结构决策

项目投资管理

证券投资管理

营运资金管理

利润分配管理

财务分析

项目 1

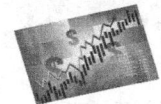

认知财务管理基础

知识目标

◆ 掌握财务管理基本内容。
◆ 掌握财务关系的概念与内容。
◆ 掌握财务管理的概念及其会计的区别。
◆ 理解财务管理目标的科学表达。
◆ 了解财务管理工作环节和财务管理环境。

技能目标

◆ 能清楚界定实务工作中财务管理与财务会计各自的工作内容与工作职责。
◆ 能够具体分析一个实际企业进行理财活动所处的经济环境、法律环境与金融环境。
◆ 能够运用 Excel 的表格编制、表格管理、数据分析等基础功能,进行各类财务管理表格的构建与相应的数据计算分析。

任务 1.1　认识财务管理的基本概念

一、财务活动

【情境描述】

山东美晨科技股份有限公司前身为山东美晨汽车部件有限公司,创立于 2004 年 11 月 8 日。2009 年 4 月 20 日,经公司创立大会审议通过,山东美晨汽车部件有限公司整体变更为山东美晨科技股份有限公司。2017 年 12 月 1 日,经第四次临时股东大会审议通过,山东美晨科技股份有限公司变更为山东美晨生态环境股份有限公司。

2011 年 6 月 20 日,山东美晨科技股份有限公司在深圳证券交易所创业板市场以 25.73 元/股的价格发行 A 股股票 1 430 万股(股票代码 300237),共筹集资金 3.32 亿元;募集资金围绕主业实施,主要用于新增橡胶减振系列产品技改项目、新增橡胶流体管路产品项目、新建技术中心项目及其他与主营业务相关的营运资金项目建设。

【任务一：讨论回答】

阅读本部分内容后，讨论并回答下述问题：

（1）山东美晨科技股份有限公司以25.73元/股的价格发行1 430万股股票的财务活动属于哪类财务活动？

（2）将发行股票募集到的资金用于新增橡胶流体管路产品项目建设，属于哪类财务活动？你认为进行该项目建设，应该考虑将资金投放于哪几个方面？

（3）募集到的资金用于新增橡胶流体管路产品项目，企业生产能力扩张，这样企业用于原材料、在产品、产成品、应收账款、员工工资等方面的流动资金必然增加，这种有效安排资金使生产经营活动能顺畅进行的财务活动属于什么财务活动？如果新增生产在销售环节上，因赊销过多，导致企业流动资金几乎全部占用在应收账款上，会导致什么结果？

（4）新增橡胶流体管路产品项目投入运营后，会计年度末期如果盈利的话，应如何进行利润分配呢？企业的利润分配决策是否会影响下一年度的筹资、投资与营运资金等财务活动？

企业的财务活动即指企业的资金运动全过程，包括筹资、投资、资金运营和利润分配等一系列行为。企业的财务活动过程如图1-1所示。

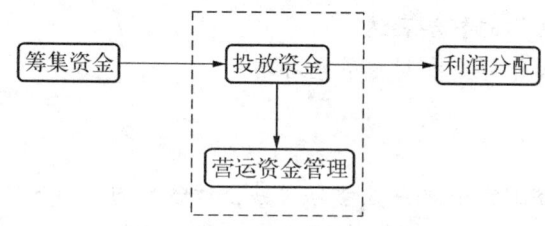

图1-1 企业财务活动过程

（一）筹资活动

筹资是指筹集资金，如企业吸收股东投资、发行股票、发行债券、取得借款、赊购、租赁等。它是企业经营活动和资金运动的起点。例如，假设你想创办一家生产服装的企业，就必须先注册，然后租赁厂房、购买设备和原材料、招募经理和工人。这一切都需要有资金，钱从哪里来？可以自己出资、找合伙人、向银行借或者发行股票和债券（股份企业），这就是筹资。

企业筹资的方式很多，但根据资金的性质不同，总体来说有两种：负债筹资与股权筹资。

（二）投资活动

把筹集到的资金用于企业生产经营过程就是企业的投资活动。例如，上述注册创办服装生产企业，成功筹集到生产经营所需资金后，就可以购买设备、原材料、支付工资等用于生产周转；若还有闲余资金的话，还可以适量买入证券，这就是投资。

企业投资可分为直接投资和间接投资。直接投资也称为对内投资，是指把资金投放于生产经营性资产，以便获取经营利润的投资，如购置设备、兴建工厂、购买土地使用权、购买原材料等。间接投资也称为证券投资，是指把资金投放于金融性资产，以便获取股利、利息和买卖价差的投资，如购买国债、公司债券或者股票等。

（三）营运资金活动

投资形成的各项经营性资产，只有经过不断的循环周转，才能实现价值增值。经营性资产的不断循环周转，将形成货币资金、存货、应收账款和应付账款、固定资产等资产资金形态，只有有效地运营管理这些资产资金,同时保证其空间上的并存性与时间上的继起性,才能够使企业的生产、销售顺畅进行,这就是营运资金管理。

企业为满足日常生产经营需要所垫付的资金称为营运资金,在数额上,营运资金即企业垫付的流动资金,流动资金＝流动资产－流动负债。就资产资金管理而言,财务经理应该更多地关注流动资金的管理,因为固定资产管理的很大一部分责任是由使用这些资产的生产经理承担的。因此,营运资金活动就是流动资金的循环、周转活动。

（四）利润分配活动

企业耗费资源生产产品,在销售产品的时候,将获得更多的现金,实现价值创造,企业存在的目标就是要创造价值。企业通过生产经营活动和对外投资活动获得的利润,应根据需要进行分配,分配有广义与狭义两种含义。广义的分配是指对企业各种收入进行分割和分派的行为,如弥补生产经营费用,缴纳流转税、所得税,以及对净利润的分配;狭义的分配仅指对企业净利润的分配。

【知识链接——财务决策】

财务管理的核心是财务决策,财务决策主要包括筹资决策、投资决策、营运资金管理决策与利润分配决策。财务决策的主要内容有四:① 筹资时应考虑:从哪里筹资(筹资方式)、筹集多少(资金需要量预测)、筹资的成本(资本成本)、筹资的比例(资本结构)。② 投资时应考虑:投资什么方向(项目投资、证券投资)、能否投资(投资报酬率)。③ 资产运营管理应考虑:如何充分利用以发挥其最大效益? 最佳持有量是多少? ④ 利润分配应考虑:分不分,分多少,怎么分(送股、分红、配股)。任何一项决策都会导致资金的流动,影响企业的经营效益。

二、财务关系

【情境描述】

出井伸之(日本索尼公司会长)发表过如下观点:

"公司不是为个人,而是为构成公司的股东、顾客、公司干部、职员、各地分公司等要素运营的……用'复杂体系'去掌握企业的话,股东、顾客、公司干部和职员都是不可或缺的重要构成要素……如果只考虑个别的最优化,是无法获得良好的营运结果的……"

——摘自《SONY 观点·出井伸之颠覆日本传统的管理方法》"公司为谁经营"。

【任务二:讨论回答】

阅读本部分内容后,回答下述问题:

(1) 财务活动过程中会涉及哪些经济利害关系人?

(2) 这些经济利害关系人之间的目标是否完全一致? 列举企业的投资者、债权人、企业经营者、企业员工、企业顾客各自的主要目标。

(3) 举例说明只考虑个别利害关系人利益最优化,就无法获得良好的营运结果的原因。

企业财务活动表面上看是钱和物的增减变动,其实它们的变动都离不开人与人的关系(自然人、法人),这种关系实质是经济利益关系。

（一）财务关系的含义

企业财务关系是指企业资金投放在投资活动、资金营运、筹资活动和分配活动中与企业各相关者所产生的经济利益关系。

在财务管理过程中,必须正确处理和协调与各有关方面的财务关系,取得国家、投资者和其他单位的信任,努力实现企业与其他各种财务主体之间的利益均衡,调动各个方面的积极因素,促进企业生产经营活动的正常开展,实现财务管理目标。

（二）财务关系的类型

1. 企业与政府的财务关系

企业与政府之间的财务关系主要是指企业通过依法纳税而与政府形成的经济利益关系,这种关系体现出一种强制和无偿分配的关系。

2. 企业与投资者、受资者之间的财务关系

企业以接受权益投资、发行股票等方式从各种投资者那里筹集资金,成为受资者;或者企业以购买股票、直接投资等方式向其他企业投资,成为投资者。这种关系在性质上属于所有权关系。投资方即所有者要按照投资合同、协议、章程的约定履行出资义务,受资方应当向投资方支付投资报酬,形成投资与支付投资报酬的关系。

3. 企业与债权人、债务人之间的财务关系

企业在生产经营过程中因为资金周转的需要与有关单位或个人发生资金借贷关系,或在购销活动过程中与有关单位发生货款收支结算的关系。这类关系在性质上属于债权债务关系,发生债权债务关系的双方应该形成书面合同协议,双方要保证各自的权利和义务按合同的规定落实到位。

4. 企业内部各单位之间的财务关系

这是指企业在实行内部独立核算以及履行内部经营责任制的前提下,企业内部各单位之间在生产经营环节中相互提供产品或劳务所形成的经济利益关系。这种关系在性质上体现的是企业内部各单位之间的经济利益关系。

5. 企业与职工之间的财务关系

职工是企业的受雇佣劳动者,应按劳动合同履行工作责任,同时企业要向劳动者支付劳动报酬。这种关系体现的是企业与职工在劳动成果上的分配关系。

三、财务管理的环节

【情境描述】

山东美晨科技股份有限公司的相关资料如下。

（一）公司发展战略

以"进入全球非轮胎50强,成为世界一流的汽车零部件和系统供应商"为目标,把公司打造成国内非轮胎橡胶制品研发中心和主要生产基地。

（二）2011—2013年的经营规划

1. 整体经营规划

科学合理地开展资本运作和规模扩张,实现公司营业收入和利润稳步、持续、高速增长,快速提升公司的综合竞争力和创新水平,为股东创造最大的价值。

2. 主营业务经营规划

（1）扩大主营业务规模,巩固与扩大老市场,开拓新市场,进一步提高新产品的市场占有率。

（2）利用上市募集资金投资"新增橡胶减振系列产品项目"和"新增橡胶流体管路产品项

目",积极扩大公司减震与胶管销量,立足商用车市场,向乘用车及其他市场渗透。

(3)利用上市募集资金投资建设"新建技术中心项目",完善研发体系,建立企业核心竞争力,为公司持续、稳定、快速发展提供长久的动力。

(4)进一步建立和完善市场营销网络,提升其营销与服务技能,构筑一个覆盖国内外,能快速对下游市场需求变化作出反应的市场营销体系。

(三)2016 年的年度报告摘要

公司现主要从事橡胶非轮胎与园林绿化业务,在研发和生产新型橡胶减震器和新型橡胶流体管路两大系列产品的同时,积极在环保领域拓展,以园林绿化业务为突破口,开拓新的市场。橡胶非轮胎制品目前主要应用于商用车及乘用车领域;园林绿化业务主要为园林古建筑工程、市政公用工程、生态修复技术、水土保持技术、生态环保产品的技术开发、技术服务、技术咨询、成果转让等。报告期内,公司实现营业收入 295 014.67 万元,较 2015 年同期增长 63.61%。

(四)山东美晨生态环境股份有限公司关于变更公司名称、证券简称暨完成工商变更登记的公告

(1)变更后的公司名称:山东美晨生态环境股份有限公司。

(2)变更后的证券简称:美晨生态。

(3)启用日期:2017 年 12 月 7 日。

(4)公司证券代码不变,仍为 300237。

【任务三:讨论回答】

阅读本部分内容后,结合上述内容,思考下述问题:

(1)具体说明该公司上市初期(2011—2013)的战略目标是什么?

(2)为达到战略目标与经营规划,必须要进行哪些具体财务管理工作环节?

(3)从 2016 年该公司的年度报告摘要及 2017 年年底公司更名情况来看,目前该公司的战略目标与经营方向是否有所调整?

管理者在企业的生产经营过程中主要承担着以下三种角色:一是制定战略目标——公司总体的长远目标;二是编制长期计划——对所确定的战略目标进行具体化;三是通过实际和预算的对比,评价企业实际经营管理的业绩。这是一个战略目标—计划—控制—评价的连续循环过程,如图 1-2 所示。

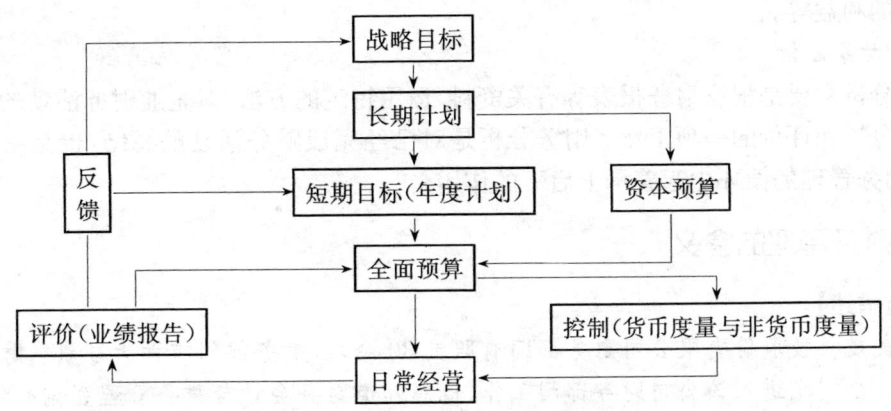

图 1-2　企业财务管理的循环过程

财务管理的环节是指财务管理的工作步骤与一般工作程序。它是用来组织和监督财务活动、正确处理财务关系、实现财务管理目标的手段。

财务管理主要包括以下工作程序与步骤。

（一）财务规划与预测

财务规划是企业整体战略目标与计划的具体化。在财务战略的指导下，企业财务人员要根据企业财务活动的历史资料，考虑现实的要求和条件，对企业未来的财务活动作出较为具体的预计和测算，这就是财务预测。它包括对企业筹集的资金需要量预测、对产品销售情况预测、对成本费用预测、对投资后的现金流量进行预测、对风险进行预测等。

财务预测为财务决策提供可靠的依据。

（二）财务决策

企业财务管理人员按照财务战略目标的总体要求，利用专门的方法对各种备选方案进行比较和分析，并从中选出最佳方案的过程。

财务决策是财务管理的核心。财务预测为财务决策服务，筹资、投资等重大财务决策一旦失误，可能会导致全盘皆输，直接关系到企业的兴衰与成败。

（三）财务预算

财务预算是企业财务战略规划的具体计划，是控制财务活动的依据。长期计划和预算指出了企业未来的发展方向和目标，而短期计划和预算则指导企业的日常经营活动。在实际工作中，如果企业分别编制长期预测和短期预测，可能会产生关注短期预算的管理者会忽略长期目标，而关心长期预算的管理者可能会对日常事务处置不当。这时的企业更需要一个可以让管理者在关注短期预算的同时可以兼顾长期预算的媒介，全面预算就应运而生了。

全面预算是一套详细表述经营日程、资本预算和预计财务报告的阶段性经营计划，它包括对销售、费用、现金收支和资产负债表的预测。财务预算是企业业务执行的依据和标准。

（四）财务控制

财务控制是确保企业财务战略规划实现的保证。财务控制就是对预算和计划的执行进行追踪监督、对执行过程中出现的问题进行调整和修正，以保证预算的实现。财务控制的手段包括建立组织机构、设置责任中心（成本中心、利润中心、投资中心）、确定内部转移价格、协调内部组织间的利益等。

（五）财务分析

财务分析主要是根据财务报表等有关资料，运用特定的方法，对企业财务活动的过程及其结果进行分析和评价的一项工作。财务分析是对已经完成财务活动的总结，也是财务预测的前提，在财务管理的循环中起着承上启下的作用。

四、财务管理的含义

【情境描述】

山东美晨科技股份有限公司财务部门有职员 30 余名，财务部门有两大职责：财务会计与财务管理。小刘刚进入该公司财务部门工作，他想知道财务会计与财务管理究竟有什么不同？

【任务四：填表】 阅读本部分内容后，完成表 1-1。

表 1-1　　　　　　　　　　　　　财务管理与财务会计的区别与联系

项 目		财 务 管 理	财 务 会 计
区 别	工作对象		
	目标		
	职能		
	工作环节		
联 系			

（一）财务管理的概念

企业财务管理是企业组织财务活动、处理财务关系的一项综合性的管理工作。财务管理的对象是企业的财务活动及其在财务活动过程中的财务关系。企业的财务活动体现为企业的资金运动，是指对企业资金运动的运筹、管理活动，包括筹资、投资、资金营运与资金分配等一系列行为；财务关系是指财务活动过程中所体现出来的企业与各相关者之间的经济利益关系。

（二）财务管理和财务会计的区别

财务会计与财务管理都属于经济管理工作，但是财务管理与财务会计还是有一些本质上的不同，图 1-3 有助于理解财务管理与财务会计的区别与联系。

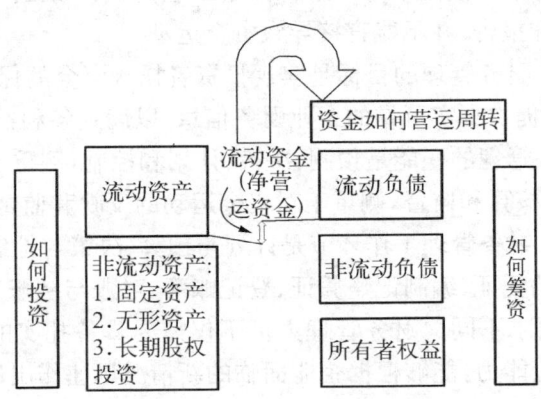

图 1-3　资产负债表模式

1. 财务管理的工作内容与职责

从图 1-3 中可以看出，资产负债表的左边是公司的资产，可以划分为流动资产和非流动资产。流动资产是指那些延续时间较短的资产，如存货等，除非公司生产过剩，否则它们留在公司的时间很短。非流动资产是指那些延续时间较长的资产，如厂房建筑物等。某些非流动资产是有形的，如机器和设备；而某些非流动资产是无形的，如专利、商标、管理者素质。

公司在投资于一种资产之前，必须获得资金，即融资。资产负债表的右边表示公司的融资方式，公司一般通过借贷、发行债券，或发行股票来筹资，分为负债和股东权益。正如资产有流动和非流动之分一样，负债也可以分为流动负债和非流动负债。流动负债是指那些在 1 年之内必须偿还的贷款和债务；而非流动负债是指那些不必在 1 年之内偿还的贷款和债务。所有者权益等于公司的资产价值与其负债之间的差，在这一意义上，所有者权益就是企业资产的剩余索取权，也称为公司的净资产。

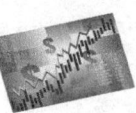

从图 1-3 中可见，财务管理主要涉及以下三个方面的工作内容与职责：

（1）公司应该投资于什么样的长期资产？这一问题涉及资产负债表的左边。当然，公司的资产和类型一般视业务的性质而定，可以使用"项目投资"和"对外投资"这些专业术语描述这些长期投资和管理过程。

（2）公司如何筹集资本性支出所需的资金呢？这一问题涉及资产负债表的右边。回答这一问题涉及"资本结构"，它表示公司流动负债、非流动负债与股东权益的比例。

（3）公司应该如何管理它在经营中的现金流量？这一问题涉及资产负债表的上方。首先，经营中的现金流入量和现金流出量在时间上不对等。其次，经营中现金流量的数额和时间都具有不确定性，难以确切掌握。财务经理必须致力于管理现金流量的缺口。从资产负债表的角度看，流动资金（即净营运资金）定义为流动资产与流动负债之差。从财务管理的角度看，企业经营中的现金流量问题是由于现金流入量和现金流出量之间不对等所引起的，即营运资金管理问题。

2. 财务会计的工作内容与职责

将筹集资金、投放资金和资金营运的结果忠实地以会计语言记录下来，并以财务报表的形式呈报给企业的各利益相关者，是财务会计的工作内容与职责。

3. 财务管理与财务会计的具体区别

（1）工作对象不同。财务管理的对象是资金运动及资金运动过程中形成的财务关系，其各项决策的执行能直接导致资金运动，产生财务关系；会计的对象是资金运动所形成的信息，并对这些信息进行记录和报告，并不能直接导致资金运动。

（2）管理目标不同。财务管理的目标是实现投资者投入资金的保值、增值，实现企业价值的最大化；会计的目标是提供真实可靠的企业财务信息，以满足各利益相关者的决策要求。

（3）职能不同。财务管理的职能是预测、决策、计划和控制，侧重于对资金的组织、运用和管理；会计的基本职能是核算和监督，侧重于对资金运动的反映和监督。

（4）工作环节不同。财务管理工作环节是计划与预算、决策与控制、分析与考核。会计工作环节是填制与审核原始凭证、编制记账凭证、登记账簿、对账与结账、编制财务报告。

（5）对从业人员的要求不同。财务管理人员不仅需要具备扎实的会计专业知识，还需要有一定的管理能力和决策能力，能够根据企业面临的新情况迅速作出反应并作出决策，因此有更高的要求。

（三）财务管理和财务会计的联系

财务管理与财务会计的工作对象实质上都是企业的资金运动，财务管理是对资金运动的组织管理，它规划未来资金运动，决策并组织当前资金运动的运行，协调财务关系；财务会计则是将企业已经发生的资金运动忠实地记录下来。财务管理的年度工作结果借助财务会计的年度工作结果——即以财务报表的形式，呈现给企业的各利益相关者。

任务 1.2　选择企业理财目标

一、企业财务管理目标的选择

【导读】　企业的财务管理目标是什么？

　　首先,企业的生存发展要有目标,企业的目标是什么?是服务社会、造福人类、生产产品满足社会需要?还是为自己获取最大利润?要确定企业目标,必须先明确企业的定义:企业是以盈利为目标的社会组织。因此,企业是盈利性的,任何宣扬其他目标一定是为了维护自己的公众形象,以利于提高盈利能力。

　　其次,还需要把企业的目标再具体化:盈利多少?什么时间盈利?承担的风险有多大?

　　(1)盈利越多越好吗?如果投资 100 万元,能挣 50 万元;投资 200 万元,能挣 70 万元,哪一个更好?显然,这涉及投入与产出的关系,应该是每万元的收益越多越好。

　　(2)盈利越早越好吗?一般来说是这样。但是如果投资一个长期项目短期收益很少,但将来的收益更多;或者先期进行研发或员工培训,虽然损失了短期收益,但是会让企业未来成长得更好,就未必。

　　(3)风险越小越好吗?同样收益水平下自然是风险越小越好。但是往往投资项目的风险越大,收益越高;风险越小,收益越小。这时该如何选择?

　　因此,就理财目标而言,相同收益下投入越小越好、未来的盈利能力越大越好、相同收益下的风险越小越好。

　　学术界现有的几种财务管理目标如下。

　　(一)利润最大化

　　利润是企业一定时期全部收入与全部费用的差额,是企业投入产出对比的结果,代表了企业新创造的财富,利润越多,表明企业对资源的利用越合理,企业财富增加越多,对社会的贡献越大。因此,以利润最大化作为企业理财目标有一定道理。

　　但是利润最大化理财目标在实践中忽视了以下几个问题:

　　(1)没有考虑创造利润与投入的资本之间的关系。

　　(2)没有考虑资金的时间价值。

　　(3)没有考虑风险因素,高额利润往往承担过大的风险。

　　(4)片面追求利润最大化,可能导致企业短期行为,与企业发展的战略目标相背离。

　　(二)每股利润(或资本利润率)最大化

　　该目标考虑了所获利润与股本数或投入资本额之间的关系,使不同资本规模的企业或同一企业不同期间的利润具有可比性。但该目标同样忽视了时间价值与风险因素,也无法避免企业的短视行为。

　　(三)企业价值最大化

　　什么是企业价值?就是企业在市场上能卖多少钱。上市公司有公开的股票报价,所有的股票市价总和就是企业的价值。

　　企业价值不是企业净资产的账面价值,而是企业本身的市场价值,它反映了企业潜在的或预期的获利能力。以企业价值最大化作为理财目标,必须将企业的长期稳健发展放在首位,强调在企业价值增长中对各方利益的满足。

　　怎样实现企业价值最大化(股票价格最大化)?理论上,企业价值的评定,是运用时间价值的原理进行计量,其计算以企业未来各期预期产生的净现金流量的折现值之和为依据。企业价值取决于企业未来的盈利能力,而不是现在的账面利润。以企业价值最大化为理财目标,经营者必须充分考虑企业的投入与产出关系,走集约型发展道路;必须考虑时间价值与风险因素,走稳健发展道路;必须努力提高企业未来的盈利能力,防范竭泽而渔,不断把企业做大做强。

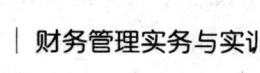

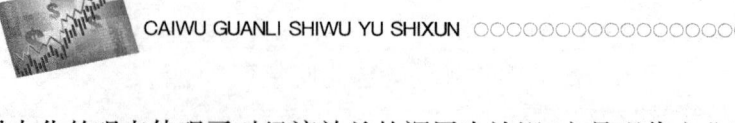

因此,企业价值最大化的观点体现了对经济效益的深层次认识,它是现代企业财务管理的最优目标。但是,企业价值最大化目标最大的问题是计量问题,尤其是非上市公司的价值难以确定,即便是上市公司,其股票价格也不完全体现价值,而要受到政策、大盘、庄家等各种因素影响。

 【知识链接——企业价值的计量】

企业价值是企业作为特殊商品被买卖时的市场价值,有别于一般的股票市值或资产评估价值,它是股东价值、社会价值、顾客价值、员工价值的集合,是兼顾眼前利益和长远利益的集合。

企业价值的计量方法很多,但基本思想是企业在未来存续期间创造的价值的现值之和。

设 V 是企业价值,FCF_t 是第 t 期以自由现金流量计量的企业报酬,i 是与风险相当的贴现率。企业价值的计算公式如下:

$$V = \sum_{t=1}^{n} \frac{FCF_t}{(1+i)^t}$$

二、不同利益主体财务管理目标的矛盾与协调

【情境描述】

对上市公司而言,关于公司运作,大股东、小股东、职业经理人、债权人之间是存在一定利益冲突的:小股东希望多分红、快拿钱;可是大股东希望提升整个公司的价值;经理人是受聘负责经营公司,然而他的薪水跟他所能控制的公司收益之间不平衡;债权人是在清算中先于股东拿到钱的,但是他们不能分得公司盈利,因此他们不希望公司用自己的钱去为股东们赚进大额利润。

山东美晨科技股份有限公司于 2011 年 6 月 20 日股票发行上市后,原公司实际控股人张磊和李晓楠(张磊之妻)仍直接和间接合计持有公司 66.23% 的股份,依然处于控股地位。如果张磊和李晓楠利用其控股地位,通过行使表决权对董事会、股东大会施加影响力,从而对公司在重大经营决策、人事、财务等方面进行控制,有可能损害中小股东利益。目前,控股股东张磊任公司董事长,小股东郑召伟(持有公司 1.49% 的股份)任公司总经理。

根据山东美晨科技股份有限公司 2015 年所发布的公告,截至 2015 年 10 月 31 日,公司的负债比率是 59.52%,控股股东张磊和李晓楠合计持有公司 34.16% 的股份,郑召伟任公司总经理,持有公司 1.18% 的股份。

【任务五:讨论回答】

阅读本部分内容后,讨论回答下述问题:

(1)该公司是否会存在所有者与债权人矛盾?为什么?如果存在矛盾的话如何协调?

(2)在经营者已经持股的前提下,公司是否还存在所有者与经营者的矛盾?如果存在矛盾的话,如何协调?

(3 为什么该公司在公告中指出中小股东的利益有可能受损?如果你是该上市公司的一个投资者,作为小股东,你能通过什么途径维护自身利益?

现代企业的一个重要特征就是所有权和经营权的分离,由此产生了委托代理关系。委托代理关系指某些人(委托人)雇佣他人,并将责任委托给他人(代理人)而形成的关系。委托人和代理人的权利和义务均在双方认可的合同契约中加以明确。比如,董事会聘用经理人,委托他管理公司的经营事务,并赋予他一定的权力,这种委托代理关系就建立起来了。当两者追求的利益目标不一致时,就产生了所谓的委托代理问题。

在公司制下,委托代理关系主要表现为两方面: ① 所有者(股东)与经营者(经理)。② 所有者与债权人。将企业价值最大化目标作为企业财务管理目标,首要任务就是要协调好相关利益群体的关系,减少由于股东与经营者之间的利益冲突而导致的企业总体收益和价值的下降。不同利益主体的目标需求如图 1-4 所示。

图 1-4 不同利益主体的目标需求

(一)所有者与经营者的矛盾与协调

企业是股东的企业,财务管理的目标应该是股东的目标。经营者并不持有企业的股份,只是根据付出的劳动获得相应的报酬,仍然是被雇佣者,经营者的努力所带来的企业盈利的增加并不能为己所有,但是却要承担相应的风险。因此,经营者的具体行为目标与股东的目标往往不一致,甚至存在很大差异。表现为:

(1)要求增加报酬,包括物质和非物质的报酬,如增加工资、奖金,获得荣誉,提供足够的保障和地位等。

(2)工作尽量轻松,有更多闲暇时间,降低工作强度。

(3)避免风险。不愿为努力使股价提高而承担额外的风险,因为更高的收益意味着更高的风险,经营者总是力求保障自己现有职位和利益的安全。

由于经营者和股东的目标不一致,甚至会发生经营者为了个人利益而损害股东利益的情况。表现为:

(1)不努力工作。不做错什么事,但并不十分卖力。

(2)逆向选择。利用职务之便,挥霍股东的财富谋取个人福利,如把公款旅游、购买个人消费品等支出计入费用并由股东承担。

协调所有者与经营者的矛盾,使两者的目标尽可能保持一致,可以采取的措施有:

(1)监督。建立有效的内部控制制度和外部监督机制,约束经营者的日常行为,对于违背股东利益的行为加以惩罚,如降低工资(或职位)、解聘等。

(2)激励。给经营者提供必要的激励与动力,对经营者实施股票期权、绩效股、年薪制等

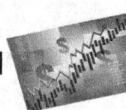

方式,使经营者为实现股东利益而努力工作。

（二）所有者与债权人的矛盾与协调

无论企业的利润是多少,债权人获得的利息收益都是固定的,支付利息后剩余的利润归股东所有。在股份有限公司形式下,股东以公司资产承担有限责任,在公司的资产不足以清偿债务时,股东就可以宣布破产,因此,股东能够享有无限的利润,同时承担有限的责任。而债权人和股东承担相同的风险,却获得有限的收益,形成风险和利益的不对等。由此而决定了股东和债权人对风险不同的偏好。所有者更倾向于较高风险的项目,因为可能获得更高的收益;而债权人往往厌恶风险,仅希望保证本金和利息的安全。所有者与债权人的利益冲突可能表现为:

（1）不经过债权人允许投资比债权人预计风险高的项目。

（2）不征得现有债权人同意发行新债券或借新债,而降低旧债的价值。

（3）发放过多的股利,从债权人手中转移财富。

债权人为保护自己利益,通常可以采用以下方式:

（1）在债权债务协议中签订相关的限制性条款,包括:① 限制公司的投资政策。② 限制公司的股利政策。③ 限制额外的债务,如要求企业在发行新的担保债券之前必须征得当前债权人的同意。

（2）收回借款或停止借款,即当债权人发现公司有损害其权益的意图,违反了相关协议时,可以采取收回债权或不给予公司增加放款,从而保护自身权益。

 【知识链接——现代化企业制度】

现代化企业制度是指以产权制度为基础和核心的企业组织和管理制度。现代企业制度的基本特征如下:

（1）产权关系明确:所有者与经营者相分离。

（2）企业以其全部法人财产,依法自主盈亏,照章纳税,对出资者承担保值增值责任。

（3）出资者按投入企业的资本额享有选择管理者、资产收益权和重大决策权等三项主要权利。

（4）企业经营者按照市场需求组织生产经营,以提高劳动生产率和经济效益为目的,企业在市场中优胜劣汰,长期亏损、资不抵债的依法破产。

（5）公司治理机制:通过一套制度或机制来协调公司与相关利害相关者之间的利益关系,以保证公司决策的正确性,最终实现公司利益。

现代化企业制度是以激励、监督、约束相结合的一种现代化企业机制,良好的现代企业制度有助于实现企业财务管理目标。

任务 1.3　分析企业理财环境

【情境描述】

山东美晨科技股份有限公司隶属非轮胎橡胶制品行业,其主要产品为减震橡胶制品和胶管,是国内商用车非轮胎橡胶制品的龙头企业。该公司所属行业基本情况如下。

（一）行业管理体制

本行业已充分实现市场化竞争,各企业面向市场自主经营,政府职能部门进行产业宏观调控。

（二）产业政策

公司产品生产应用先进的高分子材料加工应用技术,具有鲜明的环保、节能属性,属于鼓励发展的行业与产业。

（三）行业的发展现状

1. 减震橡胶制品

国外,减震橡胶制品约有90%用于汽车工业,全球汽车用减震橡胶制品市场规模已超过120亿美元;国内,据估算,2005—2009年国内汽车用减震橡胶制品需求量年均增长27.02%,2009年各类汽车用减震橡胶制品消费约6.48亿件,占减震橡胶制品行业需求总量的90%以上。

2. 胶管制品

国外,汽车胶管产量已占到胶管产量的一半以上(发达国家更达到了70%以上);国内,我国是胶管生产和消费大国,2006—2009年国内胶管消费量年均增长10.50%,2009年胶管总需求约为6.21亿标米,产量为6.08亿标米,产销大致平衡。

（四）公司竞争优势

公司是商用车非轮胎橡胶制品的龙头企业。目前,公司已拥有100多家客户,不仅为北汽福田、陕重汽、中国一汽、上汽依维柯红岩、包头北奔等国内商用车主机厂配套供货,还进入斯堪堪亚、佩卡、菲亚特、日野等国际知名商用车主机厂全球采购体系并开始小批量供货。

（五）公司竞争劣势

1. 生产规模与跨国公司仍有差距

全球前50强非轮胎橡胶制品企业大多实行集团化经营,产品覆盖面广,抗风险能力强。与跨国公司相比,公司规模仍然相对较小,2010年公司营业收入5.79亿元人民币,距全球50强最低门槛尚有较大差距。

2. 产业链不如国内龙头行业完善

中鼎股份为国内规模最大的非轮胎橡胶制品企业,集团旗下拥有减震橡胶、制动橡胶、模具制造、金属精工等更完整的产业链。相比中鼎股份,公司产业链还有待拓展。

（六）根据经营环境变化调整的未来发展规划

根据2015年11月20日该公司发布的公告,2015年,面对汽车行业增速放缓及重卡市场下降的不利情况,公司在汽车零部件板块通过客户结构优化、产品升级换代等措施,使面向乘用车市场的销售额占母公司总营业额的比例由2014年的21%上升到2015年1～9月份的39%;同时公司因资产重组导致赛石园林于2014年9月1日起纳入合并报表范围,使公司2015年度较2014年同期净利润增长较大。

在公司未来发展规划上,公司将秉持"生态环保＋科技"的经营理念,坚持以非轮胎环保橡胶制品和生态环保为主的双主业经营模式,积极搭建"互联网＋汽车后市场""互联网＋生态环保"等板块的布局。未来公司将在保持传统汽车零部件业务稳步增长的基础上,积极在生态环保领域拓展,以园林绿化业务为突破口,开拓新的市场,拓展新的业务模式。

【任务六:讨论回答】

根据上述资料,分析该公司上市时所处的经济环境、法律环境和理财环境,并对该公司2015年根据经营环境变化所调整的未来发展规划进行评价。

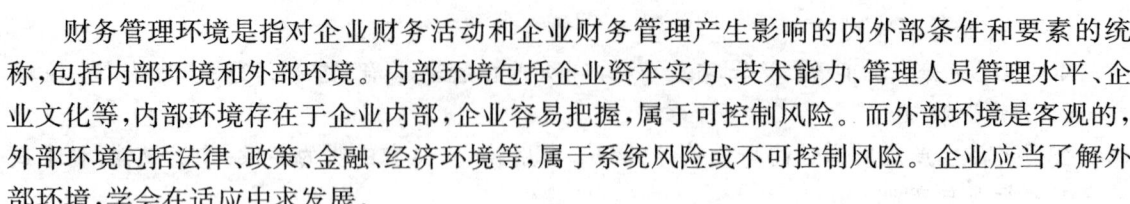

　　财务管理环境是指对企业财务活动和企业财务管理产生影响的内外部条件和要素的统称，包括内部环境和外部环境。内部环境包括企业资本实力、技术能力、管理人员管理水平、企业文化等，内部环境存在于企业内部，企业容易把握，属于可控制风险。而外部环境是客观的，外部环境包括法律、政策、金融、经济环境等，属于系统风险或不可控制风险。企业应当了解外部环境，学会在适应中求发展。

一、经济环境

　　财务管理的经济环境主要包括经济周期、市场环境和宏观经济政策。

（一）经济周期

　　在市场经济条件下，经济的发展过程是一个既非人力所能完全控制而又有其内在运动规律的过程，无论人们采用什么样的调控手段，经济都不可避免地会出现或强或弱的波动，并呈现出一种由繁荣、衰退、萧条、复苏再到繁荣的周期性特征。

　　经济的周期性波动对财务管理有着非常重要的影响。在不同的发展时期，企业的生产规模、销售能力、获利能力以及由此而产生的资本需求都会出现重大差异。例如，在萧条期，企业很可能处于紧缩状态之中，产量和销售量下降，投资锐减；在繁荣期，市场需求旺盛，销售大幅度上升，企业为扩大生产，就要增添机器设备、存货和劳动力，这就要求财务人员迅速地筹集所需资本。在复苏期和繁荣期，应增加厂房，建立存货，引入新产品，增加劳动力，实行长期租赁，为"负债经营"提供条件；在衰退期和萧条期，应停止扩张，出售多余设备，停止长期采购，削减存货，裁减雇员。同时，为了维护基本的财务信誉，应采用比较稳健的负债经营策略。总之，面对经济周期性波动，财务人员必须预测经济变化情况，在经济周期的不同阶段，应采用不同的财务管理策略。

（二）市场环境

　　企业的一切生产经营活动都发生在一定的市场环境中，企业所处的市场环境通常包括以下四种：完全垄断市场、完全竞争市场、不完全竞争市场和寡头垄断市场。

　　不同的市场环境对财务管理有不同影响。处于完全垄断市场的企业，销售一般都不成问题，价格波动不大，利润稳中有升，经营风险较小，企业可利用较多的债务资本；处于完全竞争市场的企业，销售价格完全由市场来决定，企业利润随价格波动而波动，企业不宜过多地采用负债方式去筹集资本；处于不完全竞争市场和寡头垄断市场的企业，关键是要使企业的产品具有优势，具有特色，具有品牌效应，这就要求在研究与开发上投入大量资本，研制出新的优质产品，并搞好售后服务，给予优惠的信用条件。

　　企业竞争对财务管理有多种表现。例如，投资项目盈利能力的大小在很大程度上要取决于将来市场上占有份额的大小；由于银行和投资者的谨慎，竞争能力强的企业总是比其他企业能够较容易地融通到资本；竞争能力不分伯仲的企业之间，各种财务策略的谋划和运用应注意相通性，避免激烈的互相伤害，如信用条件不应有重大差异等。企业财务管理工作者必须积极探索与经济发展水平、市场竞争环境相适应的财务管理模式。

（三）宏观经济政策

　　经济政策是国家进行宏观经济调控的重要手段。国家的产业政策、金融政策、财税政策对企业的筹资活动、投资活动和分配活动都会产生重要影响。例如，金融政策中的货币发行量、信贷规模会影响企业的资本结构和投资项目的选择等；价格政策会影响资本的投向、投资回收期及预期收益；财税体制、金融体制、外汇体制、外贸体制、计划体制、价格体制、投资体制、社会保障制度、企业会计准则体系等宏观经济政策及其改革措施等都会深刻地影响着企业的发展和财务活动的开展。

财务管理人员应当深刻领会国家的经济政策,研究经济政策的调整对财务管理活动可能造成的影响。例如,如果企业及时地领会大多数投资者还没有注意到的国家新的经济政策导向,把握住投资机会,就会得到国家的优惠条件。因此,企业财务人员必须把握经济政策,更好地为企业的经营理财活动服务。

二、法律环境

财务管理的法律环境主要是指企业和外部发生经济关系时应遵守的各种法律、法规和规章的总和。它主要包括企业组织法律规范、税收法律规范、财务法规及其他法规等。

（一）企业组织法律规范

企业组织必须依法成立。目前,我国关于企业组织形式的法律规范主要有:《中华人民共和国公司法》(以下简称《公司法》)、《中华人民共和国全民所有制工业企业法》《中华人民共和国外资企业法》《中华人民共和国中外合资经营企业法》《中华人民共和国中外合作经营企业法》《中华人民共和国私营企业条例》《中华人民共和国合伙企业法》等。这些法律既是企业的组织法,也是企业的行为法。其中,《公司法》是公司财务管理最重要的财务法规,我国《公司法》所称的公司指有限责任公司和股份有限公司。

了解企业的组织形式及行为法规,有助于企业财务活动的开展,因此应了解企业的组织形式,企业组织形式主要包括个人独资企业、合伙企业和公司制企业三种形式。

1. 个人独资企业

个人独资企业是指依法设立,由一个自然人投资,财产为投资人个人所有,投资人以其个人财产对公司债务承担无限责任的经营实体。个人独资企业结构简单、容易开办、利润独享、经营限制少等特点。

2. 合伙企业

合伙企业是依法设立,由两个或两个以上合伙人订立合伙协议,共同出资,合伙经营,共享收益,共担风险,并对合伙企业债务承担无限连带责任的营利组织。合伙企业的利润和亏损,由合伙人依照合伙协议约定的比例分配和分担;合伙协议未约定利润分配和亏损分担比例的,由各合伙人平均分配和分担。合伙企业具有开办容易、信用较佳的优点,但产权转让和外部筹资相对于公司制企业困难。

独资与合伙企业都是由个人或少数人出资并控制的简单的企业组织形式,规模小、注册资本低、注册程序简便、适合小型企业,是目前西方国家的主要形式。其共同特点是:从法律角度看,这两类企业都不是法律实体,由其所有者承担企业全部民事责任,包括对企业债务负有无限清偿责任;从会计角度看,两类企业都是经营实体与会计主体;从纳税角度看,两类企业都不纳企业所得税,而由所有者纳个人所得税。

3. 公司制企业

公司制企业是由若干人共同出资,依照《公司法》登记成立,具有法人资格、以营利为目的的经济实体。公司股东作为出资者享有资产收益、参与重大决策和选择管理者等权利,并以其出资额或所持股份为限对公司承担有限责任。我国《公司法》所称的公司,指有限责任公司和股份有限公司。

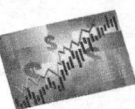

与独资企业和合伙企业相比,公司制企业具有如下特点:

(1)独立的法人财产权:公司制企业的出资者所有权与公司法人财产权是相分离的,公司以独立法人的资格依法自主经营、自负盈亏,依法缴纳税款。

(2)有限责任:股东的投资风险仅限于投资额本身,股东对企业债务承担有限清偿责任,企业债权人对股东个人财产无追索权。

(3)永续存在:除非公司破产、被兼并或公司章程自动终结,否则具有无限生命,其寿命较之独资与合伙企业更有保障。

(4)可转让性:公司制企业较之独资企业与合伙企业更容易转让,公司所有权的转移可以通过股票与股份的转让实现。

(5)易于筹资:公司制企业可以通过发行股票、债券迅速筹集到大量资金。

(6)重复纳税:公司的收益先要缴纳公司所得税;税后收益以现金股利分配给股东后,股东还要缴纳个人所得税。

公司制这一组织形式是西方大企业所采用的普遍形式,也是我国建立现代化企业制度所选择的企业组织形式之一。本教材所讲的财务管理,主要是指公司的财务管理。

(二)税收法律规范

税收法律规范是由国家机关制定的调整税收征纳关系及其管理关系的法律规范的总称。它包括所得税类、流转税类、资源税类、财产税类、行为税类等的税收法律规范。其具体税种主要包括增值税、消费税、资源税、企业所得税等。

税负作为企业一种费用或现金流出,对企业理财有重要影响,企业都希望在不违背税收法律规范的前提下减少纳税负担,因此必须进行税收筹划,精心安排筹资、投资、利润分配等活动,而绝不允许偷税漏税。因此,财务人员应当熟悉国家税收法律的有关规定,自觉按照税收政策导向组织企业生产经营活动和财务活动,正确处理财务关系。

(三)财务法规及其他相关法规

企业财务法规是规范企业财务管理行为的法律和文件。我国目前企业财务管理法规制度有《企业财务通则》、行业财务制度与企业内部财务制度,以及《企业内部控制基本规范》《企业内部控制应用指引》等。其中,《企业财务通则》在企业财务法规中起着统帅作用。

除上述法律规范外,其他影响企业理财行为的法律、法规还有许多,包括各种证券法律规范、结算法律规范、合同法律规范,如《中华人民共和国证券法》《中华人民共和国票据法》《中华人民共和国合同法》等。了解与熟悉这些法规,对财务管理人员在守法的前提下完成财务管理职能,实现财务管理目标,具有重要意义。

三、金融环境

【导读】　我们买菜有菜市,买日用品有超市,都用钱来买。那么钱本身能不能买卖呢?在哪里买卖?当然可以,在金融市场。有一些人拥有大量的闲钱但没有投资机会,有一些人有好的投资项目却苦于缺乏资金,这两类人一拍即合。有项目的人用有资金的人的钱去投资项目,而有资金的人通过把钱给有项目的人使用获得额外收益。这就是资金的买卖,买卖的资金数量叫做本金,资金出让方获得的收益叫做利息,每1元钱本金获得的利息就是利率,也可以说,利率是资金的买卖价格。资金出让的方式可能是借款,也可能是直接投资,因此利率可以是借款利息率,也可以是投资利润率。

买菜也好,买日用品也好,都属于买商品,因此按交易对象,市场可以分为商品市场与金融市场。商品市场的构成要素包括:交易主体——商品的供给者与商品的需求者;交易客体——商品;交易工具——货币;交易机制——价格机制。同样,金融市场的构成要素:交易主体——资金的供给者与资金的需求者;交易客体——资金;交易工具——金融工具;交易机制——利率机制。

金融环境是企业融通资金的各种因素和条件,是实现货币借贷和资本融通,办理各种票据和有价证券交易活动的总称。金融环境是企业财务管理的直接环境,因为企业资金的筹措主要依赖于金融机构与金融市场,金融市场也是企业资金运用与投放的一个重要领域,金融政策的变化必然影响企业的财务活动,对企业财务目标的实现起着不可低估的作用。

（一）金融市场的构成要素

金融市场的构成要素包括交易主体、交易客体、交易工具与交易机制。

1. 交易主体

交易主体即金融市场的参与者,是指参与金融交易活动的各个经济单位。按照进入市场的身份,金融市场的参与者可以分为资本供应者、资本需求者、中介人和管理者。随着金融市场的发展,现代金融市场的参与者几乎已经扩大到社会经济生活的各个方面,包括企业、个人、政府机构、商业银行、中央银行、证券公司、保险公司、基金会等。

2. 交易客体

金融市场的交易客体也称交易对象,金融市场的交易对象即资金或资本。

3. 交易工具

金融市场的交易工具即金融工具。金融工具是能够证明债权债务关系或所有权关系并据以进行货币资金交易的合法凭证。资本供求者对借贷资本数量、期限和利率的多样化的要求,决定了金融市场上金融工具的多样化,如现金类金融工具、衍生金融工具等。

4. 交易机制

金融市场交易活动正常进行还必须有健全的机制,调节金融市场平衡的机制简单地说就是价格机制,在金融市场上,利率是资本商品的"价格"。

利率的高低取决于社会平均利润率和资本供求关系,但是,利率又会对资本供求和资本流向起着重要的调节和引导作用。当资本供不应求时,利率上升,既加大了资本供应又减少了资本需求;当资本供过于求时,利率下降,既减少了资本供应又扩大了资本需求。因此,利率是金融市场上调节资本供求,引导资本合理流动的主杠杆。

（二）金融市场的交易中介机构

金融市场的交易中介机构即金融机构。金融机构包括中国人民银行、银行业金融机构和其他金融机构。

中国人民银行是我国的中央银行,代表政府管理全国的金融机构和金融活动,管理国库。

银行业金融机构主要包括各种商业银行及政策性银行。商业银行是以经营存款、放款、办理转账结算为主要业务,以盈利为主要目标的金融企业,包括国有独资银行与股份制银行,如中国工商银行、中国农业银行、中国交通银行、中国光大银行等。政策性银行是由政府设立,以贯彻国家产业政策、区域发展政策为目的,不以盈利为目的的金融机构,其服务领域主要是对国民经济发展和社会稳定具有重要意义而商业银行出于盈利目的不愿意涉及的领域,一般不普遍设立分支机构,其业务由商业银行代理,目前我国有国家开发银行、中国进出口银行、中国

农业发展银行三家政策性银行。

其他金融机构是指除银行以外的非银行金融机构，包括证券机构、保险公司、金融资产管理公司、信托投资公司、财务公司和金融租赁公司等。这些机构都为特定目的积聚、筹措、投放资金，为企事业单位与个人提供各种相关金融服务。

（三）利率

【导读】 资金出让者要求的收益率（利率）受哪些因素影响呢？① 时间。资金用得越久，资金出让者要求的收益越高。② 风险。资金使用者的信用水平高、投资能力强，资金出让者就更愿意用较低的利率借钱给他，否则只能用高利率来补偿风险。③ 通货膨胀。让渡资金使用权赚的钱起码要跑赢通货膨胀，否则就是负收益。

因此，利率包含三个部分：因时间推移要求的补偿＋通货膨胀补偿率＋借款人的风险补偿。风险又包含：信用风险（违约风险）、流动性风险（持有的债权转让性如何）、期限风险（定期存款利率高于活期存款）。因此，投资报酬率（利息率）＝纯利率（银行存款利率）＋通货膨胀率＋风险报酬率。其中，前两者称为无风险报酬率。

利率也称利息率，是利息占本金的百分比指标。从资金的借贷关系看，利率是一定时期运用资金资源的交易价格。金融市场通过利率的上下波动和人们投资收益的变化，能够引导资本流向最需要的地方，引导资本从利润率低的部门流向利润率高的部门，从而实现资本在各地区、各部门、各单位的合理流动，实现社会资源的优化配置。利率的一般计算公式如下：

利率＝纯利率＋通货膨胀补偿率＋风险收益率

纯利率是指没有风险和没有通货膨胀情况下的社会平均资金利润率。其高低主要受社会平均资金利润率、资金供求关系和国家有关政策的影响。一般把没有通货膨胀情况下的短期国债利率视为纯利率。纯利率也称为货币时间价值。

通货膨胀补偿率是指由于持续的通货膨胀会不断降低货币实际购买力，为补偿其购买力损失而要求提高的利率。

风险收益率包括违约风险收益率、流动性风险收益率和期限风险收益率。违约风险收益率是指为了弥补因债务人无法按时还本付息而带来的风险，由债权人要求提高的利率；流动性风险收益率是指为了弥补因债务人资产流动性不好而带来的风险，由债权人要求提高的利率；期限风险收益率是指为了弥补因偿债期长而带来的风险，由债权人要求提高的利率。

 【知识链接——金融市场的分类】

金融市场可以按不同的角度分类：

（1）按地理范围不同，金融市场可分为：①国际金融市场。②国内金融市场。

（2）按融资交易期限不同，金融市场可分为：① 长期资金市场（资本市场），主要供应1年以上的中、长期资金，如股票与长期债券的发行与流通市场。② 短期资金市场（货币市场），是1年以下的短期资金的融通市场，如同业拆借、票据贴现、短期债券及可转让存单买卖的市场。

（3）按交易性质不同，金融市场可分为：① 发行市场，也称一级市场，是新证券发行的市场。② 流通市场，也称二级市场，是已经发行、处在流通中的证券的买卖市场。

任务 1.4　理财工具——Excel 在财务管理中的应用

【情境描述】

刚从财会专业毕业的小王,获得一个中型企业财务部门的面试机会。他应聘的岗位要求之一是,有一定的财务工作从业经验,精通 Excel 在财务管理中的具体应用。

【任务七:讨论回答】

阅读本部分内容后,讨论回答下述问题:

(1) Excel 是什么软件?

(2) Excel 在财务管理中有哪些应用?

一、Excel 的概念

Excel 是微软公司办公软件 Microsoft Office 的组件之一,Excel 是一个以电子表格方式处理数据的软件,是公认的表现最佳、功能强大的数据处理软件。电子表格(Spreadsheet)又称电子数据表,是一类模拟纸上计算表格的计算机程序。它会显示由一系列行与列构成的网格,每个特定的行与列对应的表格,称为单元格。单元格内可以存放数值、计算式或文本等。

Excel 集表格计算、图表显示、便捷的数据分析为一体,具有简洁的操作方式、强大丰富的使用功能、完善完整的报表体系,被公认为是具备卓越的信息分析和信息处理软件工具,被广泛地应用于管理、财经、金融、行政、统计等众多领域。

二、Excel 的功能及其在财务管理中的应用

(一) 强大的表格编制与表格管理功能

Excel 的一个突出的特点是采用表格方式管理数据,所有的数据、信息都以二维表格形式(工作表)管理,单元格中数据间的相互关系一目了然,从而使数据的处理和管理直观、方便、易于理解。Excel 工作表中行和列交叉处组成单元格,每一单元格可容纳 32 000 个字符,因此 Excel 工作表可以满足几乎所有管理报表中数据处理的业务需要;将数据存入 Excel 电子表格,使数据从静态变成动态,从而使得管理表格的编制发生了质的变化,能充分利用计算机自动、快速地进行表格的编制与处理。例如,对于日常工作中常用的表格处理操作,增加行、删除列、合并单元格、表格转置等操作,在 Excel 中均只需简单地通过菜单或工具按钮即可完成。此外,Excel 还提供了数据和公式的自动填充、表格格式的自动套用、自动求和、自动计算、记忆式输入等众多功能,可以帮助用户快速、高效地建立、编辑、编排和管理各种财务管理表格。

(二) 强大的数据处理功能

Excel 拥有加、减、乘、除等一般数据计算的功能;拥有对数据进行搜寻、排序、筛选、分类、统计、合并汇总、自动求和、求平均值、求最大最小值等数据操作功能;提供了包括财务、日期与时间、数学与三角函数、统计、查找与引用、数据库、文本、逻辑和信息九大类几百个内置函数,用户可利用这些简便的函数,来完成各种复杂的计算操作,从而满足许多领域的数据处理与分析的要求。例如,Excel 财务函数具备了从资金时间价值计算、固定资产折旧到计算收益率在

内的大量财务分析函数,可以承担财务管理中的大部分运算。

（三）强大的图表制作与图形处理功能

图表是提交数据处理结果的最佳形式。Excel 具有强大的图表处理功能,可以方便地将工作表中的有关数据制作成专业化的图表,用户可以根据需要选择最有效的图表来展现数据。如果所提供的标准图表类型不能满足需要,用户还可以自定义图表类型,并可以对图表的标题、数值、坐标和图例等各项目分别进行编辑,从而获得最佳的外观效果。Excel 还能够自动建立数据与图表的联系,当数据增加或删除时,图表可以随数据变化而方便地更新。因此,Excel 的强大绘图和图形处理功能,实现了表、图、文三者的结合,有利于管理人员进行财务决策。

（四）普及性强,可使用外部数据功能

Excel 是一个公共软件平台,它是微软公司的主导产品之一,普及性强,与其他软件的兼容性与配合性好,生命力强。同时,Excel 可以读取和输出多种格式的数据文件,可以从很多数据源包括会计软件的数据库中引入数据,节省获取基础数据的时间。提高效率和减少错误。Excel 数据源的多样性加强了它在财务管理中的适用性和便利性。

总之,利用 Excel 强大的功能,完全可以建立一个完整的财务管理应用系统。同时,我们应认识到,Excel 在企业财务管理中的应用还远远未被开发完。广大财务人员应加强对 Excel 的学习,挖掘 Excel 在财务管理中的潜能,提高企业的管理水平与经济效益。

本章框架

财务管理总论
- 财务管理的基本概念
  - 财务活动
  - 财务关系
  - 财务管理的环节
  - 财务管理的含义
- 财务管理的目标
  - 企业财务管理目标的选择
  - 不同利益主体财务管理目标的矛盾与协调
- 财务管理的环境
  - 经济环境
  - 法律环境
  - 金融环境

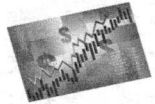

项目 2

计算时间价值与风险价值

任务 2.1　计算资金的时间价值

一、时间价值的概念

【导读】　时间长了,你口袋里的钱会多吗?当然不会。但是放在银行里(借给银行)就会变多,因为会获得利息。这部分利息和什么有关呢?和时间有关,存的时间越长,利息越多;和存入的金额有关,投入越多,利息越多。更重要的是,我们不必因此而承担任何风险,只要存在银行里,就会定期获得利息。我们把超过本金的这部分利息叫做资金的时间价值,即资金随时间的推移而发生的自然的增值。

银行为什么会付给储户利息?因为储户推迟了现在的消费和可能进行的投资,让渡了资金在某段时间的使用权,就需要获得补偿。银行使用储户的钱去放贷,获得了更多的利息,也需要因此付出代价。

【任务一:计算与分析】

目前银行(自 2015 年 10 月 24 日起执行)的活期存款利率、3 个月定期存款利率、6 个月定期存款利率分别是 0.385%、1.43%、1.55%,根据美晨科技股份有限公司第三届董事会第十一次会议《关于使用部分闲置募集资金购买保本型理财产品的议案》,公司于 2015 年 12 月 29 日使用暂时闲置的募集资金 13 500 万元购买上海浦东发展银行股份有限公司利多多现金管理 1 号理财产品,于 2015 年 12 月 30 日使用暂时闲置的募集资金 13 500 万元购买上海浦东发展银行诸城支行保证收益型理财产品,上述理财产品中,上海浦东发展银行股份有限公司利多多现金管理 1 号理财产品已于 2016 年 1 月 7 日赎回,该产品实际理财持续天数为 9 天,实际年化收益率为 2.7%,获得理财收益 89 876.70 元。

请阅读本部分内容后,计算并回答下述问题:

(1) 上海浦东发展银行股份有限公司利多多现金管理 1 号理财产品的理财收益 89 876.70 元是如何计算出来的? 如果将这 13 500 万元存放银行活期存款,将获得利息多少元?

(2) 请问利息计算的基本要素是什么? 银行为什么愿意按存放金额、存放时间的长短和相应的利率支付给储户利息?

(3) 除储蓄存款与保本型理财产品外,银行还推出了各种收益率高达 4%～10% 的非保本理财产品,然而该公司仍选择收益率较低的保本型理财产品,原因是什么?

(一) 时间价值的概念

由于借贷关系的存在,使得资金的所有者借出的资金随着时间的推移而发生自然的增值,这部分增值额就是时间价值。资金的所有者把资金使用权转让给资金的使用者,资金的使用者必须把资金增值的一部分支付给资金的所有者作为报酬,资金占用的金额越大,使用的时间越长,所有者所要求的报酬就越高。

资金的时间价值相当于没有风险和没有通货膨胀条件下的社会平均资金利润率,即纯利率。在一般情况下,可用短期银行存款利率或短期政府债券的利率表示资金的时间价值。时间价值是投资活动的最低利润率,也是使用资金的最低成本率。

(二) 时间价值的来源

资金的时间价值从根本上来源于企业生产经营,是资金在周转过程中形成的价值增值。具体而言,当投资者把钱借给银行,银行会通过贷款的形式再投资,进入实体经济领域,在这个领域中,劳动者通过生产活动创造出有价值的产品,或者提供有价值的服务,再经由流通领域换取更多的资金。因此,也可以认为,时间价值来源于劳动者的劳动所创造的财富。

(三) 表现形式

资金的时间价值是一定量资金在不同时点上价值量的差额,绝对数形式表现为利息,相对数形式表现为利率。

二、时间价值的计算

【导读】 李林正考虑出售一套住房。昨天,有人提出以 50 万元购买。他正准备接受这一报价,又有一人报价 52 万元,但是在 1 年以后付款。他已弄清楚两个买主都是有诚意的,并且均有支付能力。这两个报价绘成如图 2-1 所示的两个现金流。那么李林应该选择哪个报价呢?

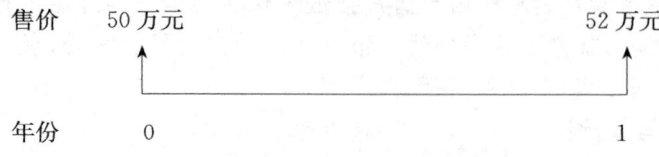

图 2-1　李林售房现金流量图

李林的朋友，在银行理财服务部门工作的小唐建议指出，如果他接受第一个报价，他可以将这 50 万元以 3.5％ 的利率存入银行。这样 1 年后，他可以得到：

$$500\ 000 + (0.035 \times 500\ 000) = 500\ 000 \times 1.035 = 517\ 500(元)$$

因为这一数目要少于第二个报价所出的 52 万元，所以小唐建议他接受后者。在这一分析过程中用到了终值（future value, FV）的概念，在本例中，50 万元的终值是 51.75 万元。

另一种替代的计算方法则用到现值（present value, PV）的概念。通过下面的问题，可以弄清现值的概念：李林需要现在存入银行多少钱才可以在 1 年后得到 52 万元？具体计算如下：

$$PV \times 1.035 = 520\ 000(元)$$

求解 PV，$PV = 520\ 000 \div (1+i) = 530\ 000 \div 1.035 = 502\ 415.5(元)$

"现值分析"告诉我们，1 年后收到的 52 万元，其现值为 502 415.5 元。而第一个报价仅为 500 000 元，这样，通过现值分析，也可以得出李林应接受第二个报价。换句话说，不论终值分析还是现值分析都可以得出同样的结论。

尽管这个例子很简单，但它包含了在后面几个项目中会经常用到的最重要投资价值计算基本原理，同时它涉及时间价值计算的几个基本要素：现值、终值、计息期、利率。

（一）时间价值计算的基本要素

时间价值计算的基本要素包括现值、终值、计息期和利率。

现值也称为本金或初始投入资金，用 P 表示。终值也称为本利和，即本金及利息的和，用 F 表示。现值和终值可以互相转换，终值折现到现在时点上的价值就是现值，而现值复利计算到未来某个时点上的价值就是终值。

计息期是计算利息的时间，用 n 表示。利率是每元钱本金在一定阶段所获得的利息，用 i 表示，利率有月利率、季度利率、年利率等，在不说明的情况下，通常指年利率。

（二）计算方法

1. 单利

采用单利，只对本金计算利息，利息部分不再计息。单利所涉及的计算主要有：

（1）求终值：$F = P \times (1 + n \times i)$，其中 $(1 + n \times i)$ 为单利终值系数。

（2）求现值：$P = F \div (1 + n \times i)$，其中 $1 \div (1 + n \times i)$ 为单利现值系数。

（3）求利息：$I = P \times i \times n = F - P$。

（4）求利率：通过上述公式，在已知 F、P 和 n 的情况下求 i。

（5）求期数：通过上述公式，在已知 F、P 和 i 的情况下求 n。

【例 2-1】　某人将 10 000 元存入银行，单利年利率 2％，求 5 年后的终值？

$$F = 10\ 000 \times (1 + 2\% \times 5) = 11\ 000(元)$$

【例 2-2】　如果银行单利年利率为 2％，要在 5 年后达到 10 000 元，现在应一次性存入多少钱？

$$P = 10\ 000 \div (1 + 2\% \times 5) = 9\ 091(元)$$

【例 2-3】　如果银行单利年利率为 2％，现在存入 10 000 元需要多长时间达到 12 000 元？

$$12\,000 = 10\,000 \times (1 + 2\% \times n)$$

解得：$n = 10$（年）。

【例 2 - 4】　存入 10 000 元希望在 5 年后达到 12 000 元，则银行单利年利率应为多少？

$$12\,000 = 10\,000 \times (1 + i \times 5)$$

解得 $i = 4\%$

【任务二：课堂练习】

（1）如果不考虑风险和通货膨胀因素，1 年后的 100 元钱和 2 年后的 100 元钱谁更值钱？两者相差多少（年利率为 2%，单利计息，以现在为基准进行对比分析）？

（2）某人存款，存入 10 000 元，存期 3 年，年利率 6%，单利计息，到期值是多少？利息额是多少？

（3）某人希望 3 年后能从银行取得 10 000 元，如果年利率 6%，单利计息，现在应一次性存入多少元？

（4）在单利年利率 8% 的前提下，10 000 元的本金需要多长时间能够变成 20 000 元？

2. 复利

采用复利，既对本金计算利息，也对前期的利息计算利息，即"利滚利"。

【导读】　假设一个人准备贷款 10 000 元，1 年后，借款人将欠出借者 10 000 元钱再加上 1 年期的利息。若假定年利率 i 为 6%，借款人共欠：

$$10\,000 \times (1 + i) = 10\,000 \times 1.06 = 10\,600(元)$$

然而，本年度末，放款人有两个选择。他可以要回这 10 600 元，或者说本金的 $(1+i)$ 倍，退出资本市场；他也可以在第 2 年不要回而接着把它借出去。这种把货币留在资本市场并继续出借的过程叫做复利计算（compounding）。

假设出借人决定使他的贷款复利计息，为了这样做，他在得到第 1 年贷款的本利和 10 600 元后，会将其接着贷出，这样，第 2 年年末，借款人将欠他多少钱？

$$10\,000 \times (1 + i) \times (1 + i) = 10\,000 \times (1 + i)^2$$

$$10\,000 \times 1.06 \times 1.06 = 11\,236(元)$$

这就是 2 年中这笔借款按复利计算所能获得的总收入。第 3 年年末，这笔资金就会变成 11 910 元 $[10\,000 \times (1.06)^3]$。表 2-1 以投资 1 元钱本金为例，说明复利比单利对投资价值的作用更大。

表 2 - 1　　　　　　　　年利率为 6% 的投资经过不同时间段的终值　　　　　　　金额单位：元

投资年限（年）	单利计算	复利计算
2	1.12	1.123 6
20	2.20	3.201 7
200	13.00	115 125.900 0
386	24.16	5 862 245 368.640 0

凡是了解复利的人,大都会被其在长期时间所产生的威力所震撼。图 2-2 的故事揭示了复利的威力。

1626年,一群移民用价值24美元的饰物从印地安人手中买下曼哈顿岛,面积约合621 688 320平方英尺。

经过390年后的2016年

现在,按每平方英尺土地价格估计为 20 美元,整个曼哈顿岛的土地现在总价值约 125 亿美元。

假定当时印第安人将 24 美元存入银行,按 6% 的年复利率计算,到 2016 年的今天约 1 776 亿美元,可以买 14.2 个今天的曼哈顿岛。

图 2-2 24 美元买纽约:印第安人吃亏了吗

如图 2-2 所示,24 美元的价值是多少? 现在要用它去买现在土地总价值约 125 亿美元的曼哈顿岛的确是说疯话。但是一旦把这 24 美元放在长期的时空隧道中去,复利的作用会把它放大到不可思议的地步,1.06 的 390 次方和 24 的乘积是 177 622 793 082.56 美元(约 1 776 亿美元),可以买下 14.20 个今天 125 亿美元的曼哈顿岛。在这个故事中,如果将利率由 6% 提高到 10% 的年复利率计算,24 美元经过 390 年到 2016 年的今天竟然是 333 701 726 356 918 000 美元,即 3 337 017 263 亿美元,是 125 亿美元的 2 669 万倍!

复利的计算主要有以下几种情况:

(1) 求终值:$F = P \times (1+i)^n$,其中 $(1+i)^n$ 为复利终值系数,记作 $(F/P, i, n)$。

(2) 求现值:$P = F \div (1+i)^n$,其中 $1 \div (1+i)^n$ 为复利现值系数,记为 $(P/F, i, n)$。

(3) 求利息:$I = F - P = P \times [(1+i)^n - 1]$。

(4) 求利率:i 的计算可通过查复利终值系数表用插值法求解。

(5) 求年限:n 的计算可通过查复利终值系数表用插值法求解。

【例 2-5】 某人将 10 000 元存入银行,复利年利率 2%,求 5 年后的终值?

$$F = 10\ 000 \times (1+2\%)^5 = 10\ 000 \times (F/P, 2\%, 5) = 11\ 041(元)$$

【例 2-6】 如果银行复利年利率为 2%,要在 5 年后达到 10 000 元,现在应一次性存入多少钱?

$$P = 10\ 000 \div (1+2\%)^5 = 10\ 000 \times (P/F, 2\%, 5) = 9\ 057(元)$$

【例 2 - 7】 如果银行复利年利率为 2%,现在存入 10 000 元需要多长时间达到 12 000 元?

按复利计息:$12\,000 = 10\,000 \times (1 + 2\%)^n$

查复利终值系数表有:

$$(F/P, 2\%, 9) = 1.195\,1; \quad (F/P, 2\%, n) = 1.2; \quad (F/P, 2\%, 10) = 1.219\,0$$

$$(n - 9) \div (10 - 9) = (1.2 - 1.195\,1) \div (1.219\,0 - 1.195\,1)$$

$$n = 9.21(年)$$

【例 2 - 8】 存入 10 000 元,希望在 5 年后达到 12 000 元,则银行复利年利率应为多少?

按复利计息:$12\,000 = 10\,000 \times (1 + i)^5$

查复利终值系数表有:

$$(F/P, 3\%, 5) = 1.159\,3; \quad (F/P, i, 5) = 1.2; \quad (F/P, 4\%, 5) = 1.216\,7$$

$$(i - 3\%) \div (4\% - 3\%) = (1.2 - 1.159\,3) \div (1.216\,7 - 1.159\,3)$$

$$i = 3.71\%$$

注意:以后非特别说明,资金时间价值的计算一般以复利为基础。

【任务三:课堂练习】

(1) 如果不考虑风险和通货膨胀因素,1 年后的 100 元钱和 2 年后的 100 元钱谁更值钱? 两者相差多少(年利率为 2%,复利计息,以现在为基准进行对比分析)?

(2) 某人存款,存入 10 000 元,存期 3 年,年利率 6%,复利计息,到期值是多少?

(3) 某人希望 3 年后能从银行取得 10 000 元,在年利率 6% 的条件下,复利计息,现在应一次性存入多少钱?

(4) 在年复利率 8% 的前提下,10 000 元的本金需要多长时间能够变成 20 000 元?

 【知识链接——"72 法则"的认识与应用】

Bill Veeck 曾用 1 000 万美元购买了 Chicago White Sox,并在 5 年后以 2 000 万元的价格卖出。简而言之,他在 5 年内使他的钱倍增了。那么,Veeck 这项投资的报酬率是多少呢?

处理使自己财富倍增的复利问题,一个快捷的方法是利用"72 法则":用数字 72 去除投资年限 n,就得到了近似的利息率 I,该利息率保证使投资资金在 n 年内增加 1 倍。上例中,有:$72 \div 5 = 14.4\%$。如果 Veeck 将这笔投资用于利率为 6% 的储蓄,则他需要等上 $72 \div i$ 年,即 12($72 \div 6$),才能使他的投资翻一番。

注意:"72 法则"给出了使资金倍增所要求的利率或投资期数,该法则计算结果并不精确,如上例中,准确的计算结果分别是 14.87% 与 11.9 年。尽管它不准确,但对那些近似的用口算的资金倍增问题,"72 法则"是相当方便的。

三、年金

【导读】 年金是一种常见的现金流量形式,如每月等额支付的房贷额、每月支付的养老保险金、每月领取的等额工资、每年支付的等额设备租金等,这些都属于年金的形式。在实际经济生活中,常常会遇到计算一系列等额收付额的现值或终值的问题,或在已知现值或终值的情况下,计算每月等额收付额的情况。例如,贷款40万元的住房按揭,20年内每月等额本息还款,在年利率6%的情况下每月应偿还多少钱? 这个每月等额偿还的房贷额就是年金,40万元的按揭贷款就是年金的现值。

(一) 年金的概念及分类

1. 概念

年金是在相等的时间间隔内、等额收支的系列款项。年金一般用符号A表示。例如,购买商品的等额分期付款,分期等额偿还贷款,每月相同的养老金收入等,都属于年金收付形式。

2. 分类

按照收付次数和支付时间,年金可以划分为普通年金、即付年金、递延年金、永续年金。

普通年金也称后付年金,是收入或支出在每期期末发生的年金。

即付年金也称预付年金,是收入或支出在每期期初发生的年金。

递延年金是年金的首次收付发生在m期($m \geqslant 2$)之后的普通年金。

永续年金是收入或支出有无限次的普通年金。其收付的次数$n \rightarrow \infty$。

(二) 普通年金时间价值的计算

1. 普通年金的终值

普通年金终值的计算示意图如图2-3所示。

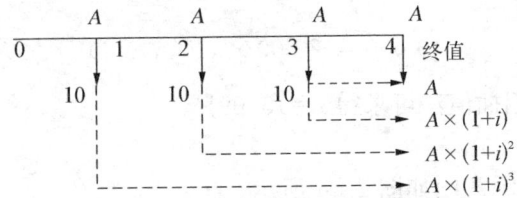

图2-3　普通年金终值的计算示意图

普通年金终值的计算公式如下:

$$F_n = A \frac{(1+i)^n - 1}{i}$$

其中,$\dfrac{(1+i)^n - 1}{i}$为年金终值系数,记作$(F/A, i, n)$,表示年金1元、利率为i、经过n期的年金终值是多少,可以通过查年金终值系数表得到。

年金终值计算公式的应用有以下四种情况:

(1) 求年金终值: 已知A, i, n,求F_n。

$$F_n = A \frac{(1+i)^n - 1}{i} = A(F/A, i, n)$$

(2) 求年金: 已知F_n, i, n,求A。

$$A = F_n \div \frac{(1+i)^n - 1}{i} = F_n \div (F/A, i, n) = F_n(A/F, i, n)$$

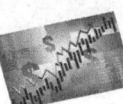

其中，$1 \div \dfrac{(1+i)^n - 1}{i}$ 为年金终值系数的倒数，称为偿债基金系数，记为 $(A/F, i, n)$。

（3）求利率：已知 A，F_n，n，求 i。利用年金终值系数表采用插值法求解。

（4）求年限：已知 A，F_n，i，求 n。利用年金终值系数表采用插值法求解。

【例 2 - 9】 某人准备每年年末存入银行 10 万元，连续存 3 年，存款利率为 5%，求第 3 年年末账面本利和为多少？

$$F = 10 \times (F/A, 5\%, 3) = 10 \times 3.152\ 5 = 31.525（万元）$$

【例 2 - 10】 某人拟在 5 年后还清 10 000 元债务，从现在起每年年末等额存入银行一笔款项。假设银行利率为 10%，则每年需要存入多少钱？

$$A = 10\ 000 \div (F/A, 10\%, 5) = 10\ 000 \div 6.105\ 1 = 1\ 637.98（元）$$

【例 2 - 11】 每年年末存入银行 2 000 元，如果年利率为 6%，需要多长时间攒到 10 000 元？

$$10\ 000 = 2\ 000 \times (F/A, 6\%, n)$$

查年金终值系数表，用插值法可求得 $n = 4.50$（年）。

【例 2 - 12】 每年年末存入银行 2 000 元，问年利率为多少的情况下能在第 4 年年末攒到 10 000 元？

$$10\ 000 = 2\ 000 \times (F/A, i, 4)$$

查年金终值系数表，用插值法可求得 $i = 15.09\%$。

2. 普通年金的现值

普通年金现值的计算示意图如图 2 - 4 所示。

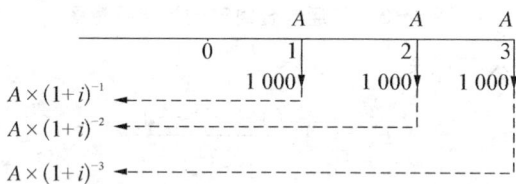

图 2 - 4　普通年金现值的计算示意图

普通年金现值的计算公式如下：

$$P_n = A\ \frac{1 - (1+i)^{-n}}{i}$$

其中，$\dfrac{1 - (1+i)^{-n}}{i}$ 被称为年金现值系数，记做 $(P/A, i, n)$，表示年金 1 元、利率为 i、经过 n 期的年金现值是多少，可以通过查年金现值系数表得到。

年金现值计算公式的应用有以下四种情况：

（1）求年金现值：已知 A，i，n，求 P_n。

$$P_n = A\ \frac{1 - (1+i)^{-n}}{i} = A(P/A,\ i,\ n)$$

（2）求年金：已知 P_n, i, n，求 A。

$$A = P_n \div \frac{1-(1+i)^{-n}}{i} = P_n \div (P/A, i, n) = P_n(A/P, i, n)$$

其中，$1 \div \frac{1-(1+i)^{-n}}{i}$ 为年金现值系数的倒数，称为投资回收系数，记为 $(A/P, i, n)$。

（3）求利率：已知 P, F, n，求 i。利用年金终值系数表采用插值法求解。

（4）求年限：已知 P, F, i，求 n。利用年金终值系数表采用插值法求解。

【例 2-13】　某人要出国 3 年，请你代付 3 年房屋的物业费，每年年末支付 10 000 元，若存款利率为 3%，现在他应给你在银行存入多少钱？

$$P = 10\ 000 \times (P/A, 3\%, 3) = 10\ 000 \times 2.828\ 6 = 28\ 286(元)$$

【例 2-14】　李小姐准备购买一套住房，开发商提出两种支付方案：方案一是现在一次性支付 24 万元；方案二是分 10 年每年年末等额分期付款购买。目前银行利率是 6%，若李小姐选择等额分期付款购买的话，每年年末应支付多少钱？

$$A = P \div (P/A, 6\%, 10) = 240\ 000 \div 7.360\ 1 = 32\ 608.25(元)$$

【例 2-15】　某企业借得 1 000 万元的贷款，在年利率 8% 的利率条件下每年年末等额偿还本息 200 万元，问需要多长时间能清偿全部债务？

$$P = A \times (P/A, i, n)$$
$$1\ 000 = 200 \times (P/A, 8\%, n)$$

查年金现值系数表，用插值法可求得 $n = 6.65$（年）。

【例 2-16】　借款 40 万元，从现在开始 20 年内每年偿还 40 000 元，问实际借款利率是多少？

$$400\ 000 = 40\ 000 \times (P/A, i, 20)$$

查年金现值系数表，用插值法可求得 $i = 7.76\%$。

【任务四：课堂练习】

（1）企业投资某基金项目，每年年末投入金额为 10 000 元，该基金项目的投资年收益率为 12%，投资的年限为 8 年，如果企业一次性在最后 1 年收回投资额及收益，则企业最终可收回多少资金？

（2）某公司于第 1 年年初借款 20 000 元，每年年末还本付息额均为 4 000 元，连续 9 年还清，借款利率为多少？

（3）某投资项目每年有 10 万元的投资收益，在投资收益率为 10% 的条件下，企业希望最后一次性回收资金 100 万元，则该投资项目的投资年限不得少于多少年？

（4）某投资项目目前投资 40 万元，计划每年有 8 万元的收益，在资金成本率为 8% 的条件下，投资回收期为多少年？

（三）预付年金时间价值的计算

预付年金的现金流量示意图如图 2-5 所示。

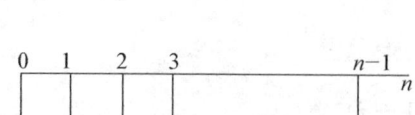

图 2－5　预付年金的现金流量示意图

1. 预付年金的终值

方法一：直接在普通年金的基础上乘以 $(1+i)$。预付年金终值比普通年金多计 1 期利息，所以，预付年金终值 $F_n＝$ 普通年金终值 $F_n×(1+i)$。

方法二：在 0 时点之前虚设 1 期，假设其起点为 $0'$，同时在第 n 年年末虚设 1 期年金值，使其满足 $(n+1)$ 期普通年金的特点，最后将虚设的 n 期期末的年金值扣除。

【任务五：课堂练习】

请自行推导上述计算公式，然后核对答案。

方法一：$F = A(F/A,i,n)(1+i)$

方法二：$F = A[(F/A,i,n+1)-1]$

【例 2－17】　为给儿子上大学准备资金，王先生连续 6 年于每年年初存入银行 3 000 元。若银行存款利率为 5%，则王先生在第 6 年年末能一次取出本利和多少钱？

$$F_n = 3\,000×(F/A,5\%,6)×(1+5\%)$$

或：
$$= 3\,000×[(F/A,5\%,7)-1]$$
$$= 3\,000×(8.142\,0-1)$$
$$= 21\,426(元)$$

2. 预付年金的现值

方法一：直接在普通年金的基础上乘以 $(1+i)$。预付年金比普通年金少折现 1 年，所以，预付年金现值 $F_n＝$ 普通年金现值 $F_n×(1+i)$。

方法二：先假设起点的年金值没有，视作 $(n-1)$ 期普通年金的现值计算，最后再将起点的年金加上。

【任务六：课堂练习】

请自行推导上述计算公式，然后核对答案。

方法一：$P = A(P/A,i,n)(1+i)$

方法二：$P = A[(P/A,i,n-1)+1]$

【例 2－18】　张先生采用分期付款方式购入商品房一套，每年年初付款 15 000 元，分 10 年付清。若银行利率为 6%，该项分期付款相当于一次现金支付的购买价是多少？

$$P = 15\,000×(P/A,6\%,10)×(1+6\%)$$

或：
$$=15\,000×[(P/A,6\%,9)+1]$$
$$=15\,000×(6.801\,7+1)$$
$$=117\,025.5(元)$$

【任务七：课堂练习】

(1) 张先生购买商业养老保险，每年年初支付保险金 10 000 元，10 年期。若年复利率为

6%，该保险费若改为现在一次性交清，则保险公司的报价应为多少？

（2）张先生购买的上述养老保险第10年年末的总价值是多少？

（3）张先生购买上述养老保险的保险利益是，从第11年年末到第30年年末每年可领取养老保险金10 000元，问张先生保险利益领取期间的收益率是多少？

（四）递延年金时间价值的计算

递延年金是首次收付在第2期期末或以后，即递延了若干期的普通年金。递延年金的现金流量示意图如图2-6所示。

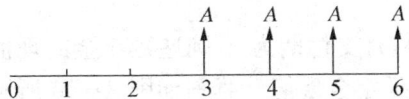

图2-6　递延年金的现金流量示意图

1. 递延年金的终值

假定递延期为m，支付期为n，计算递延年金的终值相当于计算n期普通年金的终值，即递延年金的终值只与A的次数有关，或与n的期数有关，与递延期无关。递延年金的终值计算公式如下：

$$F_n = A \frac{(1+i)^n - 1}{i} = A(F/A, i, n)$$

【例2-19】　投资者拟购买一处房产，开发商提出了三个付款方案：

方案一：从现在起15年内每年年末支付10万元。

方案二：从现在起15年内每年年初支付9.5万元。

方案三：前5年不支付，第6年起到第15年每年年末支付18万元。

假设按银行贷款利率10%复利计息，若用终值方式比较，哪种付款方式对买家有利？

方案一：其现金流量示意图如图2-7所示。

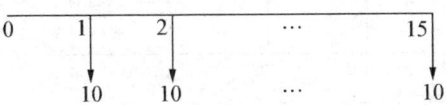

图2-7　方案一的现金流量示意图

$$F = 10 \times (F/A, 10\%, 15) = 10 \times 31.772 = 317.72（万元）$$

方案二：其现金流量示意图如图2-8所示。

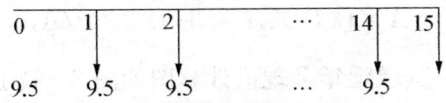

图2-8　方案二的现金流量示意图

$$F = 9.5 \times (F/A, 10\%, 15) \times (1 + 10\%) = 332.02（万元）$$

方案三：其现金流量示意图如图2-9所示。

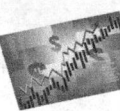

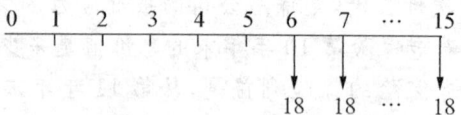

图 2 - 9 方案三的现金流量示意图

$$F = 18 \times (F/A, 10\%, 10) = 18 \times 15.937 = 286.87(万元)$$

从上述计算可得出,采用方案三对买家有利。

2. 递延年金现值

假定递延年金的递延期为 m,支付期为 n,则递延年金的现值计算方法有如下三种:

方法一(两次折现):其递延年金现值计算图如图 2 - 10 所示。

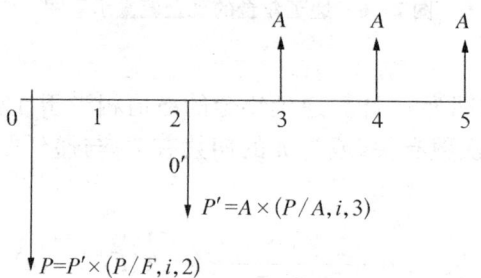

图 2 - 10 方法一的递延年金现值计算图

$$P = A \times (P/A, i, 3) \times (P/F, i, 2)$$

得:
$$P = A \times (P/A, i, n) \times (P/F, i, m)$$

方法二(先加后减):其递延年金现值计算图如图 2 - 11 所示。

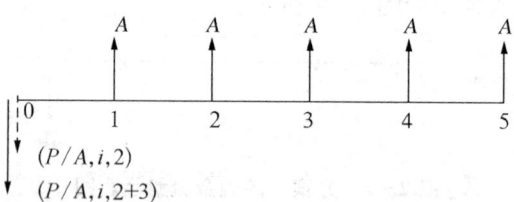

图 2 - 11 方法二的递延年金现值计算图

$$P = A \times (P/A, i, 5) - A \times (P/A, i, 2)$$

得:
$$P = A \times [(P/A, i, m+n) - (P/A, i, m)]$$

方法三(先终值后现值):其递延年金现值计算图如图 2 - 12 所示。

$$P = F \times (P/F, i, 5)$$

$$P = A \times (F/A, i, 3) \times (P/F, i, 5)$$

得:
$$P = A \times (F/A, i, n) \times (P/F, i, n+m)$$

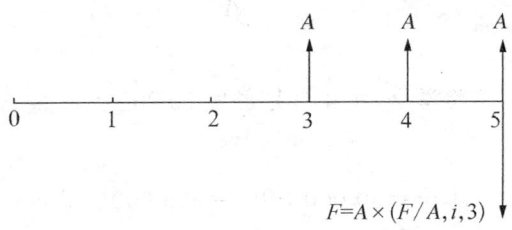

图 2-12　方法三的递延年金现值计算图

【例 2-20】　某企业向银行借入一笔款项,银行贷款的年利率为 10%,每年复利一次。银行规定前 10 年不用还本付息,但从第 11~第 20 年每年年末偿还本息 5 000 元。试计算这笔款项的现值。

其递延年会现值计算图如图 2-13 所示。

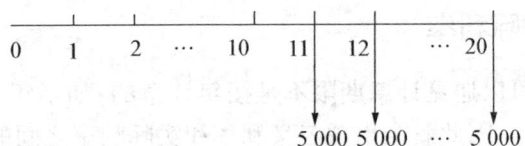

图 2-13　递延年金现值计算图

$$P = 5\ 000 \times (P/A, 10\%, 10) \times (P/F, 10\%, 10) = 11\ 860(元)$$

或：$$P = 5\ 000 \times (P/A, 10\%, 20) - 5\ 000 \times (P/A, 10\%, 10) = 11\ 845(元)$$

或：$$P = 5\ 000 \times (F/A, 10\%, 10) \times (P/F, 10\%, 20) = 11\ 841(元)$$

不同计算方法的计算结果存在误差,是因小数点的尾数造成的。

【任务八：课堂练习】

(1) 有人在期初存入一笔资金,存满 6 年后,每年年初取出 1 000 元,则递延期为(　　)年。

A. 7　　　　　　　B. 6　　　　　　　C. 5　　　　　　　D. 4

(2) 某公司拟购置一处房产,房主提出两种付款方案：① 从现在起,每年年初支付 20 万元,连续付 10 次,共 200 万元。② 从第 5 年开始,每年年初支付 25 万元,连续支付 10 次,共 250 万元。假设该公司的资本成本率(即最低报酬率)为 10%,用现值方法比较,你认为该公司应选择哪个方案?

(五)永续年金时间价值的计算

永续年金是指无限期连续等额收付款项的特种年金。永续年金可视为普通年金的特殊形式,即期限趋于无穷大的普通年金。

永续年金只有现值没有终值。永续年金的现金流量示意图如图 2-14 所示。

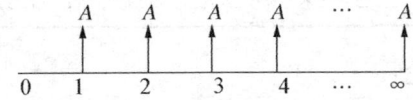

图 2-14　永续年金的现金流量示意图

永续年金现值的计算公式如下：

$$P = \frac{A}{i}$$

【例 2-21】　某项永久性奖学金,每年计划颁发 50 000 元奖金,若年利率为 8%,该奖学金的本金应为多少?

$$本金 = 50\ 000 \div 8\% = 625\ 000(元)$$

【任务九:课堂练习】

(1) 张先生拟在其母校设立一项永久性奖学金。奖学金每年年末发放一次,年奖金合计 30 000 元。若年利率为 2%,问张先生要投资多少钱作为奖励基金?

(2) 无论企业盈亏情况如何,某优先股的年固定股利为 2 元/股,在年利率 2% 的前提下,该优先股的理论价值应该是多少?

四、名义利率与实际利率

在实际生活中,通常可以遇见计息期限不是按年计息的,如半年付息(计息)一次、每季度复利一次、每月复利一次等,因此就会出现名义利率和实际利率之间的不同。名义利率的计算公式如下:

$$名义利率 = 周期利率 \times 年内复利次数$$

如果 1 年只复利一次,则名义利率与实际利率相同。实际利率与名义利率的换算公式如下:

$$i = (1 + r \div m)^m - 1$$

其中:i 为实际利率,即每年复利一次的利率;r 为名义利率,即每年复利超过一次的利率;m 为年内计息次数;$r \div m$ 为每期利率。

【任务十:课堂练习】　请通过计算验证表 2-2 的数据。

表 2-2　　　　　　　　　　　　　实际利率计算表

计息期	年内复利次数	实际利率(1元1年后复利终值)
1 年	1	$S = 1 \times (1 + 12\%) - 1 = 1.12 - 1 = 12\%$
半年	2	$S = 1 \times (1 + 12\% \div 2)^2 - 1 = 1.123\ 6 - 1 = 12.36\%$
季度	4	$S = 1 \times (1 + 12\% \div 4)^4 - 1 = 1.125\ 5 - 1 = 12.55\%$
月	12	$S = 1 \times (1 + 12\% \div 12)^{12} - 1 = 1.126\ 8 - 1 = 12.68\%$
天	365	$S = 1 \times (1 + 12\% \div 365)^{365} - 1 = 1.127\ 5 - 1 = 12.75\%$

由表 2-2 可得出如下结论:

若每年计息一次:实际利率 = 名义利率。

若每年计息多次:实际利率 > 名义利率。

【例 2-22】　一项 500 万元的借款,借款期为 5 年,年利率为 8%,若每半年复利一次,试问年实际利率会高出名义利率多少?

$$i = (1 + r \div m)^m - 1 = (1 + 8\% \div 2)^2 - 1 = 8.16\%$$

年实际利率会高出名义利率 0.16%。

【例 2-23】　某企业于年初存入 10 万元,在年利率 10%、每半年复利计息一次的情况下,到第 10 年年末,该企业能得到的本利和是多少?

$$i = (1 + r \div m)^m - 1 = (1 + 10\% \div 2)^2 - 1 = 10.25\%$$

$$F = 10 \times (1 + 10.25\%)^{10} = 26.53(万元)$$

这种方法先计算以年利率表示的实际利率,然后按复利计息年数计算到期本利和,由于计算出的实际利率百分数往往不是整数,不利于通过查表的方式计算到期本利和。因此可以考虑:

$$F = 10 \times (1 + r \div m)^{m \times n} = 10 \times (1 + 10\% \div 2)^{20} = 26.53(万元)$$

【任务十一:课堂练习】

(1) 企业向银行借入一笔金额为 480 000 元、期限为 2 年、年利率为 8% 的款项,但银行要求每季复利一次,则企业该笔借款的实际利率为多少? 2 年后的本利和为多少?

(2) 某人在 20×2 年 1 月 1 日存入银行 1 000 元,年利率为 12%。试计算:① 每年复利一次,20×5 年 1 月 1 日存款账户余额是多少? ② 每季度复利一次,20×5 年 1 月 1 日存款账户余额是多少?

(3) 指出下列各项系数之间的关系:① 复利终值系数、复利现值系数。② 普通年金现值系数、普通年金终值系数。③ 偿债基金系数、普通年金终值系数。④ 投资回收系数、普通年金现值系数。⑤ 预付年金终值系数、预付年金现值系数。

任务 2.2　分析资金的风险价值

一、风险的概念与特征

【情境描述】　假定你与别人打赌,打赌的事件分别为:① 向空中抛出一块石头,赌事件的结果是石头必然落地。② 向空中抛出一枚 1 元的硬币,赌事件的结果是硬币落地后国徽那一面朝上。③ 向空中抛出一枚 6 面的点数分别为 1、2、3、4、5、6 点的骰子,赌事件的结果是骰子落地后点数为 6 点那一面朝上。④ 向空中抛出一枚 6 面的点数分别为 1、2、3、4、5、6 点的骰子,赌事件的结果是骰子落地后点数为 8 点那一面朝上。

【任务十二:讨论与回答】

(1) 如果以概率衡量,请问以上四个打赌事件胜算的概率各是多少?

(2) 自然界的事件按其发生的结果可以分为三类:必然事件、随机事件、不可能性事件。① 必然事件是指在一定条件下必然要发生的事件,即在该条件下事件只有一种确定的结果,该结果出现的可能性是 100%。② 不可能事件是指在一定条件下不可能发生的事件,即在该条件下不可能出现某种结果,某种结果出现的可能性为 0。③ 随机事件:在一定条件下可能发生也可能不发生某种结果的事件,即在一定条件下和一定时期内,某一事件具有多种可能结

果,其中任何一种结果出现的概率都大于 0 而小于 1,随机事件也称为风险事件。

请问情境描述中的四个打赌事件分别属于三类事件中的哪类事件?

(3) 情境描述中的事件②、事件③是风险事件还是不确定事件? 请分别再举出一个风险事件与不确定性事件。

(一)概念

风险是指在一定条件下和一定时期内,某一事件不能达到预期结果的可能性,即事件的不确定性。风险与不确定性如图 2 - 15 所示。

图 2 - 15　风险与不确定性

严格地说,风险事件与不确定性事件是有区别的。风险是指事前可以知道所有可能的结果,以及每种结果的概率;不确定性指事前不知道所有可能的结果,或虽知道可能结果但不知它们出现的概率。但在面对实际问题时,两者很难区分,风险问题的概率往往不能准确知道,不确定性问题也可以估计一个概率,因此,在实务领域,对风险和不确定性不作区分,都视为"风险"问题对待。

风险可能给投资人带来超出预期的收益,也可能带来超出预期的损失。一般而言,投资人对意外损失的关切,比对意外收益要强烈得多,因而人们研究风险时侧重减少损失,主要从不利的方面来考察风险,经常把风险看成是不利事件发生的可能性。因此,从财务的角度来说,风险主要指无法达到预期报酬的可能性。

(二)特征

1. 概率特征

事件有若干种可能结果:各结果出现的概率在 0～1;各种可能结果出现的概率总和为 1。

2. 时期性特征

风险的大小随着时间的延续而变化,是"一定时期内"的风险,随着时间的延续,不确定性在缩小,风险也在缩小,项目完成,其结果也就完全肯定了。

3. 客观性特征

风险是事件本身的不确定性,具有客观性。比如,购买股票比国库券收益的不确定性要大;就投资购买股票而言,你在什么时间买,买一种或哪几种股票,各买多少,风险是不一样的。

但这些问题一旦决定下来,你所承担的风险大小也就确定下来了。也就是说,风险是客观的,你是否打算冒风险,以及你打算冒多大程度的风险,是可以选择的。

二、风险的分类

【导读】　人们常说不能把所有鸡蛋放在一个篮子里,因为把所有鸡蛋放在一个篮子,可能会因为偶然的因素导致这个篮子倒掉,从而有使全部鸡蛋摔碎的风险;但是如果把一个鸡蛋放在一个篮子里,则因为某个偶然因素的存在而导致全部篮子都倒掉,摔碎全部鸡蛋的风险就几乎降为零。这种偶然的特有事件造成某个篮子倒掉的风险就是非系统风险,非系统风险可以通过多元化投资分散。但是,一旦龙卷风来临,所有篮子就无一例外要倒掉,龙卷风这类涉及所有篮子(投资对象)的风险因素,就是系统风险,系统风险无法通过多元化投资分散。系统风险与非系统风险如图2-16所示。

图2-16　系统风险与非系统风险

一般来说,风险可分为两类:一类是系统风险,另一类是非系统风险。

(一) 系统风险

系统风险源于企业之外、影响所有企业、涉及所有投资对象的因素引起的风险,如战争、经济衰退、通货膨胀、高利率等与政治、经济和社会相联系的风险。系统风险是不能通过多角化投资而分散的,因此又称为不可分散风险、市场风险或不可控制风险。

造成市场系统风险的内因是市场内部缺陷,促使系统风险集中爆发的外部因素则可能来自经济、社会、政治等多个方面。对企业而言,由于非系统风险是完全可以通过合理的投资组合而得到分散的,因此企业必须更关注项目的系统风险,项目的系统风险越高,要求的回报率也越高。

(二) 非系统风险

非系统风险源于企业本身的商业活动和财务活动,它是发生于特定企业或特定行业的特有事件造成的风险,如企业的管理水平、研究与开发、广告推销活动、消费者口味的改变、法律

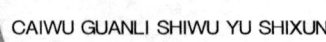

诉讼等,可以通过多元化投资组合而分散,因此非系统风险又称为可分散风险、公司特有风险、或可控制风险。市场风险不能通过多元化投资分散,企业特有风险通过充分市场组合可完全抵销。

非系统风险根据成因不同,可以分为经营风险(商业风险)和财务风险(筹资风险)。

1. 经营风险

经营风险是生产经营的不确定性带来的风险。它是任何商业活动都有的,也叫商业风险。经营风险主要来自生产经营过程中,供、产、销各个环节的不确定性因素导致的企业收益的不确定性,如市场需求、市场价格、材料、人工成本、生产技术等方面的不确定性因素。

2. 财务风险

财务风险是指由于借款而导致的到期不能还本付息的风险。它是筹资决策带来的风险,也叫筹资风险。财务风险只是加大了经营风险,没有经营风险就没有财务风险。

【情景描述】

山东美晨科技股份有限公司 2011 年 6 月份股票发行的招股说明书中,提醒投资者特别注意下列风险:

(1)受汽车行业影响的风险。目前,汽车行业属于高速增长行业。若未来汽车行业出现增速减缓或负增长的情形,将对发行人的业绩增长造成不同程度的影响。

(2)主要原材料价格波动风险。在可预见的未来,橡胶和钢材价格的波动会对公司产品的成本产生有利或者不利的影响,从而使公司的经营存在一定的波动性。

(3)税收优惠的风险。公司 2007 年度所得税税率为 33%,公司在 2008—2010 年 3 年内享受 15% 的所得税优惠税率。如果未来公司不再被认定为高新技术企业,公司的所得税费用率可能上升,将对公司经营成果产生一定影响。

(4)高速成长带来的管理风险。本次发行结束后,如果公司管理层素质及管理水平不能适应公司规模迅速扩张的需要,将削弱公司的市场竞争力,存在规模迅速扩张导致的管理风险。

(5)募集资金投资项目的市场风险。本次募集资金投资项目建成后,各产品产能均能有较大幅度提高。如果后期市场情况发生不可预见的变化,或者公司不能有效地与主要客户开展新产品的开发合作,将存在因产能扩大无法消化而导致的产品销售风险。

【任务十三:讨论回答】 以上风险分别属于系统风险、非系统风险(经营风险、财务风险)中的哪类风险?

三、风险与报酬

【导读】 美国教授埃博斯顿(Ibbotson)对股票、债券、国库券等五种重要金融工具的历年报酬率进行了比较研究。研究的结果表明,存在无风险报酬与风险报酬两种收益,进而也产生了无风险利率与风险报酬率两种相对收益率指标。他研究选择的五种投资对象分别是:

(1)普通股:以标准普尔综合指数为基础,包括美国市值最大的 500 家公司。

(2)小型资本化股票:由在纽约证券交易所上市的股票,取市值最后的 15% 组成。

(3)长期公司债:期限为 20 年的优质公司债券。

（4）长期政府债券：期限为 20 年的美国政府债券组合。

（5）美国国库券：期限为 3 个月的国库券组合。

这五种投资对象的收益如表 2-3 所示。

表 2-3　　　　　　　　　　　五种投资对象的收益

资产名称	算术平均报酬率	超额收益率
普通股	12.9%	9.1%
小型资本化股票	17.4%	13.6%
长期公司债券	6.1%	2.3%
政府债券	5.3%	1.5%
国库券	3.8%	0

从表 2-3 中可知，小型资本化股票的报酬率最高，但其风险最大；国库券在 1 年内到期，而且是政府通过征税来支付这部分债务，只要国家不灭亡，就没有风险。因此，国库券的收益称为无风险报酬或无风险收益；相对应的，这种收益与投入本金的比率也就成为无风险利率或无风险收益率。

无风险收益没有任何投资技术都可以得到，这是最容易的投资，也是一个最低收益的标准。一个最有意思的比较就是把其他资产投资的收益与无风险收益对比，高出无风险收益以上部分，就称为风险报酬，即风险资产投资收益与无风险收益之差。人们冒风险投资，就是看到了这种风险收益。

（一）风险报酬的概念

风险事件具有客观性。对于投资者而言，是可以选择是否去冒风险以及冒多大程度的风险。为什么有人愿意冒着高风险进行投资呢？这是因为冒着风险投资可以得到风险报酬。风险报酬就是人们冒着风险而去投资所得到的高于无风险报酬以上的额外收益。风险报酬的表现形式为风险报酬额或风险报酬率。投资报酬率的计算公式如下：

$$投资报酬率＝纯利率＋通货膨胀补偿率＋风险报酬率$$
$$＝无风险报酬率＋风险报酬率$$

在不考虑通货膨胀的情况下，投资报酬率的计算公式如下：

$$投资报酬率＝资金时间价值＋风险报酬率$$

（二）风险与报酬的关系

风险和报酬的基本关系是：风险越大，要求的报酬率越高。两者的关系可以用计算公式表示如下：

$$风险报酬率＝风险报酬斜率×风险程度$$

风险报酬斜率取决于全体投资者的风险回避态度，如果大家都愿意冒险，风险报酬斜率就小，风险溢价不大；如果大家都不愿冒险，风险报酬斜率就大，风险附加值就比较大。具体可以参考以往同类项目的历史资料通过统计方法来测定。风险与报酬率的关系如图 2-17 所示。

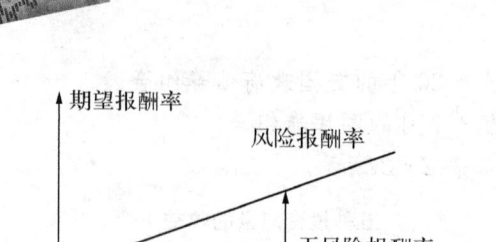

图 2-17　风险与报酬率的关系

【课堂活动——测测你的风险态度】

按投资者对风险的不同态度,可以把投资者分为三种类型:风险偏好型、风险中立型、风险厌恶型。请完成以下测试,以明确自己对风险的态度。

如图 2-18,王明参加一个电视活动,他拥有一次对这两扇门的选择权,其中一扇门内有价值人民币 1 万元的礼物,另一扇门内空无一物。若他有幸选中 1 万元礼物的门,则 1 万元礼物归他所有;否则,就将一无所获。但在他作出选择前,李东愿意出 3 000 元购买他的选择权,如果你是王明,你会接受这 3 000 元而放弃后面对两扇门的选择权吗? 如果你是李东,你愿意花 3 000 元购买李东的选择权吗? 你最多愿意出价多少购买李东的选择权?

图 2-18　风险态度测试

四、风险的衡量

【导读】 有一个果贩,想预测来年苹果的价格:前年 1 元/千克,去年 2 元/千克,今年 3 元/千克。明年苹果的价格大约是多少? 能确定吗? 有几种可能性?

预测过程如下:1 元的可能性是 20%,2 元的可能性是 30%,3 元的可能性是 40%,4 元的可能性是 10%,平均的结果是 2.4 元/千克($1×20\%+2×30\%+3×40\%+4×10\%$),这个结果能确定吗? 不确定性有多大? 不确定性可以用每种可能结果与预期结果的偏差表示,即离散程度,离散程度包括方差、标准离差和标准离差率。

$(1-2.4)^2×0.2+(2-2.4)^2×0.3+(3-2.4)^2×0.4+(4-2.4)^2×0.1=0.84$ 称为方差;$\sqrt{0.84}=0.9165$ 称为标准离差;$0.9165÷2.4=0.38$ 称为标准离差率,表示每 1 元钱预

期收益所承担的风险大小。

假设果贩的风险报酬系数为2(他承担风险的能力越差,这个值越大),则他要求的风险报酬为 0.76 元(2×0.38),要求的通货膨胀补贴为 0.5 元,保本的价格,暂且认为是时间价值为 1 元,则他要求的价格为 2.26 元(1+0.5+0.76)。2.4 元>2.26 元,果农愿意承担风险来年去卖水果。

风险大小是指收益率的各种可能值对预期值的偏离程度。衡量风险的指标主要有概率分布、离散程度(包括方差、标准差、标准离差率)等。

(一)概率分布

风险衡量可以利用收益率分布图的离散情况来判断,即概率分布图。用 X 表示随机事件,X_i 表示随机事件的第 i 种结果,P_i 为出现该种结果的概率。两种概率分布图如图 2-19 和图 2-20 所示。

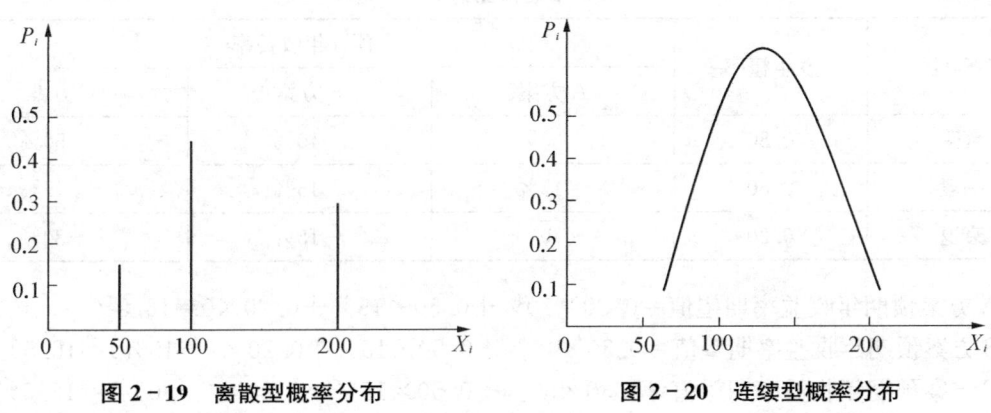

图 2-19　离散型概率分布　　　　图 2-20　连续型概率分布

每种结果的概率必须符合下列两项要求:① $0 \leqslant P_i \leqslant 1$。② $\sum P_i = 1$。

(二)期望值

期望值是一个概率分布中的所有可能结果以各自相应的概率为权数,计算出的加权平均值,反映出投资者的合理预期,是事件最有可能出现的结果。其计算公式如下:

$$E(R) = \sum R_i \times P_i$$

值得注意的是,期望值只能衡量平均收益水平而不能衡量风险。

(三)离散程度

离散程度是用于衡量风险大小的统计指标。一般来说,离散程度越大,风险越大;离散程度越小,风险越小。反映随机变量离散程度的常用指标主要有方差、标准差、标准离差率三项指标。

1. 方差

方差是用来表示随机变量与期望值之间离散程度的一个数值。其计算公式如下:

$$\sigma^2 = \sum [R_i - E(R)]^2 \times P_i$$

2. 标准差

标准差也称标准离差或均方差,是方差的平方根,即 σ。

方差和标准差都是以绝对数衡量某种资产的全部风险,在预期收益率相同的情况下,方差或标准差越大,风险越大;相反,方差或标准差越小,风险越小。由于标准差或方差指标衡量的

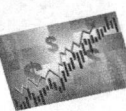

是风险的绝对大小,因而不适用于比较具有不同的预期收益率的资产的风险。

3. 标准离差率

标准离差率是标准差同期望值之比,其计算公式如下:

$$V = \sigma \div E(R)$$

标准离差率以相对数衡量资产的全部风险的大小,它表示每单位预期收益所包含的风险。标准离差率可以用来比较具有不同的预期收益率的资产的风险。在预期收益率不同的情况下,标准离差率越大,资产的相对风险越大;反之,则相反。

【例 2 - 24】 某企业准备投资开发一新产品,现有三个方案可供选择,根据市场预测列出表 2 - 4。请计算三个方案的期望值、标准差和标准离差率,并进行风险的比较分析。

表 2 - 4   市场预测情况

市场状况	发生概率	预计年收益率		
		A 方案	B 方案	C 方案
繁荣	0.30	30%	40%	50%
一般	0.50	15%	15%	15%
衰退	0.20	0	−15%	−30%

A 方案预期年收益率期望值=0.30×30%+0.50×15%+0.20×0=16.5%
B 方案预期年收益率期望值=0.30×40%+0.50×15%+0.20×(−15%)=16.5%
C 方案预期年收益率期望值=0.30×50%+0.50×15%+0.20×(−30%)=16.5%
A 方案标准差=$\sqrt{(30\%-16.5\%)^2 \times 0.30 + (15\%-16.5\%)^2 \times 0.50 + (0-16.5\%)^2 \times 0.20}$
    =10.5%
B 方案标准差=$\sqrt{(40\%-16.5\%)^2 \times 0.30 + (15\%-16.5\%)^2 \times 0.50 + (-15\%-16.5\%)^2 \times 0.20}$
    =19.11%
C 方案标准差=$\sqrt{(50\%-16.5\%)^2 \times 0.30 + (15\%-16.5\%)^2 \times 0.50 + (-30\%-16.5\%)^2 \times 0.20}$
    =27.75%
A 方案标准离差率=10.5%÷16.5%=0.636 4
B 方案标准离差率=19.11%÷16.5%=1.158 2
C 方案标准离差率=27.75%÷16.5%=1.681 8

因此,三个方案的预期收益率的期望值相同,都是 16.5%,C 方案的风险最大,A 方案的风险最小。

任务 2.3 利用 Excel 函数计算时间价值

在复利计算条件下,对于一次性收付款的时间价值计算,其计算公式为:$F=P \times (1+i)^n$,该计算公式包括现值、终值、计息期和利率四个因素,在这四个因素中,只要知道其中任意三个因素,另一个因素就可求;对于普通年金时间价值计算而言,普通年金终值的计算公式为：$F=A\dfrac{(1+i)^{n-1}}{i}$，该计算公式包括年金、年金终值、利率、计息期四个因素，四个因素中只要知道任意三个因素，另一个因素即可求；普通年金现值的计算公式为：$P=A\dfrac{1-(1+i)^{-n}}{i}$，该计算公式包括年金、年金现值、利率、计息期四个因素，四个因素中只要知道任意三个因素，另一个因素即可求。以上时间价值的计算，尽管可以借助复利终值系数表、复利现值系数表、年金终值系数表、年金现值系数表等通过手工计算解决，但手工计算非常繁杂，尤其是当利率和期限为任意数值、相应的时间价值系数表不可查时，手工计算将无法得到计算结果。而 Excel 的内置财务函数为我们提供了在复利计算条件下任意期限、任意利率的货币时间价值计算的便捷工具。

利用 Excel 中的五个财务函数 FV、PV、NPER、RATE 与 PMT，可以相应地依次快捷计算终值 FV、现值 PV、年金金额(或每期现金流金额)A、期数 n 与收益率(每一期的复利率)r。这五个财务函数 FV、PV、PMT、NPER 与 RATE 都有五个自变量。这五个自变量的排列次序依次为：

FV(rate,nper,pmt,[pv],[type]);
PV(rate,nper,pmt,[fv],[type]);
NPER(rate,pmt,pv,[fv],[type]);
RATE(nper,pmt,pv,[fv],[type],[guess]);
PMT(rate,nper,pv,[fv],[type])。

我们计算这五个财务函数时，都要相应地按上述这些函数中五个自变量的排列次序，输入这五个自变量的值。其中，最后一个自变量 type 只取值 0 或 1：如果现金流发生在年末(或期末)，type 就取值 0 或忽略；如果现金流发生在年初(或期初)，type 就取值 1。当其中的自变量 pmt 取值为 0 时，计算机就自然默认为处理的是简单现金流量问题，即一次性收、付款的现金流量问题(可以认为这是一个广义的年金问题，只是其中的年金为 0)：只有一开始的现金流入量 pv 或者最后的现金流入量 fv。另外，计算这五个函数时，应确认所指定的 rate 和 nper 单位的一致性。例如，同样是 4 年期年利率为 12% 的贷款，如果按月支付，rate 应为 1%(12%÷12)，nper 应为 48(4×12)；如果按年支付，rate 应为 12%，nper 为 4。

一、终值函数 FV

终值函数的作用是求终值，利用终值函数可以求得一次性收付款的终值，也可以用来求得系列年金(普通年金或预付年金)的终值。

终值函数的语法为 FV(rate,nper,pmt,[pv],[type])，其中：参数 rate 为利率；参数 nper 为投资期(或付款期)数。参数 pmt 为分期支付的情况下每期支付的金额，也称为年金；pv 是第一期期初投入的本金，即一次性收、付款的现值；type 参数值为 1 或 0，用于指定付款时间是在期初还是在期末，如果省略 type 则假设参数值为 0，即默认付款时间在期末。

(一)一次性收付款项的终值

【例 2-25】　某人在年初存入 50 000 元，3 年期整存整取的月利率为 0.27%。请计算 3 年后其账户中的银行存款数额？

其函数公式为"= FV(0.27%,36,0,-50 000,1)"，其计算结果为 55 096.82 元。

(二)普通年金的终值

【例 2-26】　某人 3 年后需要投资买房，计划从现在起每月末存入银行 1 500 元，3 年期零存整取的月利率为 0.172 5%。请计算 3 年后其账户的存款额。

其函数公式为"= FV(0.1725%,36,－1 500)",其计算结果为 55 662.45 元。

（三）预付年金的终值

【例 2 - 27】 某人 3 年后需要一笔比较大的学习费用支出,计划从现在起每月初存入 2 000 元,3 年期零存整取的月利率为 0.172 5%。请计算 3 年后其账户的存款额。

其函数公式为"= FV(0.172 5%,36,－2 000,0,1)",其计算结果为 74 344.63 元。

【任务十四:用终值函数填表计算】

用终值函数计算图 2-21 中三种情况的终值。

	A	B	C	D	E	F	G	H
1	终值相关计算							
2	一、复利终值			二、普通年金终值			三、预付年金终值	
3	现在存入总金额	¥50,000.00		每月末存入金额	¥500.00		每年初存入金额	¥80,000.00
4	月利率	0.18%		月利率	0.18%		年利率	4.20%
5	存款年限	5		存款年限	5		存款年限	6
6	复利终值			年金终值			年金终值	

图 2-21　终值计算表

二、现值函数 PV

现值函数的作用是求现值,利用现值函数可以求得一次性收付款条件下已知终值的现值,也可以用来求得系列年金(普通年金或预付年金)的现值。

现值函数的语法为 PV(rate,nper,pmt,[fv],[type]),其中,参数 rate 为利率;参数 nper 为投资期(或付款期)数;参数 pmt 为分期支付条件下投资期各期支付的金额,即系列年金;fv 参数为一次性支付条件下已知的终值或未来值;type 参数值为 1 或 0,用于指定付款时间是在期初还是在期末,如果省略 type 则假设值为 0,即默认付款时间在期末。

（一）一次性收付款项的现值

【例 2 - 28】 某人打算在 3 年后获得 10 万元存款,3 年期整存整取的月利率 0.27%。请计算他应该在第 1 年年初存入的金额。

其函数公式为"= PV(0.27%,36,,－100 000)",其计算结果为 90 749.34 元。

（二）普通年金的现值

【例 2 - 29】 某人租赁网店开服装店,需一次性支付 2 年的租金 16 万元,估计经营期间每月末的利润为 8 000 元(不扣除租金),期望的月投资回报率为 2%。问他应否租赁这个网店? 若每月末利润为 9 000 元,问是否应租赁这个网店?

月末利润为 8 000 元的情况下,其函数公式为"= PV(2%,24,－8 000)",其计算结果为 151 311.40 元,小于 160 000 元,所以,不应租赁。

月末利润为 9 000 元的情况下,其函数公式为"= PV(20%,2,－9 000)",其计算结果为 170 225.33 元,大于 160 000 元,所以应租赁。

（三）预付年金的现值

【例 2-30】　假设某人要购买一项保险年金，该保险可以在今后 20 年内于每月初回报 600 元。假定月投资回报率为 0.6%。问这项投资目前的现金价值是多少？

该项年金的现值函数为"= PV(0.6%,12 * 20,600,0,1)"，其计算结果为 76 662.29 元。

【任务十五：用现值函数填表计算】

用现值函数计算图 2-22 中三种情况下的现在存入金额。

	一、复利现值			二、普通年金现值			三、预付年金现值	
本利和	¥100,000.00		每月末取出金额	¥500.00		每年初取出金额	¥80,000.00	
月利率	0.25%		月利率	0.18%		年利率	4.20%	
存款年限	5		取款年限	5		取款年限	6	
现在存入金额			现在存入金额			现在存入金额		

图 2-22　现值计算表

三、期数计算函数 NPER

期数计算函数的作用是求投资期数，该函数是基于固定利率、一次性或等额分期付款方式，返回某项投资的总期数。

期数计算函数的语法为 NPER(rate,pmt,pv,[fv],[type])，其中，参数 rate 为利率；参数 pmt 为分期支付条件下投资期各期支付的金额，即系列年金；pv 或 fv 参数为一次性支付条件下已知的现值或终值。该函数应用时，参数 pmt、pv 与 fv 三取二。

（一）一次性收付款项条件下的期数计算

【例 2-31】　某人现在存入 3 万元，期望若干年后获得 10 万元存款，月利率为 0.75%。问多长时间他可获得 10 万元？

其函数公式为"= NPER(1.5%,,- 30 000,100 000)"，其计算结果为 80.86 月。

（二）普通年金形式收支条件下的期数计算

【例 2-32】　某人每月末存入 2 000 元，如果月复利率为 1.5%。问他需要多长时间攒到 5 万元？

其函数公式为"= NPER(1.5%,- 2 000,,50 000)"，其计算结果为 21.39 月。

【例 2-33】　某企业借得 1 000 万元的贷款，在年利率为 8% 的利率条件下，该企业每年年末等额偿还本息 200 万元，问该企业需要多长时间能清偿全部债务？

其函数公式为"= NPER(8%,- 200,1 000)"，其计算结果为 6.64 年。

（三）预付年金形式收支条件下的期数计算

【例 2-33】　某人每月初存入 2 000 元，如果月复利率为 1.5%。问他需要多长时间攒到 5 万元？

其函数公式为"= NPER(1.5%,- 2 000,,50 000,1)"，其计算结果为 21.12 月。

【例 2-34】　某企业借得 1 000 万元的贷款，在年利率为 8% 的利率条件下，该企业每年年初等额偿还本息 200 万元。问该企业需要多长时间能清偿全部债务？

其函数公式为"＝NPER(8％，－200，1 000，，1)"，其计算结果为 6.01 年。

【任务十六：用期数计算函数填表计算】

用期数计算函数计算图 2-23 中三种情况的存款期限。

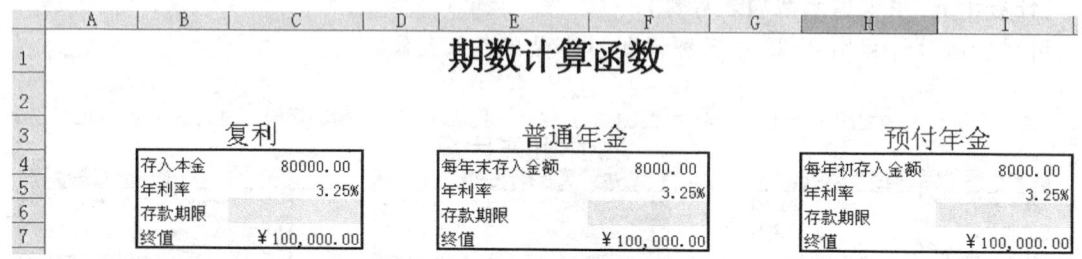

图 2-23　期数计算表

四、利率计算函数 RATE

利率计算函数的作用是求利率，其语法格式为：RATE(nper，pmt，pv，[fv]，[type]，[guess])。其中，guess 为预期(猜测)利率，如果省略预期利率则假设该值为 10％。

（一）一次性收付款项条件下的利率计算

【例 2-35】 某人存入 1 万元，希望在 5 年后达到 1.2 万元。请计算银行的复利年利率。

其函数公式为"＝RATE(5，，－10 000，12 000)"，其计算结果为 3.71％。

（二）普通年金形式收支条件下的利率计算

【例 2-36】 某人向银行借款 40 万元，从现在开始 20 年内每年年末偿还 4 万元。问其实际借款利率为多少？

其函数公式为"＝RATE(20，－40 000，400 000)"，其计算结果为 7.75％。

【例 2-37】 某人每年年末存入银行 2 000 元。问在年复利率为多少的情况下他能在第 4 年年末攒到 1 万元？

其函数公式为"＝RATE(4，－2 000，，10 000)"，其计算结果为 15.09％。

（三）预付年金形式收支条件下的期数计算

【例 2-38】 某人向银行借款 40 万元，从现在开始 20 年内每年年初偿还 4 万元，问其实际借款利率为多少？

其函数公式为"＝RATE(20，－40 000，400 000，，1)"，其计算结果为 8.92％。

【例 2-39】 某人每年年初存入银行 2 000 元。问在年复利率为多少的情况下他能在第 4 年年末攒到 1 万元？

其函数公式为"＝RATE(4，－2 000，，10 000，1)"，其计算结果为 9.13％。

【任务十七：用利率计算函数填表计算】

用利率计算函数计算图 2-24 中五种情况的借款利率。

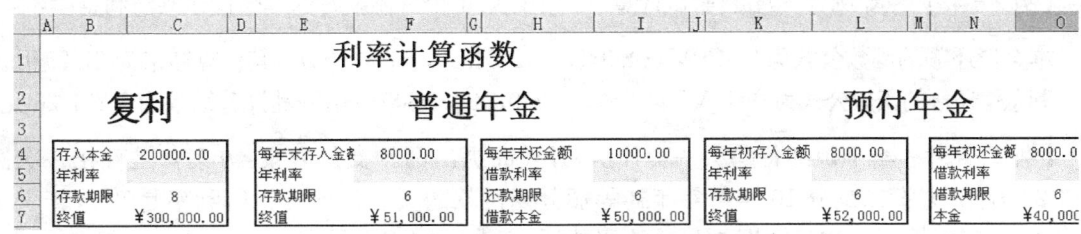

图 2-24　利率计算表

五、年金计算函数 PMT

年金计算函数的作用是求年金,是基于固定利率及等额分期付款方式,返回的每期付款额。期数计算函数的语法为 PMT(rate,nper,pv,[fv],[type]),用来计算等额还款条件下每期应支付的金额。其中:rate 为利率;nper 为投资期数;pv 为一系列未来付款的总现值和;fv 是一系列付款的总终值;type 等于 0 时表示年金发生在期末,type 等于 1 时表示年金发生在期初,默认为 0。

（一）已知系列年金的总现值求年金

已知系列年金总现值求年金,通常可以用来计算一次性贷款(即系列年金总现值)后,未来每期应偿还的金额(年金)。这个未来每期应付的金额由两部分组成,即本金和利息,可以分别通过本金偿还额 PPMT 函数及利息偿还函数 IPMT 计算。

1. 本金偿还额函数 PPMT

本金偿还额函数 PPMT 基于固定利率及等额分期付款方式,返回投资在某一给定期间内的本金偿还额,即用来计算等额还款条件下每期应偿还的本金部分。其语法为 PPMT(rate,per,nper,pv,fv,type)。其中:rate 为各期利率;per 用于计算其本金数额的期数,必须介于 1 到 nper 之间;nper 为总投资期,即该项投资的付款期总数;pv 为现值,即一系列未来付款当前值的累积和,也称为本金;fv 为未来值,如果省略 fv,则假设其值为 0,也就是一笔贷款的未来值为 0。

2. 利息偿还额函数 IPMT

利息偿还额函数 IPMT 基于固定利率及等额分期付款方式,返回给定期数内对投资的利息偿还额。它用来计算等额还款条件下每期应偿还的利息部分,其语法为 IPME (rate, per, nper,pv,fv,type)。

三者关系为:PMT= PPMT+IPMT

【例 2-40】　李先生准备购买一套住房,计划贷款 80 万元,20 年还清,以每月等额本息方式偿还,贷款年利率为 4.9%。问李先生每月应偿还多少钱?

其函数公式为"=PMT(4.9%/12,240,−800 000)",其计算结果为 5 235.55 元。

【例 2-41】　承[例 2-40]资料,试计算李先生第一个月还款时的本金偿还额与利息偿还额。

本金偿还额的函数公式为"= PPMT(4.9%/12,1,240,−800 000)",其计算结果为 1 968.89 元。

利息偿还额的函数公式为"= IPMT(4.9%/12,1,240,−800 000)",其计算结果为 3 266.67 元。

【例 2 - 42】 承[例 2-40]资料,试计算李先生最后 1 个月还款时的本金偿还额与利息偿还额。

本金偿还额的函数公式为"=PPMT(4.9%/12,240,240,−800 000)",其计算结果为 21.29 元。

利息偿还额的函数公式为"=IPMT(4.9%/12,240,240,−800 000)",其计算结果为 5 214.26 元。

【例 2 - 43】 李小姐准备购买一套住房,开发商提出两种支付方案:方案一是现在一次性支付 24 万元;方案二是分 10 年每年年初等额分期付款购买。目前的银行利率是 6%,若李小姐选择 10 年期等额分期每期期初付款购买的话,每期期初应支付多少钱?

其函数公式为"=PMT(6%,10,−240 000,,1)",其计算结果为 30 762.56 元。

(二)已知系列年金的总终值求年金

【例 2 - 44】 某人拟在 5 年后还清 1 万元债务,从现在起每月末等额存入银行一笔款项。假设银行年名义利率为 3%,则其每年需要存入多少元?

其函数公式为"=PMT(3%/12,60,,−50 000)",其计算结果为 773.43 元。

【例 2 - 45】 某人拟在 5 年后还清 1 万元债务,从现在起每月初等额存入银行一笔款项。假设银行年名义利率为 3%,则其每年需要存入多少元?

其函数公式为"=PMT(3%/12,60,,−50 000,1)",其计算结果为 771.51 元。

【任务十八:用年金计算函数计算填列】

用年金计算函数计算图 2-25 中月末、月初的月等额偿还金额。

	A	B	C	D	E	F	G	H
1		年金(PMT)函数、本金函数及利息偿还函数应用						
2		房价	1500000					
3		首付比例	30%					
4		贷款总额	1050000					
5		年利率	6.05%					
6		贷款期限(年)	30	月末还款	第5年的最后一月	第9年的第一月		
7		月等额偿还金额(月末)		本金				
8		月等额偿还金额(月初)		利息				
9				本息和				

图 2-25　月等额偿还金额计算表

本章框架

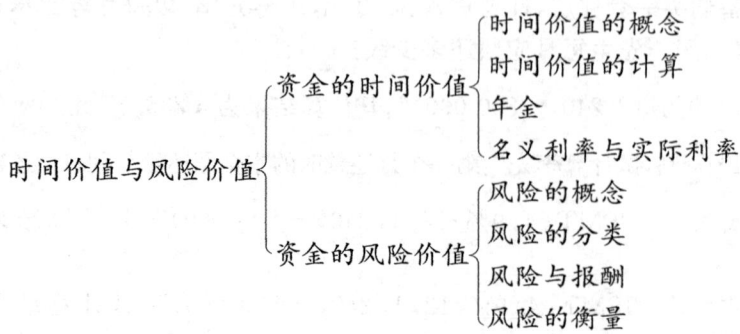

项目 3

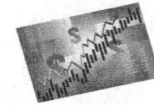

选择资金筹集方式

知识目标

◆ 掌握权益资金、债务资金筹集的各种方式。

◆ 理解各种筹资方式的优缺点。

◆ 掌握债券发行价格的计算。

◆ 掌握资金需求量的具体预测方法。

技能目标

◆ 在掌握各种筹资方式的基础上，能够对具体情境下的企业筹资渠道与筹资方式进行定性分析与决策。

◆ 能够用销售百分比法对资金需求量进行预测。

◆ 能够利用 Excel 数据模拟分析等工具或功能，设计制作企业贷款决策分析模型，用于辅助决策。

任务 3.1　筹资渠道与筹资方式的选择

一、筹资的概念与分类

【情境描述】

华谊兄弟传媒股份有限公司是中国最知名的综合性娱乐军团之一。其前身是由王中军、王中磊兄弟于 1994 年创立的华谊兄弟广告公司。从 1998 年投资冯小刚影片《没完没了》开始正式进入影视传媒领域，是现今中国最成功的民营影视公司。

影视娱乐行业属于资金密集型产业，华谊兄弟传媒股份有限公司从一个名不见经传的小公司到今天的行业超级大腕，很大程度上归功于其超常规的资金筹集渠道与方式的开拓。

（1）引入私募股权。从 2000 年至 2007 年，华谊兄弟传媒股份有限公司前后展开多轮私募股权融资。私募股权投资（private equity, PE）是指投资于非上市股权或上市公司非公开交易股权的一种投资方式。通过多轮私募股权融资，太合集团、马云掌控的中国雅虎，以及冯小

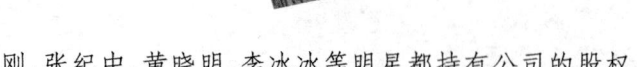

刚、张纪中、黄晓明、李冰冰等明星都持有公司的股权。

（2）取得银行无担保贷款。2006年，以计划拍摄的《集结号》的版权与票房收益权为"质押"（非正式质押），华谊兄弟传媒股份有限公司获得招商银行5 000万元的贷款，用于电影《集结号》的拍摄。贷款性质为无第三方公司担保（因计划拍摄的片子尚无实际版权与票房收益权）。这是国内文化传媒领域首笔无实产抵押、无第三方担保的银行贷款。

（3）取得银行版权质押贷款。2008年，以7部已经拍摄完毕、华谊兄弟传媒股份有限公司独立拥有版权的影视作品为抵押，华谊兄弟传媒股份有限公司获得北京银行1亿元的打包贷款，用于公司计划进行的14部电视剧的拍摄。贷款性质为版权质押贷款，这是国内"版权质押贷款第一单"，发放贷款前，银企双方到中国版权保护中心版权登记大厅做著作权质押登记。

（4）通过深圳证券交易所创业板块成功上市。2009年10月30日，中国创业板首批28家公司正式挂牌，开启了我国多层次资本市场的新局面，作为创业板首批上市的华谊兄弟传媒股份有限公司，首次公开发行人民币普通股（A股）股票4 200万股，募集资金总额为人民币12亿元，扣除发行费用后实际募集资金净额为11.15亿元。

【任务一：讨论回答】

阅读本部分内容后，讨论回答下述问题：

（1）华谊兄弟传媒股份有限公司为什么屡次进行筹资？其筹资总体目的是什么？

（2）华谊兄弟传媒股份有限公司的上述四次筹资，按筹资的不同分类标准，各属于哪一类筹资？

（3）如图3-1所示，对企业而言，企业筹集权益资金可以永久使用，并且没有定额利润分配的压力，多盈多分，少盈少分，无利的话可以不分；而筹集债务资金只能使用约定的时间，而且使用期间无论盈亏都必须按约定的利率支付利息。那么，为什么说较之债务筹资而言，企业通过权益资金方式筹资付出的资本成本反而相对较高？

（一）筹资的概念

企业筹资是指企业为了满足其生产经营、对外投资和调整资本结构等需要，通过一定的渠道，采取适当的方式，获取所需资金的一种行为。资金是企业的血液，是企业生存和发展的必要条件，所以筹资管理是财务管理的一项重要内容。

（二）筹资的分类

企业筹资可以按不同的标准进行分类。

1. 按所取得资金的权益特性，分为权益筹资与债务筹资（如图3-1所示）

图3-1　权益筹资与债务筹资

　　（1）权益筹资。企业通过吸收直接投资、发行股票、内部积累等方式取得的资金，都称为企业的所有者权益或称为自有资金。权益资金由于一般不用还本，形成了企业的永久性资本，因而财务风险小，但付出的资本成本相对较高。权益资金项目包括实收资本（股本）、资本公积金、盈余公积和未分配利润等。其中，实收资本（股本）和资本公积金是投资者的原始投入部分；盈余公积、未分配利润是原始投入资本在企业持续经营中形成的经营积累，它们共称为留存收益。权益筹资在数额上等于企业资产总额减去负债总额后的余额。

　　（2）债务筹资。企业通过借款、发行债券、融资租赁和赊销商品或服务等方式取得的资金，形成必须在规定期限内清偿的债务资金。无论企业经营状况如何，债务筹资到期要归还本金和支付利息，因此对企业而言，举债具有较大的财务风险，但付出的资本成本相对较低。

　　2. 按是否借助于金融中介机构，分为直接筹资与间接筹资

　　（1）直接筹资。直接筹资是资金供求双方通过一定的金融工具直接形成债权债务关系或所有权关系的筹资形式。直接筹资的工具主要有股票、债券、商业票据等。直接筹资的方式包括吸收直接投资、发行股票、发行债券等。通过直接筹资既可以筹集股权资金，也可以筹集债务资金。按法律规定，公司股票、公司债券等有价证券的发行需要通过证券公司等中介机构进行，但证券公司所起到的只是承销的作用，资金拥有者并未向证券公司让渡资金使用权形成债权债务或所有权关系，因此发行股票、债券属于直接向社会筹资。直接筹资的优点在于资金供求双方联系紧密，有利于资金的快速合理配置与提高使用效益。其缺点在于直接筹资的便利程度与融资工具的流动性均受金融市场发达程度的制约。

　　（2）间接筹资。间接筹资是指资金供求双方借助银行等金融机构间接实现资金融通的活动。在间接筹资方式下，银行等金融机构发挥了中介的作用，预先集聚资金，资金拥有者首先向银行等金融机构让渡资金的使用权，然后由银行等金融机构再将资金提供给企业。间接筹资形成的主要是债务资金。间接筹资的优点在于灵活便利、规模经济。其局限性在于，割断了资金供求双方的直接联系，减少了资金供给者对资金使用者的压力；同时，金融机构要从经营服务中获取收益，减少了投资者的收益与筹资者的成本。

　　3. 按资金的来源范围分类，分为内部筹资与外部筹资

　　（1）内部筹资。内部筹资是指企业在内部，通过计提折旧和利润留存而形成的资金来源。其中，折旧是以货币形式表现的固定资产在生产过程中发生的有形和无形损耗，它主要用于重置损耗的固定资产价值；留存收益是再投资和债务清偿的主要资金来源。内部筹资是在企业内部自然形成的，因此被称为是"自动化的资本来源"，这种筹资方式不需要支付融资费用，不会减少企业的现金流量。

　　（2）外部筹资。外部筹资是指企业向外部其他经济主体筹措资金而形成的资金来源。处于初创期的企业，内部筹资的可能性是有限的；处于成长期的企业，内部筹资往往难以满足需要。这就需要企业广泛地开展外部筹资，如发行股票、债券，取得商业信用、向银行借款等。企业向外部经济主体筹资大多需要花费一定的筹资费用，从而提高了筹资成本。

　　4. 按所筹集资金的使用期限分类，分为短期筹资与长期筹资

　　（1）短期筹资。短期筹资是指筹集使用期限在 1 年以内的资本。企业的短期资本一般包括短期借款、应付账款和应付票据等项目，通常利用短期借款、商业信用等方式来筹集。

　　（2）长期筹资。长期筹资是指筹集使用期限在 1 年以上的资本。企业的长期资本包括全部所有者权益项目和长期借款、应付债券、长期应付款等项目。企业需要长期资本的原因主要

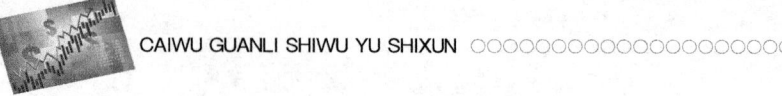

有：构建固定资产、取得无形资产、开展长期投资等。长期筹资通常采取吸收直接投资、发行股票、发行债券、取得长期借款、融资租赁等方式来筹集。

二、筹资渠道与筹资方式

【导读】

办企业筹钱，需要考虑两个问题：一是谁的口袋里有钱；二是采用哪种方式，把别人口袋里的钱筹集过来归本企业使用。这就是筹资渠道与筹资方式的问题。

【任务二：讨论填表】

阅读本部分内容后，完成下述任务：

（1）对筹资渠道，假设你现在需要筹钱，请问你最希望争取到哪个渠道的资金？哪个渠道的资金最容易获取？

（2）企业可以通过哪些筹资方式，获取哪个渠道的资金？请以打钩的方式完成表 3－1 的填写。

表 3－1　　　　　　　　　　　筹资渠道与筹资方式

筹资渠道	筹资方式						
	吸收直接投资	发行股票	利用留存收益	银行借款	发行债券	商业信用	融资租赁
国家财政资金							
银行信贷资金							
非银行机构资金							
其他企业资金							
居民个人资金							
企业自留资金							
境外资金							

筹资渠道（financing channel）是指筹集资金来源的方向与通道，体现了资金的源泉和性质。筹资方式（financing modes）是指可供企业在筹措资金时选用的具体筹资形式。资金从哪里来和如何取得资金，两者既有区别又有联系。一定的筹资方式可能只适用于某一特定的筹资渠道，但同一渠道的资金往往可以采用不同的方式取得，而同一筹资方式又往往可以适用于不同的资金渠道。

（一）筹资渠道

目前，企业的筹资渠道可以归纳为以下七种类型。

1. 国家财政资金

国家对企业的直接投资是国有企业最主要的资金来源渠道，特别是国有独资企业，其资本全部由国家投资形成。现有国有企业的资金来源中，其资本部分大多是由国家财政以直接拨款形式形成的。2003 年，根据国务院机构改革方案设立的部门——国资委，则是目前代表政府履行出资人职责的机构。由于国家财政资金具有广阔的源泉和稳固的基础，所以今后国家财政资金仍然是国有大中型企业的一个十分重要的筹资渠道。

2. 银行信贷资金

银行对企业的各种贷款,是我国目前各类企业最为重要的资金来源。我国银行分为商业银行和政策性银行两种。政策性银行目前有国家开发银行、农业发展银行、中国进出口信贷银行等。商业银行可以为各类企业提供商业性贷款;政策性银行主要为特定企业提供一定的政策性贷款。

3. 非银行金融机构资金

非银行金融机构主要指信托投资公司、保险公司、租赁公司、证券公司、企业集团所属的财务公司等。它们提供的各种金融服务,既包括聚集社会资本进行信贷资金投放,也包括物资的融通,还包括为企业承销证券等金融服务。

4. 其他企业资金

企业在生产经营过程中,往往形成部分暂时闲置资金,并为一定的目的而进行相互投资。另外,企业间的购销业务可以通过商业信用方式来完成,从而形成企业间的债权债务关系,形成债务人对债权人的短期信用占用。企业间的相互投资和商业信用的存在,使其他企业资金也成为企业资金的重要来源。

5. 居民个人资金

企业职工和居民个人的结余资金,作为"游离"于银行和非银行金融机构等之外的个人资金,可用于对企业进行投资,形成民间资金本来源渠道,从而为企业所用。

6. 企业自留资金

企业自留资金也称为企业内部资金,是指企业内部形成的资金,主要包括提取的盈余公积和未分配利润等。这些资金的重要特征之一是,它们无需通过一定的方式去筹集。而直接由企业内部自动生成或转移。

7. 境外资金

境外资金是指外国投资者以及我国香港、澳门和台湾地区的投资者手中的资金。吸收境外资金是一切资金短缺国家尤其是发展中国家弥补资金不足、促进本国企业壮大、推动经济发展的重要手段之一。

(二)筹资方式

筹资方式是指企业在筹集资金时选用的具体筹资形式。我国企业目前的筹资方式主要有:① 吸收直接投资。② 发行股票。③ 利用留存收益。④ 向银行借款。⑤ 利用商业信用。⑥ 发行公司债券。⑦ 融资租赁等。其中:利用方式①～③筹措的资金为权益资金;利用方式④～⑦筹措的资金为负债资金。

企业所能采用的筹资方式,一方面受法律环境和融资市场的制约,另一方面也受企业性质的制约。中小企业和非公司制企业的筹资方式比较受限;股份有限公司和有限责任公司的筹资方式相对多样。各种筹资方式将在后面两节进行详细阐述。

三、权益筹资与债务筹资的特点

(一)权益筹资的优点和缺点

1. 权益筹资的优点

与债务筹资方式比较而言,权益筹资方式的优点如下:

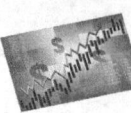

（1）企业财务风险小。权益筹资筹措到的资本没有固定的到期日，不存在到期偿付本息的财务风险，其资本成本负担也比较灵活，企业可以根据其经营状况决定向投资者支付报酬的多少，这对于促进企业长期持续稳定经营具有重要意义。

（2）权益筹资是企业良好的信誉基础，增强了企业的举债能力。在筹资数额方面，权益筹资没有数额限制，并且，所筹措到的权益资本作为企业最基本的资本，代表了企业的资本实力，权益资本的筹集可为其进一步进行债务筹资，如向银行借款、发行公司债券等提供信用保障。

2. 权益筹资的缺点

与债务筹资方式比较而言，权益筹资方式的缺点如下：

（1）资本成本负担较重。尽管权益筹资的资本成本负担比较灵活，但一般而言，权益筹资的资本成本要高于债务筹资。这主要是由于投资者投资于股权特别是投资于股票的风险较高，投资者或股东相应要求得到较高的报酬率。企业长期不派发利润和股利，将会影响企业的市场价值。从企业成本开支的角度来看，股利、红利从税后利润中支付，而使用债务筹资的资本成本允许税前扣除。此外，普通股的发行、上市等方面的费用也十分庞大。

（2）容易分散企业的控制权。利用权益筹资，由于引进了新的投资者或出售了新的股票，必然会导致企业控制权结构的改变，分散了企业的控制权。控制权的频繁迭变，势必要影响企业管理层的人事变动和决策效率，影响企业的正常经营。

（二）债务筹资的优点和缺点

1. 债务筹资的优点

与权益筹资方式比较而言，债务筹资方式的优点如下：

（1）资本成本负担较轻。一般来说，债务筹资的资本成本要低于权益筹资。其一是取得资金的手续费用等筹资费用较低；其二是利息、租金等用资费用在一般情况下比股息、红利低；其三是利息等资本成本可以在税前支付。

（2）稳定公司的控制权。债权人无权参加企业的经营管理，利用债务筹资不会改变和分散股东对公司的控制权。

（3）可以利用财务杠杆。债务筹资不改变企业的控制权，因而股东不会出于控制权稀释原因反对负债。债权人从企业那里只能获得固定的利息或租金，不能参加企业剩余收益的分配。当企业的资本报酬率高于债务利率时，会增加普通股股东的每股收益，提高净资产报酬率，提升企业价值。

2. 债务筹资的缺点

与权益筹资方式比较而言，债务筹资方式的缺点如下：

（1）财务风险较大。债务筹资有固定的到期日，有固定的利息负担，是通过抵押、质押等担保方式取得的债务，资本使用上可能会有特别的限制。这些都对企业的财务状况提出了更高的要求，企业务必保持资产流动性及其资产报酬水平，作为债务清偿的保障，否则会给企业带来财务危机，甚至导致企业破产。

（2）筹资数额有限。债务筹资的数额往往受到本企业资本实力的制约，没有信用基础的企业和新创企业，往往难以取得足够的债务资本。

【任务三：课堂小结】

阅读理解本部分内容，完成表 3-2 的填写。

表 3 - 2　　　　　　　　　　　权益筹资与债务筹资特点比较

项　　　目	权益资金筹集	债务资金筹集
筹资数额		
财务风险		
资本成本		
企业控制权		
财务杠杆的利用		

任务 3.2　进行权益筹资

权益资本亦称自有资本,是企业依法取得并长期拥有、自主调配运用的资本。权益资本由实收资本(股本)、资本公积、盈余公积和未分配利润组成。权益资金的筹集包括吸收直接投资、发行股票和利用留存收益三种主要形式。

一、吸收直接投资

（一）吸收直接投资的含义

【情境描述】

山东美晨科技股份有限公司的前身为山东美晨汽车部件有限公司,由张磊、李晓楠(张磊之妻)、李洪滨(李晓楠之父)、张玉清(张磊之父)4 名自然人股东于 2004 年 11 月 8 日以现金出资设立,注册资本为 500 万元,其中李洪滨、张玉清各出资 100 万元,张磊和李晓楠出资 300万元。该公司成立后至今的历次增资情况如下:

（1）2006 年 8 月至 2007 年 9 月,张磊和李晓楠先后以现金方式对有限公司进行了六次增资,注册资本增加至 2 600 万元。

（2）2009 年 3 月 28 日,有限公司通过临时股东大会决议,由有限公司各股东作为发起人,依据《公司法》的有关规定,由有限公司整体变更为股份有限公司,公司名称变更为山东美晨科技股份有限公司。各发起人将其持有的有限公司的股权权益对应的净资产作为资本全部投入股份公司,折股 4 050 万股,其余计入股份公司资本公积。各发起人按照其所实际拥有的有限公司股权比例相应持有股份公司的股份。

（3）根据公司发展战略,山东美晨科技股份有限公司于 2011 年 6 月 20 日通过深圳证券交易所交易系统创业板首次募集发行 A 股 1 430 万股(股票代码 300237),募股后公司注册资本为 5 700 万元。

（4）自 2007 年 12 月 31 日到 2014 年 3 月 30 日以来,公司实收资本总额及股东变化情况如表 3 - 3 所示。

表 3-3 实收资本总额及股东变化情况 单位:万元

股东名称	2014 年 3 月 30 日	2011 年 9 月 30 日	2010 年 9 月 30 日	2009 年 12 月 31 日	2008 年 12 月 31 日	2007 年 12 月 31 日
张 磊	2 336.54	2 336.54	2 336.54	2 336.54	1 500.00	1 500.00
李小楠	946.99	946.99	946.99	946.99	900.00	900.00
其他股东	2 331.31	2 331.31	986.47	986.47	200.00	200.00
实收资本合计	5 700.00	5 700.00	4 270.00	4 270.00	2 600.00	2 600.00
所有者权益合计	59 226.04	55 839.90	17 439.07	11 681.44	6 737.77	4 435.55

【任务四:讨论回答】

阅读本部分内容及相关的知识链接内容后,讨论并回答下述问题:

(1)山东美晨科技股份有限公司及其前身山东美晨汽车部件有限公司,按组织形式和承担的法律责任分类,分别属于什么企业?

(2)观察自 2007 年以来该公司所有者权益及实收资本合计总额数额的变动情况,结合所给的具体情境资料,说明山东美晨科技股份有限公司在其发展过程中,在以上年度分别采用了哪几种权益资金筹资方式?

吸收直接投资是非股份制企业以投资合同、协议等形式,直接吸收国家、法人、个人和外商投入资金的一种筹资方式。在这种方式下,可以筹集现金、实物资产、无形资产等,形式比较灵活。

根据市场经济的要求,现代企业的组织形式应按照财产的组织形式和出资者所承担的法律责任进行划分:按照财产的组织形式可分为独资企业、合伙企业和公司企业;按照出资者所承担的法律责任可分为无限责任公司与有限责任公司。吸收直接投资是我国企业筹资中最早采用的一种方式,也是目前非股份制企业最普遍采用的权益资金筹集方式。吸收直接投资的主体按所有制与组织形式不同,可以分为国有独资企业、个人独资企业、合伙企业、有限责任公司。吸收直接投资的实际出资额中,注册资本部分形成实收资本;超过注册资本的部分属于资本溢价,形成资本公积。

(二)吸收直接投资的优点和缺点

1. 吸收直接投资的优点

(1)吸收直接投资所筹的资本属于企业股权资本,与债务资本相比较,能够提高企业的信誉与借款能力。

(2)能够尽快形成生产能力。吸收直接投资不仅可以取得一部分货币资金,而且能够直接获得所需的先进设备和技术,迅速形成生产经营能力。

(3)能够降低财务风险。吸收直接投资的投资者比较单一,股权没有社会化、分散化,企业与投资者易于进行信息沟通,甚至是由投资者直接担任企业管理层职务,投资报酬根据企业经营实际情况来支付,所以财务风险较小。

2. 吸收直接投资的缺点

(1)资本成本较高。相对于股票筹资来说,吸收直接投资的资本成本较高,尤其是在企业盈利状况较好时,投资者往往要求将大部分盈余作为红利分配。

(2)企业控制权集中,不利于公司治理与产权交易。采用吸收直接投资方式筹资,投资者一般都要求获得与投资数额相适应的经营管理权，如果某个投资者的投资额比例较大，则该投资者对企业的经营管理就会有相当大的控制权，容易损害其他投资者的利益，不利于公司治理；并且，吸收投入资本由于没有分割为等额股份，没有以证券为媒介，不利于产权交易，难以进行产权转让。

 【知识链接——我国目前的企业组织形式】

我国目前的企业组织形式包括个人独资企业、合伙企业和公司制企业三类。

个人独资企业是最古老、最简单的一种企业组织形式。即由单个自然人依照《中华人民共和国独资企业法》独资创办、归个人独有和控制的企业。个人独资企业有很大的自由度，只要不违法，赚了钱，交了税，一切听从业主的分配；赔了本，欠了债，由业主的资产来抵偿。我国的个体户和私营企业很多属于此类企业。

合伙企业是指自然人、法人和其他组织依照《中华人民共和国合伙企业法》在中国境内设立的，由两个或两个以上的合伙人订立合伙协议，为经营共同事业，共同出资、合伙经营、共享收益、共担风险的营利性组织，包括普通合伙企业和有限合伙企业。

个人独资企业与普通合伙企业都属自然人企业，出资者对企业承担无限责任。

公司制企业是指自然人、法人和其他组织依照我国《公司法》在中国境内设立的，按所有权和管理权分离，出资者按出资额对公司承担有限责任的企业，主要包括有限责任公司和股份有限公司。

有限责任公司指不通过发行股票，而由为数不多的股东集资组建的公司（一般为2～50人）。有限责任公司设立和解散程序、管理机构都比较简单，财务状况不必向社会披露，比较适合中小型企业。目前，我国的有限责任公司分为一般有限责任公司、一人有限责任公司和国有独资公司。一人有限责任公司是由一个自然人或一个法人出资，以出资额对公司承担有限责任。这种公司与个人独资企业不同，投资则不用冒着"倾家荡产"的风险来投资，是鼓励投资、促进经济发展的一种创立方式。但为了防止抽逃资产，损害债权人利益，对其也有严格的限制，当不能证明公司财产独立于股东自己财产时，股东对公司债务承担连带责任。国有独资公司类似于一人有限责任公司，只不过出资人不是一个自然人或法人，而是国家，国家以其出资额承担有限责任。

股份有限公司的全部注册资本由等额股份构成并通过发行股票（或股权证）筹集资本，公司以其全部资产对公司债务承担有限责任的企业法人。其主要特征是：公司的资本总额平分为金额相等的股份；股东以其所认购股份对公司承担有限责任，公司以其全部资产对公司债务承担责任；每一股有一票表决权，股东以其持有的股份享受权利、承担义务。股份有限公司的本质也是一种有限责任公司。

二、发行股票

【导读】

1825年修建于英格兰岛北部的达灵顿火车站，是世界第一条铁路的源头。修建从达灵顿

到史达克顿铁路一共需花费 10 万英镑,在 19 世纪 20 年代,这可是一笔天文数字,很显然任何个人都是无法承担这笔开支的。于是,达灵顿-史达克顿铁路公司发行了股票。从 1825 年至 1870 年短短的 45 年中,一张密集的铁路交通网已经在英国形成,其通车路程达到了 13 000 多英里。马克思在《资本论》中写道,假如必须等待某个单个资本增长到能够修建铁路的程度,那么恐怕直到今天世界上还没有铁路。

20 世纪 70 年代之后,股权融资渐渐地变成了资本市场的主体形式。股票市场实现了资本的社会化,它把资本从千千万万的老百姓手里吸引过来,引导到生产过程中去,起到了筹集社会资本、配置社会资源的职能。股票市场让人们愿意去担当风险,因而使那些具有很高风险、但是未来预期高回报率的一些活动能够进行。世界排名 500 强的企业几乎都是上市公司,无数次的兼并、重组、收购都是依靠股票市场来完成的。

【情境描述】

山东美晨科技股份有限公司自 2011 年 6 月在深交所 IPO 上市交易后,自 2011 年 6 月至 2015 年年底历年的股本变化情况如表 3-4 所示。

表 3-4　　　　　　　　　　历年股本变化情况

变动时间	变动后总股本(万股)	变动前总股本(万股)	变动原因
2015-12-08	80 726.25	65 171.74	2015 年 12 月 8 日,公司非公开发行 15 554.51 万股 A 股上市,总股本增至 80 726.25 万股
2015-09-22	65 171.74	26 068.69	2015 年 9 月 22 日,每 10 股转增 15 股,总股本增至 65 171.74 万股
2015-04-14	26 068.69	13 034.35	2015 年 4 月 14 日,每 10 股转增 10 股,总股本增至 26 068.69 万股
2014-10-28	13 034.35	12 081.97	2014 年 10 月 28 日,公司非公开发行 952.38 万股 A 股上市,总股本增至 13 034.35 万股
2014-09-24	12 081.97	10 260.00	2014 年 9 月 24 日,公司非公开发行 1 821.97 万股 A 股上市,总股本增至 12 081.97 万股
2014-06-10	10 260.00	5 700.00	2014 年 6 月 10 日,每 10 股转增 8 股,总股本增至 10 260 万股
2011-06-29	5 700.00	——	2011 年 6 月 29 日,1 150 万股 A 股在深交所上市交易,总股本为 5 700 万股

【任务五:讨论回答】

阅读本部分的内容与相关知识链接后,结合任务 3.2 中任务四和任务五[情境描述]中所给的山东美晨科技股份有限公司所有者权益变动情况的情境资料,计算并讨论回答下述问题:

(1)计算山东美晨科技股份有限公司上市前后实收资本总额与所有者权益总额的变化金额,并结合该金额的变化情况,指出为什么该公司要通过发行股票筹集资金?

(2)指出山东美晨科技股份有限公司股票发行的类型与股票上市所属的交易板块。

(3)与吸收直接投资方式筹集资金比较,你认为山东美晨科技股份有限公司发行股票筹集资金最大的优点与最大的缺陷是什么?

(一)股票发行与上市

发行股票筹资是股份有限公司筹集资本的主要途径。股票是股份有限公司签发的证明股东持有公司股份的凭证,它代表持股人在公司中拥有的所有权。公司股东作为出资人按投入公司的资本额享有收益,并以其所持股份为限对公司承担责任。

股票上市是指股份有限公司公开发行的股票,由公司提出申请,由证券交易所依法审核同意后在证券交易所交易。股份有限公司申请股票上市,基本目的是增强公司股票的吸引力,形成稳定的资本来源,能在更大的范围内筹措大量的资本。股票上市必须满足一定的条件,如开业时间、资产规模、股本总额(不少于人民币 3 000 万元)、持续盈利能力、股权分散程度(公开发行的股票占股份总数 25%以上)、股票市价等,长期以来我国股票的发行定价属于固定价格的方式,即在发行前由主承销商和发行公司运用市盈率法确定新股发行价格,公司股票的发行市盈率一般确定在 15~20 倍。目前,我国正在探索市场化的股票发行定价。

（二）股票的分类

按股东的权利和义务的不同,股票分为普通股股票与优先股股票。

普通股股票简称普通股,是股份公司发行的具有管理权、股利不固定的股票。普通股具有优先认股权,即当公司增发普通股股票时,原有股东拥有按持股比例优先认购本公司增发股票的权利;普通股具有收益分享权,即普通股股东具有经董事会决定后从净利润中分得股息和红利的权利;普通股具有剩余财产分配权,当公司解散、清算时,普通股股东具有分配剩余财产的权利。

优先股股票简称优先股,是股份有限公司依法发行的具有一定优先权的股票,这种优先主要体现在两方面:一是股息分配的优先权,并且优先股股息往往是固定的,与公司的盈利状况无关;二是剩余财产分配优先权,即在公司破产清算时,对剩余财产的分配优先于普通股东。

优先股和普通股的差别如图 3-2 所示。

图 3-2　优先股和普通股的差别

（三）发行普通股筹资的优点和缺点

1. 发行普通股筹资的优点

（1）普通股筹资没有固定的股息负担,风险小。公司分配股利视盈利状况而定,经营波动给公司带来的财务负担相对较小。也就是说,公司有盈利,并认为适于分配时才分派股利;公司盈利较少,或者虽有盈利但现金短缺或有更好的投资机会,也可以少支付或不支付股利。

（2）普通股筹资能增强公司的举债经营能力,同时也能增强公司的社会声誉。普通股筹

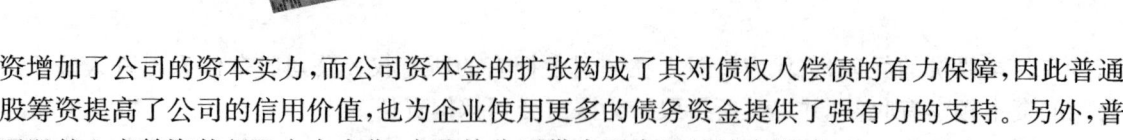
资增加了公司的资本实力,而公司资本金的扩张构成了其对债权人偿债的有力保障,因此普通股筹资提高了公司的信用价值,也为企业使用更多的债务资金提供了强有力的支持。另外,普通股的上市筹资使得股东大众化,由此给公司带来了广泛的社会影响。

(3)普通股筹资能促进股权流通和转让。普通股筹资以股票作为媒介的方式便于股权的流通和转让,便于吸收新的投资者。

2. 发行普通股筹资的缺点

(1)普通股筹资可能分散公司控制权。利用普通股筹资,出售新股票,增加新股东,可能会分散公司控制权;公司控制权分散,企业容易被经理人控制;同时,流通性强的股票交易,也容易被恶意收购。

(2)普通股筹资不易尽快形成生产能力。普通股筹资吸收的一般都是货币资金,还需要通过购置和建造形成生产经营能力。

(3)普通股筹资的资本成本较高。从理论上说,普通股筹资的资本成本高于债务资本成本。这是因为投资者投资于普通股较之于投资债券风险要高,相应要求更高的报酬;公司支付股利从税后利润中支付,而债务利息却在税前支付。此外,普通股筹资费用较高,一般来说,发行证券费用最高的是普通股,其次是优先股,再次是公司债,最后是长期借款。

(四)发行优先股筹资的优点和缺点

1. 发行优先股筹资的优点

(1)优先股筹资方式具有一定的弹性,增强了公司财务的机动灵活性。优先股一般没有到期日,无须偿还本金;大多数优先股通常附有收回条款,企业可以在资金充裕时赎回;或在一定期限后转换为普通股。优先股的可赎回性与可转换性,使之具有调整资本结构的功能。

(2)优先股股东没有投票权,不会削弱原股东在公司的控制权。通过发行优先股筹集的资金也属于企业的自有资金,同样为企业举债经营提供了保障,但优先股东没有投票表决权,从严格意义上看,只有普通股股东才是公司的真正所有者。

(3)优先股也可以避免固定的股息支付负担。公司对优先股固定股息的支付并不构成公司的法定义务,如果公司的财务状况不佳,可以根据公司的具体情况加以调整或暂不支付,具体支付形式依据优先股的种类而定。

2. 发行优先股筹资的缺点

(1)优先筹资的资本成本也比较高。投资者投资于优先股较之于投资债券风险要高,优先股股利也是从税后利润中支付。另外,优先股的筹资费用也高于公司债的筹资费用。

(2)发行优先股可能会影响普通股的利益。在公司盈利不多时,为保证优先股股东的固定股利,普通股股东可能无股利支付。

(3)优先股股利的延期支付可能会影响公司的信誉。当公司盈利下降时,优先股的股利支付会成为一项重要的财务负担,有时不得不延期支付,从而影响公司的信誉。

 【知识链接——上市公司的股票发行】

上市的股份有限公司在证券市场上发行股票,包括公开发行和非公开发行两种类型。公开发行股票又分为首次上市公开发行股票和上市公开发行股票,非公开发行即向特定投资者发行,也叫定向发行。

（续上）

1. 首次上市公开发行股票

首次上市公开发行股票（initial public offering，IPO）是指股份有限公司对社会公开发行股票并上市流通和交易。实施 IPO 的公司，应当符合中国证监会颁布的《首次公开发行股票并上市管理办法》规定的相关条件，并经中国证监会核准。

2. 上市公开发行股票

上市公开发行股票是指股份有限公司已经上市后，通过证券交易所在证券市场上对社会公开发行股票，包括增发和配股两种方式。其中，增发是指增资发行，即上市公司向社会公众发售股票的再融资方式；而配股是指上市公司向原有股东配售发行股票的再融资方式。增发和配股也应符合证监会规定的条件，并经过证监会的核准。

3. 非公开发行股票

上市公司非公开发行股票，是指上市公司采用非公开方式，向特定对象发行股票的行为，也叫定向募集增发。其目的往往是为了引入该机构的特定能力，如管理、渠道等。定向增发的对象可以是老股东，也可以是新投资者。总之，定向增发完成之后，公司的股权结构往往会发生较大变化，甚至发生控股权变更的情况。

 【知识链接——我国的股票市场】

主板市场：又称一板市场，是指传统意义上的证券市场（通常指股票市场），是一个国家或地区证券发行、上市及交易的主要场所。主板市场对发行人的营业期限、股本大小、盈利水平、最低市值等方面的要求标准较高，上市企业多为大型成熟企业，具有较大的资本规模以及稳定的盈利能力。中国大陆的主板市场包括上交所和深交所两个市场。沪市 A 股的代码是以 600 或 601 开头，深市 A 股的代码是以 000 开头。

创业板市场：是指地位次于主板市场的二板证券市场，在中国特指深圳创业板。在上市门槛、监管制度、信息披露、交易者条件、投资风险等方面和主板市场有较大区别。其目的主要是扶持中小企业，尤其是高成长性企业，为风险投资和创投企业建立正常的退出机制，为自主创新国家战略提供融资平台，为多层次的资本市场体系建设添砖加瓦。创业板市场最大的特点就是低门槛进入，严要求运作，有助于有潜力的中小企业获得融资机会，促进企业的发展壮大。创业板的股票代码以 300 开头。

中小板市场：即中小企业板，是指流通盘在 1 亿股以下的创业板，是相对于主板市场而言的，有些企业的条件达不到主板市场的要求，所以只能在中小板市场上市。中小板市场是创业板的一种过渡，在中国的中小板的市场代码是 002 开头的。中小企业板块的进入门槛较高，上市条件较为严格，接近于现有主板市场。

三、留存收益

（一）企业进行收益留存的原因

从性质上看，企业通过合法有效的经营所实现的税后净利润，都属于企业的所有者。但是，企业将本年度的利润部分甚至全部留存下来，而不是分配给投资者，原因很多，主要包括：第一，收益的确认和计量是建立在权责发生制基础上的，企业有利润，但不一定有相应的现金

净流量增加,因而企业不一定有足够的现金将利润全部或部分派给所有者。第二,法律、法规从保护债权人利益和要求企业可持续发展等角度出发,限制企业将利润全部分配出去。《公司法》规定,企业每年的税后利润,必须提取 10% 的法定盈余公积。第三,企业基于自身扩大再生产和筹资的需求,也会将一部分利润留存下来。

（二）留存收益的筹资途径

1. 提取盈余公积

盈余公积是指有指定用途的留存净利润。盈余公积是从当期企业净利润中提取的积累资金,其提取基数是本年度的净利润。盈余公积主要用于企业未来的经营发展,经投资者审议后也可以用于转增股本(实收资本)和弥补以前年度经营亏损,但不得用于以后年度的对外利润分配。

2. 未分配利润

未分配利润是指未限定用途的留存净利润。未分配利润有两层含义:第一,这部分净利润本年没有分配给公司的股东投资者;第二,这部分净利润未指定用途,可以用于企业未来的经营发展、转增资本(实收资本)、弥补以前年度的经营亏损及以后年度的利润分配。

（三）利用留存收益的筹资优点和缺点

1. 利用留存收益筹资的优点

（1）不用发生筹资费用。企业从外界筹集长期资本,与普通股筹资相比较,留存收益筹资不需要发生筹资费用,资本成本相对较低。

（2）维持公司的控制权结构。利用留存收益筹资,不用对外发行新股或吸收新投资者,由此增加的权益资本不会改变公司的股权结构,不会稀释原有股东的控制权。

2. 利用留存收益筹资的缺点

（1）筹资数额有限。留存收益的最大数额是企业到期的净利润和以前年度未分配利润之和,不像外部筹资一次性可以筹集大量资金,如果企业发生亏损,那么当年就没有利润留存。

（2）资本成本的估算困难。留存收益的实质是投资者对企业的再投资,理论上讲,如果企业将留存收益用于再投资所获得的收益低于股东自己进行另一项投资的收益率,企业就不应当保留留存收益,而应将其分配给股东,但实际上很难客观对企业未来发展前景及股东对未来风险所要求的风险溢价作准确的测定。

【任务六：课堂小结】

阅读并比较各权益筹资方式的优点和缺点,完成表 3-5。

表 3-5　　　　　　　　　　权益资金筹资方式优点和缺点的比较

项　　目	筹资数额	筹资费用	对公司控制权影响
吸收直接投资			
发行普通股			
发行优先股			
利用留存收益			

任务 3.3　进行债务筹资

债务筹资主要是企业通过向银行借款、向社会发行公司债券、融资租赁、赊购商品或劳务等方式筹集和取得的资金。向银行借款、发行债券、融资租赁和商业信用等是债务筹资的基本形式。

一、银行借款

【情境描述】

陈平拥有成都市武侯区金花的一家食品加工厂,该厂主要为一些知名的奶糖企业做贴牌生产,每年营业额在400万元左右。眼看天气热起来,陈平的工厂也进入了生产淡季,他计划在这个时候新增一批设备扩大生产规模。但是陈平一计算,要买这些设备的话,工厂资金缺口达15万元。

陈平说,他最先想到的就是找银行贷款。"我们厂是2008年建立的,由于是按订单生产,资金回笼情况一直不错,账面的流转资金一般也有个30来万元,贷款应该不困难。"陈平对自己的企业很有信心,但跑了一圈下来才发现融资的过程远比他想象的麻烦。"我们从4月开始,跑了几家银行想贷款15万元,人家都说要抵押。我们的厂房是租来的,没有什么可抵押资产,所以提出用产品来抵押,但是人家不同意。"陈平一筹莫展。

直到5月底,终于有一家银行表示愿意提供10万元的无抵押贷款,但需要担保人,"虽然最后拿到了10万元的贷款,付了设备订金,但依旧有5万元左右的缺口。""先从自家人凑凑,实在不行只好去找'下面'(地下钱庄)。"陈平给记者算了笔账,"下面"贷款5万元,60天的月息按照10%计算,也就是说,陈平贷款5万元,2个月后,连本带利要给对方6万元,利息不算低。"但只要把机器搞回来,2个月应该可以还得上。"陈平说。

【任务七:讨论回答】

(1)银行借款是企业最常用的融资渠道,但银行的基本做法是"嫌贫爱富",实力雄厚、收益或现金流稳定的企业才是银行欢迎的贷款对象,假设你是银行信贷员,给中小企业,尤其是处在起步和创业阶段的企业提供贷款,你会多提一些额外条款吗?你可能会提出哪些额外条件?

(2)银行发放长期贷款为什么要与借款人签保护性条款?保护性条款的各项具体条款是否由银行单方面决定?

银行借款是指企业向银行或其他非银行金融机构借入的、需要还本付息的款项,包括偿还期限超过1年的长期借款和不足1年的短期借款,主要用于企业长期资产的构建和满足流动资金周转的需要。

(一)银行借款的种类

1. 按提供贷款的机构,分为政策性银行贷款、商业银行贷款和其他金融机构贷款

政策性银行贷款是指执行国家政策性贷款业务的银行向企业发放的贷款,通常为长期贷款。如国家开发银行贷款,主要满足企业承建国家重点建设项目的资金需要;中国进出口信贷银行贷款,主要为大型设备的进出口提供的买方信贷或卖方信贷;中国农业发展银行贷款,主要用于确保国家对粮、棉、油等政策性收购资金的供应。

商业性银行贷款是指由各商业银行,如中国工商银行、中国建设银行、中国农业银行、中国银行等,向工商企业提供的贷款,用于满足企业生产经营的资金需要,包括短期贷款和长期贷款。

其他金融机构贷款,如从信托投资公司取得实物或货币形式的信托投资贷款、从财务公司

取得的各种中长期贷款、从保险公司取得的贷款等。其他金融机构的贷款一般较商业银行贷款的期限要长,要求的利率较高,对借款企业的信用要求和担保的选择比较严格。

2. 按机构对贷款有无担保要求,分为信用贷款和担保贷款

信用贷款是指以借款人的信誉或保证人的信用为依据而获得的贷款。企业取得这种贷款,无需以财产作抵押。对于这种贷款,由于风险较高,银行通常要收取较高的利息,往往还附加一定的限制条件。

担保贷款是指由借款人或第三方依法提供担保而获得的贷款。担保包括保证责任、财务抵押、财产质押,由此,担保贷款分为保证贷款、抵押贷款和质押贷款。① 保证贷款是指以第三人作为保证人承诺在借款人不能偿还借款时,按约定承担一定保证责任或连带责任而取得的贷款;抵押贷款是指以借款人或第三人的财产作为抵押物而取得的贷款,作为贷款担保的抵押品必须是能够变现的资产,例如,该资产可以是不动产、机器设备、交通运输工具等实物资产;可以是股票、债券等有价证券等金融资产;也可以是依法有权处分的土地使用权。如果贷款到期借款企业不能或不愿偿还贷款,银行可取消企业对抵押品的赎回权,并有权处置抵押品。抵押贷款有利于降低银行贷款的风险,提高贷款的安全性。② 质押贷款是指按《担保法》规定的质押方式,以借款人或第三人的动产或财产权利作为质押物而取得的贷款。质押是指债务人或第三人将其动产或财产权利移交给债权人占有,将该动产或财务权利作为债权的担保,债务人不履行债务时,债权人有权以该动产或财产权利折价或者以拍卖、变卖的价款优先受偿。作为贷款担保的质押品,可以是汇票、支票、债券、存款单、提单等信用凭证,可以是依法可以转让的股份、股票等有价证券,也可以是依法可以转让的商标专用权、专利权,以及著作权中的财产权等。

3. 按企业取得贷款的用途,分为基本建设贷款、专项贷款和流动资金贷款

基本建设贷款是指企业因从事新建、改建、扩建等基本建设项目需要资金而向银行申请借入的款项。

专项贷款是指企业因为专门用途而向银行申请借入的款项,包括更新改造技改贷款、大修理贷款、研发和新产品研制贷款、小型技术措施贷款、出口专项贷款、引进技术转让费周转金贷款、进口设备外汇贷款、进口设备人民币贷款及国内配套设备贷款等。

流动资金贷款是指企业为满足流动资金的需求而向银行申请借入的款项,包括流动基金借款、生产周转借款、临时借款、结算借款和卖方信贷。

(二)银行借款的程序与保护性条款

1. 银行借款的程序

(1)提出申请。企业根据筹资需求向银行书面申请,按银行要求的条件和内容填报借款申请书。

(2)银行审批。银行按照有关政策和贷款条件,对借款企业进行信用审查,依据审批权限,核准公司申请的借款金额和用款计划。银行审查的主要内容是:公司的财务状况;信用情况;盈利的稳定性;发展前景;借款投资项目的可行性;抵押品和担保情况。

(3)签订合同。借款申请获批准后,银行与企业进一步协商贷款的具体条件,签订正式的借款合同,规定贷款的数额、利率、期限和一些约束性条款。

(4)取得借款。借款合同签订后,企业在核定的贷款指标范围内,根据用款计划和实际需要,一次或分次将贷款转入公司的存款结算户,以便使用。

2. 长期借款的保护性条款

由于银行等金融机构提供的长期贷款金额高、期限长、风险大，因此，除借款合同的基本条款之外，债权人通常还在借款合同中附加各种保护性条款，以确保企业按要求使用借款和按时足额偿还借款。保护性条款一般有以下三类：

（1）例行性保护条款。这类条款作为例行常规，在大多数借款合同中都会出现。这类条款主要包括：① 要求定期向提供贷款的金融机构提交财务报表，以使债权人随时掌握公司的财务状况和经营成果。② 不准在正常情况下出售较多的非产成品存货，以保持企业正常生产经营能力。③ 如期清偿应缴纳税金和其他到期债务，以防被罚款而造成不必要的现金流失。④ 不准以资产作其他承诺的担保或抵押。⑤ 不准贴现应收票据或出售应收账款，以避免或有负债等。

（2）一般性保护条款。一般性保护条款是对企业资产的流动性及偿债能力等方面的要求条款，应用于大多数借款合同。这类条款主要包括：① 保持企业的资产流动性。要求企业持有一定最低限度的货币资金及其他流动资产，以保持企业资产的流动性和偿债能力，一般规定了企业必须保持的最低营运资金数额和最低流动比率数值。② 限制企业非经营性支出。如限制支付现金股利、购入股票和职工加薪的数额规模，以减少企业资金的过度外流。③ 限制企业资本支出的规模。控制企业资产结构中的长期性资产的比例，以减少公司日后不得不变卖固定资产以偿还贷款的可能性。④ 限制公司再举债规模。其目的是以防止其他债权人取得对公司资产的优先索偿权。⑤ 限制公司的长期投资。如规定公司不准投资于短期内不能收回资金的项目，不准未经银行等债权人同意而与其他公司合并等。

（3）特殊性保护条款。这类条款是针对某些特殊情况而出现在部分借款合同中的条款，只有在特殊情况下才能生效。这类条款主要包括：要求公司的主要领导人购买人身保险；借款的用途不得改变；违约惩罚条款等。

上述各项条款结合使用，将有利于全面保护银行等债权人的权益。但借款合同是经双方充分协商后决定的，其最终结果取决于双方谈判能力的大小，而不是完全取决于银行等债权人的主观愿望。

3. 长期借款的利率

长期借款的利率在一般情况下要高于短期借款的利率。长期借款的利率可以采用固定利率、变动利率与浮动利率三种。固定利率一经借贷双方确定，不得随意更改；变动利率是指在长期借款的规定期限内，利率可以定期调整，一般根据金融市场的行情每半年或 1 年调整一次；浮动利率根据借贷双方协商同意按资本市场变动情况随时调整的利率。

（三）银行借款筹资的优点和缺点

1. 银行借款筹资的优点

（1）筹资速度快，筹资弹性较大。与发行债券、融资租赁等债权筹资方式相比，银行借款的程序相对简单，所花时间较短，公司可以迅速获得所需资金；此外，由于银行借款的债权人只有银行一方，对公司而言具有更大的灵活性。在借款之前，公司根据当时的资本需求与银行等贷款机构直接商定贷款的时间、数量和条件；在借款期间，若公司的财务状况发生某些变化，也可与债权人再协商，变更借款数量、时间和条件，或提前偿还本息。

（2）资本成本较低。利用银行借款筹资，比发行债券和融资租赁的利息负担要低。而且，无须支付证券发行费用、租赁手续费用等筹资费用。

（3）可发挥财务杠杆作用。公司借入款项后，如果企业的投资收益率超过借款利率时，就会增加企业的净资产收益率。

2. 银行借款筹资的缺点

（1）限制条款多。与债券筹资相比较，银行借款合同对借款用途有明确规定，通过借款的保护性条款，对公司资本支出额度、再筹资、股利支付等行为有严格的约束，以后公司的生产经营活动和财务政策必将受到一定程度的影响。

（2）筹资数额有限。银行借款的数额往往受到贷款机构资本实力的制约，不可能像发行债券、股票那样一次筹集到大笔资金，无法满足公司大规模筹资的需要。

（3）筹资风险高。借款有固定的还本付息期限，借款到期必须足额支付，在公司经营不佳时，无异于釜底抽薪。

【相关链接——民营企业融资难】

中国民营企业在成长过程中一直面临着融资难的困境。一方面，就发行股票、债券等直接融资方式而言，发行上市的门槛非常高，一般的中小民营企业很难获得在证券市场上市的机会。2004 年 6 月，中小企业板的推出，似乎为民营企业直接融资提供了便利。但

上市前的几年漫长辅导期和高额的辅导费用导致大部分民营企业难以通过中小企业板上市融资。另一方面，就银行信贷等间接融资方式而言，由于中小民营企业拥有的可供担保的有形资产和无形资产较少，加上部分民营企业缺乏诚信，导致民营企业从银行获取抵押贷款和信用贷款的能力有限。2009 年 10 月，创业板的推出适当降低了中小企业上市融资的标准。

由于中小企业融资难，民间借贷与潜伏已久的"地下钱庄"便成为中小企业融资的主要途径，部分民间借贷与"地下钱庄"利率极高，甚至出现月息 10%、年息将近 100% 的民间高利贷，一般企业利润率只有几个点，所以很多企业是这个月借了钱下个月就得关门。过高的融资成本势必导致企业在战略、可持续发展、信用体系等方面的缺失，助长了通胀预期，引起资金逃离实体经济，威胁到整个中国经济的发展后劲。

二、发行公司债券

【情境描述】

山东美晨科技股份有限公司公司债发行概况

经中国证券监督管理委员会"[2017]409 号文"核准批复，山东美晨科技股份有限公司获准面向合格投资者公开发行面值总额不超过 8 亿元的公司债券，用分期发行方式。

首期"山东美晨科技股份有限公司 2017 年面向合格投资者公开发行公司债券（第一期）"（债券简称："17 美晨 01"，证券代码：112558.SZ）已于 2017 年 8 月发行，并于 2017 年 11 月在

深圳证券交易所上市交易,实际发行规模为 4 亿元,票面利率为 5.78%,5 年期,附债券存续期第 3 年年末发行人调整票面利率选择权及投资者回售选择权。

按照募集说明书约定,"17 美晨 01"募集资金使用用途为补充公司营运资金、偿还有息债务;2017 年 8 月 2 日,"17 美晨 01"扣除发行费用后募集资金到位 3.96 亿元,截至 2018 年 3 月末已使用 3.96 亿元,其中补充营运资金 1.46 亿元,用于偿还债务 2.5 亿元,募集资金使用与该期债券募集说明书约定用途一致。

本次债券由深圳市高新投集团有限公司提供全额、无条件、不可撤销的连带责任保证担保。"17 美晨 01"2018 年至 2022 年每年的 8 月 1 日为上一个计息年度的付息日(如遇法定节假日或休息日,则顺延至其后的第 1 个交易日)。

【任务八:讨论回答】

在阅读上述山东美晨科技股份有限公司债券发行概况与本部分内容的基础上,讨论回答下述问题:

(1) 什么是债券?什么是企业债券?企业发行债券的主要目的是什么?

(2) 债券的发行价格应该由哪些要素决定?

在企业自有资本不能满足企业发展的资本需要,向银行借款受到借款条件的制约等情况下,如果企业的经营状况良好,又有良好的发展前景,发行企业债券筹资不失为一种合理的选择。

企业债券又称公司债券,是企业依照法定程序发行的、约定在一定期限内还本付息的有价证券。债券是持有人拥有公司债权的书面证书,它代表持券人同发债公司之间的债权债务关系。

(一)发行债券的条件与种类

1. 发行债券的资格主体与发行债券条件

在我国,根据《公司法》的规定,股份有限公司、国有独资公司和两个以上的国有公司或者两个以上的国有投资主体投资设立的有限责任公司,具有发行债券的资格。根据《证券法》规定,公开发行公司债券,申请公司债券上市交易,应当在企业净资产规模、累计债券余额、筹集资金的投向、债券利率等方面满足相关的条件限制。公开发行公司债券筹集的资金,必须用于核准的用途,不得用于弥补亏损和非生产性支出。

2. 公司债券的种类

(1) 按是否记名,公司债券可分为记名债券和无记名债券。

记名公司债券是指在债券的票面上记录债券持有人的姓名或名称,并在发行单位或代理机构进行登记的债券。记名公司债券由债券持有人以背书方式或者法律、行政法规规定的其他方式转让;转让后由公司将受让人的姓名或者名称及住所记载于公司债券存根簿。

无记名公司债券是指不需要在债券的票面上记录债券持有人的姓名或名称,也不需要在发行单位或代理机构进行登记的债券。无记名公司债券的转让由债券持有人将该债券交付给受让人后即发生转让的效力。

(2) 按是否能够转换成公司股权,公司债券可分为可转换债券与不可转换债券。

可转换债券是指债券持有者可以在规定的时间内按规定的价格转换为发债公司的股票。这种债券在发行时,对债券转换为股票的价格和比率等都作了详细规定。《公司法》规定,可转换债券的发行主体是股份有限公司中的上市公司。

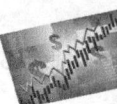

不可转换债券是指不能转换为发债公司股票的债券,大多数公司债券属于这种类型。

(3) 按有无特定财产担保,公司债券可分为担保债券和信用债券。

担保债券是指以抵押方式担保发行人按期还本付息的债券,主要是指抵押债券。抵押债券按其抵押品的不同,又分为不动产抵押债券、动产抵押债券和证券信托抵押债券。

信用债券是无担保债券,是仅凭公司自身的信用发行的、没有抵押品作抵押担保的债券。在公司清算时,信用债券的持有人因无特定的资产作担保品,只能作为一般债权人参与剩余财产的分配。

(二) 债券发行价格的确定

债券的发行价格是发行公司(或其承销机构)发行债券时的价格,亦即投资者向发行公司认购其所发行债券时实际支付的价格。

决定债券发行价格的因素有:债券的票面金额;票面利率(即名义利率,是债券发行时票面注明的利率,债券发行公司按票面利率向投资者支付债券利息,通常票面利率越高债券发行价格越高);市场利率(即债券有效期内资本市场的平均利率,通常票面利率越高债券发行价格越低);债券期限(即债券从发行日到偿还日的时间期限)。

理论上,债券发行价格是由债券本金与债券未来票面利息收入按债券期限内的市场利率折现后的现值之和决定;实务中,还要结合发行者的自身信誉、筹资的难易程度、公司对资本的需求状况,以及资本市场利率的变动趋势等因素,确定对公司最为有利的发行价格。

债券发行价格的理论计算公式如下:

(1) 分期付息,到期还本:

$$P = \sum \frac{M \cdot i}{(1+r)^n} + \frac{M}{(1+r)^n} = M \cdot i \cdot \frac{1-(1+r)^{-n}}{r} + \frac{M}{(1+r)^n}$$

(2) 到期一次还本付息:

$$P = \frac{M+M \cdot i \cdot n}{(1+r)^n}$$

式中 P 为发行价格;M 为面值;i 为票面利率;r 为市场利率或贴现率;n 为债券期限。

【例 3-1】 某企业发行债券筹资,面值 500 元,期限 5 年,发行时市场利率 10%,每年年末付息,到期还本。试分别按票面利率为 8%、10%、12% 计算债券的发行价格。

(1) 若票面利率为 8%:

发行价格 $= 500 \times 8\% \times (P/A, 10\%, 5) + 500 \times (P/F, 10\%, 5)$
$= 40 \times 3.7908 + 500 \times 0.6209 = 462.08(元)$

(2) 若票面利率为 10%:

发行价格 $= 500 \times 10\% \times (P/A, 10\%, 5) + 500 \times (P/F, 10\%, 5)$
$= 50 \times 3.7908 + 500 \times 0.6209 = 500(元)$

(3) 若票面利率为 12%:

发行价格 $= 500 \times 12\% \times (P/A, 10\%, 5) + 500 \times (P/F, 10\%, 5)$
$= 60 \times 3.7908 + 500 \times 0.6209 = 537.90(元)$

【结论】 对于每年年末付息一次,到期还本的债券:当市场利率＞债券收益率(票面利率),折价发行;当市场利率＜债券票面利率,溢价发行;当市场利率＝债券票面利率,面值发行。

【例3－2】 某企业发行债券筹资,面值500元,期限5年,发行时市场利率10%,到期一次还本付息。试分别按票面利率为8%、10%、12%计算债券的发行价格。

(1) 若票面利率为8%:

$$发行价格 = 500 \times 8\% \times 5 \times (P/F,10\%,5) + 500 \times (P/F,10\%,5)$$
$$= 200 \times 0.620\,9 + 500 \times 0.620\,9 = 434.63(元)$$

(2) 若票面利率为10%:

$$发行价格 = 500 \times 10\% \times 5 \times (P/F,10\%,5) + 500 \times (P/F,10\%,5)$$
$$= 250 \times 0.620\,9 + 500 \times 0.620\,9 = 465.68(元)$$

(3) 若票面利率为12%:

$$发行价格 = 500 \times 12\% \times 5 \times (P/F,10\%,5) + 500 \times (P/F,10\%,5)$$
$$= 300 \times 0.620\,9 + 500 \times 0.620\,9 = 496.72(元)$$

【任务九:课堂练习】

(1) 某公司拟发行5年期债券进行筹资,债券票面金额为100元,票面利率为10%,每年付息一次,债券发行时市场利率为6%,试计算该公司债券发行价格。

(2) 某企业发行债券筹资,面值为1 000元,期限为3年,发行时市场利率为6%,每半年付息一次,到期还本。试分别按票面利率为4%、6%、8%计算债券的发行价格。

(三) 发行企业债券筹资的优点和缺点

1. 发行企业债券筹资的优点

(1) 一次筹资数额大。利用发行企业债券筹资,能够筹集大额的资金,满足企业大规模筹资的需要。这是在银行借款、融资租赁等债权筹资方式中,企业选择发行企业债券筹资的主要原因,也能够适应大型企业经营规模的需要。

(2) 提高企业的社会声誉。企业债券的发行主体,有严格的资格限制。发行企业债券,往往是股份有限公司和有实力的有限责任公司所为。通过发行企业债券,一方面筹集了大量资金,另一方面也扩大了企业的社会影响。

(3) 能够锁定资本成本的负担。尽管企业债券的利息比银行借款高,但企业债券的期限长、利率相对固定。在预计市场利率持续上升的金融市场环境下,发行企业债券筹资,能够锁定资本成本。

2. 发行企业债券筹资的缺点

(1) 发行资格要求高,手续复杂。发行企业债券,实际上是企业面向社会负债,债权人是社会公众,因此国家为了保护投资者利益,维护社会经济秩序,对发债企业的资格有严格的限制。从申报、审批、承销到取得资金,需要经过众多环节和较长时间。

(2) 资本成本较高。相对于银行借款筹资,发行债券的利息负担和筹资费用都比较高。而且债券不能像银行借款一样进行债务展期,加上大额的本金和较高的利息,在固定的到期日,将会对企业现金流量产生巨大的财务压力。

三、融资租赁

【导读】

租赁活动在历史上由来已久,但作为企业筹资方式的现代租赁,则起源于 20 世纪 50 年代的美国。自 20 世纪 80 年代开始,我国企业开始采用租赁方式筹集企业发展所需要的资金。

1. 直接租赁

新华股份有限公司(以下简称"新华公司")系一家国有控股公司,成立于 1999 年,注册资本为 13 000 万元,主营研发制造发动机及零部件等业务,多项产品为国外客户指定供应商。因业务发展需要,该公司需购置新生产设备,但资金短缺。在了解该公司经营情况和业务需求后,华融金融租赁股份有限公司(以下简称"华融公司")为其提供 7 600 万元的融资租赁直租服务。具体操作为:华融公司向新华公司指定的设备供应商购买 7 600 万元的数控机床等设备,租赁给新华公司使用,租赁期限为 36 个月。在租赁期内,新华公司按季向华融公司支付租金,租赁期满,新华公司向华融公司支付约定的名义货价后,华融公司将该批设备所有权转移给新华公司。

2. 售后回租

泰源纺织有限责任公司(以下简称"泰源公司")主营生产各类中档纺织面料。该公司经营效益良好,但苦于资金短缺,发展较为缓慢。华融公司经调查决定通过回租服务给予支持。具体操作为:泰源公司向华融公司提供其原已购入的粗纺机、细纺机等一批棉纺设备的原始购置发票,将该批设备所有权转让给华融公司,保留设备使用权;华融公司在取得设备所有权后,一次性向该公司支付转让款 5 000 万元。在 3 年租赁期内,泰源公司按月向华融公司支付租金。租赁期满后,泰源公司向华融公司支付约定的名义货价,华融公司将该批设备的所有权转移回泰源公司。

【任务十:讨论回答】

(1) 以上两种租赁方式从租赁的性质上来说属于什么租赁?

(2) 完成表 3-6,比较经营租赁与融资租赁的区别。

表 3-6　　　　　　　　　　　融资租赁与经营租赁的区别

对比项目	融资租赁(financial lease)	经营租赁(operational lease)
业务原理		只是一种融物方式
租赁目的		暂时性使用,预防无形损耗风险
租期		较短
租金		只是设备使用费
契约法律效力		经双方同意可中途撤销合同
维修与保养		全部为出租人负责

租赁是指通过签订资产出让合同的方式,使用资产的一方(承租方)通过支付租金,向出让资产的一方(出租方)取得资产使用权的一种交易行为。

(一)租赁的分类

按租赁的性质,租赁分为经营租赁和融资租赁。

经营租赁又称短期租赁或服务性租赁,是以满足承租人临时性使用资产的需要为目的而发生的租赁业务。经营租赁是一种融通物资使用权的方式。承租企业采用经营租赁,主要目的不在融通资金,而在于获得设备的短期使用以及获得出租人提供的专门技术服务。

融资租赁是由租赁公司按承租企业要求出资购买设备,在较长的合同期内提供给承租单位使用的信用性业务,融资租赁以融通资金以添置设备为主要目的,融资融物于一体,通过融物达到融资目的。融资租赁的主要特点是:① 出租的设备由承租企业提出要求购买,或者由承租企业直接从制造商或销售商那里选定。② 租赁期较长,接近于资产的有效使用期,在租赁期间双方无权取消合同。③ 由承租企业负责设备的维修、保养。④ 租赁期满,按事先约定的方法处理设备,包括退还租赁公司,或继续租赁,或企业留购。通常采用企业留购办法,即以很少的"名义价格"(相当于设备残值)买下设备。两者的区别如表 3-6 所示。

(二)融资租赁的基本形式

(1)直接租赁。直接租赁是融资租赁的主要形式,承租方提出租赁申请时,出租方按照承租方的要求选购,然后再出租给承租方。

(2)售后回租。售后回租是指承租方由于急需资金等各种原因,将自己的资产售给出租方,然后以租赁的形式从出租方原封不动地租回资产的使用权。在这种租赁合同中,除资产所有者的名义改变之外,其余情况均无变化。

(3)杠杆租赁。杠杆租赁是指涉及承租人、出租人和资金出借人三方的融资租赁业务。一般来说,当所涉及的资产价值昂贵时,出租方自己只投入部分资金,通常为资产价值的20%~40%,其余资金则通过将该资产抵押担保的方式,向第三方(通常为银行)申请贷款解决。租赁公司然后将购进的设备出租给承租方,用收取的租金偿还贷款,该资产的所有权属于出租方。出租人既是债权人也是债务人,如果出租人到期不能按期偿还借款,资产所有权则转移给资金的出借者。

(三)融资租赁的优缺点

1. 融资租赁筹资的优点

(1)筹资速度快。融资租赁集融资与融物于一身,能迅速获得所需资产。融资租赁使企业在资金短缺的情况下引进设备成为可能。对中小企业、新创企业而言,融资租赁是一条重要的融资途径;有时,大型企业对于大型设备、工具等固定资产,也需要融资租赁解决巨额资金的需要,如商业航空公司的飞机,大多是通过融资租赁取得的。

(2)限制条件较少。企业运用股票、债券、长期借款等筹资方式,都受到相当多的资格条件的限制,如足够的抵押品、银行贷款的信用标准、发行债券的政府管制等。相比之下,租赁筹资的限制条件很少。

(3)财务风险小,财务优势明显。通常为设备而贷款的借款期限比该资产的物理寿命要短得多,而租赁的融资期限却可接近其全部使用寿命期限;而且租金支出是分期的,租金可以通过项目本身产生的收益来支付,企业无需一次筹集大量资金偿还,是一种基于未来的"借鸡生蛋、卖蛋还钱"的筹资方式。

(4)免遭设备陈旧过时的风险。随着科学技术的不断进步,设备陈旧过时的风险很高,而多数租赁协议规定此种风险由出租人承担,承租企业可免受这种风险。

2. 融资租赁筹资的缺点

(1)资本成本高。其租金通常比举借银行借款或发行债券所负担的利息高得多,通常租

金总额要高于设备价值的30%。

（2）分期财务负担重。尽管与借款方式比,融资租赁能够避免到期一次性集中偿还的财务压力,但高额的固定租金也给各期的经营带来了分期的负担。

四、商业信用

（一）商业信用的概念与形式

商业信用是指商品交易中,延期付款、预收货款或延期交货而形成的借贷关系,是企业之间的直接信用行为(如图3-3所示)。在现代市场经济条件下,企业之间的商业信用得到了广泛的发展,企业之间的商业信用形式也多样化,但主要形式有三种：应付账款、应付票据和预收账款。

图3-3　商业信用筹资

应付账款是赊购商品时形成的欠款,是卖方向买方提供的信用。买方收到商品后不立即支付现金,而是延期一定时间以后付款,从而获得短期资金来源。这样做不仅解决了买方暂时的资金短缺困难,又便于卖方推销商品。这是最常见、最典型的商业信用形式。

应付票据是指企业之间根据购销合同在进行延期付款的交易时,开具的反映债权债务关系的票据,通常是商业汇票。由于买方可以在票据到期时再付款,因此是卖方给买方的信用。商业汇票根据承兑人的不同可分为商业承兑汇票和银行承兑汇票。商业汇票是一种短期票据,期限不超过6个月,分为不带息票据和带息票据两种,我国市场中流通的一般为不带息票据。

预收货款是指买方在收到货物前预先支付全部或部分货款,是买方向卖方提供的信用。它等同于卖方向买方先借一笔款项,然后用商品偿还。这种情况通常是因为：① 卖方已知买方信用欠佳。② 买方急需卖方的商品或卖方商品紧俏。③ 产品生产周期长、价值高,采用预收款可以缓解资金紧张。

（二）商业信用筹资的优点和缺点

1. 商业信用筹资方式的优点

（1）属于自然性融资,无须特殊安排。商业信用伴随商品交易活动的发生而产生,一旦商品成交,该种筹资方式便形成。

（2）限定性条件少,机动性大。在市场经济条件下,供求往来单位很多,各自条件不一,选择余地大,限制条款少。

（3）资金成本低。商业信用无筹资成本,在规定期限内一般也没有资金使用成本。

2. 商业信用筹资方式的缺点

（1）使用期限短,使用范围窄。该种方式主要适用于商品交易。

（2）容易产生拖欠货款,形成三角债。该种方式要以购销双方相互信任为条件,在交易双方不了解或品质有问题的情况下,很容易形成拖欠乃至三角债。

【任务十一：课堂小结】 比较各种债务筹资方式的优点和缺点,并完成表3-7。

表 3-7　　　　　　　　　　　　债务筹资方式比较

项　　目	银行借款	发行公司债券	融资租赁
筹资速度			
筹资的限制条件			
筹资弹性			—
筹资数量			
社会声誉	—		
发行资格	—		—
设备陈旧风险			
资本成本			

任务 3.4　预测资金需要量

【导读】

筹钱的目的是为了投资赚钱,王明以 7% 的年资金使用成本筹集了 200 万元的资金,但他找到的投资项目只需要投入 100 万元的资金,该项目的投资报酬率(息税前利润率)是 10%,其余 100 万元暂不使用的资金,王明以 3% 的年利率存放于银行,那么王明这 1 年是否赚到了钱?为什么会出现这种结果?

王明的案例说明,筹资前必须事先确定资金的需要量,以保证筹集的资金既能满足企业进行营业扩张的发展需要,又不会产生多余的闲置资金。

预测资金需要量的方法很多,重点把握销售百分比法。销售百分比法的预测思路如图 3-4 所示。

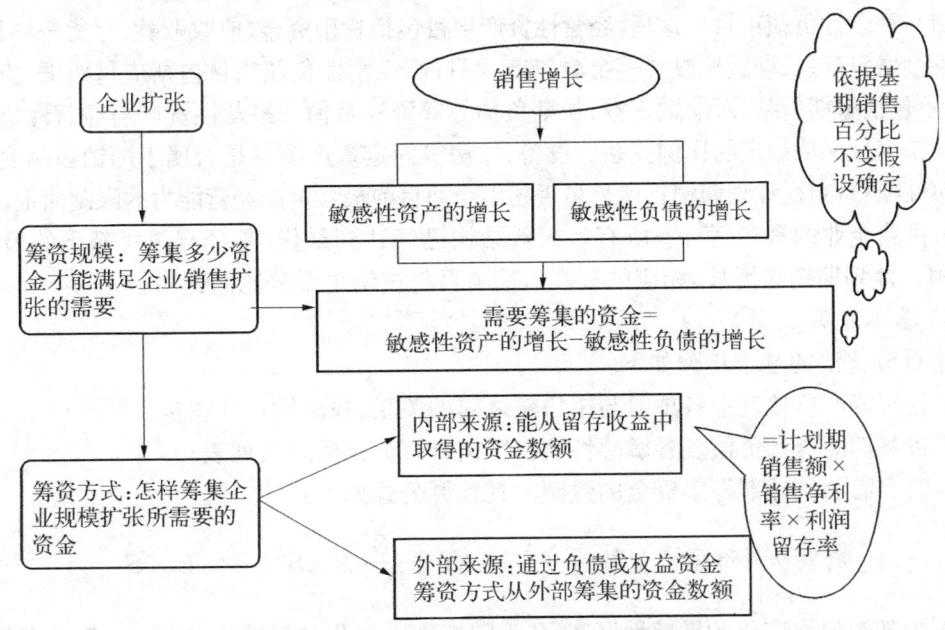

图 3-4　资金需要量预测的销售百分比法

图 3-4 中出现"敏感性资产"一词,如何理解"敏感性"这个词,举个例子,如果有 A、B 两个因素,A 因素的变化会导致 B 因素的相应变化,那么 B 因素就是 A 因素的敏感性因素;无论 A 因素如何变动,B 因素都将保持不变,则 B 因素就是 A 因素的非敏感性因素。因此,图 3-4 中的敏感性资产指的是随着销售额的变动将相应变动的资产要素,也称为经营性资产;敏感性负债指的是随着销售额的变动将相应变动的负债要素,也称为经营性负债。

一、资金需要量预测方法

企业在筹资之前,应当采用一定的方法预测资金需要量,只有这样,才能保证筹集的资金既能满足生产经营的需要,又不会因资金多余而闲置。

资金需要量的预测有很多种方法,按性质预测资金需要量的方法一般有两类:定性预测法和定量预测法。定性预测法主要利用直观的资料,依靠个人的经验和主观分析、判断能力,对未来资金的需要数量作出预测。它一般适用于企业缺乏完备、准确的历史资料的情况下采用。定量预测法主要是依据企业有关历史资料,采用一定的数学模型预测企业资金需要量的方法,主要有销售百分比预测法。

二、销售百分比法

(一)概念及其假设前提

销售百分比法是以销售额与经营性资产负债项目之间的比率关系为依据,来预测未来资金需要量的方法。

销售百分比法基于以下两个假设前提:

(1)企业的部分资产、负债项目,与企业的销售额保持同比例的变化。通常企业销售额的变化会引起有关资产负债表相关项目发生相应的变化,但并非所有的项目都会发生变化。在资产负债表中,预计随着销售额的变动而变动的项目称为经营性项目(也称敏感性项目),包括经营性资产项目与经营性负债项目。这里,经营性资产项目包括货币资金、应收账款、存货等项目,不包括交易性金融资产、长期股权投资等金融资产项目;而经营性负债项目包括应付票据、应付账款等项目,不包括短期借款、短期融资券、长期负债等筹资性负债。经营性资产与经营性负债的差额通常与销售额保持稳定的比例关系。设备、厂房等固定资产项目是否属于随销售额变动而变动的敏感性项目,须视计划期销售增长是否超出企业目前最大生产经营能力的限制而定。

(2)目前企业的资产、负债、所有者权益结构已经达到最优,是现有销售额下的最优资产权益结构。计划期销售增长,相应的资产负债项目将按销售百分比同比增长。

(二)基本步骤

销售百分比法的基本步骤如下:

(1)分析资产负债表中各项目与销售额之间的关系,找出敏感性项目。

(2)将基期的资产负债表各敏感性项目以销售百分比的形式列表。

(3)确定需要从外部筹集资金的数额。其计算公式如下:

$$需要从外部融资金额 = \frac{A}{S_1} \times \Delta S - \frac{B}{S_1} \times \Delta S - P \times E \times S_2$$

式中 A 为随销售而变化的敏感性资产;B 为随销售而变化的敏感性负债;S_2 为基期销售额;

$\dfrac{A}{S_1}$ 为敏感资产与销售额的关系百分比；$\dfrac{B}{S_1}$ 为敏感负债与销售额的关系百分比；ΔS 为销售变动额；P 为销售净利率；E 为利润留存率；S_2 为预测期销售额。

【例3-3】 光华公司2017年12月31日的简要资产负债表如表3-8所示。假定光华公司2017年销售额为10 000万元，销售净利率为10%，利润留存率为40%。2018年，公司的销售额预计增长20%，公司有足够的生产能力，无需追加固定资产投资。

首先，找出基期资产负债表中销售额的敏感性项目，并将敏感性项目以销售百分比的形式列示，如表3-8所示。在表3-8中，N为不变动，是指该项目不随销售的变化而变化，即非销售额的敏感性项目。

其次，确定需要增加的资金量。从表3-8中可以看出，销售收入每增加100元，必须增加50元的资金占用，但同时自动增加15元的资金来源，两者差额还有35%的资金需求。因此，每增加100元的销售收入，公司必须取得35元的资金来源，销售额从10 000万元增加到12 000万元，按照35%的比率可预测将增加700万元的资金需求。

表3-8 光华公司资产负债表

2017年12月31日 金额单位：万元

资产	金额	与销售关系	负债和权益	金额	与销售关系
货币资金	500	5%	短期借款	2 500	N
应收账款	1 500	15%	应付账款	1 000	10%
存货	3 000	30%	预提费用	500	5%
固定资产	3 000	N	应付债券	1 000	N
			实收资本	2 000	N
			留存收益	1 000	N
合　计	8 000	50%	合　计	8 000	15%

再次，确定外部融资需求的数量。2018年的净利润为1 200万元（12 000×10%），利润留存为40%，则将有480万元利润被留存下来，还有220万元的资金必须从外部筹集。

根据光华公司的资料，可求得对外融资的需求量：

外部融资需求量＝50%×2 000－15%×2 000－40%×1 200＝220（万元）

本例中，如果光华公司计划期的销售仅增长10%，即收入预计为11 000万元，则对外界资金需求量为：

外部融资需求量＝50%×1 000－15%×1 000－40%×1 100＝－90（万元）

即如果光华公司的销售仅仅增加10%，则不仅不需要向外筹资，而且还会有90万元的剩余资金，在此情况下，光华公司的任务不是规划如何筹资，而应是计划增加股利、偿还债务或者是寻找有利的投资机会。这也说明正确预测资金需求量，对公司合理筹资有举足轻重的作用。

【任务十二：课堂练习】

某公司2017年的销售收入为20 000万元，销售净利润率为12%，净利润的60%分配给投资者。公司2017年12月31日的资产负债表（简表）如表3-9所示。

表 3 - 9   资产负债表(简表)

2017 年 12 月 31 日   金额单位:万元

资 产	期末余额	与销售关系(%)	负债和所有者权益	期末余额	与销售关系(%)
货币资金	1 000		应付账款	1 000	
应收账款净额	3 000		应付票据	2 000	
存货	6 000		长期借款	9 000	
固定资产净值	7 000		实收资本	4 000	
无形资产	1 000		留存收益	2 000	
资产总计	18 000		负债和所有者权益总计	18 000	

该公司 2018 年计划销售收入比 2017 年增长 30%,为实现这一目标,公司需新增设备一台,价值 148 万元。据历年财务数据分析,公司流动资产与流动负债随销售额同比率增减。假定该公司 2018 年的销售净利率和利润分配政策与 2017 年保持一致。

要求:

(1) 计算 2018 年公司需增加的营运资金。

(2) 预测 2018 年需要对外筹集资金量。

任务 3.5　Excel 财务建模:设计债券发行价格模型

【情境描述】

千岛食品股份有限公司计划在近期发行债券,计划债券面值为 1 000 元/份,票面利率定为 6%,发行期限、利息支付条件、发行时市场利率未定。现在要求用 Excel 为千岛食品股份有限公司设计一个债券发行价格模型,使决策者能够借助该模型,获悉任意发行期限、任意付息条件、任意市场利率组合时的发行价格。

【任务十三:进行财务建模】

利用后文所介绍的常用 Excel 财务建模工具之窗体控件,按要求为千岛食品股份有限公司设计制作债券发行价格模型(见图 3-5),并思考以下两个问题:

	A	B	C	D
1		债券发行价格模型		
2		票面价格	1000	
3		票面利率(%)	10	◀ ▮ ▶
4		年数	5	◀ ▮ ▶
5		每年付息次数	2	◀ ▮ ▶
6		总付息次数	10	
7		每次支付利息	50.00	
8		市场利率	12	◀ ▶
9		发行价格	￥926.40	折价

图 3-5　债券发行价格模型

（1）比较票面利率和市场利率，分析债券发行的溢、折价情况。

（2）分析每年付息次数对债券发行价格的影响。

一、什么是 Excel 控件

Excel 控件是放置于窗体上的一些图形对象，可用来显示或输入数据、执行操作或使窗体更易于阅读。这些对象包括文本框、列表框、选项按钮、命令按钮及其他一些对象。Excel 控件提供给用户一些可供选择的选项或某些按钮，单击后可运行宏程序。

（一）Excel 控件之窗体控件

Excel 控件中的"窗体"有标签、编辑框、分组框、复选框、选项，列表框、组合框、组合式列表编辑框、组合式下拉编辑框、滚动条、微调项、控件属性、编辑代码、切换网格、执行对话框等按钮。

在 Excel 2010 版中，单击"开发工具"选项卡→插入→表单控件，就可以找到 Excel 控件工具箱。Excel 控件 2010 版的调出方法是：在工具栏单击鼠标右键，勾选【窗体】和【控件工具箱】。【窗体】调出的是【窗体控件】的工具栏，【控件工具箱】调出的是【ActiveX 控件】的工具栏。

（二）Excel 控件之 ActiveX 控件

ActiveX 控件比窗体工具条中的控件要更灵活，是 VBE 编辑器中用户窗体控件的子集，在 Excel 工作表中和 VBE 编辑器中都是可用的，尤其是在要对使用控件时发生的不同事件进行控制时。在使用控件时，如果不使用带有控件事件的 VBA 代码，则很少使用 ActiveX 控件；如果读者不熟悉 VBA 代码，推荐使用窗体工具条控件。

二、Excel 窗体控件财务建模实例

（一）建立和设置控件的步骤

1. 创建控件

创建控件可分三步：第一步，选择"视图""工具栏""窗体"命令，显示"窗体"工具栏；第二步，在工具栏上单击要选择的工具；第三步，在工作表适当位置处拖动鼠标画出控件对象。

2. 设置控件

右击所画出的控件对象，然后"设置控件格式"。

（二）应用举例

【例 3-4】　某公司贷款额为 400 000 元，年利率在 5%～10%，以 0.01% 的幅度变动，贷款年限在 1～30 年变动（见图 3-6）。请利用窗体控件中的滚动条和微调项进行贷款的每月还款额分析。

	A	B	C	D
1	贷款额	400000		
2	年利率	3.15%	◀　　▶	315
3	年限	30		
4	每月支付额	¥1,718.95		

图 3-6　计算每月还款数额

操作步骤如下：

首先，用滚动条进行年利率变化的控制。

（1）选择"视图""工具栏""窗体"命令，显示"窗体"工具栏。

（2）单击"滚动条"工具栏，拖动画出一个水平滚动条。

（3）"设置控件格式"，选择"控制"标签。

（4）希望年利率在 3%～8%，以 0.1% 为步长、0.5% 为页步长进行变化。即：最小值为 300，最大值为 800，步长为 1，页步长为 5，链接到单元格 D2。

（5）滚动条的变化应反映为年利率的变化，因数值作了放大，在单元格 B2 键入"＝D2/10 000"。

其次，用微调项进行贷款期限（年数）变化的控制。

（1）选择"视图""工具栏""窗体"命令，显示"窗体"工具栏。

（2）单击"微调项"工具栏，拖动画出一个微调项。

（3）"设置控件格式"，选择"控制"标签。

（4）希望贷款年限在 1～30 年，以 1 为步长、5 为页步长进行变化。即：最小值为 1，最大值为 30，步长为 1，页步长为 5，链接到单元格 B3。

最后，计算每月还款数额。在单元格 B4 键入"＝PMT(B2/12,B3 * 12,－B1)。"

本章框架

$$
\text{筹资方式的选择}
\begin{cases}
\text{筹资概述}
\begin{cases}
\text{筹资的概念与分类} \\
\text{筹资渠道与筹资方式} \\
\text{权益筹资与债务筹资的特点}
\end{cases} \\
\text{权益筹资}
\begin{cases}
\text{吸收直接投资} \\
\text{发行股票} \\
\text{留存收益}
\end{cases} \\
\text{债务筹资}
\begin{cases}
\text{银行借款} \\
\text{发行公司债券} \\
\text{融资租赁} \\
\text{商业信用}
\end{cases} \\
\text{资金需要量预测}
\begin{cases}
\text{资金需要量预测方法}
\begin{cases}
\text{定性预测法} \\
\text{定量预测法}
\end{cases} \\
\text{销售百分比法}
\end{cases}
\end{cases}
$$

项目 4

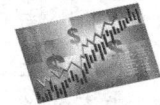

资本成本与资本结构决策

知识目标

◆ 了解资本成本的作用。
◆ 掌握权益资金、债务资金资本成本的计算。
◆ 理解资本结构优化的原则。
◆ 掌握每股收益无差别点分析法。
◆ 理解经营杠杆和财务杠杆的含义。

技能目标

◆ 能够运用资本成本计算公式确定每种筹资方式的资本成本。
◆ 能够运用无差别点分析法制定资本结构优化方案。
◆ 能够运用杠杆系数计算公式判断企业杠杆水平。
◆ 能够根据风险与收益的关系对企业的筹资结构进行科学决策,对具体情境下的企业经营风险与财务风险提出恰当的风险组合策略。
◆ 能够利用 Execl 控件、Execl 函数等工具或功能,设计制作债券发行价格模型、财务杠杆分析等筹资决策分析模型,用于辅助决策。

任务 4.1　计算资本成本

一、资本成本概述

【情境描述】

一段时间以来,市场持续质疑以中石油为代表的 A 股与 H 股分红差异问题,"从 2001 年至 2009 年,A 股央企 9 年平均分红率 20%,而港股央企则达 36%","H 股 10 年涨幅 6.8 倍,A 股原地踏步"等言论,一时间在网络上传得沸沸扬扬。

一、中国石油的上市历程

经中国证监会批准,中石油于 2000 年 4 月完成股票全球公开发售,以每股 1.28 港币(每份 ADS16.44 美元)的价格共发行 175.82 亿股 H 股(其中包括 4 134.52 万份 ADS),募集资

金净额约 203.37 亿元。发行的 ADS 和 H 股分别于 2000 年 4 月 6 日和 2000 年 4 月 7 日在纽约证交所和中国香港联交所上市。

至 2007 年，随着众多海外上市公司回归的浪潮，中石油亦回归 A 股。2007 年 10 月，公司以每股发行价 16.7 元发行 40 亿 A 股，募集资金 668 亿元人民币，并于 2007 年 11 月 5 日在上海证券交易所上市。2010 年 5 月 30 日，英国《金融时报》发布全球 500 强企业排名，中石油首次超过美国埃克森石油公司，成为全球市值最大的企业。

二、中石油国内与海外分红差异

（1）中石油在美国上市融资总额不过 29 亿美元，但上市 4 年，海外分红累积高达 119 亿美元，每次都超过投资者的投资额。2007 年，中石油财务总监周明春曾说："从 2000 年海外上市至今，公司坚持每年两次分红，累计分红达 3 055 亿元人民币，为投资者创造了丰厚的回报，受到国际资本市场的高度认可。"

（2）2007 年，中石油回归 A 股时，融资额达 668 亿元人民币，相当于 95.4 亿美元，是在美融资的 2.29 倍，但当年派发给股东的分红不到 6 亿元人民币。2010 年年股息为 0.344 2 元/股，如果以 2009 年最后一天的收盘价（13.82 元/股）为基准，简单测算 2010 年度的收益率，则持股 1 年的投资收益率为 2.49%，而当前的 1 年期定期存款利率为 3.5%。

（3）中石油在内地和香港分红水平相差 10 倍。

三、公司的内部解释

中石油副总裁李华林曾表示，海外分红 100 多亿美元这个数据大体上是没错的。公司在海外上市前些年分红偏高，主要原因在于其上市时承诺每年将 45% 的利润用于分配，所以分红额较大。公司海外融资额与分红对比差距较大，也缘于 2000 年公司在香港上市时的发行价只有 1.28 港元/股，市盈率仅 10.9 倍。

在中石油新股发行中，大陆投资者付出比海外投资者高出 10 倍以上的出价，由于支付价格过高而所占股本较低，境内投资者希望通过分红收回投入需要几十年乃至上百年左右的时间。差别较大的发行价，以及成熟资本市场注重现金分红与回报的运行机制成为产生中国石油分红差异的主要原因。

【任务一：讨论回答】

阅读本部分案例后，讨论回答下述问题：

（1）造成中石油国内与海外分红差异的主要原因是什么？

（2）本案例中所描述的"持股 1 年的投资收益率为 2.49%"，是否属于权益资本成本？

（3）与负债筹资方式相比，权益资金的资金成本高还是低，根据本案例具体分析。

（4）如果企业一直保持低分红或者不分红策略，对企业和股票市场有什么影响？

（一）资本成本的含义

资本成本是指企业为筹集和使用资本而付出的代价，是资本所有权与资本使用权分离的结果。投资者由于让渡了资本在一定时期的使用权，必须要求一定的补偿，其中包括对时间价值、通货膨胀价值和风险价值的考虑，体现为投资者在资本市场中要求的投资回报率。对筹资者而言，由于取得了资本使用权，必须支付一定代价，就是使用资本所需要支付的资本成本。资本成本包括筹资费和用资费。

1. 筹资费

筹资费是指企业在资本筹措过程中支付的各项费用，如向银行支付的借款手续费，发行股票、公司债券而支付的发行费等(如发行股票支付的承销费、律师费、评估费、上网费、宣传费等,仅承销费一项就占到筹资总额的 1.5%~3%)。筹资费用通常在资本筹集时一次性发生,在资本使用过程中不再发生,因此,视为筹资数额的一项扣除。世界各国股票筹资费用的比较大致如表 4-1 所示,因市场价格的波动会有一定差异。

2. 用资费

用资费是指企业在资本使用过程中因占用资本而付出的代价,如向银行、债券的持有人等债权人支付的利息,向股东支付的股利等。用资费用通常不是一次性的,只要企业在使用资金,就需要在特定时间向投资者支付报酬。用资费是资本成本的主要内容。

(二)资本成本的表示方法

资金成本可以用绝对数表示,但通常用相对数表示,因为绝对数不利于不同资金规模的资本成本的比较,所以资本成本的一般计算公式如下:

$$资本成本 = \frac{年资本使用费}{筹资总额 \times (1 - 筹资费用率)}$$

表 4-1　　内地企业在不同市场股票平均发行成本比较

市场 费用类别	深圳证券交易所 中小企业版	中国香港 主板	中国香港 创业板	纽约 证交所	纳斯达克	英国 ATM 市场
上市初费	3 万元 人民币	15 万~65 万 港元	10 万~20 万 港元	400 万元 人民币	10 万~40 万元 人民币	20 万元 人民币
承销费 (筹资额的比例)	1.5%~3%	2.5%~4%	4%~5%	8%	6%~8%	3%~5%
保荐人费	200 万元 人民币	200 万~400 万 港元	100 万~200 万 港元	1 500 万元 人民币	1 000 万元 人民币	500 万元 人民币
法律顾问费	100 万~150 万元 人民币	100 万~250 万 港元	100 万 港元	300 万元 人民币	300 万元 人民币	300 万元 人民币
会计师费	100 万元 人民币	150 万~250 万 港元	70 万~150 万 港元	400 万元 人民币	400 万元 人民币	350 万~400 万元 人民币
总成本 (筹资额的比例)	4%~8%	15%~20%	10%~20%	15%~25%	15%~25%	15%~20%

【课堂练习】

根据表 4-1,假设某企业分别欲在深圳证券交易所中小企业版、中国香港主板、纽约证交所通过发行股票筹集资金 2 亿元,按各地股票市场筹资费用的最低比例计算,该企业在各板块市场实际筹集的资金额将是多少? 假设该企业在接下来的会计年度的股利分配数额为 1 000 万元,则在该会计年度,该企业在各板块市场上的资本成本各是多少?

(三)资本成本的作用

1. 资本成本是选择筹资方案的依据

企业在选择筹资方案时会考虑很多因素,如是否会分散企业控制权、融资的难易程度和企业承担的风险、资本成本的高低等,而资本成本是其中的重要因素。在其他条件相同时,企业

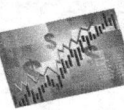

筹资应选择资本成本最低的方式。

2. 资本成本是评价投资项目可行性的主要标准

一般来说，一个投资项目，只有它预期的投资报酬率超过该项目使用资金的资本成本率，该项目在经济上才是合理的，否则投资该项目就无利可图，甚至发生亏损。

 【知识链接——权益资本是"免费午餐"吗】

有人认为，股份有限公司股票上市后，只要通过送股或转增等非现金股利形式发放股利，就可以达到免费使用权益资本的目的，因而，权益资本是一种"免费午餐"。答案果真如此吗？非也！公司以送股或转增方式进行股利分配，表面上看，公司并没有支付任何现金，从而可以不必承担任何负担。但送股和转增的结果，都将使公司的股本随之扩容。在未来的任何时候，只要公司发放现金股利，其现金股利的计算基数也将随股本的扩容而增大。因此，公司并没有真正不必支付任何代价而免费使用权益资本，其实质仅仅是打一个"时间差"，即将现金股利的支付时间往未来推移，"以时间换取生存空间"。

企业上市吸收社会资金的目的是为了迅速扩大企业规模，提升企业知名度，增强企业竞争力，而不是捞一把就跑。世界知名大企业几乎都是通过上市融资，进行资本运作，实现规模的裂变，迅速跨入大型企业的行列。目前，美国500强企业中的95%都是上市公司。当鱼失去水时，才懂得什么叫生存的依靠；当企业股票失去股民时，才知道什么叫失败的痛苦。

我国上市公司A股发行及分红现状如图4-1所示。

图4-1　我国上市公司A股发行及分红现状

二、个别资本成本的计算

【导读】

通过前面的学习我们知道，资本成本 $=\dfrac{\text{年实际资本使用费}}{\text{实际筹资总额}}$ ，企业的长期资金筹资方式包括举借借款、发行债券、发行优先股、发行普通股、留存收益等，各种筹资方式的年资本使用费的方式无外乎支付利息与支付股利两种方式。需要注意的是利息费用可以税前扣除，因此支付利息的年实际资本使用费＝利息额×(1－所得税税率)。

假设 A 企业与 B 企业资金总额皆为 1 000 万元,A 企业的资金都是借入的,年利率为 6%;B 企业的资金都是自有资金,两个企业的息税前利润额都是 100 万元,所得税税率为 25%。

【任务二:计算分析】

(1) 两个企业的利润总额与净利润各是多少?

(2) 与没有借款的 B 企业相比较而言,A 企业因为借款支付利息,比 B 企业多支付的现金流出是多少?

(3) 如果 B 企业的权益资本报酬率是 6%,则 B 企业支付股息的实际现金流出将是多少?

个别资本成本是指单一融资方式的资本成本,按照资金来源主要分为负债筹资的资本成本和权益筹资的资本成本。负债成本计算银行借款、公司债券的资本成本,权益成本计算普通股、优先股、留存收益的资本成本。

(一)负债筹资的资本成本

1. 银行借款资本成本

银行借款资本成本包括借款利息和借款手续费用。利息费用税前支付,可以起抵税作用,一般计算税后资本成本率,因为税后资本成本率与权益资本成本率具有可比性。银行借款的资本成本率计算公式如下:

$$K_b = \frac{\text{年利率} \times (1 - \text{所得税税率})}{1 - \text{手续费率}} \times 100\% = \frac{i(1-T)}{1-f} \times 100\%$$

式中　K_b 为借款资本成本率,i 为借款年利率,f 为筹资费用率;T 为所得税税率。

【例 4-1】 某企业取得 5 年期长期借款 200 万元,年利率 10%,每年付息一次,到期一次还本,借款费用率为 0.2%,企业所得税税率为 25%,试计算该项借款的资本成本率。

$$K_b = \frac{10\% \times (1-25\%)}{1-0.2\%} = 7.52\%$$

2. 公司债券的资本成本

公司债券的资本成本包括债券利息和借款发行费用。债券可以溢价发行,也可以折价发行,其资本成本率按一般模式计算如下:

$$K_b = \frac{\text{年利息} \times (1 - \text{所得税税率})}{\text{债券筹资总额} \times (1 - \text{手续费率})} \times 100\% = \frac{L(1-T)}{L(1-f)} \times 100\%$$

式中　L 为公司债券筹资总额;I 为公司债券年利息。

【例 4-2】 某企业以 1 100 元的价格,溢价发行面值为 1 000 元、期限 5 年、票面利率为 7% 的公司债券一批。每年付息一次,到期一次还本,发行费用率 3%,所得税税率 25%。计算该批债券的资本成本率。

$$K_b = \frac{1\ 000 \times 7\% \times (1-25\%)}{1\ 100 \times (1-3\%)} = 4.92\%$$

【课堂练习】

某企业计划筹资 100 万元,所得税税率为 25%,有关资料如下:① 向银行借款 10 万元,

借款年利率为7%,手续费率2%。② 按溢价发行债权,债券面值总额14万元,溢价发行价格总额为15万元,票面利率9%,期限为5年,每年支付一次利息,其筹资费率为3%。试计算债务资本的个别资本成本。

(二)权益筹资的资本成本

1. 优先股的资本成本

企业发行优先股,既要支付筹资费用,又要定期支付股利。它与债券资金不同的是股利在税后支付,且没有固定到期日。优先股的资本成本的计算公式如下:

$$K_p = \frac{D}{P_0 \times (1-f)}$$

式中 K_p 为优先股筹资资本成本率;D 为优先股股利;P_0 为优先股筹资总额;f 为筹资费用率。

【例4-3】 红旗公司按面值发行200万元的优先股,筹资费率为3%,每年支付10%的优先股股利。试计算该优先股的资本成本。

$$K_p = \frac{200 \times 10\%}{200 \times (1-3\%)} = 10.31\%$$

2. 普通股的资本成本

普通股资本成本主要是发行费用和向股东支付的各期股利。由于各期股利并不一定固定,随企业各期收益波动,因此计算时可以假定各期股利的变化具有一定的规律性。假定某股票本期支付的股利为 D_0,未来各期股利按 g 速度增长,且 $g < K_s$。目前股票市场价格为 P_0,则普通股资本成本的计算公式如下:

$$K_s = \frac{D_0(1+g)}{P_0(1-f)} + g = \frac{D_1}{P_0(1-f)} + g$$

【例4-4】 某公司普通股市价30元,筹资费用率2%,本年发放现金股利每股0.6元,预期股利年增长率为10%。试计算该公司股票筹资的资本成本。

$$K_s = \frac{0.6 \times (1+10\%)}{30 \times (1-2\%)} + 10\% = 12.24\%$$

3. 留存收益资本成本

留存收益包括盈余公积和未分配利润,是企业税后净利形成的,是所有者向企业的一种追加投资。企业利用留存收益筹资无需发生筹资费用。留存收益的资本成本率表现为股东追加投资要求的投资报酬率,其计算与普通股成本相同,不同点在于留存收益资本成本不考虑筹资费用。留存收益资本成本的计算公式如下:

$$K_e = \frac{D_1}{P_0} + g$$

【例4-5】 承[例4-4],该公司共有留存收益500万元,试计算留存收益的资本成本。

$$K_e = \frac{0.6 \times (1+10\%)}{30} + 10\% = 12.2\%$$

【任务三：课堂练习】

（1）某企业发行普通股股票，每股发行价为 10 元，筹资费率为 5%，预计第 1 年年末的股利为 1 元/股，年股利增长率为 3%。请计算该普通股资本成本。

（2）某企业发行面值为 50 元、年股利为 12% 的优先股股票，发行该优先股的筹资费率为 4%。请计算该优先股资本成本。

（3）某企业留用利润为 600 万元，预计普通股下一期股利率为 15%，以后每年股利增长率为 1%。该企业普通股面值为 5 元/股，发行价为 8 元，普通股筹资费率为 5%。请计算该企业留存收益的资本成本。

🍀 **【知识链接——普通股资本成本的推导过程】**

普通股资本成本是由股利折现模型推导得出的。理论上，股票的价值也就是股票发行企业实际筹集的资金数额，是未来股利的折现值，其计算公式如下：

$$V = P_0(1-f) = \frac{D_1}{(1+K_s)} + \frac{D_2}{(1+K_s)^2} + \cdots + \frac{D_t}{(1+K_s)^t} \tag{1}$$

式中　V 为普通股的理论价值，即股票的理论发行价；D_i 为预期未来各期股利；K_s 为折现率，即普通股资本成本。

式（1）中，确定股票价值的困难之处在于未来股利的不确定性。因此，通过如下两种假设确定股票价值模型：

假设一：公司支付的股利是长期稳定不变，则可以将公司每年支付的股利视为永续年金，则普通股资本成本为：

$$P_0(1-f) = \frac{D_t}{K_s} \tag{2}$$

将式（2）变型，即有：

$$K_s = \frac{D_t}{P_0(1-f)} \tag{3}$$

式中　D_t 为每年发放的固定股利。

假设二：公司每年支付的股利保持稳定增长，且增长率为 g，并且 $g < K_s$，则有：

$$V = P_0(1-f) = \frac{D_1}{(1+K_s)} + \frac{D_1(1+g)}{(1+K_s)^2} + \frac{D_1(1+g)^2}{(1+K_s)^3} + \cdots + \frac{D_1(1+g)^{t-1}}{(1+K_s)^t} \tag{4}$$

式（4）为公比为 $(1+g) \div (1+K_s)$ 的等比数列，利用等比数列的求和公式，以及数学上的极限原理，对式（4）化简（请自行推导并化简），最终可得：

$$K_s = \frac{D_0(1+g)}{P_0(1-f)} + g = \frac{D_1}{P_0(1-f)} + g \tag{5}$$

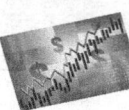

三、综合资本成本的计算

【情境描述】

公司在实际投资、融资与经营决策过程中真的使用资本成本这一概念并认真计算资本成本吗？确实有很多公司并不这样做，但百事可乐公司则将资本成本的确定作为公司战略计划评估过程的关键环节。百事可乐公司下属的主要部门包括饮料、快餐和餐馆。百事可乐公司估算公司的综合资本成本的过程如下：

（1）确定个别资本成本。百事可乐公司在计算成本时把资本分为普通股和债务两类，并分别确定其各个部门各自的个别资本成本。百事可乐公司某年度确定的每个部门的个别资本成本如表4-2所示。

表4-2　　　　　　　百事可乐公司某会计年度各部门个别资本成本

项　目	普通股	债　务
餐　馆	12.20%	5.54%
快　餐	11.56%	5.23%
饮　料	11.77%	5.28%

（2）确定每个业务部门的目标资本结构。百事可乐公司确定了每个部门的目标债务与总资产比率，如表4-3所示。

表4-3　　　　　　　百事可乐各部门的目标债务与总资产比率

项　目	餐　馆	快　餐	饮　料
比　率	30%	20%	26%

（3）根据目标资本结构对下属的每个主要部门分别评估其加权资本成本，如表4-4所示。

表4-4　　　　　　　各部门的加权资本成本评估

部　门	加权资本成本
餐　馆	$12.20\% \times 70\% + 5.54\% \times 30\% = 10.20\%$
快　餐	$11.56\% \times 80\% + 5.23\% \times 20\% = 10.29\%$
饮　料	$11.77\% \times 74\% + 5.28\% \times 26\% = 10.08\%$

每个部门的资本加权成本计算出来后，再计算百事可乐公司的资本加权成本，它等于各部门资本加权成本的加权平均值。

（4）确定整个公司的综合资本成本。百事可乐公司的资本加权成本为各部门资本加权成本的加权平均，权重等于每个部门的价值在百事可乐公司总价值中所占的百分比。假设百事可乐公司每个部门的价值百分比分别为：餐馆部25%；快餐部30%；饮料部45%。至此，百事可乐公司的资本加权成本可计算如下：

百事可乐公司资本加权成本＝25％×10.20％＋30％×10.29％＋45％×10.08％＝10.173％

【任务四：讨论回答】

（1）综合资本成本的计算公式是什么？

（2）百事可乐公司在计算公司综合资本成本的过程中，采用了市场价值权数、目标价值权数、账面价值权数中的哪种权数？

企业可以从多种渠道、用多种方式筹集资金，且各种方式的筹资成本是不同的。为了合理地筹资并作出可行的投资决策，必须计算企业的综合资本成本（也即企业的平均资本成本）。

平均资本成本是企业进行多种筹资方式下的综合资本成本，反映了企业资本成本整体水平的高低。企业平均资本成本是以各项个别资本在企业总资本中的比重为权数，对各项个别资本成本率进行加权平均而得到的总资本成本率。其计算公式如下：

$$K_W = \sum_{j=1}^{n} K_j W_j$$

式中　K_W 为平均资本成本；K_j 为第 j 种个别资本成本；W_j 为第 j 种个别资本在全部资本中的比重，即权数。

个别资金占全部资金的比重通常按账面价值确定，也可以按市场价值或目标价值确定，分别称为市场价值权数、目标价值权数。市场价值权数是指以债券、股票的市场价格确定权数；目标价值权数是指债券、股票以未来预计的目标市场价值确定权数。

按账面价值确定权数的优点是，数据容易取得，可以直接从资产负债表中得到，而且计算结果比较稳定。其缺点是，当债券和股票的市价与账面价值差距较大时，导致按账面价值计算出来的资本成本，不能反映目前从资本市场上筹集资本的现时机会成本，不适合评价现时的资本结构，但现行市价处于经常变动之中，不容易取得；按目标价值确定权数更适用于企业未来的筹资决策，但企业很难客观合理地确定目标价值。

概括地说，账面价值权数、市场价值权数和目标价值权数三种权数分别有利于了解过去、反映现在、预知未来。在计算综合资本成本时，如无特殊说明，一般要求采用账面价值权数。

【例 4 - 6】　康达公司 20×8 年年末的长期资本账面总额为 1 000 万元，其中：银行长期贷款 400 万元，占 40％；长期债券 150 万元，占 15％；普通股 450 万元，占 45％。长期贷款、长期债券和普通股的个别资本成本分别为 5％、6％、9％。普通股市场价值为 1 600 万元，债务市场价值等于账面价值。分别按账面价值和市场价值确定该公司的平均资本成本。

按账面价值计算：

$$K_W = 5\% \times 40\% + 6\% \times 15\% + 9\% \times 45\% = 6.95\%$$

按市场价值计算：

$$K_W = \frac{5\% \times 400 + 6\% \times 150 + 9\% \times 1\ 600}{400 + 150 + 1\ 600} = \frac{173}{2\ 150} = 8.05\%$$

【任务五：课堂练习】

某企业拟筹资 2 000 万元，发行债券 1 000 万元，票面利率为 8％，筹资费率为 2％；发行优先股 200 万元，年股利率为 12％，筹资费率为 5％；发行普通股 600 万元，筹资费率为 7％，预计下一年股利率为 14％，并以每年 4％的速度递增；留存收益为 200 万元。企业所得税税率为

25%。请计算个别资本成本与综合资本成本。

四、边际资本成本的计算

边际资本成本是企业追加筹资的成本。企业的个别资本成本和平均资本成本是企业过去筹集的个别资本的成本和目前使用全部资本的成本。企业在追加筹资时,不能仅仅考虑目前所使用资本的成本,还要考虑新筹集资金的成本,即边际资本成本。边际资本成本是企业进行追加筹资的决策依据。企业在组合筹资方案时,边际资本成本的权数采用目标价值权数。

【例 4-7】 某企业拥有长期资金 400 万元,其中:长期借款 60 万元,资本成本 3%;长期债券 100 万元,资本成本 10%;普通股 240 万元,资本成本 13%。平均资本成本为 10.75%。由于扩大经营规模的需要,企业拟筹集新资金。经分析,认为筹集新资金后,仍应保持目前的资本结构,即长期借款占 15%,长期债券占 25%,普通股占 60%,并测算出随筹资的增加各种资本成本的变化,如表 4-5 所示。请计算筹资总额的突破点及每个筹资总额范围内的加权平均边际资本成本。

表 4-5 筹资总额突破点计算表

资金种类	目标资本结构 a	新筹资额 b	资本成本 c	筹资总额突破点 d(b÷a)
长期借款	15%	45 000 元以内 45 000～90 000 元 90 000 元以上	3% 5% 7%	300 000 元以内 300 000～600 000 元 600 000 元以上
长期债券	25%	200 000 元以内 200 000～400 000 元 400 000 元以上	10% 11% 12%	800 000 元以内 800 000～1 600 000 元 1 600 000 元以上
普通股	60%	300 000 元以内 300 000～600 000 元 600 000 元以上	13% 14% 15%	500 000 元以内 500 000～600 000 元 600 000 元以上

每个筹资总额范围内的边际资本成本计算如图 4-2 所示。

$$K_W = \sum_{j=1}^{n} K_j W_j$$

式中 K_W 为每个筹资总额范围边际资本成本。

筹资总额 突破点	10.75%	11.05%	11.65%	12.55%	12.8%	13.05%
	30 万元	50 万元	60 万元	80 万元	160 万元	
长期借款	3%	5%	5%	7%	7%	7%
债券	10%	10%	10%	10%	11%	12%
普通股	13%	13%	14%	15%	15%	15%

图 4-2 每个筹资总额范围内 K_W 计算示意图

【任务六：课堂练习】

(1) 判断题：边际资本成本采用账面价值权数计算追加筹资后每种资金的比重。

（　　）

(2) 判断题：应选择筹资突破点左侧（小于突破点筹资额）最近的点作为追加的筹资额。

（　　）

(3) 某公司目前拥有资本 100 万元，其中长期负债 20 万元，优先股 5 万元，普通股（含留存收益）75 万元。为了满足追加投资需要，公司拟筹措新资。该公司的筹资计划如表 4-6 所示。试计算该公司新筹资总额的分界点，并编制边际资本成本规划表。

表 4-6　　　　　　　　　　　　　筹 资 计 划

资本种类	目标资本结构	新筹资的数量范围	资本成本
长期负债	0.20	10 000 元以内 10 000～40 000 元 40 000 元以上	6% 7% 8%
优先股	0.05	2 500 元以内 2 500 元以上	10% 12%
普通股	0.75	22 500 元以内 22 500～75 000 元 75 000 元以上	14% 15% 16%

任务 4.2　确定最佳资本结构

一、资本结构概述

【导读】

某企业欲筹集 2 000 万元资金，有甲、乙、丙三种筹资方案。假设：

(1) 普通股市价为 1 元，而且不随债务的增加而改变。

(2) 借款利率为 10%，而且不随负债的增加而改变。

(3) 所得税税率为 25%。

息税前利润＝总资本×资本利润率

每股收益＝（息税前利润－利息）×（1－所得税税率）÷普通股总股数

【任务七：讨论回答】

(1) 计算三个方案在资本利润率分别为 8%、10%、15% 时的每股净利润，填入表 4-7，并比较筹资方案的优劣。

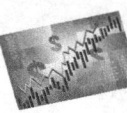

表 4 - 7　　　　　　　　　　　　　　筹资方案每股收益比较　　　　　　　　　　　　金额单位：万元

方　　案			甲	乙	丙
长期借款			0	500	1 000
普通股（万股）			2 000	1 500	1 000
利　息			0	50	100
资本利润率	8%	息税前利润	160	160	160
		每股收益（元/股）			
	10%	息税前利润	200	200	200
		每股收益（元/股）			
	15%	息税前利润	300	300	300
		每股收益（元/股）			

（2）根据每股净利润的变化趋势，分析企业盈利能力和负债筹资比率之间有何关联？

（3）什么是资本结构？资本结构问题的核心是什么？

　　资本结构即企业各种长期资金的构成和比例问题，在通常情况下，指长期负债资金和权益资金的构成。短期资金的需要量和筹集是经常变化的，且在整个资金总量中所占比重不稳定，因此不列入资本结构管理范围，而作为营运资金管理。

　　资本结构问题主要是负债资金的比例问题，即负债在总资金中所占的比重。企业需要筹集适量的负债资金，原因如下：

　　（1）适当增加负债，可以降低企业的综合资本成本。由于负债资金的成本较权益资金低，如果增加负债资金所降低的资金成本可以抵销增加的权益资金成本，则可以降低综合资本成本。但是如果负债比例太高，会导致财务风险，从而引起负债成本和权益成本同时增加，综合资本成本提高。

　　（2）适当增加负债，可以提高每股收益，从而提高股价。负债资金和权益资金来源不同，却同时可以为企业创造效益。如果企业利用负债资金获得的收益超过支付的利息，剩余部分则可以补贴现有股东，从而提高股东的每股收益。在风险不变的情况下，每股收益越高，股价越高，企业价值越大。然而，随着负债资金比例的增加，财务风险加大，如果每股收益的增长不足以补偿风险增加所需的报酬，则每股收益增长，股价仍然会下降，从而降低企业价值。

　　因此，资本结构优化的目标是较低的综合资本成本和财务风险、较高的每股收益和企业价值。但是这些目标在实现的时候会有冲突，最根本的目标还是服务于企业财务管理目标——企业价值最大化。

【任务八：课堂练习】

（1）判断题：最佳资本结构是使企业筹资能力最强、财务风险最小的资本结构。　（　　　）

（2）判断题：在优化资本结构的过程中，综合资本成本最小的方案一定是普通股每股利润最大的方案。　（　　　）

（3）判断题：企业负债比例越高，财务风险越大，因此负债对企业总是不利的。　（　　　）

二、资本结构优化

【情景描述】

1999 年 8 月，韩国第二大企业集团——大宇集团在亚洲金融危机的重创下解体，大宇汽车公司被列入"整顿企业"名单,债权银行要求对大宇汽车公司进行债务整合。

1967 年 3 月 22 日,大宇汽车公司成立时,只是一个规模不大的纺织厂。到 1993 年,其董事长金宇中提出"世界化经营"战略时,大宇在海外的企业只有 15 家。而到 1998 年年底,其海外企业已增至 600 多家,等于每 3 天增加 1 个企业;其销售总额名列世界 100 强的第 18 位,并且坐上了韩国出口贸易的第一把交椅;拥有雇员 20 万人,其中一半在海外,成为名副其实的世界级大型跨国公司。

大宇汽车公司是"章鱼足式"扩张模式的积极推行者,认为企业规模越大,就越能立于不败之地,即所谓的"大马不死"。随着大宇汽车公司推动海外扩张计划,到 1995 年,其债务已经高达 190 亿美元。1997 年年底,韩国发生金融危机后,其他企业集团都开始收缩,1998 年年初,韩国政府提出"五大企业集团进行自律结构调整"方针后,其他集团把结构调整的重点放在改善财务结构方面,努力减轻债务负担,大宇汽车公司却认为,只要提高开工率,增加销售额和出口就能躲过这场危机。因此,它继续大量发行债券,到 1998 年,该企业已经陷入了 500 亿美元的债务之中,这几乎是大宇集团净资产的 5 倍。1999 年,经营不善、资不抵债的大宇集团不得不走上破产清算这一步。

大宇集团轰然坍塌的背后,财务杠杆的消极作用不容忽视。财务杠杆是一把"双刃剑",当息税前利润率大于债务利息率时,能取得杠杆利益;当息税前利润率小于债务利息率时,会产生财务风险。能使企业价值最大化的资本结构才是企业最优资本结构,企业财务管理人员应当合理安排资本结构,适度负债。

资本结构优化是企业筹资管理的核心问题。资本结构的选择应当以企业财务管理目标为依据,实现企业价值最大化。由于企业价值(股价)受多方面因素影响,不易把握,因此在计算时,假设不考虑由于负债增加而导致的财务风险问题,仅考虑成本和收益,可以把资本结构优化的目标简化为:综合资本成本最小化和每股收益最大化。

(一)综合资本成本比较法

综合资本成本比较法是通过计算和比较各种可能的筹资组合方案的综合资本成本,选择综合资本成本率最低的方案。即能够降低综合资本成本的资本结构,就是合理的资本结构。这种方法侧重于从资本投入的角度对筹资方案和资本结构进行优化分析。

【例 4 - 8】 万荣公司需筹集 100 万元长期资本,可以用银行借款、发行债券、发行普通股三种方式筹集,其个别资本成本率已分别测定,有关资料如表 4 - 8 所示。

表 4 - 8 万荣公司资本成本与资本结构数据表

筹资方式	资 本 结 构			个别资本成本率
	A 方案	B 方案	C 方案	
银行借款	40%	30%	20%	6%
债券	10%	15%	20%	8%
普通股	50%	55%	60%	9%
合 计	100%	100%	100%	

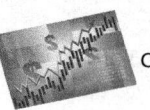

首先，分别计算三个方案的综合资本成本 K。

A 方案：$K_A = 40\% \times 6\% + 10\% \times 8\% + 50\% \times 9\% = 7.7\%$

B 方案：$K_B = 30\% \times 6\% + 15\% \times 8\% + 55\% \times 9\% = 7.95\%$

C 方案：$K_C = 20\% \times 6\% + 20\% \times 8\% + 60\% \times 9\% = 8.2\%$

其次，假设其他因素对方案选择的影响甚小，选择综合资本成本最低的方案——A 方案。

（二）每股收益无差别点分析法

由于负债资金成本较低，如果企业盈利能力较强，则可充分利用负债资金，企业获得的息税前利润在支付利息后，剩余的部分会补贴原有股东，从而增加股东的每股收益。因此，不考虑财务风险的前提下，每股收益最大时的资本结构就是最优的资本结构。

每股收益无差别点分析法就是寻找在两种不同筹资方案下，每股收益相等时的息税前利润的点。如果企业实际盈利能力超过无差别点的息税前利润，说明企业盈利足以支付利息，因此可以选择负债比例较高的筹资方案；如果企业实际盈利能力低于无差别点的息税前利润，说明企业利用负债资金所创造的效益不足以弥补利息，需要选择负债比例较低的筹资方案。具体步骤如下：

（1）计算每种方案筹资后的 EPS，其中 EBIT 为未知数。

（2）使两种方案的 EPS 相等，求解 EBIT，为 EPS 无差别时的 EBIT 点。

（3）把企业筹资后实际的 EBIT 与无差别点的 EBIT 相比较，确定筹资方案。

计算公式如下：

$$EPS = \frac{(EBIT - I)(1 - t)}{N_1 + N_2}$$

式中　EPS 为每股收益；$EBIT$ 为息税前利润；I 为借款利息；t 为所得税税率；N_1 为筹资前股数；N_2 为筹资后股数。

【例 4-9】　光明公司目前资本结构为：总资本 1 000 万元，其中债务资本 400 万元（年利息 40 万元）；普通股资本 600 万元（600 万股，面值 1 元/股，市价 5 元/股）。公司由于有一个较好的新投资项目，需要追加筹资 300 万元，有两种筹资方案：

甲方案：向银行取得长期借款 300 万元，利息率 16%。

乙方案：增发普通股 100 万股，每股发行价 3 元。

根据财务人员测算，追加筹资后销售额可望达到 1 200 万元，变动成本率为 60%，固定成本为 200 万元，所得税税率为 20%，不考虑筹资费用因素。试为公司选择适合的筹资方案。

根据上述数据，代入无差别点公式：

$$\frac{(\overline{EBIT} - 40) \times (1 - 20\%)}{600 + 100} = \frac{(\overline{EBIT} - 40 - 300 \times 16\%) \times (1 - 20\%)}{600}$$

得：$\overline{EBIT} = 376$（万元）

此时，$EPS = 0.384$（元／股）

这里，EBIT 为 376 万元是两个筹资方案的每股收益无差别点。在此点上，两个方案的每股收益相等，均为 0.384 元。企业预期追加筹资后销售额 1 200 万元，预期获利 280 万元，低于无差别点 376 万元，应当采用财务风险较小的乙方案，即增发普通股方案。在 1 200 万元销售额水平上,甲方案的 EPS 为 0.256 元/股,乙方案的 EPS 为 0.274 元/股。

甲、乙方案的每股收益无差别点分析图如图 4-3 所示。

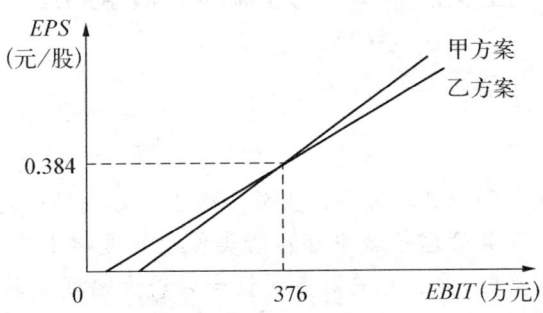

图 4-3　每股收益无差别点分析图

【任务九:课堂练习】

(1) 光华公司目前资本结构为:总资本 1 000 万元,其中债务资本 400 万元(年利息 40 万元);普通股资本 600 万元(600 万股,面值为 1 元/股,市价为 5 元/股)。该公司由于扩大经营规模,需要追加筹资 800 万元,所得税税率为 25%,假定不考虑筹资费用因素,有三种以下筹资方案:

甲方案:增发普通股 200 万股,发行价为 3 元/股;同时向银行借款 200 万元,利率保持原来的 10%。

乙方案:增发普通股 100 万股,发行价为 3 元/股;同时溢价发行 500 万元面值为 300 万元的公司债券,票面利率为 15%。

丙方案:不增发普通股,溢价发行 600 万元面值为 400 万元的公司债券,票面利率为 15%;由于受债券发行数额的限制,需要补充向银行借款 200 万元,利率为 10%。

请两两比较筹资方案,画出三种方案的无差别点分析图,并根据不同的息税前利润情况选择筹资方案。

(2) 已知某公司当前资本结构如表 4-9 所示。

表 4-9　　　　　　　　　　　　资 本 结 构

筹资方式	金额(万元)
长期债券(年利率 8%)	1 000
普通股(4 500 万股)	4 500
留存收益	2 000
合　　计	7 500

该公司目前的息税前利润为 1 000 万元,因生产发展,公司年初准备增加资金 2 500 万元投资一个新项目,现有两个筹资方案可供选择:甲方案为增加发行 1 000 万股普通股,每股市价 2.5 元;乙方案为按面值发行每年年末付息、票面利率为 10% 的公司债券 2 500 万元。假定股票与债券的发行费用均可忽略不计;适用的企业所得税税率为 25%。试计算两种筹资方案下每股收益无差别点的息税前利润。如果公司预计新项目会使公司息税前利润增加 200 万元,指出该公司应采用的筹资方案。如果是息税前利润增加 600 万元,应采用哪种筹资方案?

任务4.3 分析杠杆效应

一、经营杠杆

【情境描述】

"杠杆"一词通常让人们联想到在某一点上施加很小的力就可以转变或放大为另一点上更大的力或运动这一现象。财务管理领域中存在着类似于物理学中的杠杆效应,表现为:当某一财务变量以较小幅度变动时,另一相关财务变量会以较大幅度变动,如图4-4所示。财务管理中的杠杆包括经营杠杆、财务杠杆和总杠杆三种形式。

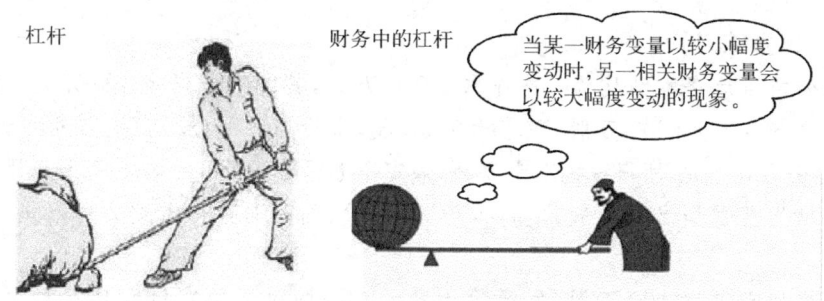

当某一财务变量以较小幅度变动时,另一相关财务变量会以较大幅度变动的现象。

图4-4 生活中的杠杆与财务领域中的杠杆

李文在早市与夜市上流动贩卖丝巾,不缴纳任何摊位费与市场管理费。他贩卖的丝巾进价为15元/条,售价为25元/条。每月平均能贩卖200条左右。

张刚在小商品市场以1 000元/月的价格(包括市场管理费)租赁摊位一处贩卖丝巾。他贩卖的丝巾进价为15元/条,售价为25元/条。每月平均能贩卖300条左右。

【任务十:计算分析】

(1)依据成本性态知识,以数学公式描述李文与张刚的总成本线形性模型公式与本量利基本公式。

(2)假设李文与张刚销售各增长1倍,请分别计算他们利润增长的倍数。

(3)计算李文与张刚各自的经营杠杆系数,并指出经营杠杆效应存在的原因。

(4)请分别列举至少3个经营杠杆效应小与经营杠杆效应大的营业模式或产业。

(一)成本按性态分类

按成本总额与业务量总数(产量或销售量)在数量上存在依存关系,这种依存关系也称为成本习性或成本性态(cost behavior)。依据这种依存关系可将成本分为固定成本与变动成本两大类。这种分类的目的是研究费用与产量的依存关系,寻求降低成本的途径。

1. 固定成本

固定成本是指在一定时期和一定业务量范围内,成本总额不随业务量的变动而变动,即无论业务旺衰,该类成本总额都保持为一定常数的成本。例如,企业在一定时期内计提的固定资产折旧费、经理人员薪金、已在年度预算中确定的年度广告费等,这些成本的支出总额不会随当期业务量(产销量)的变动而变动。

2. 变动成本

变动成本是在一定时期和一定业务量范围内,成本总额随企业业务量变化呈正比例变动的成本。业务量上升,则成本总额随之正比例上升;业务量下降,则随之正比例下降。如产品的直接材料成本、直接人工成本等。

【任务十一:课堂练习】

根据成本性态,判断企业以下成本耗费的分类归属:

(1) 原材料耗费。

(2) 直接人工。

(3) 一般的研究和开发支出。

(4) 能源费用。

(5) 常务董事薪金。

(6) 生产车间固定资产折旧费。

(二) 本量利分析

按成本性态,企业全部成本划分为固定成本和变动成本两大类,据此可以进行成本、业务量、利润之间的依存关系分析,简称本量利(cost-volumn-profit, CVP)分析。本量利分析是建立在成本性态分析基础上的反映成本、业务量、价格和利润等因素之间依存关系的分析方法。

本量利分析的基本假定就是,企业的所有成本可以划分为固定成本和变动成本两大类,并且呈线性关系。

假设以 y 代表企业总成本,a 代表企业固定成本总额,b 代表企业的单位变动成本,Q 代表企业的业务量水平,则企业总成本的计算公式如下:

$$y = a + bQ$$

假设以 S 代表企业的总收入,p 代表产品的单位售价,x 代表业务量(销售量)水平,则企业总收入的计算公式如下:

$$S = pQ$$

营业利润等于总收入减去总成本,以 $EBIT$ 代表企业的利润(即息税前利润,earnings before interests and taxes),则利润与业务量之间的关系如下(本量利基本计算公式):

$$EBIT = S - Y = pQ - bQ - a$$

式中　$Q(p-b)$ 是销售收入超过变动成本的金额,称为边际贡献(contribution margin,cm);单价超过单位变动成本的部分称为单位边际贡献($p-b$);销售收入总额超过变动成本总额的金额,称为边际贡献总额(Tcm)。

(三) 经营风险与经营杠杆效应

1. 经营风险

无负债公司的风险大小取决于公司的经营环境与经营策略,因此,通常将公司在无负债时的未来息税前利润的不确定性称为经营风险。

经营风险指企业因经营上的原因而导致息税前利润变动的风险。由本量利基本公式可以看出,影响企业经营风险的因素主要有以下几个方面:

(1) 需求。市场对企业产品需求越稳定,经营风险就越小;反之,则越大。

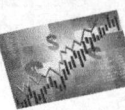

（2）售价。产品售价变动不大，经营风险就小；否则，风险就大。

（3）成本。这里产品成本是指投入品的成本，如原料成本、人工费用等。产品成本不稳定，会导致利润变动大，经营风险高。

（4）调整价格的能力。当产品成本变动时，如果企业具有较强的调整价格的能力，经营风险就小；反之，经营风险就大。

（5）固定成本的比重。在企业的全部成本中，固定成本所占的比重越大，单位产品分摊的固定成本越多，产品产销量发生变动，利润将随之发生更大幅度的变动，经营风险就越大。

2. 经营杠杆效应

在影响企业经营风险的诸多因素中，固定成本比重的影响最为重要。由于固定成本总额是既定常数，提高产销量一方面使收入增加，另一方面能使单位产品分摊的固定成本降低。因此，固定成本不变，提高产销量会引起企业息税前收益更大幅度的提高；反之，产销量下降，则带来息税前利润的更大幅度降低。这一现象在财务上被称为经营杠杆效应。

经营杠杆效应是指由于固定性经营成本的存在，而使得企业的息税前利润变动率大于业务量变动率的现象，经营杠杆效应的大小由经营杠杆系数衡量。

3. 经营杠杆系数

经营杠杆系数（degree of operating leverage，DOL）是息税前利润变动率与产销业务量变动率的比值。其计算公式如下：

$$DOL = \frac{\Delta EBIT \div EBIT}{\Delta Q \div Q}$$

式中　DOL 为经营杠杆系数；$\Delta EBIT$ 为息税前利润变动额；ΔQ 为产销业务量变动值。

将本量利基本公式代入上式，可得出计算经营杠杆系数的另一个公式：

$$DOL = Q(p-b) \div [Q(p-b) - a]$$
$$= Tcm \div EBIT$$
$$= (EBIT + a) \div EBIT$$

【例 4 - 10】　甲公司为劳动密集型企业，生产过程采用手工操作系统；乙公司为资本密集型企业，生产过程采用自动化控制系统。两公司当年的销售收入及息税前利润均相等，仅成本构成不同。有关数据如表 4 - 10 所示。试计算两公司的经营杠杆系数，以确定其相应的经营风险。

表 4 - 10　　　　　　　　　　　甲、乙公司的利润表

项　目	甲公司		乙公司	
	金额（元）	比　率	金额（元）	比　率
销售收入	100 000	100%	100 000	100%
减：变动成本	80 000	80%	10 000	10%
边际贡献	2 000	20%	90 000	90%
减：固定成本	10 000	10%	80 000	80%
息税前利润	10 000	10%	10 000	10%

甲公司的经营杠杆系数＝20 000÷10 000＝2

乙公司的经营杠杆系数＝90 000÷10 000＝9

甲公司的成本构成中,变动成本占 80% 的比重,边际贡献率仅为 20%。这意味着公司每 1 元销售收入补偿变动成本后,可实现 0.2 元的边际贡献。乙公司由于有着较高的固定成本比重,边际贡献率高达 90%,也即公司每 1 元销售收入在补偿变动成本后,可实现 0.9 元边际贡献。若两家公司的销售收入均增长 10%,则甲公司的 EBIT 增加 20%,即 2 000 元(0.2×10 000),乙公司的 EBIT 增加 90%,即 9 000 元(0.9×10 000);同理,若两家公司的销售收入均减少 10%,则甲公司的 EBIT 减少 2 000 元,乙公司的 EBIT 减少 9 000 元。可见,经营杠杆系数较大的乙公司,其经营风险也较大。

由上述计算结果可见,劳动密集型生产系统和高度自动化的先进制造系统对企业经营的影响是不同的。先进制造环境下的企业,一般具有较强的生产能力,从而也存在较大的获利可能性。但由于巨额的固定成本支出,所以这类企业经营风险也大;而经营杠杆系数低的企业,可能会更灵活地面对市场需求变化作出反应。通过上述分析,能够帮助管理层认识到,降低固定成本可以提高经营的灵活性。

二、财务杠杆

【情境描述】

前进公司与新海公司经营业务与总资产规模均相同,其资产总额均为 3 000 万元,在权益结构上,前进公司负债总额为 1 000 万元,股本总额为 2 000 万股,每股面值为 1 元;新海公司的负债总额为 2 000 万元,股本总额为 1 000 万股,每股面值为 1 元。

两个公司的债务资金成本皆为 8%,所得税税率均为 25%。2017 年度,其各自的息税前利润皆为 300 万元。也就是说,两个公司的总资产报酬率皆为 10%。(注:总资产报酬率=息税前利润÷总资产)

【任务十二:计算分析】

(1) 分别计算 2017 年度前进公司与新海公司两个公司的每股收益。(注:每股收益=净利润÷股份总额)

(2) 由于市场环境与原材料成本上涨的影响,2018 年度,两个公司的总资产报酬率为 6%,假设其经营资产总额仍为 3 000 万元,分别计算 2018 年度前进公司与新海公司两个公司的每股收益。

(3) 分别计算前进公司与新海公司的财务杠杆系数,并比较两个公司财务风险的大小。

(一)财务风险与财务杠杆效应

普通股股东最关心的是每股收益水平。财务风险是指企业由于举债原因产生的资本成本负担而导致的普通股收益波动的风险,引起企业财务风险的主要原因是举债经营。

企业在负债经营情况下,无论利润多少,其债务利息是不变的。当企业拥有借款、租赁或优先股等固定的资本成本支出时,这些固定的资本成本支出将影响企业的税后净收益,所以普通股每股收益(earnings per share, EPS)会随之变化,当息税前利润增大时,每 1 元利润所负担的利息就会相对地减少,从而给每 1 股的收益带来更大幅度的提高。这种债务对普通股投资者收益的影响,称为财务杠杆作用。

财务杠杆效应是指由于固定性资本成本的存在,而使得企业的普通股收益(或每股收益)变动率大于息税前利润变动率的现象。财务杠杆反映了股权资本报酬的波动性,用于评价企业的财务风险。每股收益的表达式为:$EPS = (EBIT - I)(1 - T) \div N$。可见,影响普通股收

益的因素包括资产报酬、资本成本、所得税税率等因素。

如果不存在 I，而且 T 与 N 保持不变，则每股收益的变动率与息税前利润的变动率一致，此时企业只有经营风险，不存在财务风险。如果企业有借款，即存在 I，那么当企业的息税前利润下降时，企业仍然需要支付固定的资本成本，导致普通股每股收益以更快的速度下降，这样就产生了财务风险。因此，只要企业融资方式中存在固定性资本成本，就存在财务杠杆效应。财务风险与财务杠杆效应用财务杠杆系数衡量。

（二）财务杠杆系数

测算财务杠杆效应程度时，常用的指标为财务杠杆系数。财务杠杆系数（degree of financial leverage，DFL）是每股收益变动率与息税前利润变动率的倍数，其计算公式如下：

$$DFL = \frac{\Delta EPS \div EPS}{\Delta EBIT \div EBIT}$$

将每股收益计算公式代入上式并整理，可得财务杠杆系数的简化计算公式如下：

$$DFL = \frac{EBIT}{EBIT - I}$$

【例 4 - 11】 A、B、C 三个公司的资本总额均为 1 000 万元，所得税税率均为 30%，每股面值均为 1 元。A 公司资本全部由普通股组成；B 公司债务资本 300 万元（利率为 10%），普通股 700 万元；C 公司债务资本 500 万元（利率 10%），普通股 500 万元。三个公司 2017 年的 $EBIT$ 均为 200 万元，2018 年的 $EBIT$ 均为 300 万元，$EBIT$ 均增长了 50%。有关财务指标如表 4 - 11 所示。

表 4 - 11　　　　　　　　　　　　普通股收益及财务杠杆的计算　　　　　　　　金额单位：万元

利 润 项 目		A 公司	B 公司	C 公司
普通股股数（万股）		1 000	700	500
$EBIT$	2017 年	200	200	200
	2018 年	300	300	300
	增长率	50%	50%	50%
利润总额	2017 年	200	170	150
	2018 年	300	270	250
	增长率	50%	58.82%	66.67%
净利润（普通股收益）	2017 年	140	119	105
	2018 年	210	189	175
	增长率	50%	58.82%	66.67%
每股收益	2017 年（元/股）	0.14	0.17	0.21
	2018 年（元/股）	0.21	0.27	0.35
	增长率	50%	58.82%	66.67%
财务杠杆系数		1.000	1.176	1.333

可见,资本成本固定性的资本成本支出所占比重越高,财务杠杆系数就越大。A公司由于不存在固定资本成本的资本,没有财务杠杆效应;B公司存在债务资本,其普通股收益增长幅度是息税前利润增长幅度的1.176倍;C公司存在债务资本,并且债务资本的比重比B公司高,其普通股收益增长幅度是息税前利润增长幅度的1.333倍。

通过上述分析可以看出,控制财务风险的方法是控制负债比率。在实务中,企业的财务决策者在确定企业的负债水平时,必须认识到负债可能带来的财务杠杆收益和相应的财务风险,在收益与风险之间作出合理的权衡。

【任务十三:课堂练习】

已知某公司2017年产销A产品10万件,A产品单价为100元,单位变动成本为80元,固定成本总额为100万元,公司负债总额为1 000万元,年利率为5%,所得税税率为25%。试计算以下指标:① 边际贡献。② 息税前利润。③ 经营杠杆系数。④ 财务杠杆系数。

三、总杠杆

【导读】

固定成本的存在导致经营杠杆效应,举债等固定的资本成本的存在导致财务杠杆效应,当企业既存在固定成本又存在固定利息费用时,企业每股收益的变动幅度必然大于产销量变动幅度,这种现象被称为总杠杆效应。总杠杆效应如图4-5所示。

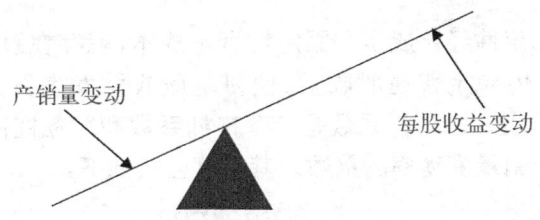

产销量变动　　每股收益变动

支点:固定经营成本或固定债务利息

图4-5　总杠杆效应

【任务十四:计算分析】

(1) 根据导读内容,指出经营杠杆、财务杠杆、总杠杆分别是由于哪一个财务变量的变动引起另外哪一个财务变量的更大幅度的变动?

(2) 阅读本部分内容后,根据如表4-12所示的某企业有关资料,分别计算其2017、2018年经营杠杆系数、财务杠杆系数和总杠杆系数,将计算结果填制在表4-12中。

表4-12	杠杆效应计算表		单位:万元
项　　目	2017 年	2018 年	变动率
销售收入(单价10元)	1 000	1 200	+20%
边际贡献(单位边际贡献4元)	400	480	+20%
固定成本	200	200	—
息税前利润(EBIT)	200	280	+40%
利息	50	50	

（续表）

项　　目	2017 年	2018 年	变动率
利润总额	150	230	+53.33%
净利润（税率 20%）	120	184	+53.33%
每股收益（总股本 200 万股，元）	0.60	0.92	+53.33%
经营杠杆（DOL）			
财务杠杆（DFL）			
总杠杆（DTL）			

（一）总杠杆

经营杠杆和财务杠杆可以独自发挥作用，也可以综合发挥作用，总杠杆是用来反映两者之间共同作用结果的，即权益资本报酬与产销业务量之间的变动关系。由于固定性经营成本的存在，产生经营杠杆效应，导致产销业务量变动对息税前利润变动有放大作用；同样，由于固定性资本成本的存在，产生财务杠杆效应，导致息税前利润变动对普通股收益有放大作用。两种杠杆共同作用，将导致产销业务量的变动引起普通股每股收益更大的变动。

总杠杆是指由于固定经营成本和固定资本成本的存在，导致普通股每股收益变动率大于产销业务量的变动率的现象。

（二）总杠杆系数

只要企业同时存在固定性经营成本和固定性资本成本，就存在总杠杆效应。产销量变动通过息税前利润的变动，传导至普通股收益，使得每股收益发生更大的变动。总杠杆系数（DTL）表示总杠杆效应程度。总杠杆系数是经营杠杆系数和财务杠杆系数的乘积，是普通股每股收益变动率相当于产销量变动率的倍数。其计算公式如下：

$$DTL = \frac{\Delta EPS/EPS}{\Delta Q/Q}$$

经整理，总杠杆系数的计算公式也可以简化为：

$$DTL = DOL \times DFL = \frac{息税前利润总额 + 固定成本}{息税前利润总额 - 利息} = \frac{EBIT + a}{EBIT - I}$$

（三）总杠杆与企业风险

企业风险包括企业的经营风险和财务风险。总杠杆系数反映了经营杠杆和财务杠杆之间的关系，用于评价企业的整体风险水平。在总杠杆系数一定的情况下，经营杠杆系数与财务杠杆系数此消彼长。总杠杆效应的意义在于：第一，能够说明产销业务量变动对普通股收益的影响，据以预测未来的每股收益水平；第二，揭示了财务管理的风险管理策略，即要保持一定的风险状况水平，需要维持一定的总杠杆系数，经营杠杆和财务杠杆可以有不同的组合。经营风险与财务风险的组合如图 4-6 所示。

一般来说，固定资产比较重大的资本密集型企业，其经营杠杆系数高，经营风险大，企业筹资应考虑主要依靠权益资本，以保持较小的财务杠杆系数和财务风险；变动成本比重较大的劳动密集型企业，其经营杠杆系数低，经营风险小，企业筹资应考虑主要依靠债务资本，保持较大的财务杠杆系数和财务风险。

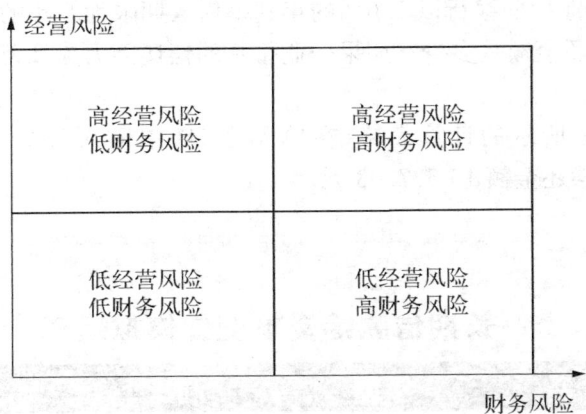

图 4-6 经营风险与财务风险的组合

一般来说,在企业初创阶段,产品市场占有率低,产销业务量小,经营杠杆系数大,此时企业筹资主要依靠权益资本,在较低程度上使用财务杠杆;在企业扩张成熟期,产品市场占有率高,产销业务量大,经营杠杆系数小,此时,企业资本结构中可扩大债务资本,在较高程度上使用财务杠杆。

【任务十五:课堂练习】

某企业 2017 年资产总额为 1 000 万元,资产负债率为 40%,负债平均利息率 5%,实现销售收入 1 000 万元,全部的固定成本和费用为 220 万元,变动成本率为 30%(注:变动成本率指变动成本额占销售收入总额的比率),若预计 2018 年的销售收入提高 50%,其他条件不变。要求:
①计算 DOL、DFL、DTL。②预计 2018 年的每股利润增长率。

任务 4.4 长期借款筹资决策模型——数据的模拟分析功能的应用

【情境描述】

在长期借款决策模型中,企业最关心的是贷款期限、利率、贷款金额、还款期限、每月还款金额等因素。企业需要结合自身的实际情况,根据自身能够承受的还款额度和当前的贷款利率来确定最佳贷款方案。

Excel 作为一个电子表格,其作用不仅仅是数据的电子化存储、排序与检索等,它还有另外一项很重要的功能——数据的模拟分析功能,其中运用较多的分析工具是单变量求解与模拟运算表。

一、单变量求解

所谓单变量求解,就是求解只有一个变量的方程的根,方程可以是线性方程,也可以是非线性方程。例如,算式 $z=3x+4y+1$,我们要求当 $z=20$、$y=2$ 时 x 的值,这就是一个单变量求解问题,可以使用 Excel 数据——模拟分析功能中的单变量求解功能。

单变量求解工具可以解决许多财务管理中涉及一个变量的求解问题。

【例4-12】 某企业拟向银行以5.6%的年利率借入期限为8年的长期借款120万元,每月还款一次,问每月偿还金额是多少? 如果企业每月的偿还能力为2万元,那么企业的可贷款额是多少?

(1) 设计如图4-7所示的计算表格,在单元格D3中输入公式"＝PMT(C3/12,B3 * 12,－A3)",得到每月偿还金额15 537.03元。

	A	B	C	D
1	长期借款筹资单变量模拟运算			
2	贷款本金	年限	利率	每月偿还
3	¥1,200,000.00	8	5.60%	¥15,537.03

图4-7 长期借款筹资月还款额计算

(2) 单击【数据】—【模拟分析】菜单,选择【单变量求解】项,则系统弹出【单变量求解】对话框,在【目标单元格】中输入"D3",在【目标值】中输入"20 000",在【可变单元格】中输入"＄A＄3",如图4-8所示。然后单击【确定】按钮,则系统计算出结果,即企业最多总共可贷款1 544 696.45元,如图4-9所示。

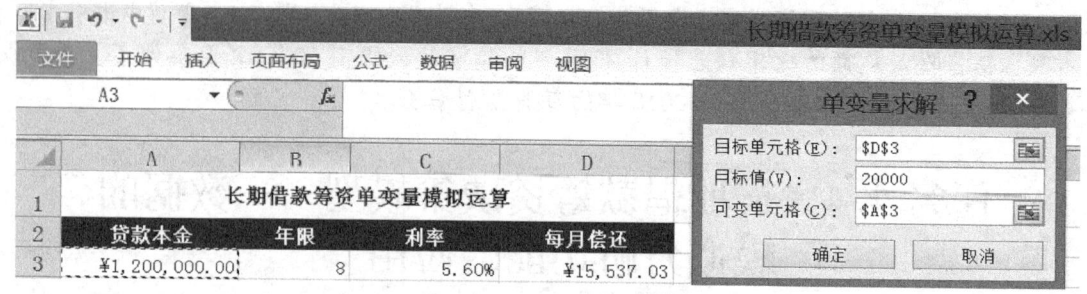

图4-8 长期借款筹资单变量求解

	A	B	C	D
1	长期借款筹资单变量模拟运算			
2	贷款本金	年限	利率	每月偿还
3	¥1,544,696.45	8	5.60%	¥20,000.00

图4-9 长期借款筹资贷款本金单变量求解结果

【任务十六:课堂练习】

在图4-7所建立的贷款模型基础上,继续用单变量求解完成以下变量的求解:

(1) 贷款120万元,计划8年还清,若每月只能偿还1.5万元,则贷款利率是多少?

(2) 贷款120万元,每月的还款能力是2万元,在贷款年利率为5.6%的情况下,企业需要多长时间可以还清贷款?

二、模拟运算表

所谓模拟运算表,是对工作表中一个单元格区域内的数据进行模拟运算,测试使用一个或两个变量的公式中变量对运算结果的影响。

模拟运算表是基于一个输入变量的表,用这个输入变量可以测试它对多个公式的影响。

【**例 4 - 13**】　企业投资某项目,欲向银行贷款 600 万元,期限为 5 年,银行贷款利率正在与银行商洽中,估计在 6%～8%。若贷款年利率为 6%,每月还款一次,则每月还款额是多少? 若利率在 6%～8% 浮动,请用单变量模拟运算表计算每月的还款额。

(1) 设计如图 4-10 所示的计算表格。在单元格 B6 中输入"=PMT(B4/12,B5 * 12,−B3)",得到每月还款金额为 115 996.81 元。

	A	B	C	D	E
1	长期借款筹资决策分析			不同贷款利率模拟运算	
2	贷款种类	长期专项贷款		年利率	月偿还金额
3	贷款金额	6,000,000.00		6.00%	
4	贷款年利率	6.00%		6.25%	
5	贷款年限	5		6.50%	
6	每月偿还金额			6.75%	
7				7.00%	
8				7.50%	
9				8.00%	

图 4-10　长期贷款计算表

(2) 进行不同贷款利率的模拟计算。在单元格 E3 中输入"=PMT(D3/12,B5 * 12,−B3)",得到每月还款金额为 115 996.81 元。选中 D3:E9 区域,单击【数据】—【模拟分析】菜单,选择【模拟运算表】项,系统弹出【模拟运算表】对话框,在【输入引用列的单元格】中,选中"$D$3"单元格,如图 4-11 所示。单击【确定】按钮,得到计算结果如图 4-12 所示。

	A	B	C	D	E
1	长期借款筹资决策分析			不同贷款利率模拟运算	
2	贷款种类	长期专项贷款		年利率	月偿还金额
3	贷款金额	6,000,000.00		6.00%	¥115,996.81
4	贷款年利率	6.00%		6.25%	
5	贷款年限	5		6.50%	
6	每月偿还金额	¥115,996.81		6.75%	
7				7.00%	
8				7.50%	
9				8.00%	
10					
11					
12					
13					
14					
15					

模拟运算表　?　×

输入引用行的单元格(R):

输入引用列的单元格(C): $D$3

确定　　取消

图 4-11　不同贷款利率单变量模拟计算

	A	B	C	D	E
1	长期借款筹资决策分析			不同贷款利率模拟运算	
2	贷款种类	长期专项贷款		年利率	月偿还金额
3	贷款金额	6,000,000.00		6.00%	¥115,996.81
4	贷款年利率	6.00%		6.25%	116695.5701
5	贷款年限	5		6.50%	117396.8893
6	每月偿还金额	¥115,996.81		6.75%	118100.764
7				7.00%	118807.1912
8				7.50%	120227.6916
9				8.00%	121658.3657
10					

图 4-12　不同贷款利率单变量模拟计算结果

【任务十七:课堂练习】

某企业欲向银行贷款 200 万元用于专项投资,5 年期以上的长期贷款利率为 6.18%,若每月还款一次,则每月还款额是多少？若贷款年限可以在 5～10 年选择,请用单变量模拟运算表计算该企业每月的还款额。

 **本章框架**

```
                              资本成本概述
                              个别资本成本的计算
                     资本成本
                              综合资本成本的计算
                              边际资本成本的计算

                              资本结构概述
资本成本与资本结构   资本结构
                              资本结构优化

                              经营杠杆
                     杠杆效应   财务杠杆
                              总杠杆
```

项目 5

项目投资管理

知识目标

◆ 理解项目投资、项目计算期、项目现金流量的含义。

◆ 掌握项目计算期内现金流入量、现金流出量的内容及其计算。

◆ 掌握现金净流量的计算及其应用。

◆ 掌握非折现指标含义、计算方法及其应用。

◆ 掌握折现指标含义、计算方法及其应用。

技能目标

◆ 能对一个具体的投资项目进行项目计算期内的现金流量分析。

◆ 能使用非贴现指标及贴现指标分别对项目进行分析决策。

◆ 能够利用 Excel 表格编制及财务函数等工具,建立简单实用的项目投资决策分析模型。

【学习指南】

曾经生产出中国第一根火腿肠的"春都第一楼",如今是人去楼空,落寞无声;而在几百里开外的双汇厂,厂内机器开足马力,厂外排着等货的长长车队。春都与双汇厂,双双抓住了上市融资的机遇,几乎是前后脚迈入资本市场,1998 年年底,双汇发展上市;1999 年年初,春都 A 上市,分别募集到 3 亿多元和 4 亿多元。然而,从上市之初,春都 A 和双汇发展的目的就大不相同:前者是为了圈钱还债;后者则意图扩大主业。春都 A 上市仅 3 个月,春都集团就提走募股资金 1.8 亿元左右,用于弥补上市之前因盲目投资导致的资金窟窿,其余的资金则盲目投入茶饮料等非主业项目中。被大量"抽血"的春都 A,至 2000 年年底终于力不能支,跌入亏损乃至停止市场交易。

与春都 A 不同,双汇发展希望凭借股市资金快速壮大主业,该公司信守承诺,把募集资金全部投资到上市公司肉制品及其相关项目上。上市 3 年间,双汇发展先后兼并了华北双汇食品有限公司,完成了 3 万吨"王中王"火腿肠技术改造项目,建设双汇食品肉制品系列工程项目,产业链条不断完善,企业实力显著增大。双汇集团和双汇发展的销售收入分别增加了 30 亿元和 10 亿元。投资者也得到了丰厚的回报。

项目投资决策是财务管理最核心的内容,财务管理的目标是企业价值最大化,从双汇发展

与春都 A 两个公司的案例中可知：只有科学的项目投资才能创造价值，恰当的项目投资是企业能够盈利及企业价值增值的前提条件，而不当的项目投资活动则可能完全毁掉一个企业，棋界的"一着不慎，全盘皆输"即是该道理。

通过本项目内容的学习，同学们可以掌握项目投资决策程序及其决策基本方法，而该方法与原理将普遍适用于个人投资决策、个人理财决策，以及公司投资决策和公司理财决策。

任务5.1 认识项目投资的相关概念

一、投资的含义与分类

【情境描述】

人们日常花钱不外乎两种目的：一是花钱购买物质或精神享受，即消费；二是今天花钱的目的是未来收回更多的钱，即投资。显然，花钱买衣服、买书籍、看电影是消费；花钱买股票、买债券、买店面是投资。消费的钱花了就没有了，投资的钱如果投资对路的话，将来能收回更多的钱。

假设我们花钱买了山东美晨科技股份有限公司的股票与债券，该公司通过发行股票、债券筹集的资金用于扩大生产能力，如用于新增橡胶减震系列产品项目，该公司这种将资金直接投资于实体项目，直接形成了新的生产经营能力的投资行为就是项目投资（也称直接投资）；而我们花钱买该公司的股票与债券（即购买股票与债券这类金融资产）的行为，是证券投资（也称间接投资），因为投资路径是间接的：我们投出去的钱没有直接形成实体性生产经营能力，而是形成了金融资产，而我们购买这些金融资产的资金往往被发行该金融资产的公司用于进行项目投资，最终流向实体经营项目。

山东美晨科技股份有限公司于 2011 年 6 月 20 日通过向社会公众公开发行 1 430 万股人民币普通股股票，共筹集资金 33 321.09 万元。根据股东大会有关决议，该次公开发行股票募集资金将全部投资于如表 5-1 所示的项目建设。

表 5-1　　　　　　　　　　　募集资金拟投资项目表　　　　　　　　　单位：万元

序号	项 目 名 称	投资金额与投入进度安排		
		总投资	第 1 年	第 2 年
1	新增橡胶减震系列产品项目	7 900	7 900	
2	新增橡胶流体管路产品项目	10 300	4 923	5 377
3	新建技术中心项目	5 816	3 405	2 411
4	其他与主营业务相关的营运资金			

其中，新增橡胶流体管路产品项目简介：计划生产发动机进气橡胶软管 580 万件、水冷却橡胶软管 520 万件和高压橡胶油管 220 万件，该项目的建成将进一步强化公司的规模化生产优势，巩固公司在商用车市场行业地位的同时，满足乘用车、煤炭、工程机械等其他市场快速增长对胶管的需求。

【任务一：讨论回答】

自主阅读本部分内容后，讨论回答下述问题：

(1) 结合新增橡胶流体管路产品项目简介，用自己的语言说明什么是项目投资？山东美晨科技股份有限公司的这几个项目是属于新建项目还是更新改造项目？

(2) 假设山东美晨科技股份有限公司的"新增橡胶流体管路产品项目"投资失败，你认为会给该公司带来什么样的财务结果？给该公司股票的投资人造成什么影响？

(3) 项目投资就是固定资产投资吗？请举实例说说两者之间的区别与联系。

（一）投资的含义与分类

投资是指企业为了在未来取得收益而发生的投入财力的经济行为。它既包括用于机器、设备、厂房的购建与更新改造等生产性资产的投资，简称项目投资；也包括购买债券、股票等有价证券的投资，简称证券投资。

投资可从不同的角度分类。

1. 按投资行为的介入方式分类

按投资行为的介入方式，投资可分为直接投资和间接投资。

直接投资包括企业内部直接投资和对外直接投资，前者形成企业内部直接用于生产经营的各项资产，后者形成企业持有的各种股权性资产，如持有子公司或联营公司股份等。

间接投资是指通过购买被投资对象发行的金融工具而将资金间接转移交付给被投资对象使用的投资，如企业购买特定投资对象发行的股票、债券、基金等。

2. 按投资回收期限分类

按投资回收期限的长短，投资可分为短期投资和长期投资。

短期投资是指回收期在 1 年以内的投资，主要包括现金、应收款项、存货、短期有价证券等投资。

长期投资是指回收期在 1 年以上的投资，主要包括固定资产、无形资产、对外长期投资等。

（二）项目投资

项目投资是对实体资产的长期投资，是一种以特定项目为对象，直接与新建项目或更新改造项目有关的长期投资行为。项目投资属于直接投资、长期投资。如新建一条流水线、购买一辆运输用货车等，都属于项目投资。项目投资主要分为新建项目和更新改造项目。

1. 新建项目

新建项目指以新建生产能力为目的的外延式再生产，即从无到有的项目。新建项目按内容可细分为单纯固定资产投资项目和完整工业项目投资项目。

单纯固定资产投资项目简称固定资产投资项目，它是只涉及固定资产本身的投资项目。

完整工业项目投资项目不仅包括固定资产投资，还涉及流动资金投资、无形资产等其他长期投资项目。

2. 更新改造项目

更新改造项目指以恢复或改善现有生产能力为目的的内涵式扩大再生产项目。

【任务二：课堂交流与分享】

同学们，在日常生活中，你们进行过或关注过什么样的成功投资案例？请进行小组交流，若有精彩的投资故事，请进行课堂分享。

二、项目计算期和资金投入方式

【情境描述】

《赢在中国》是中央电视台经济频道推出的一档大型选拔节目,该节目给胜出者提供创业基金,旨在寻找与打造商业人才。

选手简历:扈劲松,男,1970年出生,本科,财务电算化专业。参赛项目:曲线地板。

评委:熊晓鸽,史玉柱,马云。

马云:"我想问一下,如果有500万元的投资给你的话,你准备怎么去分配这500万元的投资?"

扈劲松:"500万元不够。如果有的话是这样分配的,我会再做2台设备,使产量翻番,2台设备需要耗资300万元,每台设备要配流动资金140万元,还需要备用金,差一分钱都不行,500万元肯定不够。"

【任务三:讨论回答】

阅读本部分内容后,讨论并回答下述问题:

(1)要决策项目投资的可行性,需要先确定各个项目的项目计算期,请根据任务一的[情境描述],指出山东美晨科技股份有限公司拟投资的前三个投资项目是一次性投入还是分期投入?各项目计算期如何确定?

(2)结合本[情境描述]中扈劲松对500万元资金的项目投资计划,请说明如果要进行新增橡胶流体管路产品项目的投资,需要投资的项目资金构成包括哪些具体内容?

(一)项目计算期

项目计算期是指投资项目从投资建设开始到项目最终清算结束整个过程所涉及的时间(用 n 表示),包括建设期(用 s 表示)和生产经营期(用 p 表示),如图5-1所示。

其中:建设期的第1年年初称为建设起点(记作第0年),建设期的最后1年年末称为投产日;项目计算期的最后1年年末称为终结点,从投产日到终结点之间的时间间隔称为运营期(生产经营期)。项目计算期=建设期+运营期,即:$n = s + p$。

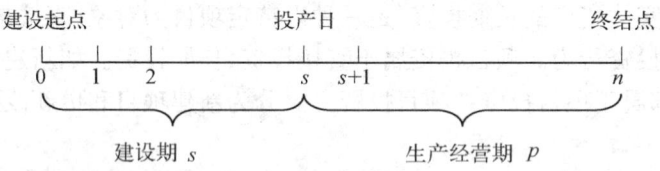

图5-1 项目计算期

【例5-1】 企业拟购建一项固定资产,预计使用寿命10年,试就以下互不相关情况,分别确定该项目的项目计算期。

(1)在建设起点进行一次性投资,随即投产。则项目计算期为多少年?

(2)固定资产项目的建设期为2年,项目建设完工后投产。则项目计算期为多少年?

$$项目计算期=建设期+生产经营期=0+10=10(年)$$

$$项目计算期=建设期+生产经营期=2+10=12(年)$$

(二)项目资金投入方式与项目资金构成

建设期的资金投入方式主要有两种:一种是一次投入;另一种是分次投入。一次投入是指原始投资在建设起点一次性投入;分次投入是指原始投资在建设期内分期投入。投入项目的资金既包括固定资产投资、无形资产投资及其他长期资产投资,也包括垫付的流动资金投资。

三、项目投资的程序

【导读】

项目投资可以理解为,目前一次性或分期投入大量现金流,然后在一个相当长的时期内(即项目计算期内),以现金流的形式进行投资回收。未来投资收回的现金,必须折算成现值,与现在一次性或分期投出的现金流出的现值比较,前者高于后者,投资项目才具备经济上的可行性。

计算项目投资现金流入量与流出量的现值并进行比较,是项目投资决策的最基本方法之一。由于不当的项目投资活动可能完全毁掉一个企业,因此项目投资必须经过科学的决策程序。

【任务四:讨论回答】

阅读本部分内容后,讨论并回答下述问题:

(1)以一个具体企业,如海尔、海信等企业为例,为其提出一个战略性投资项目与一个战术性投资项目的投资建议。

(2)以自己所提的战略性投资项目为例,说明该项目经济决策的主要步骤。

项目投资一般涉及的金额比较大、年限长、影响面大,因此务必经科学的决策程序。项目投资程序比较复杂,但一般都要遵循以下几个步骤:项目的提出与可行性研究;进行决策;执行;事后的财务分析与评价,其中决策是最关键的一个步骤。

(一)发现投资机会,提出项目投资建议

不同性质的投资项目可能由公司的不同部门提出,例如,新产品项目往往来自公司的营销部门;对既有设备的更新项目一般来自公司的生产部门。

投资规模较大、所需资金比较多的战略性项目,一般应提交董事会,由各部门专家组成专家小组对投资方案进行技术上与经济上的可行性研究;投资规模较小、投资金额不大的战术性项目可由主管部门提议,由该部门提出方案并进行可行性研究。

(二)项目投资的经济决策

项目投资的经济决策程序一般如下:

(1)估算出投资方案的预期现金流入量与预期现金流出量。

(2)预计未来现金流量的风险,确定其概率分布和期望值。

(3)确定资本成本的一般水平,即贴现率。

(4)计算投资方案预期现金流入量和现金流出量的总现值。

(5)通过项目投资决策评价指标的计算,作出投资方案是否可行的决策。

(三)项目投资决策的执行

对已经作出可行性决策的投资项目,财务部门要编制资金预算,并筹措所需要的资金;在投资项目实施过程中,要进行控制与监督,使之按期按质完工,投入生产,为企业创造经济效益。

(四)财务分析与再评价

对已经执行的投资项目,要进行事后的财务分析,评价项目是否实现预定的目标。评价时注意考核以前作出的投资决策是否合理,有关情况是否发生了重大变化,是否需要根据情况的变化调整原决策,以便避免更大损失。

任务5.2 计算项目现金流量

一、现金流量的含义及构成

【情境描述】

项目投资不同于购买材料等流动资产业务,它涉及的年限长、金额大、影响面广,所以不能采用利润的观点来衡量,而要从现金流量的角度去分析项目。这里的现金流量不同于现金流量表中的现金流量,项目投资中的现金流量是指一个投资项目所引起的现金收入与现金支出增加的数量。

以山东美晨科技股份有限公司新增橡胶流体管路产品项目为例。

(一)项目背景

公司自2004年成立以来即研发和生产的胶管制品,公司目前胶管产能已处于较高的负荷状态,已不能满足公司下一阶段扩大生产经营需要,拟定于2011年年底投资橡胶流体管路产品项目以扩大公司产能。

(二)项目环保、工程进度及产品前景

本项目环境影响报告书已经潍坊市环境保护局批复,同意项目实施。

本项目拟于2011年12月开工建设,在公司北厂区闲置土地上新建生产车间7 065.5平方米,新上生产线6条,购置高精度环状铆合机、数控缠绕机等先进设备若干。总固定资产投资9 940万元,第1年年初投入4 923万元、第2年年初投入5 017万元;铺底流动资金为360万元。固定资产投资中,房屋建筑物合计投资2 580万元、估计寿命20年,残值率5%;机器设备投资7 360万元,估计寿命10年,残值率为5%。

本项目建设期为2年,预计于第2年年末完全达产。2013年12月,工程全部竣工。

2014年,主要客户对公司各类产品的需求预测如表5-2所示。

表5-2	主要客户对公司各类产品的需求预测			单位:万件
产　品	现有产能	新增产能	合计产能	预计主机厂对公司的需求
发动机进气橡胶软管	177.47	580	757.47	942.90
水冷却系统软管	325.20	520	845.20	856.61
高压橡胶油管	38.35	220	258.35	855.67
合　计	248.02	1 320	1 568.02	2 655.18

以后每年基本维持该水平;根据以往每年的销售情况及考虑未来通货膨胀的影响,发动机进气橡胶软管售价初步定为27.5元/件、水冷却橡胶软管售价定为9.8元/件、高压橡胶油管售价定为4.3元/件。

(三)经济效益分析

本项目完全达产后,前10年每年可增加利润总额5 727万元。除折旧外无其他付现固定成本。企业所得税税率为 25%。投资者要求的最低报酬率为 10%。

【任务五：讨论回答】

（1）在分析橡胶流体管路产品项目的可行性时，是否能用利润指标来衡量？

（2）在确定橡胶流体管路产品项目的销售收入时，用新增产能还是合计产能来计算？

（3）固定资产的残值对于计算现金流量有没有影响？

（4）分析该项目投资在整个项目计算期内预期将发生的现金流出量的具体内容。

（5）分析该项目投资在整个项目计算期预期将产生的现金流入量的具体内容。

（一）现金流量的含义

现金流量在投资决策中是指一个项目引起的企业现金流入和现金流出增加的数量。

这里需要注意两点，首先，这里的"现金"是广义的现金，不仅包括现金、银行存款等各种货币资金，而且包括项目需要投入的企业拥有的非货币资金的变现价值，如项目使用原有土地、厂房、设备和原材料的变现价值。

例如，一个项目需要使用原有的厂房、设备和材料，则它们的变现价值也是相关的现金流量。这里的现金流量是指增量现金流量，即接受或拒绝某个投资方案后，企业总现金流量因此发生的变动。增量是相对于投资项目实施前的现金流量而言的，假如投资项目实施前的企业现金流入量是 200 万元，实施后的企业现金流入量是 260 万元，那么该投资项目的现金流入量就是 60 万元。

（二）现金流量的构成

一个投资项目所引起的增量现金流量包括现金流出量、现金流入量、现金净流量。

1. 现金流出量

现金流出量（cash outflow，CO）是指与投资项目相关的企业现金支出的增加额。它主要包括以下内容：

（1）建设投资。即指建设期内按投资方案进行的固定资产、无形资产和开办费等投资的总额。它包括土地购买或租赁的费用、生产设备支出、设备安装支出、人员培训费用等，它是项目建设期发生的主要现金流出量。

建设投资不一定等于固定资产价值，如开办费就不会增加固定资产的价值。此外，在固定资产方面的投资与形成的固定资产价值可能不一样，因为固定资产价值包含建设期资本化的利息。

（2）流动资金投资（垫支的流动资金）。项目建成投产会引起现金、原材料、在产品、半成品、产成品、应收款项等流动资金的需求，为了正常经营周转的需要，企业通常需要追加一笔流动资金，这部分流动资金投资属于垫支性质，当投资项目结束时，一般会如数收回。在项目投资决策中，如无特殊说明，一概假定在建设期的最后 1 年年末（即经营期的第 1 年年初）垫支流动资金。当然回收流动资金在项目的最后 1 年年末。

（3）付现成本（经营成本）。项目在经营期内为满足正常生产经营动需要而用现实货币资金支付的成本费用，它是项目投产后最主要的现金流量。企业生产经营所花费的成本费用并不一定都在当期用现金支付，如固定资产折旧费用与无形资产摊销费用，企业当期并不付现。

付现成本与销售成本、营业成本、总成本的关系如下：

年总成本＝付现成本＋非付现成本（折旧、摊销的费用）

$$年付现成本＝销售成本/营业成本/总成本－折旧、摊销额$$
$$＝变动成本＋付现的固定成本$$

【例 5－2】　甲企业以 105 万元购置 1 台设备，使用寿命为 5 年，采用直线法计提折旧，估计净残值为 5 万元。经营期每年的营业成本为 45 万元。请计算经营期每年的付现成本。

$$年折旧＝(105－5)÷5＝20(万元)$$

$$经营期每年的付现成本＝45－20＝25(万元)$$

（4）各项税款。即项目投产后需要依法缴纳、单独列示的各项税款，如企业所得税等税款。

（5）其他现金流出。即以上内容以外的现金流出量。

2. 现金流入量

现金流入量（cash inflow，CI）主要是指与投资项目相关的企业现金收入的增加额。它主要包括以下内容：

（1）营业收入。即项目投产后每年实现的全部销售收入或业务收入。营业收入是经营期主要的现金流入项目。假设正常生产经营年度内每期的赊销额与回收的应收账款大体相等，则营业收入即现金流入。

（2）回收固定资产余值。即投资项目终结或中途转让时，固定资产报废清理或转让的变价收入扣除清理费用后的净额，它是一项现金流入。

（3）回收的流动资金。即项目终结时回收的原垫付的流动资金投资。

回收的固定资产余值与回收的流动资金垫支，有时合称为回收额。

（4）其他现金流入量。即上述流入量之外的其他现金流入量。

【课堂小结】

不同时间的现金流入量和现金流出量的内容如表 5－3 所示。

表 5－3　　　　　　　　　　不同时间的现金流入量和现金流出量

时　间	现金流入量	现　金　流　出　量
建设期		固定资产投资、无形资产投资、其他长期资产、垫支的流动资产
经营期	销售收入	每年的付现成本、企业所得税等
终结点	销售收入、回收额	每年的付现成本、企业所得税等

3. 现金净流量

现金净流量（net cash inflow，NCF）是当年的现金流入量扣除现金流出量之后的净额。其计算公式如下：

$$年现金净流量＝现金流入量－现金流出量$$

$$NCF_t = CI_t - CO_t$$

式中　　NCF_t 为第 t 年的现金净流量；CI_t 为第 t 年的现金流入量；CO_t 为第 t 年的现金流出量。

现金净流量的特征如下：① 在整个项目计算期内都可能存在。② 建设期一般为负，经营期一般为正。

【任务六：课堂实训】

（1）A 企业预计项目投产后第 1 至第 5 年每年外购原材料、燃料和动力费为 60 万元，工资及福利费为 30 万元，其他费用为 10 万元，折旧费为 20 万元，无形资产摊销额为 5 万元；第 6 至第 10 年每年的总成本费用为 160 万元，其中，折旧费为 20 万元。试根据上述资料估算投产后各年的付现成本（经营成本）。

（2）建设期的 NCF 一定为负值吗？经营期的 NCF 一定为正值吗？能否举出反例。

二、利润与现金净流量

【情境描述】

年利润与年现金净流量本质上是相同的，都是计算的分期损益，利润是按权责发生制确定的分期损益；现金净流量是按收付实现制确定的分期损益。所谓分期损益，是指企业在某个会计期间挣了多少钱？企业究竟挣了多少钱，这个数据应该是客观的、唯一的。那么，年利润与年现金净流量到底有什么区别联系？完成任务七有助于你理解它们之间的区别与联系。

青岛永正机加工厂主营业务是为其他企业提供机加工劳务服务，现计划以 150 万元购置 1 台数控机床，该机床使用寿命 5 年，直线法折旧，假设期满无残值。使用该数控机床经营期间每年带来的机加工服务营业收入 75 万元，使用该数控机床加工，经营期间每年付现成本为 10 万元。该厂的机加工服务不需要其他流动资金垫支，不考虑所得税因素。

【任务七：填表并分析】

（1）请完成表 5-4。

表 5-4　　　　　　　　　　　　相关资料表　　　　　　　　　　单位：万元

年数	营业收入	年折旧	付现成本	营业成本	年利润	年 NCF
0	0	0	0	0	0	−150
1	75					
2	75					
3	75					
4	75					
5	75					
合计	375				—	

（2）计算项目计算期内的利润总额与现金净流量总额，指出两者之间存在的数量关系，讨论并分析两者之间为什么存在这种数量关系。

（3）假设该项目采用年数总和法折旧，完成表 5-5，并计算项目计算期内的利润总额与现金净流量总额，从该计算结果你能得到什么结论？

表 5-5　　　　　　　　　　　　　　相 关 资 料 表　　　　　　　　　　　　　单位：万元

年　数	营业收入	年折旧	付现成本	营业成本	年利润	年 NCF
0	0	0	0	0	0	−150
1	75					
2	75					
3	75					
4	75					
5	75					
合计	375				—	

利润是按权责发生制确定的分期损益；现金净流量是按收付实现制确定的分期损益。在投资决策中，研究的重点是现金流量，而把利润的研究放在次要地位，主要原因如下：

（1）同质性。在整个投资项目的有效年限内，利润总计与现金净流量总计是相等的，因此，现金净流量可以取代利润作为评价净收益的指标。

（2）客观性。利润计算以权责发生制为基础，利润在各年的分布容易受存货计价方法、成本计算方法、折旧方法等人为因素的影响，而年现金流量的分布不受这些人为因素的影响，因此可以保证评价的客观性。

（3）重要性。现金和利润谁更重要？"鱼"和"熊掌"应如何选择呢？在财务决策与财务评价中，现金净流量是更重要的，因为一个投资项目能否维持下去，不在于一定会计期间是否有账面利润，而在于是否有足够的现金流入来支付各种现金流出。

三、年现金净流量的计算

【导读】

计算年现金净流量隐含了一个重要假设——时点指标假设，即假设现金流量均发生在相关时点上。

一般来说，某个会计期间的现金流入和流出应该是在这个会计期间比较均衡地发生的，年现金净流量应该是个时期指标，但为方便计算，将其假设为时点指标。具体来说，某一年度的建设投资，一般假设在当年年初一次性支付；经营期间获得的年现金净流量，假设发生在年末；垫付的流动资金投资，一般假设在经营期的第 1 年年初发生，回收垫付的流动资金则发生在经营期的最后一期的期末，即在项目计算期的期末，也就是在终结点收回；项目报废清理的收入，假设在终结点一次性收回。

【任务八：聪明小屋】

请同学们结合下述三个计算实例［例 5-3］至［例 5-5］，自行分析现金净流量的三个计算公式的适用条件并进行总结。

按照现金流量发生的时间，可将其划分为初始现金流量、经营期现金流量/营业现金净流量和终结点现金流量三种情况。

（一）计算公式

不同时间的现金流量的计算公式如下：

建设期：$NCF_t = -$ 该年原始投资额$(t = 0, 1, \cdots, s; s \geqslant 0)$

经营期：$NCF_t = $ 现金流入量 $-$ 现金流出量$(t = s+1, s+2, \cdots, n)$

$\qquad\quad = $ 营业收入 $-$ 经营成本（付现成本）$-$ 企业所得税

$\qquad\quad = $ 营业收入 $-$ [营业成本（总成本）$-$ 非付现成本（折旧与摊销额）]

$\qquad\qquad - $ 企业所得税

$\qquad\quad = $ 营业收入 $-$ 营业成本（总成本）$+$ 非付现成本（折旧与摊销额）

$\qquad\qquad - $ 企业所得税

$\qquad\quad = $ 净利润 $+$ 折旧与摊销额

$\qquad\quad = $（收入 $-$ 总成本）$\times (1 - T) +$ 折旧与摊销额

$\qquad\quad = $（收入 $-$ 付现成本 $-$ 折旧与摊销额）$\times (1 - T) +$ 折旧与摊销额

$\qquad\quad = $ 营业收入 $\times (1 -$ 所得税税率）$-$ 付现成本 $\times (1 -$ 所得税税率）

$\qquad\qquad + $ 折旧摊销 $\times$ 所得税税率

终结点：$NCF_t = $ 回收额（净残值 $+$ 回收的流动资金）$+$ 营业现金净流量$(t = n)$

（二）计算实例

1. 不考虑企业所得税情况下现金净流量的计算

【例 5 - 3】 方氏企业拟新建一条流水线，投资 200 万元，预计可使用 8 年（假定以直线法计提折旧，该流水线使用期满后无残值），每年可生产产品 2 000 件，产品售价 700 元，单位变动成本 300 元，除折旧外的固定成本 400 000 元。怎样测算各阶段的现金流量？（不考虑所得税）

$\qquad NCF_0 = -2\,000\,000$（元）

$\qquad NCF_{1\sim8} = 2\,000 \times 700 - (300 \times 2\,000 + 400\,000) = 400\,000$（元）

或：$\quad NCF_{1\sim8} = [2\,000 \times (700 - 300) - (400\,000 + 2\,000\,000 \div 8)] + 2\,000\,000 \div 8$

$\qquad\qquad\quad = 400\,000$（元）

2. 考虑企业所得税情况下现金净流量的计算

【例 5 - 4】 洲星公司新增一条流水线，投资 620 万元，可使用 6 年，期满有残值 20 万元。按直线法计提折旧。项目投产后每年可增加收入 300 万元，同时增加付现成本 120 万元。所得税税率为 25%。试计算各年的净现金流量。

$\qquad\qquad NCF_0 = -620$（万元）

$\qquad\qquad$ 年折旧 $= (620 - 20) \div 6 = 100$（万元）

$\qquad\qquad$ 第 1 至第 6 年的净利润 $= [300 - 120 - (620 - 20) \div 6] \times (1 - 25\%)$

$\qquad\qquad\qquad\qquad\qquad = (300 - 120 - 100) \times 75\% = 60$（万元）

$\qquad\qquad NCF_{1\sim5} = 60 + 100 = 160$（万元）

$\qquad\qquad NCF_6 = 60 + 100 + 20 = 180$（万元）

【例 5 - 5】 宏城公司准备建设一条新生产线，生产其新开发的一种产品，该企业所得税税率为 25%，其他有关预计资料如下：

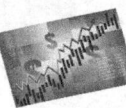

(1) 固定资产投资 500 万元，流动资产投资 100 万元，建设期为 1 年，固定资产于建设起点投入，流动资金于完工(即第 1 年年末)投入。

(2) 预计项目寿命期 5 年，固定资产按直线法计提折旧，期满有 20 万元净残值。

(3) 投产后，每年的产品销售收入为 400 万元，每年的付现成本为 164 万元。

试计算各年的现金净流量。

对于有建设期的项目，在分析的时候最好画出时间轴，把建设期、经营期及终结点都标出来，这样就不容易出错。

建设期：

$$初始投资现金净流量\ NCF_0 = -500(万元)$$

$$NCF_1 = -100(万元)$$

经营期：

$$年折旧 = (500-20) \div 5 = 96(万元)$$

$$年利润 = 400-164-96 = 140(万元)$$

$$净利润 = 140 \times (1-25\%) = 105(万元)$$

$$NCF_{2\sim5} = 净利润 + 折旧 = 105 + 96 = 201(万元)$$

终结点：

$$NCF_6 = 201 + 100 + 20 = 321(万元)$$

【任务九：课堂实训】

(1) 南越公司准备购入一台设备以扩大生产能力，需投资 15 000 元，使用寿命为 6 年，采用直线法计提折旧，6 年后设备无残值。6 年中每年的销售收入为 8 600 元，付现成本第 1 年为 2 800 元，以后维修费逐年递增 200 元。企业所得税税率为 25%。试计算该设备每年的现金净流量。

(2) 某项目方案如下：固定资产投资 500 万元，流动资金投资 100 万元，无形资产投资 50 万元，除流动资金外，其他投资均在建设起点一次投入。项目建设期为 2 年，经营期为 10 年。采用直线法计提折旧，期满有 40 万元的净残值。无形资产分 10 年摊销。预计项目投产后，每年发生的相关收入和经营成本为 380 万元和 129 万元，所得税税率为 25%，流动资金于终结点一次收回。试计算各年的 NCF。

任务 5.3 进行项目投资决策评价

【情境描述】

见任务 5.2[情境描述]中山东美晨科技股份有限公司 2011 年年底拟投资橡胶流体管路产品项目具体内容。

【任务十：综合实训】

在自主学习本部分内容的基础上，请分组对山东美晨科技股份有限公司的橡胶流体管路产品项目的可行性用净现值、现值指数、净现值率与内含报酬率指标进行评价。

一、投资评价指标的类型

财务管理人员是借助于一系列指标来衡量与评价投资项目的可行性的，这些指标可以分为两类：一类是贴现指标，也称动态指标，即在计算过程中考虑货币的时间价值的指标，主要包括净现值、现值指数、净现值率、内含报酬率，这几个指标是投资项目经济决策的主要参考指标；另一类是非贴现指标，也称静态指标，即在计算过程中不考虑货币的时间价值，主要包括投资回收期和年平均投资报酬率两项指标，它们是投资项目经济决策的辅助评价指标或事后的财务评价指标。

二、贴现的分析评价指标及其运用

（一）净现值

所谓净现值（net present value，NPV），就是按一定的折现率计算的投资方案在项目计算期内，各年现金流入的现值与各年现金流出的现值之间的差额。

1. 净现值计算的基本原理

对一个投资项目，投资者总是希望未来流入的资金多于投资时流出的资金，由于未来各年的现金流入与投资时的现金流出发生不在同一个时点，因此直接比较这些现金流入和流出额是不科学的，必须按时间价值的计算原理将这些不同时点的现金流量统一在同一个时点上进行比较。

净现值的计算公式如下：

$$NPV = \sum CI_t(P/F, i, t) - \sum CO_t(P/F, i, t)$$
$$= \sum NCF_t(P/F, i, t)$$

式中　CI_t 为第 t 年的现金流入量；CO_t 为第 t 年的现金流出量；i 为预定的贴现率；n 为投资涉及的年限。

在运用净现值指标评价投资项目时，贴现率的选择至关重要。在实务中，一般选用投资项目的资金成本率、企业要求的最低资金利润率、投资的机会成本，或者行业的平均收益率等作为折现率。

2. 净现值法的计算过程

净现值的计算一般包括以下步骤：

（1）计算投资项目在项目计算期内的各年现金净流量。

（2）按设定的贴现率，计算未来总报酬的现值。

（3）计算投资额的现值。

（4）将未来总报酬的现值减去投资额的现值，即得到该投资项目的净现值。

3. 决策标准

净现值法的决策标准是，在只有一个备选方案的采纳与否的决策中，净现值为正的方案予以采纳，否则不予采纳；在投资额相同的多个备选方案的互斥选择决策中，选择净现值为正值中的最大者。

4. 例题解析

【例5-6】 某企业购置1台设备，价值为40 000元，预计可用8年，期末无残值，每年可增加收入36 000元，增加付现成本24 000元。如果贴现率为10%，计算净现值。

此题属于一次性投资、经营期年现金净流量相等的情况，解题过程如下：

（1）计算投资项目在项目计算期内的各年现金净流量：

$$NCF_0 = -40\ 000（元）$$

$$NCF_{1\sim8} = 36\ 000 - 24\ 000 = 12\ 000（元）$$

（2）按年金时间价值计算方法计算净现值：

$$NPV = 12\ 000 \times (P/A, 10\%, 8) - 40\ 000 = 24\ 018.8（元）$$

【例5-7】 设某企业的贴现率为10%，有两个投资项目可供选择，有关数据如表5-6所示。试计算两个投资项目的净现值。

表5-6　　　　　　　　　　　　　　　有 关 数 据 表　　　　　　　　　　　　单位：元

期　间	A项目		B项目	
	净收益	NCF	净收益	NCF
0		(20 000)		(6 000)
1	1 800	11 800		(3 000)
2	3 240	13 240	(1 800)	1 200
3			5 000	8 000
4			3 000	6 000
合计	5 040	5 040	6 200	6 200

题中涉及的两个项目属于一次性或分期投资、经营期年现金净流入量不相等的情况，题目中已经给出投资项目在项目计算期内的各年现金净流量的分布情况，两个项目的净现值计算如下：

$$NPV_A = 11\ 800 \times (P/F, 10\%, 1) + 13\ 240 \times (P/F, 10\%, 2) - 20\ 000$$
$$= (11\ 800 \times 0.909\ 1 + 13\ 240 \times 0.826\ 4) - 20\ 000 = 1\ 669（元）$$

$$NPV_B = 1\ 200 \times (P/F, 10\%, 2) + 8\ 000 \times (P/F, 10\%, 3) + 6\ 000 \times (P/F, 10\%, 4)$$
$$- 3\ 000 \times (P/F, 10\%, 1) - 6\ 000$$
$$= 11\ 100.08 - 2\ 723.3 - 6\ 000$$
$$= 2\ 372.78（元）$$

5. 净现值法的适用性

使用净现值指标对项目进行评价，能够反映投资项目折现后的净收益，注意到了投资的风险性，因此净现值在实际工作中具有广泛的适用性。其缺点是净现值是个绝对指标，不能正确揭示投资项目本身可能达到的实际报酬率，也不利于原始投资额不同的方案之间进行比较。

（二）现值指数与净现值率

所谓现值指数（profitability index，PI），是指经营期内各年现金净流量的现值合计与投资现值合计的比值，亦称现值比率、获利指数、贴现后收益成本比率等。

1. 现值指数

现值指数可以看成 1 元原始投资可望获得的现值净流入，其计算公式如下：

$$PI = \sum 经营期各年现金净流量现值 \div 投资额的总现值$$

这种方法的决策标准是：在只有一个备选方案的采纳与否的决策中，如果 $PI \geqslant 1$，则该投资项目具备经济上的可行性，否则不予采纳；在多个备选方案的互斥选择决策中，选择 PI 超过 1 中的最大者。

【例 5-8】　承[例 5-7]，计算 A、B 两个项目的现值指数。

$$PI_A = (20\,000 + 1\,669) \div 20\,000 = 21\,669 \div 20\,000 = 1.08$$

$$PI_B = 11\,100.08 \div (2\,723.3 + 6\,000) = 11\,100.08 \div 8\,727.30 = 1.27$$

2. 净现值率

将现值指数减去 1，得到评价投资方案经济可行性的另一个指标——净现值率（net present value rate，NPVR），即投资项目的净现值与投资额的现值的比值。净现值率的计算公式如下：

$$NPVR = 净现值 \div 投资额$$

采用净现值率法的决策标准是：在只有一个备选方案的采纳与否的决策中，如果 $NPVR \geqslant 0$，则该投资项目具备经济上的可行性，否则不予采纳。

【例 5-9】　承[例 5-7]，计算 A、B 两个项目的净现值指数。

$$NPVR_A = 1\,669 \div 20\,000 = 0.08$$

$$NPVR_B = 2\,372.78 \div 8\,727.30 = 0.27$$

3. 现值指数法或净现值率指标的适用性

与净现值比较，现值指数或净现值率是一个相对指标，反映了投资的效率；净现值是一个绝对指标，反映了投资的效益。现值指数或净现值率指标的优点是将净现值指标由绝对数转化为相对数，有利于原始投资额不同的方案之间的比较。

【任务十一：课堂实训】

某公司准备购入 1 台设备以扩大生产能力，方案需投资 10 000 元，1 年后建成投产。设备的使用寿命为 5 年，采用直线法计提折旧，5 年后设备无残值。固定资产投资于建设起点投入，流动资金投资 2 000 元，于第 1 年年末投入，流动资金在项目终结时可全部收回。5 年中，每年的销售收入为 6 000 元，每年的付现成本为 2 000 元。企业所得税税率为 25%，折现率为 10%。试计算该方案的下列指标：① 每年的现金净流量。② 净现值，并进行决策评价。③ 现值指数、净现值率，并进行决策评价。

（三）内含报酬率

内含报酬率（internal rate of return，IRR）是反映投资项目本身实际达到的报酬率指标，

在计算上,它是使投资方案的净现值等于零时的贴现率。

1. 内含报酬率计算的基本原理

内含报酬率的计算仍是采用时间价值计算的基本原理,其计算公式如下:

$$NPV = \sum NCF_t(P/F, IRR, t) = 0$$

上述等式中,除折现率 IRR 外,其他因素已知,由数学等式原理,IRR 可求,求出的这个折现率就是项目本身实际达到的报酬率,称为内含报酬率。

2. 内含报酬率法的计算过程

内含报酬率法的计算过程分为以下两种情况:

(1) 经营期现金净流量相等,可利用年金现值系数表,用插值法求出内含报酬率。

(2) 经营期现金净流量不相等,用复利现值系数表,用逐步测试法求出内含报酬率即可。

3. 计算实例

【例 5 - 10】 假定某企业有两个互不相容的投资项目 A、B,各自的年现金净流量如表 5 - 7 所示。分别计算 A、B 两个项目的内含报酬率。

表 5 - 7　　　　　　　　　　　各项目的年现金净流量　　　　　　　　　　单位:元

项目＼年限	0	1	2	3	4	5
A	(50 000)	20 000	20 000	20 000	20 000	20 000
B	(100 000)	20 000	30 000	50 000	25 000	10 000

A 方案:

$$NPV = 20\,000 \times (P/A, IRR, 5) - 50\,000 = 0$$

$$20\,000 \times (P/A, IRR, 5) = 50\,000$$

$$(P/A, IRR, 5) = 2.5$$

查年金现值系数表,找出最接近现值系数等于 2.5 的比率,它们分别是 28% 和 29%。写成如下形式:

$$\begin{cases} (P/A, 28\%, 5) = 2.532 \\ (P/A, IRR, 5) = 2.500 \\ (P/A, 29\%, 5) = 2.483 \end{cases}$$

$$(IRR - 28\%) \div (29\% - 28\%) = (2.500 - 2.532) \div (2.483 - 2.532)$$

注意:公式右边直接计算出结果比较简单。

所以 $IRR = 28.69\%$

B 方案:

$$NPV = 20\,000 \times (P/F, IRR, 1) + 30\,000 \times (P/F, IRR, 2) + 50\,000 \times (P/F, IRR, 3) \\ + 25\,000 \times (P/F, IRR, 4) + 10\,000 \times (P/F, IRR, 5) - 100\,000 = 0$$

这时需要采用逐步测试法,逐步测试法即通过一步步地测试来确定内含报酬率的方法。

其步骤如下：

首先，先自行设定一个折现率 r，计算项目 NPV。

其次，逐步进行测试。

若 $NPV=0$，说明 $IRR=r$，计算完成。

若 $NPV>0$，说明 $IRR>r$，提高 r，继续测试。

若 $NPV<0$，说明 $IRR<r$，降低 r，继续测试。

最后，经过有限次的测试，可利用最为接近 0 的两个净现值（一个是正值，一个是负值）及相应的折现率，再应用插值法计算近似的内含报酬率。

在实际业务中，习惯上以 10% 作为测试的第一个比率，然后根据 NPV 值的大小来确定选比 10% 大的还是比 10% 小的比率。这里，选择两个百分比，分别是 10% 和 12%，请同学们自己试一下，要有耐心哟！

项目 B 的计算结果：$IRR=11.56\%$。

4. 决策标准

内含报酬率是一个贴现正指标，采用该方法的决策标准为：在单一方案决策时，当内含报酬率≥资金成本率（或预期收益率）时，项目可行，否则项目不可行；当进行多项目互斥方案决策时，选择内含报酬率超过资金成本最多的方案。

内含报酬率指标考虑了资金的时间价值，从动态角度直接反映出投资项目的真实报酬率，且不受行业基准收益率高低的影响，比较客观，有利于对投资额不同的项目的决策。但指标的计算过程较复杂，尤其是对年现金净流量不等的项目，往往需要经过多次测试。

【任务十二：课堂实训】

就任务九中的课堂实训(1)，计算该投资项目的内含报酬率，并进行决策评价。

【任务十三：课堂讨论】

投资方案的动态评价指标之间存在以下关系：

当 $NPV>0,NPVR>0,PI>1,IRR>i$；

当 $NPV=0,NPVR=0,PI=1,IRR=i$；

当 $NPV<0,NPVR<0,PI<1,IRR<i$。

同学们，这些指标之间的关系你能理解吗？请用你自己感兴趣的方法总结并记忆。

三、非贴现的分析评价指标及其运用

非贴现的分析评价指标不考虑货币的时间价值，把不同时点的货币时间价值看成等效的，主要包括投资回收期法与年平均投资报酬率法，这些方法在方案选择时起辅助作用。

(一) 投资回收期法

投资回收期(payback period, PP)是指收回全部投资所需要的时间。它代表收回投资所需要的年限，回收年限越短，方案越有利。投资回收期的计算方法如下：

(1) 在原始投资一次支出，每年现金净流入量相等时：

$$投资回收期＝原始投资额÷每年现金净流量$$

(2) 如果现金流入量每年不等，或原始投资是分几年投入的，采用累计计算法，即在计算投资回收期时,只需要按时间顺序对各期的现金净流量进行累计(不必折现),当累计额为 0 时,累计时间即为投资回收期。

【例 5 - 11】 某企业拟购置 1 台设备,价值为 1 100 万元,采用直线法计提折旧,该设备使用寿命为 10 年,期满有残值 100 万元,预计投产后每年可获利润 100 万元,所得税税率为 25%。请计算该设备的回收期。

$$NCF_0 = -1\ 100(万元)$$

$$年折旧 = (1\ 100 - 100) \div 10 = 100(万元)$$

$$NCF_{1\sim9} = 100 \times (1 - 25\%) + 100 = 175(万元)$$

$$NCF_{10} = 175 + 100 = 275(万元)$$

$$投资回收期 = 1\ 100 \div 175 = 6.29(年)$$

【例 5 - 12】 某项目投资额为 100 万元,项目投产后第 1 至第 4 年的现金净流量分别为 20 万元、25 万元、45 万元、35 万元。请计算该项目的回收期。

该项目各年的现金净流量及累计现金净流量如表 5 - 8 所示。

表 5 - 8   **各年的现金净流量及累计现金净流量**   单位:万元

年 限	现金净流量	累计现金净流量
0	−100	
1	20	−80
2	25	−55
3	45	−10
4	35	25

$$投资回收期 = 3 + 10 \div 35 = 3.29(年)$$

运用投资回收期指标对项目评价的原则是:投资回收期越短越好。投资回收期计算简便,易于理解,但存在严重缺陷,它不仅忽视时间价值,而且没有考虑回收期以后的收益。事实上,有战略意义的长期投资往往早期收益较低,而中后期收益较高,回收期优先考虑急功近利的项目,可能导致放弃长期成功的方案。因此该方法主要作为辅助方法使用,当互斥的两个投资方案有相同或近似的净现值或内含报酬率时,这时再参考回收期确定最优方案。

【任务十四:课堂实训】

某长期投资项目累计的 NCF 如表 5 - 9 所示。

表 5 - 9   **累 计 的 NCF**   单位:万元

年数 t	0	1	2	3	4	5	6	7	8
累计的 NCF	−100	−200	−200	−180	−20	20	50	150	200

另外,第 9 年至第 14 年每年的现金净流量是 120 万元。试计算项目计算期、经营期、投资

回收期。

【任务十五：智慧能手】

各位同学，你能用其他简单又方便的方法计算投资回收期吗？相信你一定能做到，试试看吧！

（二）年平均投资报酬率法

投资报酬率（return of investment，ROI）是项目达到设计生产能力后，正常年度利润或年均利润占投资总额的百分比。该指标是正指标，其数值越大越好。其计算公式如下：

$$投资报酬率＝年均利润÷投资总额$$

提示：有些教材中，该公式的分母为平均投资额，这样分子、分母可以配比。本书认为，无论采用哪种方式，并不影响决策的最终结果。

【例 5-13】 A、B 项目的资料如表 5-10 所示。请计算各项目的投资回收期和投资报酬率。

表 5-10　　　　　　　　　　　A、B 项目的资料　　　　　　　　　单位：元

年份	A 项目		B 项目	
	净收益	现金净流量	净收益	现金净流量
0		-50 000		-20 000
1	5 000	15 000		-20 000
2	5 000	15 000	9 000	19 000
3	5 000	15 000	13 000	23 000
4	5 000	15 000	14 000	24 000
5	5 000	15 000	7 000	17 000

项目 A 的投资回收期＝50 000÷15 000＝3.34（年）

项目 B 的投资回收期＝2＋21 000÷23 000＝2.92（年）

$ROI_A = 5\ 000 ÷ 50\ 000 × 100\% = 10\%$

$ROI_B = [(9\ 000 + 13\ 000 + 14\ 000 + 7\ 000) ÷ 4] ÷ 40\ 000 × 100\% = 26.875\%$

运用投资报酬率对投资项目进行评价的原则是：投资项目的收益率越高越好。投资报酬率指标的优点在于：简明、易算、易懂。其缺点在于：一是没有考虑货币的时间价值；二是以利润而非现金净流量作为项目评价基础。因此，它不适合作为项目投资决策的事前决策评价指标，而是适宜作为项目已经投产运营后的财务评价分析指标。

【任务十六：课堂小结】

前面已经介绍了净现值、现值指数、净现值率、内含报酬率、投资回收期、年平均投资报酬率等投资项目的评价指标，这些指标可以从不同角度分类，请通过表 5-11 对这些指标进行归类。

表 5－11   投资项目评价指标的归类

分类标准	类　别	具体指标
是否考虑时间价值	贴现指标	
	非贴现指标	
指标的性质	正指标（越大越好）	
	逆指标（越小越好）	
指标的数量特征	绝对值指标	
	相对值指标	
指标的重要性	主要指标	
	次要（辅助）指标	

【情境描述】

根据山东美晨生态环境股份有限公司 2018 年 3 月 22 日发布的《关于前次募集资金使用情况的专项报告》，该公司 IPO 募集资金的实际使用情况报告如下：公司首次公开发行股票实际募集资金净额为 33 231.09 万元，截至 2017 年 12 月 31 日累计利息收入扣除银行手续费后净额为 1 215.64 万元。

（一）首发股票募集资金主要使用情况

1. 募投项目

截至 2015 年 12 月 31 日，公司在新增橡胶减震系列产品项目上使用募集资金 5 253.61 万元。

2. 永久性补充流动资金

自 2011 年 7 月开始，截至 2013 年 8 月 21 日，共将募集资金 14 827.33 万元永久性补充流动资金。

（二）IPO 募集资金变更情况

（1）2013 年 8 月 2 日和 2013 年 8 月 21 日，公司第二届董事会第九次会议和 2013 年第一次临时股东大会审议通过了《关于终止部分募投项目并变更部分募集资金为永久性补充流动资金的议案》，终止募投项目"新增橡胶流体管路产品项目"的子项目"高压橡胶油管项目"，并将剩余募集资金 2 266 万元和其余两个子项目"发动机进气橡胶软管项目"和"水冷却橡胶软管项目"的结余资金 2 563 万元及后续利息全部用于永久补充公司流动资金。

（2）2014 年 10 月 17 日和 2014 年 11 月 5 日，公司第二届董事会第十七次会议和 2014 年第三次临时股东大会审议通过了《关于变更募集资金投资项目的议案》，同意公司终止募投项目"新建技术中心项目"，并将该项目剩余募集资金 5 398.84 万元（含利息收入 376.15 万元）和剩余超募资金 2 448.27 万元（含利息收入 433.18 万元）共计 7 847.11 万元，以增资方式为杭州市园林工程有限公司增加注册资本 7 900 万元，不足部分公司以自有资金补足。

【任务十七：综合总结】

阅读上述报告内容，与之前提供的该公司募集资金拟投资项目计划对比，思考总结下述问题：

（1）该公司是否完全依据募集资金计划进行了项目投资？

（2）根据上述情境资料，并详细查阅其他相关资料，分析该公司 IPO 募集资金变更使用的原因。

四、评价指标的具体应用

贴现指标比非贴现指标的计算要麻烦一些，因为贴现指标要考虑货币时间价值，那么人们花费大量的时间计算这些指标主要是用来做什么呢？当然主要是用来评价项目是否可行的，贴现指标和非贴现指标是评价项目的定量依据。但对于不同的投资方案，人们的选择不完全一样，需要考虑方案的类型。

投资方案主要有单一方案、互斥方案和多个投资方案组合等，下面分别予以介绍。

（一）单一方案

单一方案即只有一个备选方案的决策，要么财务可行，要么放弃。

评价的主要指标有净现值、现值指数、内含报酬率等，次要指标有投资利润率、回收期等。评价的标准是净现值 $NPV \geqslant 0$；净现值率 $NPVR \geqslant 0$；现值指数 $PI \geqslant 1$；内含报酬率 $IRR \geqslant i$；而投资利润率 $ROI \geqslant$ 基准投资利润率 i（事先给定）、回收期小于要求的回收期，则方案可行。

【例 5 - 14】　某企业准备在现有情况下投产 A 产品，需要一次性设备投资 52 万元。项目寿命为 5 年，期末残值为 2 万元。预计 5 年内增加的付现成本分别为 10 万元、11 万元、12 万元、13 万元、14 万元。预计 A 产品负担的固定费用（不含折旧）分别为 5 万元、6 万元、7 万元、8 万元、9 万元。预计所增加的收入分别为 40 万元、42 万元、44 万元、46 万元、50 万元。所得税税率为 25％，最低报酬率为 12％。企业在 5 年内不投产其他项目。试计算该方案的净现值、现值指数，并评价方案（注：残值不交税）。

$$年折旧 = (52 - 2) \div 5 = 10（万元）$$

$$P_1 = 40 - 10 - 5 - 10 = 15（万元）（本题中，利润用 P 表示）$$

$$P_2 = 42 - 11 - 6 - 10 = 15（万元）$$

$$P_3 = 44 - 12 - 7 - 10 = 15（万元）$$

$$P_4 = 46 - 13 - 8 - 10 = 15（万元）$$

$$P_5 = 50 - 14 - 9 - 10 = 17（万元）$$

$$NCF_0 = -52（万元）$$

$$NCF_1 = 40 - (10 + 5) - 15 \times 25\% = 21.25（万元）$$

$$NCF_2 = 42 - (11 + 6) - 15 \times 25\% = 21.25（万元）$$

$$NCF_3 = 44 - (12 + 7) - 15 \times 25\% = 21.25（万元）$$

$$NCF_4 = 46 - (13 + 8) - 15 \times 25\% = 21.25（万元）$$

$$NCF_5 = 2 + 50 - (14 + 9) - 17 \times 25\% = 24.5（万元）$$

$$NPV = 21.25 \times (P/A, 12\%, 5) + 3 \times (1 + 12\%)^{-5} - 52 = 26.304\,2（万元）$$

因为 $NPV > 0$，故方案可行。

$$NPVR = NPV \div 52 \times 100\% = 26.304\,2 \div 52 \times 100\% = 50.59\%$$

$$PI = 1 + NPVR = 150.59\%$$

因为 $PI > 1$,故方案可行。

【任务十八：课堂实训】

请同学们自行计算[例5-6]的内含报酬率、投资利润率和投资回收期(最长3年),并评价方案。

(二)互斥方案

互斥方案是指方案之间相互具有排斥性,即在多个方案之间只能选择其中之一,其余方案均须放弃,不允许同时存在;接受其中之一意味着拒绝另一个方案,二选一。例如,新设备更新旧设备的问题,要么买新设备,要么继续使用旧设备,只能选择其中之一。

针对互斥方案,要考虑方案的使用年限。

第一种情况:当使用年限相等时,采用直接比较法。直接比较两个方案的净现值或两个方案总成本的现值。具体来说,如果两个方案都有收入,可以采用净现值法、内含报酬率法、净现值率法来评价。评价标准:指标大的方案优;如果两个方案都没有收入,可采用总成本现值比较法,即算出总成本的现值后进行比较。

第二种情况:当使用年限不等时,一般需要均分到每年,这样才有可比性。当项目都有收入时:采用年(等额)回收额法。年(等额)回收额法就是将项目的净现值平均分摊到项目寿命器内,用公式表示就是:年回收额 $A = NPV \times 1 \div (P/A, I, n)$;当项目都无收入时,采用年均成本法。

【例5-15】 某企业考虑购置1台新设备替换旧设备,以降低生产成本,旧设备原值为97 000元,预计使用年限为9年,已使用5年,按直线法计提折旧,该设备账面净值47 000元,还可使用4年,期满后残值为7 000元,使用该设备所产产品每年营业收入为100 000元,年经营成本为70 000元,若现在变卖可获35 000元。新设备买价、运费及安装费共计130 000元。该设备预计使用8年,期满残值为10 000元。使用新设备不会增加收入,但可使年经营成本降至54 000元,设备替换不会影响生产计划。企业所得税税率为25%,资本成本为10%。试确定更新方案是否可行。

由于2台设备使用年限不等,应采用年回收额法。

$$年回收额 A = NPV \div (P/A, i, n)$$

旧设备:

年折旧=(97 000-7 000)÷9=10 000(元)

$NCF_0 = -35\ 000 - (47\ 000 - 35\ 000) \times 25\% = -38\ 000$(元)

$NCF_{1\sim3} = (100\ 000 - 70\ 000 - 10\ 000) \times (1 - 25\%) + 10\ 000 = 25\ 000$(元)

$NCF_4 = 25\ 000 + 7\ 000 = 32\ 000$(元)

$NPV_旧 = 25\ 000 \times (P/A, 10\%, 3) + 32\ 000 \times (P/F, 10\%, 4) - 38\ 000$

$\qquad = 25\ 000 \times 2.486\ 9 + 32\ 000 \times 0.683\ 0 - 35\ 000 = 46\ 028.5$(元)

新设备:

年折旧=(130 000-10 000)÷8=15 000(元)

$NCF_0 = -130\ 000$(元)

$NCF_{1\sim7} = (100\ 000 - 54\ 000 - 15\ 000) \times (1 - 25\%) + 15\ 000 = 38\ 250$(元)

$NCF_8 = 38\ 250 + 10\ 000 = 48\ 250$(元)

$$NPV_{新} = 38\ 250 \times (P/A,10\%,8) + 10\ 000 \times (P/F,10\%,8) - 130\ 000$$
$$= 38\ 250 \times 5.334\ 9 + 10\ 000 \times 0.466\ 5 - 127\ 000 = 81\ 724.925(元)$$

旧设备的年回收额 $= 46\ 028.5 \div (P/A,10\%,4) = 46\ 028.5 \div 3.169\ 9 = 14\ 520.49(元)$

新设备的年回收额 $= 81\ 724.925 \div (P/A,10\%,8) = 81\ 724.925 \div 5.334\ 9 = 15\ 318.92(元)$

因为 14 520.49 元＜15 318.92 元,故应更换新设备。

【课堂讨论】

同学们,在使用年限不同的情况下,为什么要把净现值或总成本现值平均分摊到每一年?

【例 5 - 16】 某公司目前使用的甲设备是 4 年前购置的,原始购价为 20 000 元,使用年限 10 年,预计还可使用 6 年,每年付现成本为 4 800 元,期末残值为 800 元。目前市场上有一种较为先进的乙设备,价值为 25 000 元,预计使用 10 年,年付现成本为 3 200 元,期末无残值。此时如果以甲设备与乙设备相交换,可作价 8 000 元,公司要求的最低投资收益率为 12%,那么该公司是继续使用旧设备,还是以乙设备代替甲设备(假设不考虑所得税因素)?

由于新、旧设备的使用年限不同,又无现金流入,所以只能计算年均成本。

$$年均成本_{甲} = [8\ 000 + 4\ 800 \times (P/A,12\%,6) - 800 \times (P/F,12\%,6)] \div (P/A,12\%,6)$$
$$= [8\ 000 + 4\ 800 \times 4.111\ 4 - 800 \times 0.506\ 6] \div 4.111\ 4 = 6\ 647.23(元)$$

$$年均成本_{乙} = [25\ 000 + 3\ 200 \times (P/A,12\%,10)] \div (P/A,12\%,10)$$
$$= [25\ 000 + 3\ 200 \times 5.650\ 2] \div 5.650\ 2 = 7\ 624.62(元)$$

因为 6 647.23 元＜7 624.62 元,所以公司应继续使用甲设备。

【任务十九：课堂实训】

新华公司现有旧生产设备 1 台,如现在支付翻新成本 13 000 元,设备尚可使用 4 年,期满无残值。若购买 1 台性能、型号相同的新设备,需投资 20 000 元,可使用 6 年,期满无残值。假定新、旧设备每年制造产品的产量、消耗和产品售价相同,新华公司的资本成本为 12%。请你为新华公司做出是翻新还是更新设备的决策。

(三) 多个投资方案组合

这类决策涉及的多个项目之间不是相互排斥的关系,它们之间可以实现任意组合,又包括两种情况:

(1) 在资金总量不受限制的情况下,选择所有净现值大于或等于 0 的方案进行组合,可按每一项目的净现值大小排队,确定优先考虑的项目顺序。

(2) 在资金总量受到限制时,则需按净现值率的大小,结合净现值进行各种组合排队,从中选出能使 $\sum NPV$ 最大的最优组合。

在主要考虑投资效益的条件下,多方案比较决策的主要依据,就是能否保证在充分利用资金的前提下,获得尽可能多的净现值总量。

【例 5 - 17】 设有 A、B、C、D、E 五个投资项目,各项目的相关原始投资、净现值和内含报酬率数据如表 5 - 12 所示。

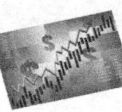

表 5 – 12　　　　　　　　　　　　　相 关 数 据 表

项目	原始投资(万元)	净现值(万元)	内含报酬率
A	300	120	18%
B	200	40	21%
C	200	100	40%
D	100	22	19%
E	100	30	35%

分别就以下不相关情况作出方案组合决策：① 投资总额不受限制。② 投资总额受到限制，分别为 200 万元、300 万元、400 万元、450 万元、500 万元、600 万元、700 万元、800 万元、900 万元。

首先，计算各方案的净现值率。

其次，按各方案净现值率的大小排序，并计算累计原始投资额和累计净现值数据。其结果如表 5 – 13 所示。

表 5 – 13　　　　　　　　　　各项目按净现值率排序表　　　　　　　　　金额单位：万元

顺序	项目	净现值率	原始投资	累计原始投资	净现值	累计净现值
1	C	50%	200	200	100	100
2	A	40%	300	500	120	220
3	E	30%	100	600	30	250
4	D	22%	100	700	22	272
5	B	20%	200	900	40	312

(1) 当投资总额不受限制或限制大于或等于 900 万元时，表 5 – 12 所列的投资组合方案最优。

(2) 当限定投资总额为 200 万元时，只能投资 C 项目，可获 100 万元净现值，大于另一组合(E+D)的净现值合计 52 万元。

(3) 当限定投资总额为 300 万元时，最优投资组合为(C+E)，净现值为 130 万元，大于其他组合：A、(C+D)、(E+B)和(D+B)。

(4) 当限定投资总额为 400 万元时，最优投资组合为(C+E+D)。

(5) 当限定投资总额分别为 500 万元、600 万元、700 万元时，最优的投资组合分别为：(C+A)、(C+A+E)、(C+A+E+D)。

(6) 当限定投资总额为 800 万元时，最优的投资组合为(C+A+E+B)，获得净现值 290 万元，大于(C+A+E+D)组合的净现值 272 万元。

(7) 当限定投资总额为 450 万元时，最优组合仍为(C+E+D)，此时累计投资总额为 400 万元(200+100+100)<450 万元，但实现的净现值大于所有其他组合。

【任务二十：课堂实训】

南江公司有 5 个投资项目，公司能够提供的资金总额为 350 万元。有关资料如表 5 – 14

所示。请你帮助南江公司进行组合决策。

表 5-14　　　　　　　　　　　　　　有关资料表

项　　目	原始投资(万元)	净现值(万元)	净现值率
A	100	50	50.0%
B	200	110	55.0%
C	50	20	40.0%
D	150	80	53.3%
E	100	70	70.0%

任务 5.4　建立 Excel 项目投资决策分析模型

【情境描述】

金田机电设备有限公司计划投资一项目,该项目拟进行固定资产投资 15 000 万元,建设期为 2 年,经营期为 9 年。其中,第 1 年年初和第 2 年年初分别投入 10 000 万元和 5 000 万元,预计 3~10 年每年的收入为 12 000 万元,年付现经营成本为 6 000 万元,按直线法计提折旧,固定资产净残值率为 10%,经营期开始的流动资金垫资 3 000 万元,项目结束时收回,所得税税率为 25%,基准收益率为 12%。

【任务二十一:建立项目投资决策模型】

请为上述项目建立项目投资决策的 Excel 决策模型,通过分析计算净现值、内含报酬率,判断该项目是否具有投资可行性。

Excel 内置了进行项目投资决策的多个财务函数,以 Excel 为工具,可以就企业的各类项目投资决策建立简单实用的 Excel 决策模型,为中小企业进行项目决策提供有效的参考。

一、Excel 内置的项目投资决策函数

(一)固定资产折旧值计算函数

1. 平均年限法(直线法)折旧函数 SLN

函数语法为 SLN(cost,salvage,life),返回一个 Double,在一期里指定一项资产的直线折旧。参数 cost 为资产原值;参数 salvage 为资产在折旧期末的价值(也称为资产残值);参数 life 为折旧期限(也称为资产使用寿命)。三个参数都必须为正数。

2. 年数总和法折旧函数 SYD

函数语法为 SYD(cost,salvage,life,per),返回某项资产按年限总和折旧法计算的指定期间的折旧值。参数 cost 为资产原值;参数 per 为期间,其单位与参数 life 相同。四个参数都必须为正数。

3. 双倍余额递减法折旧函数 DDB

函数语法为 DDB(cost,salvage,life,per,factor),使用双倍余额递减法或其他指定方法,

计算一笔资产在给定期间内的折旧值。参数 factor 为余额递减速率。如果参数 factor 被省略，则假设为 2（双倍余额递减法）。五个参数都必须为正数。

（二）项目投资决策函数

1. 净现值函数 NPV

函数语法为 NPV(rate,values1,values2,…)，表示在未来连续期间的现金流量 values1、values2 等和贴现率 rate 的条件下返回该项投资的净现值。参数 rate 为某一期限的贴现率，是一固定值；参数 values1,values2,…所属各期间的长度必须相等，而且支付及收入的时间都发生在期末。

需要注意的是，净现值函数 NPV 假定投资开始于 values1 现金流所在日期的前一期，并结束于最后一笔现金流的当期。如果第一笔现金流发生在第一个周期的期初，则第一笔现金必须添加到净现值函数 NPV 的结果中，而不应包含在 values 参数中。

2. 内含报酬率函数 IRR

函数语法为 IRR(values,guess)，表示返回连续期间的现金流量的内部收益率。参数 values 为数组或单元格的引用，包含用来计算返回的内部收益率的数字，作为年金，必须按固定间隔产生，如按月或按年，必须包含至少一个正值和一个负值，以计算返回的内部收益率。

二、操作步骤

首先，建立项目投资决策计算表格，然后把已知数值分别代入决策模型数据表单元格中。金田机电有限公司项目投资决策分析如图 5-2 所示。

	A	B	C	D	E	F	G	H	I	J	K	L
1		建设期		经营期								
2		0	1	2	3	4	5	6	7	8	9	10
3				1、现金流入								
4	销售收入			12000	12000	12000	12000	12000	12000	12000	12000	12000
5				2、现金流出								
6	流动资金的垫付与收回		−3000									3000
7	固定资产投资	−10000	−5000									
8	付现的年经营成本			6800	6800	6800	6800	6800	6800	6800	6800	6800
9	固定资产折旧											
10	所得税											
11	净利润											
12	3、净现金流量											
13	固定资产原值	15000								金额单位：		万元
14	预计净残值	1500										
15	资产预计使用年限	9										
16	所得税税率	25%										
17	基准收益率	12%										
18	项目决策与评价											
19	净现值											
20	内含报酬率											
21	结论											

图 5-2　金田机电有限公司项目投资决策分析

其次，进行计算分析操作：

（1）在单元格 D9：L9 中输入公式"＝SLN(B12,B13,B14)"，按【Ctrl】+【Shift】+【Enter】组合键确认。

（2）在单元格 D10 中输入公式"＝(D4−D8−D9)＊＄B＄15"，确认后，鼠标右键向右拖拽，复制单元格 D10 的公式直至单元格 L10。

（3）在单元格 D11 中输入公式"＝D4−D8−D9−D10"，确认后，鼠标右键向右拖拽，复制单元格 D11 的公式直至单元格 L11。

（4）在单元格 B12 中输入公式"＝B6＋B7＋B9＋B11"，确认后，复制单元格 B12 的公式直至单元格 L12。

（5）在单元格 B19 中输入公式"＝NPV(B17,C12:L12)＋B12"。

（6）在单元格 B20 中输入公式"＝IRR(B12:L12)"。

（7）在单元格 B21 中输入公式"＝IF(B20＞B17,"项目可行","项目不可行")"。

得到的结果如图 5-3 所示。

	A	B	C	D	E	F	G	H	I	J	K	L
1		建设期		经营期								
2		0	1	2	3	4	5	6	7	8	9	10
3		1、现金流入										
4	销售收入			12000	12000	12000	12000	12000	12000	12000	12000	12000
5		2、现金流出										
6	流动资金的垫付与收回		-3000									3000
7	固定资产投资	-10000	-5000									
8	付现的年经营成本			6800	6800	6800	6800	6800	6800	6800	6800	6800
9	固定资产折旧			1,500	1,500	1,500	1,500	1,500	1,500	1,500	1,500	1,500
10	所得税			925	925	925	925	925	925	925	925	925
11	净利润			2,775	2,775	2,775	2,775	2,775	2,775	2,775	2,775	2,775
12	3、净现金流量	-10000	-8000	4275	4275	4275	4275	4275	4275	4275	4275	7275
13	固定资产原值	15000								单位：	万元	
14	预计净残值	1500										
15	资产预计使用年限	9										
16	所得税税率	25%										
17	基准收益率	12%										
18	项目决策与评价											
19	净现值	¥4,160.80										
20	内含报酬率	17.07%										
21	结论	项目可行										

图 5-3　金田机电有限公司项目投资决策分析计算结果

最后，得出分析结论。

项目分析计算结果表明，项目的净现值为 4 160.80 万元，项目内含报酬率为 17.07％，高于基准收益率 12％，因此该投资项目可行。

本章框架

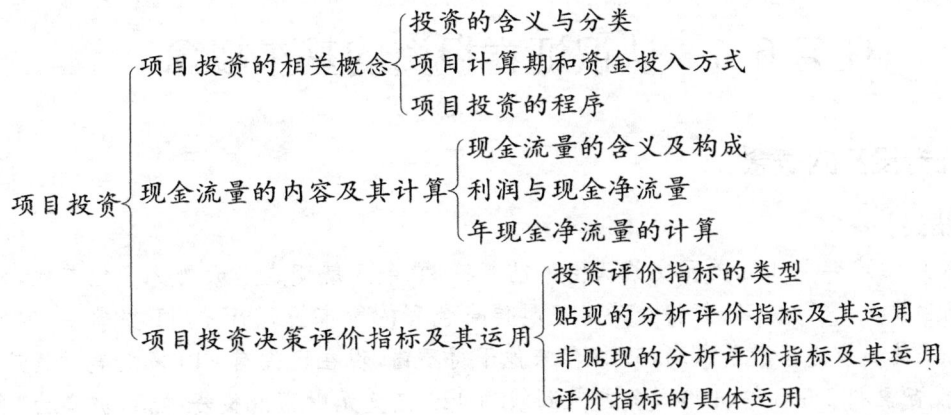

项目投资
- 项目投资的相关概念
  - 投资的含义与分类
  - 项目计算期和资金投入方式
  - 项目投资的程序
- 现金流量的内容及其计算
  - 现金流量的含义及构成
  - 利润与现金净流量
  - 年现金净流量的计算
- 项目投资决策评价指标及其运用
  - 投资评价指标的类型
  - 贴现的分析评价指标及其运用
  - 非贴现的分析评价指标及其运用
  - 评价指标的具体运用

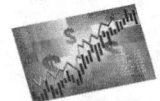

项目 6

证券投资管理

知识目标

◆ 理解证券投资的概念及内容。
◆ 掌握债券投资和股票投资收益率的计算。
◆ 掌握债券投资和股票投资价值的估算方法。
◆ 理解证券投资组合的基本理论和具体方法。

技能目标

◆ 能运用估价模型分析投资的可行性。
◆ 能理解证券投资组合与风险的关系。
◆ 能熟练运用在实践中证券投资的理论与方法,为个人或企业带来投资收益。
◆ 能够利用 Excel 内置的证券报酬率等财务函数,进行证券投资收益率的计算及决策。

【学习指南】

企业有多余闲置的资金怎么办? 全部存银行吗? 学完本项目以后你会知道,企业可以将多余的资金用来投资股票、债券、基金等金融资产,并且进行有效的组合,以实现企业价值最大化。

任务 6.1 认识证券投资的基本概念

一、证券投资的概念

【情境描述】

如果你在 1956 年将 1 万美元交给沃伦·巴菲特,它今天就变成了大约 2.7 亿美元,而这仅仅只是税后收入。沃伦·巴菲特是一名极具传奇色彩的股市投资奇才,11 岁那年,他把父亲给他买糖果的钱投进了股票市场,60 多年来他干得不错,现在已拥有 440 多亿美元资产,创造了 39 年投资盈利 2 595 倍、100 美元起家到获利 429 亿美元财富的投资神话,被誉为"当代最成功的投资者"。巴菲特不同于其他商人,他是一个纯粹的投资者,仅仅从事股票和企业投资,成为 20 世纪世界第二富豪,因此他有了一个著名的绰号——"股神"。

根据山东美晨科技股份有限公司公告,公司 2016 年 2 月的对外投资参股情况如表 6-1所示。

表 6-1　　　　　　　　　　　　　　　公司对外投资参股

股票名称	股票代码	公告日期	公告前收盘价	2 月 26 日最新价	涨跌幅
金证股份	600446	2016—02—25	32.74	29.47	-9.99%
瀚蓝环境	600323	2016—02—24	12.80	12.82	0.16%
东软集团	600718	2016—02—24	21.09	20.46	-2.99%
隆基股份	601012	2016—02—24	11.33	11.77	3.88%
中衡设计	603017	2016—02—24	37.48	38.53	2.80%
复星医药	600196	2016—02—23	18.86	19.03	0.90%
旗滨集团	601636	2016—02—23	4.12	4.05	-1.70%
广汇能源	600256	2016—02—20	4.55	4.53	-0.44%

【任务一:分析与解答】

(1) 假定公司将以上股票持有到现在,随机查阅以上三只股票目前的市价,并结合上述股票目前市价的变化情况,评价一下进行股票投资的收益与风险情况。

(2) 如果你目前进行证券投资,一无精力二无专业知识,但预计 2016 年度是个大牛年,那么你会优先考虑选择哪类证券进行投资?

(一)证券的概念

企业的资金,除用于自身的扩大再生产的生产性投资外,还可以进行金融资产投资,即进行债券和股票、基金投资。

证券投资是指投资者(法人或自然人)购买股票、债券、基金等有价证券和这些有价证券的衍生品以获取红利、利息的投资行为。从投资者的角度来考虑,证券投资是指作为购买者的投资活动,而非发行人的筹资活动。

(二)证券投资的种类

1. 债券投资

债券投资是指企业将资金投入各种债券,如国债、公司债和短期融资券等。

2. 股票投资

股票投资是指企业购买其他企业发行的股票作为投资,如普通股、优先股股票等。

3. 基金投资

基金就是投资者的钱和其他许多人的钱合在一起,然后由基金公司的专家负责管理,用来投资于多家公司的股票或者债券。基金投资是指企业将资金投入各种基金。

4. 组合投资

组合投资是指企业将资金同时投放于债券、股票、基金、期权等多种证券。

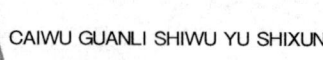

 【知识链接——基金】

　　假设你有一笔钱想投资债券、股票等证券进行增值，但自己一无精力、二无专业知识，而且你的钱也不是很多，就想到与其他 100 个人合伙出资，出资之后，雇一个投资高手，操作大家出的资金以进行投资增值。如果 100 多个投资人都与投资高手随时交涉，就乱套了，于是就推举其中一个最懂行的人，由他牵头出力张罗大大小小的事，包括挨家跑腿、代大家与投资高手交涉、定期向大伙公布投资盈亏情况、代大家付给高手劳务费报酬等。投资高手的劳务费定期从大家合出的资产中按一定比例提成给他，当

然，为大家跑腿代办一切事务的牵头人也不是白忙活的，提成中的钱也有他的劳务费。上面这些事就叫做合伙投资。将这种合伙投资的模式放大 1 000 倍、10 000 倍甚至 100 000 倍，就是基金。

　　基金（investment funds）就是集中各个投资者的资金，由基金公司委托职业经理人员管理，专门从事证券投资活动。它是一种利益共享、风险共担的集合投资制度。

　　基金一般包含两种形态：开放式基金和封闭式基金。开放式基金不上市交易，一般通过银行申购和赎回，基金规模不固定；封闭式基金有固定的存续期，此期间基金规模固定，一般在证券交易场所上市交易，投资者通过二级市场买卖基金单位。

二、证券投资的目的与特点

【导读】

　　大名鼎鼎的牛顿曾经是一个疯狂的股民。1711 年，为攫取蕴藏在南美东部海岸的巨大财富，有着英国政府背景的英国南海公司成立，并发行了最早的一批股票。当时人人都看好南海公司，其股票价格从 1720 年 1 月的每股 128 英镑左右，很快增值，涨幅惊人。这时候牛顿恰巧获得了一笔款子，加上他个人的一些积蓄，看到如此利好消息，就在当年 4 月份投入约 7 000 英镑购买了南海公司股票。很快他的股票就涨起来了，仅仅 2 个月左右，比较谨慎的牛顿把这些股票卖掉后，竟然赚了 7 000 英镑！

　　但是刚刚卖掉股票，牛顿就后悔了，因为到了 7 月，股票价格达到了 1 000 英镑，几乎增值了 8 倍。经过"认真"的考虑，牛顿决定加大投入。然而此时的南海公司已经出现了经营困境，公司股票的真实价格与市场价格严重脱钩，此前的 6 月份英国国会通过了《反泡沫公司法》，对南海公司等公司进行限制。没过多久，南海公司股票一落千丈，到了 12 月份最终跌为约 124 英镑，许多投资人血本无归，牛顿也未及脱身，亏了 2 万英镑！这笔钱对于牛顿来说无疑是一笔巨款，牛顿曾做过英格兰皇家造币厂厂长的高薪职位，年薪也不过 2 000 英镑。事后，牛顿叹言自己"能算准天体的运行，却算不准人类的疯狂"。

　　在现实生活中，如何进行证券投资呢？下述王先生的案例非常有典型性。

　　王先生看到身边不少的朋友通过股票买卖在短期内迅速获得财富积累后，羡慕不已，在未

作任何准备、严重缺乏投资基础知识和经验的情况下,拿出省吃俭用攒下的 20 万元仓促入市。东打听、西打听,在盲目听信他人的介绍后,杂七杂八地买了一大堆股票,半年时间下来,账面亏损已达 4 万元,以至于神思恍惚、寝食难安,严重影响了原本有规律的生活。

案例中的王先生入市具有较大的盲目性,缺乏必要的风险意识,以为炒股就是赚钱,没有下跌的心理准备,买卖股票经常是听小道消息盲目操作。这种盲目跟风的做法,其性质是投机,必然会有大亏的时候。要想取得较好的投资效果,要以慎重的态度对待投资,在买卖操作前把相关的功课先做好做足。

【任务二: 课堂讨论】

你是否打算尝试进行证券投资操作?进行正式证券投资前,要对自身进行证券投资的目的以及证券的特征有清醒的认识,你个人对证券投资有何认识与看法?

（一）证券投资的目的

1. 充分利用闲置资金来获取投资收益

企业如果有闲置资金,存银行则利息太低。如果购买短期有价证券,一方面获得投资收益,另一方面需要现金时,可以将证券卖出,兑换成现金。

2. 为了控制相关企业,增强企业竞争能力

购买股票达到一定的数额,就取得对方一定的控股权,从而参与对方的经营管理,使之有利于企业自身的发展。

3. 为了积累发展基金或偿债基金

企业如欲在将来扩建厂房或归还到期债务,可按期拨出一定数额的资金投入一些风险较小的证券,以便到时售出,满足所需的整笔资金的需求。

4. 满足季节性经营对现金的需求

季节性经营的企业在某些月份资金有余,而有些月份则会出现短缺,可在资金剩余时购入有价证券,短缺时则售出。

（二）证券投资的特点

相对于实物投资而言,证券投资具有如下特点:

（1）流动性强。证券资产的流动性、变现能力明显高于实物资产。

（2）风险大。相对实物资产来说,证券价格受政治环境、经济环境以及人为因素影响大,具有价值不稳定、投资风险较大的特征。

（3）交易成本低。证券买卖的交易快速、简捷,成本较低;而实际资产的交易过程复杂,成本较高。

三、证券投资的程序

【导读】

证券投资的关键是选择恰当的投资对象,下面的故事对你选择证券投资对象可能有一定的启发。

一个美国女孩在一家大型网站论坛金融版上发表了这样一个问题帖:"我怎样才能嫁给一个有钱人?"漂亮女孩如此直白地袒露心扉:"我说的都是心里话,本人 25 岁,非常漂亮——是那种让人惊艳的漂亮,谈吐文雅,有品位。我想嫁个年薪 50 万美元的人,要住进纽约中心公园以西的高尚住宅。我有几个具体问题请教:为什么有些富豪的妻子看起来相貌平平?我见过

有些女孩,长相毫无吸引人之处却嫁入豪门,而单身酒吧里那些迷死人的美女却运气不佳。你们怎么决定谁能做妻子? 谁只能做女朋友?"

下面是一位华尔街金融家(J·P·摩根银行投资顾问,年薪超过50万美元)的回帖:

"从生意人的角度来讲,跟你结婚是个糟糕的经营决策。抛开细枝末节,你所说的其实是一笔简单的'财'和'貌'的交易。甲方提供迷人的外表,乙方出钱,公平交易。但是,一个致命的问题——你的美貌会消逝,我的钱却不会无缘无故地减少。事实上,我的收入很可能会逐年递增,而你不可能一年比一年漂亮。

因此,从经济学的角度讲,我是增值资产,你是贬值资产。如果美貌是你仅有的资产,那10年后你的价值堪忧。用华尔街的术语说,每笔交易都有一个仓位,跟你交往属于'交易仓位',一旦价格下跌就要立即抛售,而不宜长期拥有——也就是你想要的婚姻。听起来很残忍,但对于一件需要加速贬值的产品,明智的选择是租赁,而不是购入。"

投资者进行证券投资,应先了解证券投资程序。企业或个人进行证券投资的程序包括以下步骤。

（一）开户

新股民要做的第一件事就是为自己开立一个股票账户(即股东卡)。股票账户相当于一个"银行户头",投资者只有开立了股票账户才可进行证券买卖。根据规定,个人和法人在同一证券交易所只能开立一个证券账户,禁止多头开户。自然人开立的账户为个人账户,法人开立的账户为法人账户。以个人账户为例,开立账户的步骤如下:

（1）选择一家服务比较周到的证券公司。

（2）持本人身份证和用于办理开户的手续费(目前最低是92元)到证券公司的业务网点办理开户手续,开设相应的股东账户卡。

（3）填写开户申请书,签署《证券交易委托代理协议书》,开设资金账户;如要开通网上交易,还需填写《网上委托协议书》,并签署《风险揭示书》,网上交易起来比较方便,否则要打电话或者去营业厅刷卡,就比较麻烦了。

（4）到资金银行卡所在的银行,出示《证券交易委托代理协议书》,办理资金的第三方存管,领取资金账户卡,存入一定资金即可。资金账户是投资者在证券商处开设的资金专用账户,用于存放投资者买入证券所需资金或卖出证券取得的资金,记录证券交易资金的币种、余额和变动情况。资金账户类似于银行的活期存折,投资者可以随时提取存款,也可以获得活期存款的利息。

投入多少资金,根据自己的情况。如果你只是小打小闹,投个5 000～10 000元就可以了。稍微多一点也行。记住:入市有风险,投资需谨慎!

（二）下单

下单即选择投资对象并进行委托买卖。由于投资者无法直接进场交易,买卖证券业务需要委托证券公司营业部代理。可通过电话委托、电脑终端委托、递单委托等方式委托券商代为买卖有关证券。目前,一般采用网上交易系统进行网上交易。投资者在自己所委托的证券公司的官方网站上,下载网上行情及交易软件,如中投证券交易系统、国泰君安证券交易系统等,安装到电脑上。在周一到周五的9:30～11:30和13:00～15:00可以通过网上交易系统,登录账户和密码,完成买卖股票或基金的委托。当天不能成交的委托自动失效,投资者可在其他交易日用以上的方式重新委托。

下单买入股票时,申报的数量必须是100股及其整数倍,而卖出时没有此限制。A股股票以手为交易单位,1手＝100股,买入股票最低为1手(即100股),超过1手则必须为1手的整数倍,即200股、800股、1 000股等;卖出股票不受该规定限制,可以以股为单位进行卖出,比如某投资者拥有青岛啤酒2 000股,可以分1 358股和642股两次卖出。股票价格是两位小数,到分为止。基金以1 000基金单位为1手;债券以100元面值为1张,10张(即1 000元)为1标准手。

(三)成交

买卖双方通过中介券商的场内交易员分别出价委托,若买卖双方的价位与数量合适,交易即可达成,这个过程叫成交。股票买卖成交按照"价格优先、时间优先"的原则执行。

(四)清算与交割

委托券商买入某种证券成功后,即应解交款项,收取证券。清算即指证券买卖双方结清价款的过程。中国大陆的A股股票实行的是"$T+1$"制度,在T日(交易日)买入的股票、卖出股票所得的现金要到第二天,即$T+1$日之后才能完成结算,股票和现金才能划到投资者账上,即交割完毕。

通俗地讲,"$T+1$"制度就是规定投资者当天买入的股票不能在当天卖出,第二天才可卖出股票。而当天卖出股票后,资金回到投资者账上,当天就可以用来买股票,但如果想当天就提取卖出股票所得的现金是不行的,必须等到第二天才能将现金提出来。

(五)办理证券过户

证券过户只限于记名证券的买卖业务。当委托买卖某种记名证券成功后,必须办理证券持有人的姓名变更手续。我国证券交易所的股票已实行"无纸化交易",结算完成即实现了过户,所有的过户手续都由交易所的电脑自动过户系统一次完成,无须投资者另外办理过户手续。

🍀 【知识链接——证券交易所与证券公司】

上海证券交易所和深圳证券交易所是目前我国由国家设立的证券市场主体机构。我国的沪深证券交易所实行的是会员制,证券交易所与证券公司是理事会与会员的关系。100多家证券公司均是证券交易所下属的会员单位,它们接受证券交易所的业务指导与管理。普通投资者是不可能直接进入证券交易所交易的,只能委托有会员资格的证券公司代理才可以。所以,普通投资者和证券公司之间首先需要建立起具体的代理委托关系。开户是投资者与证券公司建立这种关系的第一步。投资者通过开户可以取得通过证券公司代理在证券交易所买卖证券的资格。开户过程包括两个步骤:开立交易账户和开立资金账户。

证券公司承担新股发行的承销任务,借助自己拥有的交易所席位接受广大投资者买卖股票所提交的交易委托,为广大投资者做好证券交易的各项服务。证券交易所与证券公司的区别在于证交所实行会员制,只收取会员会费,是典型的非营利性交易机构,自身没有风险;而证券公司是企业性质,虽然与证券交易所一样从事证券业务,但是它以盈利为目的,接受客户委托交易,赚取佣金收益,自负盈亏,具有经营风险。

【牛刀小试:模拟炒股操作平台】

想知道如何进行证券投资交易,你可以先在某些模拟炒股平台上进行模拟炒股训练,以叩

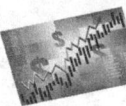

富网模拟炒股操作平台为例,其操作基本程序步骤如下:

第一步:进入叩富网模拟炒股平台首页。

第二步:免费注册你的用户名和密码,注意:选择第一主站(第一主战参赛用户按此选组注册)。

第三步:输入用户基本信息,包括用户名、密码、昵称、密码提示问题、答案、电子邮件、选择参赛组别、验证信息、同意条款等。注意:选择参赛组别:叩富网用户组可以选择普通组(本金 100 万元)、以小博大组(本金 5 000 元)或普通组(本金 100 万元——该组不操作权证),建议选择普通组(100 万元)——注册成功。

第四步:输入股票代码,如 600600(青岛啤酒),按回车键,显示相应的信息,如股票代码、买入价格、买入数量。若你不知道股票的代码或不知道什么样的股票比较好,你可以去选股工具——高手操作中查找。

如果想知道最新的行情,打开即时走势图—叩富网股票实时行情—个股资料、个股信息、K 线分析,点击个股资料,可以查看青岛啤酒的资料:公司概况、财务分析、股东研究、股本股改、风险因素、行业分析等。

第五步:输入要购买的股票价格和数量,注意:买入价尽量比市价低,如果你输入的买入价是市价,会立刻成交,就不能撤单了。比如输入 1 000,按回车键,显示对话框——买入青岛啤酒按市价 36.17 元输入,数量 1 000 股,是否确认委托?选择"确定",显示刚才买入股票的信息。如果输入的价格是 35.89 元,比市价低,如果当天的成交价在该时点之后的某一个时点是该价格的话,可能成交,否则一直高于该价格,这样的委托就不能成交。如果想撤单的话,必须是交易没完成的委托。

第六步:成交查询。

第七步:卖出股票,和买入相同,不同的是输入卖出价格的时候尽量要比市价高一点点。注意:当天买的股票当天不能卖出。

同学们,请你们利用 1 个月的交易时间,用 100 万元的本金来模拟炒股,1 个月之后再来展示各组同学的收益水平与分析报告,向大家介绍你们的投资理念与投资经营成果。

任务 6.2 进行证券投资的收益评价

一、债券投资的收益评价

【情境描述】

王先生 2018 年年初有资金 200 万元,目前没有其他用途。他经过深思熟虑,把其中的 50 万元存到银行,定期 1 年;他想把其余的钱分别用来买债券和股票。理财师向他推荐一种债券,其面值 1 000 元,票面利率为 9%,3 年后到期,每年 2 月 1 日付息。目前市场利率为 6%,债券的价格为 1 080 元。他想知道购买债券划算吗?

【任务三:分析与解答】

(1)王先生以目前的价格购买理财师推荐的债券是否合算?

(2)王先生如果将债券持有至到期,其到期收益率将是多少?

(3)进行项目投资的主要决策标准是净现值指标与内含报酬率指标,想想看,进行债券投资的决策标准与进行项目投资的决策标准是否相同?

评价债券收益水平的指标主要有两个,即债券的价值和债券的到期收益率。

(一) 债券的价值

债券的价值是指债券预期未来现金流入按目前市场利率的折现值。作为一项投资,债券投资的现金流出是其目前的购买价格,现金流入是未来利息收入以及归还的本金的折现值。

以债券的价值指标进行债券投资决策,其决策标准是,只有债券的价值高于购买价格时,才值得购买。

根据债券未来现金流入的不同,债券价值的计算分以下几种情况。

1. 到期一次还本付息且不计复利的债券

我国很多债券属于一次还本付息且不计算复利的债券,此时债券价值的计算公式如下:

$$债券价值(P) = 债券面值 \times (1 + 票面利率 \times 期数) \times (P/F, i, n)$$

【例 6 - 1】 B 种债券的面值为 2 000 元,票面利率为 8%,到期一次还本付息,期限为 5 年,某企业拟购买这种债券,当前的市场利率为 10%,不计复利,债券目前的市价是 1 800 元,企业是否可以购买该债券?

$$
\begin{aligned}
P &= 2\,000 \times (1 + 8\% \times 5) \times (P/F, 10\%, 5) \\
&= 2\,800 \times 0.621 \\
&= 1\,738.8(元)
\end{aligned}
$$

由于债券的价值小于市价,购买此债券不合算,不应购买。

2. 每年付息、到期还本的债券

对于每年付息、到期还本的债券,每年支付的利息相当于年金,此时债券价值的计算公式如下:

$$债券价值(P) = 债券面值 \times 票面利率 \times (P/A, i, n) + 债券面值 \times (P/F, i, n)$$

【例 6 - 2】 某投资者于 2012 年 5 月 1 日购买了一张面值为 1 000 元的债券,其票面利率为 8%,每年 5 月 1 日计算并支付一次利息。该债券于 5 年后的 4 月 30 日到期。当时的市场利率为 6%,债券的价格为 1 050 元。该投资者是否应购买该债券?

$$
\begin{aligned}
P &= 1\,000 \times 8\% \times (P/A, 6\%, 5) + 1\,000 \times (P/F, 6\%, 5) \\
&= 80 \times 4.212\,4 + 1\,000 \times 0.747\,3 \\
&= 1\,084.29(元)
\end{aligned}
$$

由于债券的价值大于市价,购买此债券合算,应该购买。

3. 贴现债券

贴现债券是指以低于面值的价格出售,到期按面值偿还,持有期间不付息的债券。该类债券价值的计算公式如下:

$$债券价值(P) = 债券面值 \times (P/F, i, n)$$

如果该债券的价值大于其价格,该债券是值得买的。

【例 6 - 3】 B 债券的面值为 2 000 元,以折现方式发行,期内不计利息,到期按面值偿还,期限为 5 年。某投资者拟购买这种债券,当前的市场利率为 10%,债券目前的市价是 1 800

元。该投资者是否可以购买该债券?

$$P = 2\ 000 \times (P/F, 10\%, 5) = 2\ 000 \times 0.621 = 1\ 242(元)$$

由于债券的价值 1 242 元小于市价 1 800 元,购买此债券不合算,不应购买。

【任务四：课堂实训】

(1)某投资者拟购买乙公司发行的债券,该债券的面值为 100 元,票面利率为 10%,期限为 5 年。该投资者要求的必要报酬率为 12%。试计算以下两种情况下该投资者可以接受的债券的市场价格：① 债券每年年末付息一次,到期还本。② 债券到期一次性还本付息(按单利计息)。

(2)某投资者拟购买期限为 5 年、面值为 1 000 元的贴现债券,债券的市价为 790 元,目前市场利率为 6%。请问该投资者是否应购买该债券?

(二)债券的到期收益率

债券的到期收益率是指购进债券后,一直持有至到期日可获得的收益率。它是能够使债券未来现金流入现值等于债券购入价格的贴现率。

以债券的到期收益率指标进行债券投资决策,其决策标准是,只有债券的到期收益率大于投资者个人对债券投资的期望报酬率,才值得购买。

1. 短期债券收益率的计算

短期债券的持有期短,可忽略货币时间价值,债券的收益包括两部分：价差与利息,所以用这两部分的和除以投资额就是债券的收益率。其计算公式如下：

$$R = [(S_1 - S_0) + I] \div S_0$$

式中　R 为债券投资收益率;S_1 为债券出售价格;S_0 为债券购买价格;I 为债券利息。

【例 6 - 4】　某投资者于 2017 年 5 月 8 日以 920 元购进一张面值 1 000 元,票面利率为 5%,每年付息一次的债券,并于 2018 年 5 月 8 日以 970 元的市价出售。问该债券的投资收益率是多少?

$$R = (970 - 920 + 50) \div 920 \times 100\% = 10.87\%$$

该债券的投资收益率为 10.87%。

注意,投资收益率一般以年为基准进行计算,在本例中,投资者对债券的持有期限正好是 1 年,若持有期限不到 1 年,可计算年化投资收益率。

【例 6 - 5】　某投资者于 2017 年 5 月 8 日以 920 元购进一张面值 1 000 元,票面利率 5%,每年付息一次的债券,并于 2017 年 8 月 8 日以 970 元的市价出售。试计算该债券的投资收益率及其年化投资收益率。

在本例中,持有债券 3 个月获得 50 元的收益,其 3 个月的投资收益率及年化投资收益率分别计算如下：

3 个月的投资收益率：

$$R = (970 - 920) \div 920 \times 100\% = 5.43\%$$

年化投资收益率：

$$R = (970 - 920) \div 920 \div 3 \times 12 \times 100\% = 21.74\%$$

该债券的年化投资收益率为 21.74%。

2. 长期债券收益率的计算

长期债券的持有期一般为 1 年以上,甚至达到 10 年,因为期限长,所以要考虑货币时间价值,因此计算比较复杂。根据货币时间价值的原理,计算长期债券收益率实质是为求债券的内含报酬率,也就是能使持有债券未来现金流入现值等于债券买入价格的贴现率,可以反映债券投资的真实收益率。其计算方法主要采用逐次测试法、试误法或内插法。

【例 6-6】　某投资者于 2018 年 2 月 1 日以面值购买了一张面值 1 000 元的债券,其票面利率为 8%,每年 2 月 1 日计算并收到一次利息。该债券于 5 年后的 1 月 31 日到期。

(1) 若该投资者持有该债券至到期日,计算其到期收益率。

(2) 如果该投资者是以 1 105 元购买该债券的,其他条件不变,则该投资者将获得的到期收益率为多少?

(1) $1\ 000 = 1\ 000 \times 8\% \times (P/A, i, 5) + 1\ 000 \times (P/F, i, 5)$

用 $i = 8\%$ 试算:

$$1\ 000 \times 8\% \times (P/A, 8\%, 5) + 1\ 000 \times (P/F, 8\%, 5) = 1\ 000$$

即用 $i = 8\%$ 试算的结果正好相等,说明该债券到期收益率即为 8%。

(2) 如果买价是 1 105 元,则:

$$1\ 105 = 1\ 000 \times 8\% \times (P/A, i, 5) + 1\ 000 \times (P/F, i, 5)$$

求解该方程即可,采用试误法或逐次测试法试算如下:

用 $i = 8\%$ 试算:

$$1\ 000 \times 8\% \times (P/A, 8\%, 5) + 1\ 000 \times (P/F, 8\%, 5) = 1\ 000 < 1\ 105$$

报酬率不能达到 8%,降低折现率再测试。

用 $i = 6\%$ 试算:

$$1\ 000 \times 8\% \times (P/A, 6\%, 5) + 1\ 000 \times (P/F, 6\%, 5) = 1\ 083.96$$

用 $i = 4\%$ 试算:

$$1\ 000 \times 8\% \times (P/A, 4\%, 5) + 1\ 000 \times (P/F, 4\%, 5) = 1\ 178.16$$

贴现结果高于 1 105 元,可以判断,该债券的到期收益率介于 4%~6%。用内插法计算如下:

$$(i - 4\%) \div (6\% - 4\%) = (1\ 105 - 1\ 083.96) \div (1\ 178.16 - 1\ 083.96)$$

求得: $i = 5.55\%$。即该债券的真实收益率为 5.55%。

> **小窍门**　由上面计算可知,平价购买的每年付一次息的债券,其到期收益率等于票面利率。每年付息一次、到期还本的债券买价大于面值,即溢价购买时,债券到期收益率小于票面利率;反之,折价购买时,债券到期收益率大于票面利率。

【例 6-7】　某投资者于 2018 年 2 月 1 日平价购入一张面值为 1 000 元的债券,其票面利率为 8%,按单利计息,5 年后的 1 月 31 日到期,一次还本付息。该投资者持有该债券至到期

日,计算其到期收益率。

$$1\,000 = 1\,000 \times (1 + 5 \times 8\%) \times (P/F, i, 5)$$
$$(P/F, i, 5) = 1\,000 \div 1\,400$$
$$= 0.714$$

查复利现值系数表,5 年期的现值系数等于 0.714,则 $i = 7\%$。

因此,到期收益率为 7%。

【任务五：课堂实训】

某投资者 2018 年年初准备购买当年新发行的一种 3 年期债券,该债券的面值为 1 000 元,票面利率为 14%,每年付息一次。试回答下述问题:

(1) 如果债券的市价为 1 040 元,计算该投资者持有至到期投资的收益率是多少?

(2) 假定债券的市价为 950 元,若持有至到期,则债券收益率为多少?

(3) 假定 2018 年 1 月 1 日的市场利率为 12%,债券市价为 1 040 元,该投资者是否应购买该债券?

(4) 假定 2018 年 1 月 1 日的市场利率下降到 10%,那么此时债券的价值是多少?

二、股票投资的收益评价

【导读：苹果树的价值与价格】

有一个老人拥有一棵苹果树,这棵树长得很好,不需怎么照顾就每年果实累累,每年约可卖 100 美元的苹果。老人想换个环境退休,决定把树卖掉。他在华尔街日报刊登广告,说希望按最"好"的出价卖树。到底老人能把苹果树卖多少钱?

路人甲：出价 50 美元。

路人甲说："这是我把树砍了卖给别人当柴烧所能得到的价值。"

老人斥责说："你在胡言乱语什么? 你出的价格是这树的残余价值(residual value)。对一棵苹果树来说,除非它当柴的价值高过卖掉苹果的价值,否则你出的价格根本不是好价格。去,去,你不懂这些事件! 请回吧!!"

路人乙：出价 100 美元。

路人乙说："苹果树快熟了,今年这树结的苹果大约可卖这个价钱。"

老人说："嗯! 你比前面的人有脑筋,知道可以卖掉苹果的收入,不过你尚未考虑明年和未来各年的收入,请到别处买吧!!"

辍学商学院学生：出价 1 500 美元。

辍学商学院学生说："我刚从商学院辍学出来,打算到网络上卖苹果,我预估这树可活 15 年,每年可卖 100 美元,我愿意以 1 500 美元买下。"

老人叹道："哦! 不! 梦想中的创业家,和我谈过的人都没像你对现实那么无知……距今 15 年后拿到的 100 美元,当然比不上今天的 100 美元值钱。把你的 1 500 美元拿去投资公债,并且重回商学院多学点财务知识吧!!"

会计系学生：出价 75 美元。

会计系学生看完老人的历史账簿后表示："10 年前你以 75 美元买下,这 10 年你未提折旧,我不知道这符不符合 GAAP(公认会计准则),就算符合,但当时的账面价值是 75 美元,我愿意按这个价格买下。"

老人语带责备："你们这些学生学得多，懂得少。这棵树的账面价值的确值75美元没错！！但任何笨蛋都知道它的价值远高于此。你最好回学校去，看能不能找到一本书告诉你，会计的数字怎样用最好。"

最后是一位刚从商学院毕业的证券营业员：出价225美元！

证券营业员：翻了翻老人的历史账簿，研究几小时后，她依据"the present value of future earnings"算出价值，准备要向老人出价。她说："根据历史资料，以过去3年，该树每年创造45美元的盈余，所以未来它每年可为我创造45美元的盈余。但是同时我也要承受风险，故我要求有20％的报酬率，否则我另外可买草莓园。所以45÷20％＝225（美元）。这是我出的价钱。"

老人说："很高兴学到一课，你的出价我要再思考一番，请明天再来一趟。"

隔天，老人说："我们可以来谈生意了。昨天你把算出的45美元称为利润。利润是扣除成本以后的收益，但是有些成本我不用支付现金。所以我们来谈'现金'。假如我们对未来的收入及成本的看法一致的话，那我们可对未来5年做出每年50美元现金收入的最佳估计值。然后假设那之后的10年，每年40美元，15年后树死当柴烧的20美元。现在我们要决定的是，算出你在取得这一系列美元现金流量的'现值'。所以我们要决定折现率。因你可以把钱存在银行，每年可获5％的利息。这是无风险利率。但是，5％顶多只能弥补你的金钱时间价值，但很遗憾，来自苹果树的现金流量并非无风险，所以要用较高的折现率来补偿你投资所冒的风险。我们以15％来当折现率，算出这一系列的现金流量价值270.49元，我算你270元就好了……"

证券营业员说："你实在很滑头，昨天还让我当起老师来着。其实不管你用的现金流量折现法或我用的盈余现值法来计算价值，如果两个方法运用得十分完美应会得到相同的结论。"

老人说："问题是盈余现值法比较容易被误用。我比较喜欢用现金流量折现法，因为诸如折旧之类的成本并不需要支付现金。而用利润时则可以通过折旧期限和方法来人为调整。我觉得你的错误在这里。"

最终两人以250美元成交。

【任务六：讨论回答】

该故事提供了经营性资产价值估值的基本原理，阅读此故事后，小组讨论并回答下述问题：

（1）你认为经营性资产的价值应该如何确定？

（2）假设有某个非公开发行股票的企业预备转让，其转让价值如何确定？

（3）公开发行股票的企业，其股票的价值应该如何确定？你如何决策某公司现公开发行的股票是否值得购买？

股票是股份公司发给股东的所有权凭证，是股东借以取得股利的一种有价证券。

评价股票收益水平的指标主要有两个，即股票的价值和股票的收益率。

（一）股票的价值

股票价值又称股票的内在价值或理论价值，是指其预期的未来现金流入的现值。它是股票的真实价值。股票价格是股票在证券市场上的交易价格。这是市场上买卖双方进行竞价后产生的双方均能接受的价格。

1. 股票价值的基本模型

股票价值的基本模型如下：

$$P_0 = D_1 \div (1+R_s)^1 + D_2 \div (1+R_s)^2 + \cdots + D_n \div (1+R_s)^n + P_n \div (1+R_s)^n$$

式中 P_0 为股票的价值;D_t 为第 t 年的股利;R_s 为折现率,即股票必要的报酬率;t 为年份;P_n 为股票在第 n 年出售时的价格。

2. 零成长股票(即将来不出售、一直持有的股票)的价值模型

其价值模型如下:

$$P_0 = D \div R_s$$

【例 6 - 8】 某股票每年分配股利 1 元,投资要求的收益率为 8%。求该股票的价值。

$$P_0 = 1 \div 8\% = 12.5(元)$$

3. 股利固定增长、准备长期持有股票的价值模型

其价值模型如下:

$$P_0 = D_1 \div (R_s - g)$$

式中 g 为每年固定股利增长率。

【例 6 - 9】 假定预期 M 公司明年普通股每股股利为 3 元,投资者要求的收益率为 12%。

(1) 预期股利以每年 4% 的速度永续增长,计算股票的价值。

(2) 预期股利以每年 6% 的速度永续增长,计算股票的价值。

(1) 已知 $D_1 = 3$,$R_s = 12\%$,$g = 4\%$,根据公式 $P_0 = \dfrac{D_1}{R_s - g}$,

得:
$$P_0 = \frac{3}{12\% - 4\%} = 37.5(元)$$

(2) 已知 $D_1 = 3$,$R_s = 12\%$,$g = 6\%$,根据公式 $P_0 = \dfrac{D_1}{R_s - g}$,

得:
$$P_0 = \frac{3}{12\% - 6\%} = 50(元)$$

4. 非固定成长股票的价值模型

非固定成长股票的价值实际上就是固定成长股票价值计算的分段运用。

【例 6 - 10】 一个投资人持有 ABC 公司的股票,他要求的投资收益率为 15%。预期 ABC 公司未来 3 年股利将高速增长,股利增长率为 20%。在此以后转为正常的增长,增长率为 12%。公司最近支付的股利是 2 元。试计算该公司股票的价值。

首先,计算非正常增长期(即未来 3 年)的股利现值,如表 6 - 2 所示。

表 6 - 2　　　　　　　　　　　　　非正常增长期的股利现值

年份	预期股利 D_t	现值系数 $(P/F,\ 15\%,\ t)$	股利现值 $D_t \times (P/F,\ 15\%,\ t)$
1	$2 \times (1+20\%) = 2.4$	0.869 6	2.087
2	$2 \times (1+20\%)^2 = 2.88$	0.756 1	2.178
3	$2 \times (1+20\%)^3 = 3.456$	0.657 5	2.272
合计	—	—	6.537

其次,计算第 3 年年末的股票价值,并折现。

$$P_3 = \frac{D_4}{R_s - g} = \frac{D_3(1+g)}{R_s - g} = \frac{3.456 \times (1+12\%)}{15\% - 12\%} = 129.02(元)$$

$$PVP_3 = P_3(P/F, 15\%, 3) = 129.02 \times 0.6575 = 84.83(元)$$

最后,计算股票当前的价值。

$$P_0 = 6.537 + 84.83 \approx 91.37(元)$$

式中 P_3 为第 3 年年末的股票价值;PVP_3 为 P_3 的折现值;P_0 表示股票的当前价值。

【任务七:课堂实训】

股票市场预期某公司的股票股利在未来的 3 年内将高速成长,成长率达到 15%,以后转为正常增长,增长率为 10%,已知该公司最近支付的股利为每股 3 元,投资者要求的最低报酬率为 12%。试计算该公司股票目前的市场价值。

(二)股票投资的收益率

1. 短期持有股票债券收益率的计算

如果企业购买的股票在 1 年内出售,其投资收益主要包括股票投资价差(资本利得)及股利两部分,不须考虑货币时间价值,收益率的计算公式如下:

$$R = (S_1 - S_0 + d) \div S_0$$
$$= (S_1 - S_0) \div S_0 + d \div S_0$$
$$= 预期资本利得收益率 + 股利收益率$$

式中 R 为短期股票收益率;S_1 为股票出售价格;S_0 为股票购买价格;d 为持有期分得的股利。

【例 6-11】 2011 年 3 月 10 日,南江公司购买某公司每股市价为 20 元的股票。当年 7 月,获得每股现金股利 1 元,10 月 10 日,以每股 22 元的价格出售,问投资收益率为多少?

$$R = (S_1 - S_0) \div S_0 + d \div S_0 = (22 - 20) \div 20 + 1 \div 20 = 15\%$$

【任务八:课堂练习】

某投资者花 6 000 元买进某公司股票 1 000 股,1 年内分得股息 400 元(每股 0.4 元),1 年后以每股 8.5 元卖出,共卖得 8 500 元,请你分析该投资者的收益率达到了多少。

2. 股利固定增长、长期持有的股票收益率的计算

其收益率的计算公式如下:

$$R = D_1 \div P + g$$

式中 R 为长期股票收益率;D_1 为下一期的股利;P 为股票购买价格;g 为每年固定股利增长率。

【例 6-12】 某股票的价格为 30 元,预计下一期的股利是 3 元,该股利将以大约 6% 的速度持续增长。请计算该股票的预期报酬率。

$$R = D_1 \div P + g = 3 \div 30 + 6\% = 16\%$$

如果以 16% 作为必要报酬率,则 1 年后该股票的股价计算如下:

$$P_0 = D_1 \div (R_s - g) = 3 \times (1 + 6\%) \div (16\% - 6\%) = 31.8(元)$$

这就是说,如果现在用 30 元购买该股票,年末将收到 3 元股利,并且得到 1.8 元(31.8-30)的资本利得。

$$该股票的投资报酬率 = 股利收益率 + 资本利得收益率$$
$$= 3 \div 30 + 1.8 \div 30 = 10\% + 6\% = 16\%$$

3. 长期持有股票收益率的计算

其实质为求股票的内含报酬率,即使各期股利以及股票售价的复利现值等于股票买价时的贴现率。方法主要有试误法或逐步测试法。

【例 6-13】 凯利公司于 2015 年 6 月 1 日投资 600 万元购买某种股票 100 万股,在 2016 年、2017 年和 2018 年的 5 月 30 日分得每股现金股利分别为 0.6 元、0.8 元和 0.9 元,并于 2018 年 5 月 30 日以每股 8 元的价格将股票全部出售。试计算该项投资的收益率。

用逐步测试法计算,先用 20% 的收益率进行测算:

$$P = 60 \div (1 + 20\%) + 80 \div (1 + 20\%)^2 + (800 + 100 \times 0.9) \div (1 + 20\%)^3$$
$$= 60 \times 0.833\ 3 + 80 \times 0.694\ 4 + 890 \times 0.578\ 7 = 620.59(万元)$$

由于 620.59 万元比 600 万元大,再用 24% 测试:

$$P = 60 \div (1 + 24\%) + 80 \div (1 + 24\%)^2 + 890 \div (1 + 24\%)^3$$
$$= 60 \times 0.806\ 5 + 80 \times 0.650\ 4 + 890 \times 0.524\ 5 = 567.23(万元)$$

然后用内插法计算如下:

$$R = 20\% + (620.59 - 600) \div (620.59 - 567.23) \times 4\% = 21.54\%$$

即该项投资的收益率为 21.54%。

(三) 股票投资的策略

买股票没有什么奇招妙计,心态一定要摆正,不能抱着只赚不赔的心理,要用最近一两年没有特殊用途的资金买股票,不能借钱炒股,此外要注意以下几点。

1. 熟悉、研究目标公司的财务状况、人事构成、主要持股人的情况等

俗话说得好:"知彼知己,百战不殆",买股票更是如此。买某股票之前,一定要做好相应的功课,要认真分析该企业的财务报告、研究现在的生产经营状况、企业竞争情况和未来发展计划与前景、考虑企业以往的盈利情况和盈利增长稳定性等,了解之后,判断该企业股票有没有投资的价值,再决定是否购买,而不是盲目地购买。据调查,投资者于投资前作充足的调查研究,能有效提升获利机会至六七成。

2. 制定目标买价

投资股票以低价买进、高价卖出为原则。事实上,不少投资者经常会因股价低时还想更低,股价高时又怕太高,而错过买入机会。为了避免这种情形,投资者应制定适合个人资金实力、风险承受能力、股价走势和投资周期等综合因素的目标买入价,有了目标价,才能避免投资的冲动性和盲目性,不论做短线还是长线,操作起来都会增加方向感。比如,设定华北制药的目标价是 7 元/股,只要股价到了 7 元/股,就要毫不犹豫地买下来。

3. 分批买入

在没有较大把握或资金不够充裕的情况下买股票时最好不要一次买进,而是分两三次买

进,这样可以适当地降低风险。许多投资者买股票时一时冲动,一次把资金用完了,等到价格再低的时候想买又没钱了。

4. 遇到大事件(如天灾时)买入

大事件是指对上市公司影响比较大的事件,如乔布斯逝世、谷歌高管变动、思科重组、台风、地震自然灾害等。特别是天灾,如台风、地震、水灾、火灾等自然灾害,可能会导致上市公司的生产经营受到一定程度的破坏,造成相应的经济损失,使上市公司股价急剧下降,甚至出现股价暴跌。在一般人心目中,往往把天灾造成的损失无限扩大。其实损失往往并不像人们想象得那么严重,况且一般的上市公司均可获得保险公司的合理赔偿,因此,损失也就有所减小。当发生天灾等大事件时,投资者应该谨慎观察,认真研究,然后作出是否买入的决定。

5. 果断卖出

有些投资者喜欢跟风,盲目地随大流,如股价步步走高,他的期望值也在不断地提高。股价从 15 元涨到 25 元,他会梦想涨到 35 元、45 元,直到有一天,股价从 25 元跌回到 15 元,这才如梦方醒。可是机不可失、时不再来,后悔也来不及了,因此要果断地出手,只有到手的盈利才是自己的。

当然,除了以上几条之外,还有很多其他的炒股策略,同学们感兴趣的话可以去图书馆、网络等查找相应的知识,但以上几条是最基本的。

【任务九:聪明小屋】

同学们,通过学习,你们一定能比较债券价值、股票价值及债券收益率与股票收益率的计算的异同! 试试看吧。

任务 6.3　进行证券投资的风险评价与组合

【情境描述】

东方公司目前正在进行一项包括 A、B、C 三个备选方案的证券投资分析工作。市场的无风险利率为 10%,市场组合的收益率为 16%,各方案的投资期限都是 1 年,对各方案在不同市场条件下的报酬率估计如表 6-3 所示。

表 6-3　　　　　　　　　不同市场条件下的报酬率估计

市场状态	概率	A 方案	B 方案	C 方案
熊市	0.2	0	−30%	5%
平市	0.6	20%	20%	10%
牛市	0.2	40%	70%	20%

【任务十:分析与解答】

(1) 公司的财务经理要求你根据三个备选方案各自的期望报酬率来确定是否可以淘汰其中一个方案,应如何回复?

(2) 假设 A、B、C 三个备选方案的 β 系数分别为 1.5、2.0 和 1.2,请你用本节中的资本资

产定价模型来评价各方案。

（3）假设公司的财务经理要求按各占50%的投资比例，在三种证券之间作投资组合，请你分析各种投资组合的风险与报酬。

一、证券投资的风险

在整个证券投资过程中，都蕴涵着风险因素，投资风险是不可避免的。

风险既是对投资者进行证券投资行为的约束，同时也提供了获取较高收益的机会。

按是否可通过投资组合规避来分，证券投资风险可分为系统性风险与非系统性风险。

（一）系统性风险

系统性风险又称不可分散风险或市场风险，是指由于某些因素给市场上所有的证券都带来经济损失的可能性。系统风险与证券收益如影相随，在投资过程中是无法规避的，不能通过证券组合分散掉。不可分散风险的程度通常用β系数来计量。系统性风险通常包括利率风险、购买力风险、社会风险和市场风险。

1. 利率风险

利率风险是指由于市场利率变动引起证券投资收益变动的可能性。

2. 购买力风险

购买力风险是由于通货膨胀而使货币购买力下降的可能性。购买力风险又称通货膨胀风险。

3. 社会风险

社会风险如经济衰退、政府的经济政策和管理措施的出台等。

4. 市场风险

市场风险是证券投资活动中最普遍、最常见的风险，是由证券价格的涨落直接引起的。当市场整体价值高估时，市场风险将加大。

（二）非系统性风险

非系统性风险又叫可分散性风险或公司特有风险，是指某些因素对单个证券造成经济损失的可能性。非系统风险是可以规避的，只要操作得当，如进行证券组合，非系统风险就可以被无限地缩小甚至趋近于零。证券投资的非系统性风险包括行业风险、经营风险和违约风险。

1. 行业风险

行业风险是指由证券发行企业所处的行业特征所引起的该证券投资收益变动的可能性。

2. 经营风险

经营风险是指由于经营不善、竞争失败、企业业绩下降而使投资者无法获取预期收益或者亏损的可能性。

3. 违约风险

违约风险是指企业不能按照证券发行契约或发行承诺支付投资者债息、股息、红利及偿还债券本金而使投资者遭受损失的风险。

总之，一只股票的风险由两部分组成，它们是可分散风险和不可分散风险。可分散风险可通过证券组合来消减，可分散风险随证券组合中股票数量的增加而逐渐减少。股票的不可分散风险由市场变动所产生，它对所有股票都有影响，不能通过证券组合而消除。不可分散风险是通过β系数来测量的。

二、证券投资组合

(一) 证券投资组合策略

俗话说,不要把鸡蛋放到一个篮子里,说的就是分散风险,而证券投资组合可以起到分散风险的作用。这里的组合并不是用有限的资金购买尽可能多的股票,而是根据自己的实际情况进行有效的组合。在投资组合中应注意到投资的行业、企业、时间、地区的分散。组合的策略主要有三种,它们分别是冒险型策略、保守型策略和适中型策略。证券投资组合的核心和关键是有效地进行分散投资。

1. 冒险型策略

这种策略认为,与市场完全一样的组合不是最佳组合,只要投资组合做得好,就能击败市场和超越市场,取得远远高于平均水平的收益。在这种组合中,一些成长型的股票(如电力、制药、高科技公司等公司的股票)比较多,而那些低风险、低收益的证券不多。另外,其组合的随意性强,变动频繁。

这种策略的特点是:收益高,风险大。

2. 保守型策略

这种策略认为,最佳证券投资组合策略是要尽量模拟市场现状,将尽可能多的证券包括进来,以便分散全部可分散风险,得到与市场所有证券的平均收益同样的收益。

这种投资组合有以下好处:① 能分散掉全部可分散风险。② 不需要高深的证券投资专业知识。③ 证券投资的管理费比较低。但这种组合获得的收益一般不会高于证券市场上所有证券的平均收益。

3. 适中型策略

这种策略认为,证券的价格,特别是股票的价格,是由特定企业的经营业绩来决定的。市场上股票价格的一时沉浮并不重要,只要企业经营业绩好,股票一定会升到其本来的价值水平。各种金融机构、投资基金和企事业单位在进行证券投资时一般都采用此种策略。

【任务十一:测一测】

完成本项目内容最后所附的投资风险偏好测试表,对自己的风险承受能力做一个测试。然后根据自己的风险承受能力,选定适合自己的证券投资组合策略。

(二) 证券投资组合的方法

1. 选择足够数量的证券进行组合

根据投资专家们估计,在美国纽约证券市场上,随机地购买 40 种股票,其大多数可分散风险都能分散掉。为了有效地分散风险,每个投资者拥有股票的数量最好不少于 14 种。但如果就四五万元投入股市,买两三只股票就可以了,要根据你的资金投入规模来确定买的股票数量和类别。有些散户资金就五六万元,竟然买十五六只股票,每天要花大量的时间来研究这些股票,而且即使买到了黑马也不可能赚到大钱,因为一匹黑马纵使有再大的力气,也拉不动装着10 头瘸驴的车,说不定还要赔,所以要因地制宜。

2. 把不同风险程度的证券组合在一起

把风险大、风险中等、风险小的证券放在一起进行组合。这种组合方法又称 1/3 法,是指把全部资金的 1/3 投资于风险大的证券;1/3 投资于风险中等的证券;1/3 投资于风险小的证券。

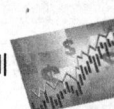

3. 所投资收益呈负相关的证券放在一起组合

把投资收益呈负相关的证券放在一起进行组合。一种股票的收益上升而另一种股票的收益下降的两种股票，称为负相关股票。把收益呈负相关的股票组合在一起，能有效地分散风险。例如，某企业同时持有一家汽车制造公司的股票和一家石油公司的股票，当石油价格大幅度上升时，这两种股票便呈负相关的关系。因为油价上涨，石油公司的收益会增加，但油价的上涨会影响到汽车的销量，使汽车制造公司的收益降低。

三、证券投资风险和收益率的关系

（一）资本资产定价模型

在西方金融学和财务管理学中，有许多模型论述风险和收益率的关系，其中一个重要的模型为资本资产定价模型（capital asset pricing model，CAPM），它是美国金融财务学家夏普（W. F. Sharpe）在1964年提出的，该模型有效地描述了单个证券的风险与期望报酬率的关系。

该模型通俗地来说就是某只股票或股票组合的报酬率。其计算公式如下：

$$K_i = R_F + \beta_i \cdot (K_m - R_f)$$

式中 K_i 为第 i 种股票或第 i 种证券组合的必要收益率；R_f 为无风险收益率；β_i 为第 i 种股票或第 i 种证券组合的 β 系数；K_m 为所有股票或所有证券的平均收益率。

该模型也可这样来理解：人们买股票，总是希望获得比银行存款利率更高的收益率。假设银行存款利率为3%，若买某只股票希望获得8%的收益率，超过存款利率3%的部分——5%就是敢于冒风险而获得的风险收益率，8%就是该只股票的总收益率（必要收益率）。每只股票本身的风险又不相同，有的收益和价格变化比较快（如高科技公司的股票），风险大；有的变化则小（如钢铁、水泥等公司的股票），风险也小，而表示股票风险大小的指标就是贝塔系数（β）。

贝塔系数是反映个别股票相对于平均风险股票的变动程度的指标。β 值衡量的是一只股票或者一个投资组合相对于市场的波动性，俗称"股性"，它可以衡量出个别股票的市场风险，而不是公司的特有风险。

假如某种股票的贝塔系数等于1，则它的风险与整个市场的平均风险相同，假如某种股票的贝塔系数大于1，则它的风险程度大于股票市场的平均风险，如房地产股、有色金属股；假如某种股票的贝塔系数小于1，则它的风险程度小于市场平均风险，如公用事业股或医药行业股。通俗地来说，如果市场在一段时间内的涨幅为10%，而一家公司同期涨幅却超过了10%，那么可以简单地理解它的 β 值大于1，意思就是这只股票的波动性大于市场；如果它的涨幅低于10%，它的 β 值就小于1，即这只股票的波动性小于市场；如果涨幅正好也是10%，它的 β 值就等于1。在我国 A 股市场，从行业上来看，采掘、有色金属、黑色金属、金融、地产、交运设备、化工和建筑建材8个行业的平均 β 值大于1，而医药生物、食品饮料和商品贸易等行业的平均 β 值处在较低的水平。

β 系数有多种计算方法，实际计算过程十分复杂，但幸运的是系数一般不需投资者自己计算，而由一些投资服务机构定期计算并公布。

（二）资本资产定价模型的应用

1. 个股预期收益率的计算

个股预期收益率的计算公式如下：

$$K_i = R_f + \beta_i(R_m - R_f)$$

【例 6 - 14】　某公司股票的 β 系数为 1.5,无风险利率为 6%,市场上所有股票的平均收益率为 10%。试计算该公司股票的收益率。

$$K_i = R_f + \beta_i \cdot (K_m - R_f) = 6\% + 1.5 \times (10\% - 6\%) = 12\%$$

【例 6 - 15】　若现行国库券的收益率为 3%。平均风险股票的必要收益率为 10%,A 股票的贝塔系数等于 2。试计算 A 股票的预期报酬率。假设 A 股票为固定成长股,成长率为 1%,预期 1 年后的股利是 2 元,计算该股票的价值。

$$该股票的预期报酬率为:R = 3\% + 2 \times (10\% - 3\%) = 17\%$$

$$该股票的价值为:P = D_1 \div (R - g) = 2 \div (17\% - 1\%) = 12.5(元)$$

【任务十二:课堂实训】

甲投资者拟投资购买 A 公司的股票。A 公司去年支付的股利是 1 元/股,根据有关信息,投资者估计 A 公司年股利增长率可达 10%。A 股票的 β 系数为 2,证券市场所有股票的平均报酬率为 15%,现行国库券利率为 8%。试计算该股票的预期报酬率和该股票的内在价值。

2. 证券投资组合收益率的计算

证券投资组合收益率由无风险收益(报酬率)和风险收益(报酬率)两部分组成。

投资组合的市场风险即贝塔系数,它是个别股票的贝塔系数的加权平均数。它反映特定投资组合的风险,即该组合的报酬率相对于整个市场组合报酬率的变异程度,用 β_p 表示。投资组合的风险并不等于个别资产风险的简单加权平均。

投资组合的 β 系数的计算公式如下:

$$\beta_p = \sum_{i=1}^{n} X_i \cdot \beta_i$$

式中　β_p 为证券组合的 β 系数;X_i 为证券组合中第 i 种股票所占比重;β_i 为第 i 种股票的系数;n 为证券组合中股票的数量。

一般认为,最佳的投资组合是使得组合的整体 β 系数等于 1,即与整个市场的 β 系数相一致。

【例 6 - 16】　某投资者持有甲、乙、丙三种股票共计 200 万元,其中:甲股票 100 万元,β 系数为 1.5;乙股票 70 万元,β 系数为 1;丙股票 30 万元,β 系数为 2。平均风险股票的必要收益率为 10%,无风险收益率为 8%。试计算该投资组合的综合 β 系数、预期收益率和风险报酬率。

$$综合 \beta 系数 = 1.5 \times \frac{100}{100 + 70 + 30} + 1 \times \frac{70}{100 + 70 + 30} + 2 \times \frac{30}{100 + 70 + 30} = 1.4$$

$$预期收益率 = 8\% + 1.4 \times (10\% - 8\%) = 10.8\%$$

$$风险报酬率 = 1.4 \times (10\% - 8\%) = 2.8\%$$

【任务十三:课堂实训】

某投资者 2018 年准备投资购买股票,现有 A、B 两家公司可供选择。从 A、B 公司 2017

年有关财务报表和资料中可知,2017 年 A 公司发放的股利为 5 元/股,股票的市价为 40 元/股;2017 年 B 公司发放的股利为 2 元/股,股票的市价为 20 元/股。预计 A 公司未来 5 年内股利恒定,在此以后转为正常增长,增长率为 6%;预期 B 公司股利将持续增长,年增长率为 4%,假定目前无风险收益率为 8%,市场上所有股票的平均收益率为 12%,A 公司股票的 β 系数为 2,B 公司股票的 β 系数为 1.5。试回答下述问题:

(1) 通过计算股票价值并与股票市价相比较,判断 A、B 两公司股票是否应当购买。

(2) 若投资购买 A、B 两种股票各 100 股,该投资组合的预期收益率为多少?

(3) 计算该投资组合的综合 β 系数。

【任务十四:综合实训】

(1) 甲公司持有 A、B、C 三种股票,在由上述股票组成的证券投资组合中,各股票所占的比重分别为 50%、30% 和 20%,其 β 系数分别为 2.0、1.0 和 0.5。市场收益率为 15%,无风险收益率为 10%。A 股票当前每股市价为 12 元,刚收到上一年度派发 1.2 元/股的现金股利,预计股利以后每年将增长 8%。试计算甲公司证券组合的 β 系数、风险收益率(R_p)、必要投资收益率(K)和投资 A 股票的必要投资收益率,并利用股票估价模型,分析当前出售 A 股票是否对甲公司有利。

(2) 俊业公司准备购买 A 公司股票,A 公司股票的 β 系数为 2.5,无风险利率为 6%,市场上所有股票的平均报酬率为 10%。① 试计算购买该公司股票能达到的预期收益率。② 若该股票为固定成长股票,成长率为 6%,预计 1 年后的股利为 1.5 元/股,俊业公司最高能接受的股票价格是多少?③ 若股票未来 3 年的股利为零成长,股利额为 1.5 元/股,预计从第 4 年起转为正常增长,增长率为 6%,则俊业公司最高能接受的股票价格又是多少?

附:

投资风险偏好测试表

股市与上帝一样,会帮助那些自助者,但与上帝不同的是,他不会原谅那些不知道自己在做什么的人。

——沃伦·巴菲特

投资风险测试表能够帮助投资者准确地对自我风险承受能力、投资理念、投资性格等进行专业的自我认知测试,是投资者进行投资理财之前比较重要的准备工作。

下面这些题目是针对客户对风险偏好、风险承受能力和投资理念等进行设计的,具有很强的投资借鉴和针对性。

1. 你购买一项投资,在 1 个月后跌去了 15% 的总价值,假设该投资的其他基本面要素没有改变,你会( )。

A. 坐等投资回到原有的价值

B. 卖掉它,以免日后如果它不断跌价,让你寝食难安,夜不能寐

C. 买入更多,因为如果以当初价格购买时认为是个好决定,现在看上去机会应该更好

2. 你购买一项投资,在 1 个月后暴涨了 40%,假设你找不到其他更好的基本面小消息,你会( )。

A. 卖掉它

　　B. 继续持有,期待未来可能更多的收益

　　C. 买入更多,也许它能涨得更高

3. 下列事情中,你愿意做的是(　　　)。

　　A. 投资于今后6个月不大上升的激进型增长基金

　　B. 投资于货币市场,但会目睹今后的投资收益翻倍

　　C. 投资于保稳型的保险投资,需要的时间很长

4. 你是否会感觉良好,如果(　　　)。

　　A. 你的股票价值翻了1倍

　　B. 你投资于基金,避免了因为市场下跌而造成你的一半资金的损失

　　C. 你投资于货币市场,冒30%风险使资金增长了70%

5. 下列事情中,会让你最开心的是(　　　)。

　　A. 你从报纸竞赛中赢了100 000元

　　B. 你从一个亲戚那里继承了100 000元

　　C. 你高兴地从投资中赚到了100 000元

6. 你现在住的公寓马上要改成酒店式公寓,你可以用80 000元买下现在的住处,或者把这个买房的权利以20 000元卖掉,你改造过的住处的市场价格为120 000元,你知道如果买下它,可能要花至少6个月才能卖掉,而每个月的养房费用为1 200元,并且为买下它,你必须向银行按揭支付头期,若你不想在这里住了,你会(　　　)。

　　A. 把这个买房权利以20 000元卖掉

　　B. 先买下房子,再卖掉

　　C. 买下房子,然后出租给别人求长远的收益回报

7. 你一无所有,但却继承到你叔叔价值100 000元的房子,已付清所有费用,尽管房子在一个时尚社区,并且预计的房价要高于通货膨胀率,但是现在房子很旧,正在出租,并且每月获得1 000元的收入,但如果你把房子重新装修后,租金能达到每月1 500元,装修费可以用房子来抵押以获得贷款,你会(　　　)。

　　A. 卖掉房子

　　B. 保持现有的租约

　　C. 装修它,再租出去

8. 你为一家私营的呈上升的小型电子企业工作,该企业现在通过向员工出售股票招募资金,管理层计划将公司上市,但至少在4年以后,如果你购买股票,你的股票只能在该企业上市公开交易后才能卖出,同时,股票不分红,该企业一旦上市,股票会以你购买的价格的10～20倍价格交易,你购买股票的投资额为(　　　)。

　　A. 1股也不买　　　　　　　　　　B. 1个月的薪水

　　C. 3个月的薪水　　　　　　　　　D. 最大化的购买

9. 你的老邻居是一位经验丰富的石油地质学家,他正在组织包括他自己在内的一批投资者,为开发一个油井而集资:如果油井开发成功了,那么它会带来50～100倍的投资收益;如果失败了,所有的投资一文不值。你的邻居估计成功的概率有20%,你会投资(　　　)。

　　A. 0　　　　　　　　　　　　　　B. 1个月的薪水

　　C. 半年的薪水　　　　　　　　　D. 3年的薪水

10. 你获知几家房地产开发商正在积极关注某个地区一片未开发的土地,你现在有个机会来购买这块土地部分的期权,期权的价格是你2个月的薪水,你估计收益会相当于10个月的薪水,你会( )。

A. 购买这个期权

B. 随便它,你觉得跟你没有关系

C. 和别人一起投资,分担风险

11. 你在一个电视竞赛中有下列选择,你会选择( )。

A. 1 000 元现钞　　　　　　　　　　B. 50%的机会获得 4 000 元

C. 20%的机会获得 10 000 元　　　　 D. 5%的机会获得 100 000 元

12. 假设目前通货膨胀率很高,硬通货资产(如稀有金属、收藏品和房地产)的价格预计会随着通货膨胀率同步上涨,你目前的所有投资是长期债券。你会( )。

A. 继续持有债券

B. 卖掉债券,把一半的钱投进基金,另一半投入硬通货资产

C. 卖掉债券,所有的钱全部投入硬通货资产

D. 卖掉债券,并借来一部分加在一起投入硬通货资产

13. 你在一项博彩游戏中,已经输了 500 元,为了赢回 500 元,你准备翻本的钱是( )。

A. 100 元　　　　　　　　　　　　　B. 250 元

C. 500 元　　　　　　　　　　　　　D. 500 元以上

[参考标准]

1. A. 3分	B. 1分	C. 4分	
2. A. 1分	B. 3分	C. 4分	
3. A. 1分	B. 3分	C. 2分	
4. A. 2分	B. 1分	C. 4分	
5. A. 2分	B. 1分	C. 4分	
6. A. 1分	B. 2分	C. 4分	
7. A. 1分	B. 2分	C. 3分	
8. A. 1分	B. 2分	C. 4分	D. 6分
9. A. 1分	B. 3分	C. 6分	D. 9分
10. A. 3分	B. 1分	C. 2分	
11. A. 1分	B. 3分	C. 5分	D. 9分
12. A. 1分	B. 2分	C. 3分	D. 4分
13. A. 1分	B. 2分	C. 6分	D. 8分

[得分参考]

21分以下,风险规避者,选择基金、保险类的投资,参考对象为基金公司,人寿保险公司。

21~32分,风险中立者,选择债券、股票等作为投资对象,并可以用小量资金投入外汇、黄金市场,有条件的可以考虑收藏品之类的投资风险相对中立的方向。

32分以上,风险爱好者,可以选择外汇、黄金、期货、期权、白银等作为投资对象。

本章框架

证券投资决策
├ 证券投资概述
│ ├ 证券投资的概念
│ ├ 证券投资的目的与特点
│ └ 证券投资的程序
├ 证券投资的收益评价
│ ├ 债券投资的收益评价
│ └ 股票投资的收益评价
└ 证券投资的风险与组合
   ├ 证券投资的风险
   ├ 证券投资组合
   └ 证券投资风险与收益率的关系

项目 7

营运资金管理

知识目标

◆ 了解营运资金的概念。

◆ 理解营运资金的特征。

◆ 掌握货币资金、应收账款、存货的管理策略与方法。

◆ 掌握最佳货币资金持有量的确定、应收账款信用政策的制定及存货的控制方法。

◆ 理解短期借款的信用条件。

◆ 掌握放弃货币资金折扣成本的计算。

技能目标

◆ 能够运用成本分析模式进行最佳货币资金持有量的分析与决策。

◆ 能够运用信用政策对应收账款进行管理与决策。

◆ 能够运用经济订货批量模型进行存货的控制。

◆ 能够将存货的控制方法灵活地运用到企业管理中。

◆ 能够利用 Excel 透视图、透视表及函数等工具,建立应收账款管理、存货管理等各种营运资金管理模型,用于辅助决策。

【学习指南】

2001 年,美国最大的零售公司之一 Grant 公司倒闭,震撼了整个美国金融市场,因为 Grant 公司的市盈率比其他几个有名的竞争对手都高很多。

Grant 公司倒闭的根本原因在于:对流动资产循环的管理不利,存货周转慢,松懈的应收账款政策使周转期比正常情况长了 1 个多月。由于债权人不愿意延长还款期,Grant 公司被迫向银行寻求借款。在它提出破产的前 10 年中,Grant 公司一直依靠举债维持流动资产的日常运营。Grant 公司忽视了流动资产管理,导致了这个一直盈利的企业最终只能倒闭。

营运资金管理是财务管理中很重要的一项内容,对于非金融企业的财务经理而言,有关营运资金管理也是花费他们最多精力的事情。本章将对营运资金进行深入讨论,重点探讨货币资金、应收账款、存货及流动负债的管理。

任务7.1　认识营运资金的基市概念与特征

【情境描述】

创立于 1984 年的海尔集团,从 1998 年开始实施以市场链为纽带的业务流程再造,实施了与用户零距离、产品零库存和零营运成本"三个零"为目标的流程再造。

所谓零库存,就是三个 JIT(适时生产),即 JIT 采购、JIT 送料、JIT 配送。这使得海尔集团能实现零库存。这里,海尔集团的仓库已经不叫仓库了,它只是一个配送中心。它是为了下道工序配送而暂存的一个地方。零库存不仅意味着没有大量的物资积压,不会因这些物资积压形成呆滞物资,最重要的在于可以为零缺陷铺平道路。就是说,这些物资都是采购最好的、采购最新鲜的。它可以使质量保证有非常牢靠的基础。

所谓零距离,就是拿到用户的订单后,以最快的速度满足用户的动机。生产过程是柔性的生产线,都是根据订单来进行生产的。海尔集团在全国有 42 个配送中心,这些配送中心可以及时地将产品送到用户手中去。通过这种做法,可以实现零距离。零距离对企业来讲,不仅仅是意味着产品不需要积压,赶快送到用户手中,它还有更深的一层意思,就是说,企业可以在市场当中不断地获取新的市场,创造新的市场。就像美国的管理大师德鲁克所说的:"好的公司是满足动机,伟大的公司是创造市场。"

零营运资本就是零流动资金占用。海尔集团因为有了前面的两个零,即零库存和零距离,因此也可以做到零营运资本。也就是说,在给供方的付款期到期前,可以先把用户欠的货款收回来。为什么呢?因为海尔集团可以做到现款现货。因为它是根据用户的订单来生产的,所以这个产品一到用户手里,用户就可以付给企业。这就使得海尔集团顺利地进入良性运作的过程。

海尔集团的 CEO 张瑞敏认为,一只手抓住了用户的动机,另一只手抓住可以满足用户动机的全球的供应链,把这两种能力结合在一起,这就是企业的竞争力。

【任务一:讨论回答】

阅读本部分内容后,讨论回答下述问题:

(1) 什么是营运资金? 营运资金就是流动资产吗?

(2) 实施三个零的海尔集团是否能做到营运资金为零? 为什么?

(3) 你认为营运资金的管理目标是什么?

一、营运资金的含义

营运资金又称营运资本,是企业在生产经营活动中占用在流动资产上的资金。营运资金有广义和狭义之分。广义的营运资金又称为毛营运资金,是指一个企业流动资产的总额。狭义的营运资金又称为净营运资金,是指流动资产与流动负债的差额。通常所说的营运资金是指狭义的营运资金。因此,营运资金管理既包括流动资产的管理也包括流动负债的管理。营运资金的计算公式如下:

$$营运资金＝流动资产－流动负债$$

【任务二：课堂活动】

企业的流动资产主要有哪些？流动负债主要有哪些？它们各有什么特点？

二、营运资金的特点

为了有效地管理企业的营运资金，必须研究营运资金的特点，以便有针对性地进行管理。营运资金一般具有如下特点。

1. 营运资金的周转具有短期性

企业占用在流动资产上的资金，周转一次所需时间比较短，通常会在1年或一个营业周期内收回，对企业影响的时间比较短，由此推断，营运资金可以用商业信用、短期借款等短期筹资方式来加以解决。

2. 营运资金的实物形态具有易变现性

交易性金融资产、应收账款、存货等流动资产一般具有较强的变现能力，如果遇到意外情况，企业出现资金周转不灵、货币资金短缺等状况时，便可迅速变卖这些资产，以获取货币资金。

3. 营运资金的数量具有波动性

流动资产的数量会随着企业内外条件的变化而变化，时高时低，波动很大。随着流动资产数量的变动，流动负债的数量也会相应发生变动。

4. 营运资金的实物形态具有动态性

企业营运资金的实物形态是经常变化的，一般在货币资金、材料、在产品、产成品、应收账款、货币资金之间顺序转化。

5. 营运资金的来源具有灵活多样性

企业筹集营运资金的方式较为灵活多样，通常有银行短期借款、短期融资券、商业信用、应交税费、应付股利、应付职工薪酬、其他应付款、预收货款、票据贴现等。

三、营运资金管理的基本要求

企业的营运资金在全部资金中占有相当大的比重，而且周转期短，形态易变，是企业财务管理工作的一项重要内容。企业进行营运资金管理，应满足如下几项要求。

1. 认真分析生产经营状况，合理确定营运资金的需要数量

企业营运资金的动机数量与企业生产经营活动有直接关系。在一般情况下，当企业产销两旺时，流动资产会不断增加，流动负债也会相应增加；而当企业产销量不断减少时，流动资产和流动负债也会相应减少。营运资金的管理必须把满足正常合理的资金动机作为首要任务。

2. 在保证生产经营需要的前提下，节约使用营运资金

企业要在保证生产经营需要的前提下，遵守勤俭节约的原则，尽力降低资金的使用成本。一方面，要挖掘资金潜力，盘活全部资金，精打细算地使用资金；另一方面，积极拓展融资渠道，合理配置资源，筹措低成本资金，服务于生产经营。

3. 加速营运资金周转，提高资金的利用效率

加速资金周转是提高资金使用效率的主要手段之一。提高营运资金使用效率的关键就是

采取得力措施,缩短营业周期,加速变现过程,加快营运资金周转。因此,企业要千方百计地加速存货、应收账款等流动资产的周转,以便用有限的资金,服务于更大的产业规模,为企业取得更好的经济效益提供条件。

4. 合理安排流动资产与流动负债的比例关系,保证企业有足够的短期偿债能力

合理安排流动资产与流动负债的比例关系,保持流动资产结构与流动负债结构的适配性,保证企业有足够的短期偿债能力是营运资金管理的重要原则之一。流动资产、流动负债以及两者之间的关系能较好地反映企业的短期偿债能力。流动负债是在短期内需要偿还的债务,而流动资产则是在短期内可以转化为货币资金的资产。因此,如果一个企业的流动资产比较多,流动负债比较少,说明企业的短期偿债能力较强;反之,则说明短期偿债能力较弱。但如果企业的流动资产太多,流动负债太少,也不是正常现象,这可能是因流动资产闲置或流动负债利用不足所致。

众所周知,流动性(变现能力)强的资产,如货币资金、应收账款等,收益就差些;相反,流动性弱的资产,如固定资产等,收益就高。因此,企业营运资金管理的最终目的是在营运资金的流动性与收益性之间进行权衡,尽量以最少的资金占用获取尽可能多的收益。

【任务三:归纳总结】

请分别按照流动性和收益性的高低,对货币资金、应收账款及存货进行排序。

任务 7.2　进行企业流动资产的运营管理

企业的流动资产有很多,如货币资金、应收账款、预付账款、交易性金融资产、存货等,在这些资产中,货币资金是变现能力最强的流动资产,但收益性最差;应收账款是由于赊销而形成的,它的占用直接影响到企业的现金流量状况;而存货在流动资产中一般占到一半左右。因此,本节内容主要探讨货币资金、应收账款、存货的具体管理。

一、货币资金的管理

【导读:富翁与乞丐的故事】

某富翁遇到一个乞丐,看到其衣衫单薄,动了恻隐之心,掏钱时发现身上只有一张 100 元,想到把钱给了乞丐后自己午饭怎么解决? 就把价值 1 000 元的大衣脱下来送给乞丐。可乞丐接过来后又马上还给他说:“你还是给我现金吧,衣服不能拿去买饭吃!”这样富翁饿了一中午……故事说明了什么道理?

——现金为王、现金的流动性

【任务四:讨论回答】

假设缺乏足够的现金,企业会遇到哪些麻烦?

货币资金即广义的现金,是指在生产经营过程中以货币形态存在的资金,包括库存货币资金、银行存款和其他货币资金等。货币资金是变现能力最强的资产,可以用来满足生产经营开支的各种需要,也是还本付息和履行纳税义务的保证,因此,拥有适量的货币资金对于降低企业的风险、增强企业资产的流动性和债务的清偿性有着重要的意义。但是,货币资金的盈利

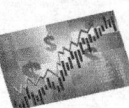

(收益)性在所有的流动资产中是最差的,库存现金是非盈利性的资产,银行存款虽有利息生成而利益太小。企业因种种需要必须置存货币资金,但应合理安排货币资金的持有量,减少货币资金的闲置,提高货币资金的使用效果。

(一)持有货币资金的动机

正如我们每个人一样,我们口袋里经常要有一点零钱,或多或少,以备不时之需,企业也不例外。企业保留一部分货币资金主要出于如下三个原因。

1. 交易性动机

交易性动机是企业为了维持日常周转及正常商业活动所需持有的货币资金额。企业每日都在发生许多支出和收入,这些支出和收入在数额上的不相等及时间上的不匹配,使得企业需要持有一定货币资金来调节,以使生产经营活动能持续进行。

在许多情况下,企业向客户提供的商业信用条件和它从供应商那里获得的信用条件不同,使企业必须持有货币资金。如供应商提供的信用条件是 30 天付款,而企业迫于竞争压力,则向客户提供 45 天的信用期,这样,企业必须筹集够 15 天的营运资金来维持企业运转。

另外,企业业务的季节性要求企业逐渐增加存货以等待季节性的销售高潮。这时,一般会发生季节性的货币资金支出,企业货币资金余额下降,随后又随着销售高潮的到来,存货减少,而货币资金又逐渐恢复到原来水平。

一般来说,企业为满足交易性动机所持有的货币资金余额主要取决于企业销售水平。

2. 预防性动机

预防性动机是指企业需要维持充足货币资金,以应付突发事件。这种突发事件可能是政治环境变化,也可能是企业的某个大客户违约导致企业突发性偿付等。尽管财务主管试图利用各种手段来较准确地估算企业需要的货币资金数额,但各种不可预测的突发事件使企业难以对未来的现金流入与流出作出准确的估计与预期,从而会使原本很好的财务计划失去效果。因此,在正常业务活动现金需要量的基础上,需要追加一定的现金以应付现金流入与流出的随机波动。

为应付意料不到的货币资金需要,企业掌握的货币资金额取决于:① 企业愿意承担风险的程度。② 企业预测货币资金收支可靠的程度。③ 企业临时举债能力的强弱。希望尽可能减少风险的企业倾向于保留大量的货币资金余额,以应付其交易性动机和大部分预防性动机。另外,企业会与银行维持良好关系,以备货币资金短缺之需。

3. 投机性动机

投机性动机是企业为了抓住突然出现的获利机会而持有的货币资金,这种机会大都是稍纵即逝的,如亏本甩卖的原材料、证券价格的突然下跌等,企业若没有用于投机的这部分货币资金,就会错过这样的机会。一般来说,因投机性需要而持有的货币资金往往与企业在金融市场的投资机会及企业对待风险的态度有关。

如上所述,企业因为交易性、预防性、投机性的原因需要留置货币资金,但企业留存的货币资金额并不是三个动机持有货币资金金额的简单相加。因为在一定条件下,预防动机留存的货币资金可能变成投机动机的金额,投机动机持有的货币资金也可能变成预防动机或交易动机。

(二)持有货币资金的成本

放在口袋里的现金可能会遗失,给我们造成一些损失;并且口袋里的现金越多,丧失的银行存款利息(或者投资证券的收益)也越多。企业也是如此,持有一定量的货币资金会发生相应的成本,主要有以下三项。

1. 持有成本

持有成本是指企业因保留一定的货币资金余额而发生的管理费用及丧失的再投资收益,包括管理成本和机会成本两部分。

(1)管理成本。管理成本是指企业因持有一定数量的货币资金而发生的管理费用。如管理者工资、安全措施费用等。一般认为它是固定成本,这种固定成本在一定范围内和货币资金持有量之间没有明显的比例关系。

(2)机会成本。机会成本指企业因持有一定货币资金余额丧失的再投资收益。再投资收益是企业不能同时用该货币资金进行有价证券投资所产生的机会成本,这种成本在数额上等于资金成本,一般可用有价证券利息率代替。机会成本的计算公式如下:

$$机会成本＝货币资金平均持有量×有价证券利息率$$

例如,某企业的资本成本为 10%,年均持有货币资金 100 万元,则该企业每年的货币资金机会成本为 10 万元(100×10%)。放弃的再投资收益即机会成本属于变动成本,它与货币资金持有量的多少密切相关,即货币资金持有量越大,机会成本越高;反之,就越少。

2. 转换成本

转换成本是指企业用现金购入有价证券或是转让有价证券换取现金时所需要付出一定的交易费用。

转换成本是指企业用现金购入有价证券以及用有价证券换取现金时付出的交易费用,即现金同有价证券之间相互转换的成本,如买卖佣金、手续费、证券过户费、印花税、实物交割费等。

转换成本可以分为两类:一类是与委托金额相关的费用,如印花税;另一类是与委托金额无关,只与转换次数有关的费用,如委托手续费、过户费等,这部分费用无论交易金额是多少,每次转换的费用都是固定的。因此,转换次数越多,发生的转换成本总额也越大。这里讨论的主要是后一种转换成本。

证券转换成本与现金持有量的联系:在现金需要量既定的前提下,现金持有量越少,进行证券变现的次数越多,相应的转换成本就越大;反之,现金持有量越多,证券变现的次数就越少,需要的转换成本开支也就越小。

3. 短缺成本

货币资金短缺成本是指在货币资金持有量不足,又无法及时通过有价证券变现加以补充所给企业造成的损失,包括直接损失与间接损失。直接损失包括因无钱购买原材料造成停工损失、失去现金折扣等;间接损失主要指不能及时支付而造成信誉损失等。货币资金的短缺成本随货币资金持有量的增加而下降,随货币资金持有量的减少而上升,即与货币资金持有量负相关。

(三)最佳货币资金持有量的确定

【任务五:课堂讨论】

同学们,你们每个人口袋里的现金有没有数量限制呢?通常为多少比较合适?为什么?

如上所述,企业基于持有货币资金动机的需要,必须保持一定数量的货币资金余额。企业必须置存一定数量的货币资金,但货币资金持有太多或太少都对企业不利。对如何确定企业最佳货币

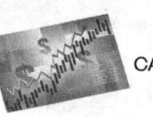

资金持有量,经济学家们提出了许多模式,常见的模式主要有成本分析模式、存货模式等。

最佳货币资金持有量就是指使持有货币资金发生的总成本最少的货币资金持有量,即持有成本、机会成本、管理成本、短缺成本保持最低组合水平的货币资金持有量。下面介绍中,对现金与货币资金不作区分,现金即广义的现金。

1. 成本分析模式

成本分析模式是通过分析企业置存货币资金的各相关成本,测算各相关成本之和最小时的货币资金持有量的一种方法。成本分析模式下只考虑机会成本、管理成本和短缺成本。即:总成本=机会成本+管理成本+短缺成本,总成本最小时的货币资金持有量为最佳持有量。最佳货币资金持有量的计算公式如下:

$$最佳货币资金持有量=\min(管理成本+机会成本+短缺成本)$$

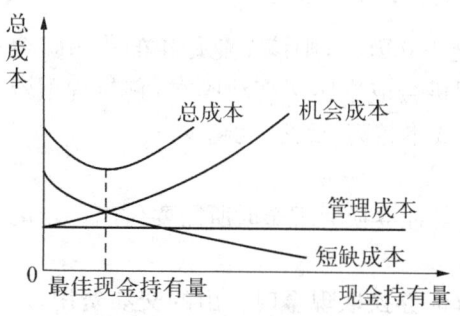

图 7-1 成本分析模式

成本分析模式下的最佳货币资金持有量如图 7-1 所示。在直角坐标平面内,横轴表示现金持有量,纵轴表示总成本,画出各项成本的图像。一般说,机会成本是一条由原点出发向右上方的射线,管理成本是一条水平线,短缺成本是一条由左上方向右下方的直线或上凹的曲线,三者之和为总成本,总成本线呈抛物线型,抛物线的最低点,即为总成本最低点,最低点处对应的横坐标即为最佳货币资金持有量,见图 7-1 所示。

成本分析模式下的最佳货币资金持有量也可用编制货币资金持有成本分析表来确定。

【例 7-1】 华清公司现有 A、B、C、D 四种货币资金持有方案,有关资料如表 7-1 所示。

表 7-1 货币资金持有方案 金额单位:万元

项 目	A	B	C	D
货币资金持有量	100	200	300	400
机会成本率	15%	15%	15%	15%
短缺成本	50	30	10	0

最佳持有量测算如表 7-2 所示。

表 7-2 最佳货币资金持有量的测算 金额单位:万元

方 案	货币资金持有量	机会成本	短缺成本	相关总成本
A	100	$100×15\%=15$	50	65
B	200	30	30	60
C	300	45	10	55
D	400	60	0	60

因此由表 7-2 可以得出,方案 C 最优,最佳货币资金持有量 300 万元。

2. 存货模式

存货模式又称为鲍莫模式（Baumol Moddel），它是由美国经济学家 William J. Baumol 率先提出的，他认为公司货币资金持有量在许多方面与存货类似，存货经济批量模型可用于最佳货币资金持有量，并以此为出发点建立鲍莫模型。

存货模式的着眼点也是货币资金相关成本之和最低，与成本分析模式不同的是，存货模式下的最佳货币资金持有量是使货币资金的机会成本与转换成本之和最低的货币资金持有量。在存货模式下，管理成本属于固定成本，与决策无关；不允许短缺，不考虑短缺成本。因此，在存货模式下只考虑机会成本和交易成本（转换成本）。

存货模式下持有现金的总成本可表述为：总成本＝机会成本＋转换成本。

存货模式是以下列假设为前提的：① 企业能够准确地预测未来年度的货币资金总需求量。② 短期有价证券可以随时转换为货币资金，每次转换都能够流入大量的货币资金。③ 货币资金的支出是均衡的，且每当货币资金余额降为零时，均可通过证券变现得以补足，不会造成货币资金短缺。④ 短期有价证券利率稳定、可知。⑤ 每次变现证券的交易成本可知。

存货模式的模型用数学关系式表达如下：

$$TC = T_1 + T_2 = \frac{Q}{2} \times i + \frac{T}{Q} \times F$$

式中　TC 为总成本；T_1 为机会成本；T_2 为转换成本；Q 为一次交易资金量；i 为有价证券收益率；T 为一个周期内现金总需求量；F 为一次交易固定成本。

存货分析模式下的最佳货币资金持有量如图 7-2 和图 7-3 所示。

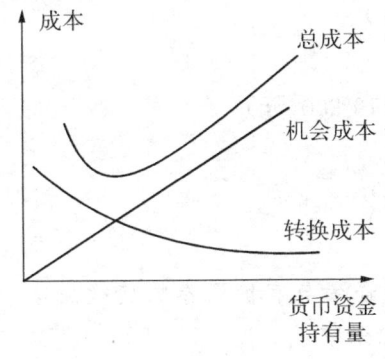
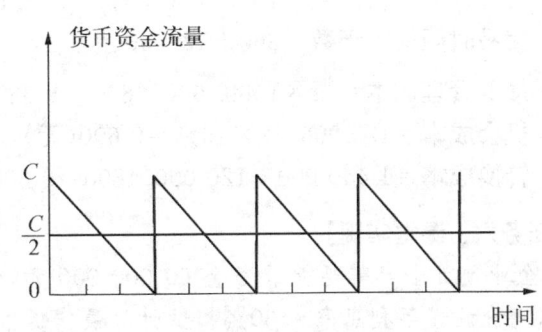

图 7-2　存货模式　　　　图 7-3　一段时期内的货币资金持有状况

可利用数学方法求得使总成本最低的货币资金持有量，最佳货币资金持有量 Q 是机会成本线与转换成本线交叉点所对应的货币资金持有量，可以利用导数原理求解。

在 $TC = T_1 + T_2 = \frac{Q}{2} \times i + \frac{T}{Q} \times F$ 中，只有 $\frac{Q}{2} \times i$ 和 $\frac{T}{Q} \times F$ 相等时，即持有货币资金的机会成本与交易成本相等时，TC 最小。

解得：最佳货币资金持有量 $Q^* = \sqrt{\dfrac{2TF}{i}}$，总成本达到最小值 $TC^* = \sqrt{2TFi}$。

【例 7-2】　某企业预计 1 个月内经营所需现金约为 800 万元，准备用短期有价证券变现取得，证券每次交易的固定成本为 100 元，证券市场年利率为 12%。试计算以下几个指

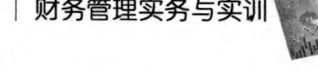

标：① 最佳货币资金持有量。② 最小相关总成本。③ 机会成本、转换成本。④ 转换间隔期。

$$最佳货币资金持有量\ Q^* = \sqrt{\frac{2 \times 100 \times 8\,000\,000}{12\% \div 12}} = 400\,000(元)$$

$$最小相关总成本\ TC^* = \sqrt{2 \times 100 \times 8\,000\,000 \times 12\% \div 12} = 4\,000(元)$$

$$机会成本\ T_1 = 400\,000 \div 2 \times 12\% \div 12 = 2\,000(元)$$

$$转换成本\ T_2 = 8\,000\,000 \div 400\,000 \times 100 = 2\,000(元)$$

$$转换间隔期\ t = 30 \div (8\,000\,000 \div 400\,000) = 1.5(天)$$

【例 7-3】　某公司货币资金的收支状况比较稳定,计划全年的货币资金需求量为 1 440 000 元,货币资金与有价证券的每次转换成本为 800 元,有价证券的利率为 16%。试回答以下问题:① 企业目前持有货币资金 240 000 元,则机会成本、转换成本和现金管理总成本各为多少元? ② 货币资金的最佳持有量为多少元? 有价证券的交易次数为多少次? 交易的时间间隔天数为多少天? ③ 最低的管理成本为多少元? 其中机会成本、转换成本各为多少元?

① 机会成本＝240 000÷2×16%＝19 200(元)

　　转换成本＝1 440 000÷240 000×800＝4 800(元)

　　现金管理相关总成本＝19 200＋4 800＝24 000(元)

② 现金的最佳持有量＝$(2 \times 1\,440\,000 \times 800 \div 16\%)^{\frac{1}{2}}$＝120 000(元)

　　有价证券交易次数＝1 440 000÷120 000＝12(次)

　　交易时间间隔天数＝360÷12＝30(天)

③ 最低管理成本＝$(2 \times 1\,440\,000 \times 800 \times 16\%)^{\frac{1}{2}}$＝19 200(元)

　　机会成本＝120 000÷2×16%＝9 600(元)

　　转换成本＝1 440 000÷120 000×800＝9 600(元)

【任务六：课堂实训】

某企业预计全年需要货币资金 60 000 000 元,货币资金与有价证券的转换成本为每次 100 元,有价证券年利息率为 30%。试计算最佳货币资金余额。

注意:运用存货模式确定最佳货币资金持有量时,是以一定的假设条件为前提的,如企业所需货币资金可通过证券变现取得、计划期的货币资金需要量可以预测、货币资金支出均衡、稳定等。

(四) 货币资金的日常管理

【情境描述】

山东美晨科技股份有限公司 2009 年年末货币资金余额较 2008 年年末增加了 6 431.88 万元,增幅 1 462.26%,主要原因如下:

2009 年,公司盈利状况良好,产销规模迅速扩大,全年实现销售收入 34 098.37 万元,较 2008 年增长 92.28%,在销售迅速增加的同时,公司也维持了良好的现金流,经营现金流量净额的大幅增加取决于公司销售回款和采购支付两方面的变化:优质客户销售比重提高:2009

年,公司对主要客户北汽福田公司的销售额达到 20 612.27 万元,较 2008 年增长 11 824.99 万元,增幅达 134.57%;销售收入占比从 2008 年的 49.71% 提高到 60.54%。北汽福田公司的销售回款期约为 1 个月,2009 年北汽福田公司销售额和销售占比均大幅增加,改善了公司整体销售回款情况。

采购结算支付模式改进:2009 年公司对采购支付采取更严格的审批制度,原材料采购更多地以承兑汇票形式支付,尽量避免采购付现,公司充分利用商业票据降低财务费用,同时又可满足上游供应商背书、贴现取得现金的需求。

公司 2010 年 9 月末较 2009 年年末货币资金余额增加 1 017.31 万元,增幅 14.80%,主要原因有二:一是 2010 年公司销售收入继续大幅度提升,仅 1~9 月份公司销售就比 2009 年全年增加了 7 418.39 万元,公司销售收入持续增加导致公司经营活动现金流入增加,从而增加了公司的货币资金;二是公司充分利用各种融资方式,减少采购付现率,2010 年 1~9 月,公司经营性应付项目增加了 7 064.31 万元,相应增加了银行承兑汇票保证金等其他货币资金。

【任务七:讨论回答】

山东美晨科技股份有限公司采用了哪些货币资金日常管理的策略?采用这些策略的目的是什么?

1. 货币资金的收入管理

货币资金的收入管理关键是缩短企业账款的回收时间,使应收款项尽早进入本企业的银行账户。发生应收款会增加企业资金的占用;但它又是必要的,因为它可以扩大销售规模,增加销售收入。问题在于如何既利用应收款吸引客户,又缩短收款时间。这要在两者之间找到适当的平衡点,并需实施妥善的收账策略。

2. 货币资金的支出管理

货币资金支出管理的主要任务是尽可能延缓货币资金的支出时间。当然,这种延缓必须是合理合法的。

(1)使用现金浮游量。由于企业开出支票到开户银行实际划出这笔款项总会有一定的时间间隔,形成企业现金账户余额与银行账户上的存款余额有一定差额,这个差额称为现金"浮游量"。

例如,假设 ABC 公司当前银行存款余额为 100 000 元。在购买一些原材料后,公司用一张 7 月 8 日开具的 100 000 元的支票向供货方 M 支付货款,则公司账上显示现金余额减少 100 000 元。但直到供货方 M 将支票存入其开户银行,且供货方银行通知 ABC 公司开户银行进行支付时,比如说 7 月 15 日,则 ABC 公司的开户银行才知道该公司曾开具一张 100 000 元的支票。现金在这段时间的占用称为现金浮游量。在支票清算前,ABC 公司可利用这笔款项获得收益。只要把准时间,"浮游量"是可以利用的。但在使用现金浮游量时,一定要控制好使用的时间,否则会发生银行存款的透支。

需要注意的是:预测的现金浮游量必须充分接近实际值,否则容易开出空头支票。

(2)推迟应付款的支付。推迟应付款的支付,是指企业在不影响自己的信誉的前提下,充分运用供货方所提供的信用优惠,尽可能地推迟应付款的支付期。

(3)汇票代替支票。汇票分为商业承兑汇票和银行承兑汇票,与支票不同的是,承兑汇票并不是见票即付。这一方式的优点是推迟了企业调入资金支付汇票的实际所需时间。这样,企业就只需在银行中保持较少的现金余额。它的缺点是某些供应商可能并不喜欢用汇票付款,银行也不喜欢处理汇票,它们通常需要耗费更多的人力。另外,同支票相比,银行对汇票会

收取较高的手续费。

（4）透支。企业开出支票的金额大于活期存款余额。它实际上是银行向企业提供的信用。透支的限额，由银行和企业共同商定。

（5）外包加工节现法。对于工序繁多的生产型企业，可采取部分工序外包加工的方法，外包后，只需要先付给外包单位部分定金就可以了，从而有效地节约企业现金。

企业若能有效控制现金支出，同样可带来大量的现金结余。控制现金支出的目标是在不损害企业信誉的条件下，尽可能推迟现金的支出。

3．综合控制

（1）争取现金流出与现金流入同步。企业应尽量使现金流出与现金流入同步，这样，就可以降低交易性现金余额，同时可以减少有价证券转换为现金的次数，提高现金的利用效率，节约转换成本。

（2）遵守国家规定的现金使用范围。

（3）核定库存现金限额。

（4）严格现金存取手续，不得坐支现金。

（5）实行内部牵制制度，钱账分管，会计、出纳分岗。

（6）做好银行存款的管理。

（7）适当进行证券投资。

二、应收账款的管理

【导读：七仙女帮董永还债】

董永家一贫如洗，为借钱安葬老父，只好接受傅员外的条件：为他白干 3 年。七仙女爱上董永并嫁给了他。傅员外要挟七仙女必须在一夜间织成锦缎 10 匹，否则董永的劳务时间便延长为 6 年。七仙女邀 6 位仙姐帮助一夜成功织成锦缎 10 匹，董永很快恢复了自由之身。

【任务八：讨论回答】

（1）董永和七仙女采用的是什么还债方式？

（2）为什么会产生应收账款？

应收账款在企业的总资产中占有较大的比例，通常占总资产的 23％。因而讨论应收账款管理实际上是在讨论对企业近 1/4 的资产进行管理的问题。

应收账款能否有效收回和流动变现能力决定了企业的收益质量。因为只有在应收账款收回时，销售收入才能转化为现金。

（一）应收账款的功能

企业通过提供商业信用，采取赊销、分期付款等方式可以扩大销售，增强竞争力，获得利润。应收账款作为企业为扩大销售和盈利的一项投资，也会发生一定的成本。所以，企业需要在应收账款所增加的盈利和所增加的成本之间作出权衡。应收账款管理就是分析赊销的条件，使赊销带来的盈利增加大于应收账款投资产生的成本增加，最终使企业现金收入增加，企业价值上升。

应收账款的功能指其在生产经营中的作用。它主要包括以下两个方面。

1．增加销售功能

在激烈的市场竞争中，通过提供赊销可有效地促进销售。因为企业提供赊销不仅向客户提供了商品,也在一定时间内向客户提供了购买该商品的资金,客户将从赊销中得到好处。所以赊销会带来企业销售收入和利润的增加。

2. 减少存货功能

企业持有成品存货时,会相应地占用资金,产生仓储费用、管理费用等;而赊销则可避免这些成本的产生。因此,当企业的产成品存货较多时,一般会采用优惠的信用条件进行赊销,将存货转化为应收账款,节约支出。

（二）应收账款的成本

应收账款作为企业为增加销售和盈利进行的投资,必然会发生一定的成本。应收账款的成本主要有以下几种。

1. 应收账款的机会成本

应收账款会占用企业一定量的资金,而企业若不把这部分资金投放于应收账款,便可以用于其他投资并可能获得收益,如投资债券获得利息收入。这种因投放于应收账款而放弃其他投资所带来的收益,即为应收账款的机会成本。

参照上一节货币资金机会成本的计算公式,应收账款机会成本的计算公式如下：

应收账款机会成本＝维持赊销业务所需要的资金×参照利率

＝应收账款平均余额×变动成本率×参照利率

＝年赊销额÷360×应收账款周转期×变动成本率×参照利率

其中,参照利率就是企业潜在的投资收益率或企业的平均资金成本率。

应收账款周转期指应收账款平均收账期。在平均收账期不清楚的情况下,它可用信用期限近似替代。

【例 7 - 4】 某企业预测的年度赊销收入净额为 4 800 000 元,应收账款周转期(或收账天数)为 60 天,变动成本率为 70%,资金成本率为 10%。试计算该企业应收账款机会成本。

应收账款周转率＝360÷60＝6(次)

应收账款平均余额＝4 800 000÷6＝800 000(元)

维持赊销业务所需资金＝800 000×70%＝560 000(元)

应收账款机会成本＝560 000×10%＝56 000(元)

【任务九：课堂实训】

假设某公司预测的年度赊销收入净额为 3 000 000 元,应收账款周转天数(或收账天数)为 60 天,变动成本率为 60%,资本成本为 10%。试计算应收账款的机会成本。

 特别提示

提高应收账款的周转率是减少应收账款机会成本的有效方法。

2. 应收账款的管理成本

应收账款的管理成本主要是指在进行应收账款管理时所增加的费用。它主要包括：调查客户信用状况的费用、收集各种信息的费用、账簿的记录费用、收账费用等。在应收账款一定

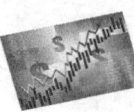

的数额范围内,其管理成本一般为固定成本。

3. 应收账款的坏账成本

在赊销交易中,债务人由于种种原因无力偿还债务,债权人就有可能无法收回应收账款而发生损失,这种损失就是坏账成本。进行赊销就难以避免坏账的发生,坏账成本一般与应收账款数额的大小和应收账款的拖欠时间有关。

【课堂活动】

试比较货币资金成本与应收账款成本的异同。

（三）信用政策

信用政策又称应收账款管理政策,是企业财务政策的一个重要组成部分。企业要管好、用好应收账款,必须事先制定合理的信用政策。信用政策主要包括信用标准、信用条件和收账政策三部分。

1. 信用标准

信用标准是企业同意向客户提供商业信用而提出的基本要求,是客户获得商业信用所必备的最低条件。

企业制定信用标准一般应考虑以下几个因素:同行业竞争对手的情况;企业承担违约风险的能力;客户的资信程度。

制定信用标准的定性依据一般是客户的资信程度,决定客户资信程度,常用信用的"5C"分析。所谓信用的"5C",分别为:品质(character),即客户的信誉,指客户履约或违约的可能性,这是"5C"中最为主要的因素,对客户品德的评价一般以其以往的付款记录为依据;能力(capacity),指客户的偿债能力,可以通过分析客户的财务报表,以及实际参观考察其经营方式等途径来判断客户的偿债能力;资本(capital),指客户的经济实力和财务状况,要特别注意有形资产的净值;抵押品(collateral),即担保品,是指客户不能如期偿债时能用作抵押的资产,这对判断不知底细或信用状况有争议的客户的信用品质尤为重要;经济状况(conditions),指可能影响客户付款能力的经济环境,包括一般经济发展趋势和某些地区的特殊发展情况。有学者认为信用品质评判有"6C"标准,即信用品质(character)、偿付能力(capacity)、资本(capital)、抵押品(collateral)、经济状况(conditions)和连续性(continuity)。

制定信用标准的定量依据,一般是估量客户的信用等级和预计坏账损失率。如果企业信用标准定得过高,只给信誉极佳、坏账损失率极低的客户给予赊销,则有利于减少坏账损失,减少应收账款的机会成本,但这可能会使销售减少并影响企业的市场竞争力;如果信用标准定得过低,虽然会增加销售,但会相应增加坏账损失和应收账款的机会成本,因此企业应根据具体情况进行权衡。

2. 信用条件

信用条件是指企业接受客户信用订单时所提出的付款要求,解决提供什么样的商业信用的问题,主要包括信用期限、折扣期限及现金折扣等。

（1）信用期限。信用期限是指企业允许客户从购货到付款之间的时间间隔。信用期限过短,不足以吸引客户,不利于扩大销售;信用期限过长,会引起机会成本、管理成本、坏账成本的增加。信用期限优化的要点是,分析改变现行信用期而增加的销售利润是否超过增加的成本费用。

【例7-5】　某企业预计信用期限为20天,销量可达50万件;信用期若延长到40天,销量可增加到 60 万件。假定该企业投资报酬率为 9％,产品单位售价为 4 元,其余条件如表 7-3 所示。试确定该企业应选择哪一个信用期限。

表 7-3   相 关 资 料   单位:万元

信 用 期	20 天	40 天
销售额	200	240
销售成本:		
变动成本	60	72
固定成本	20	20
毛利	120	148
收账费用	10	12
坏账损失	3	5

信用期由 20 天延长到 40 天,则:

$$增加销售利润=148-120=28(万元)$$

$$增加机会成本=240\times\frac{72}{240}\times9\%\times\frac{40}{360}-200\times\frac{60}{200}\times9\%\times\frac{20}{360}$$
$$=0.42(万元)$$

$$增加管理成本=12-10=2(万元)$$

$$增加坏账成本=5-3=2(万元)$$

$$增加净收益=28-(0.42+2+2)=23.58(万元)$$

由以上分析可以得出,应选择 40 天信用期的方案。

本例中,销售利润的增加是指毛利的增加,在固定成本总额不变的情况下也就是边际贡献的增加。

(2) 现金折扣。现金折扣是企业对提前付款的客户在商品价格上所作的扣减。提供现金折扣的目的是在于吸引一些希望享有价格优惠的客户,以增加销售;促使老客户提前付款以缩短平均收现期。但是,给予客户现金折扣会导致企业收益减少,故是否给予现金折扣以及现金折扣率的大小就是一个需要考虑的问题。

延长信用期限会增加应收账款的占用额及收账期,从而增加机会成本、管理成本和坏账成本。企业为了既能扩大销售,又能及早收回款项,往往在给予客户以信用期限的同时推出现金折扣条款。现金折扣是企业给予客户在规定时期内提前付款能按销售额的一定比率享受折扣的优惠政策,它包括折扣期限和现金折扣率两个要素。“2/10,n/30”表示信用期限为 30 天;如客户能在 10 天内付款,可享受 2％的折扣;超过 10 天,则应在 30 天内足额付款。其中 10 天是折扣期限,2％是现金折扣率。现金折扣本质上是一种筹资行为,因此现金折扣成本是筹资费用而非应收账款成本。在信用条件优化选择中,现金折扣条款能降低机会成本、管理成本和坏账成本,但同时也需付出一定的代价,即现金折扣成本。现金折扣条款有时也会影响销售额

（比如有的客户冲着现金折扣条款来购买本企业产品），造成销售利润的改变。现金折扣成本也是信用决策中的相关成本，在有现金折扣的情况下，信用条件优化的要点是：增加的销售利润能否超过增加的机会成本、管理成本、坏账成本和折扣成本四项之和。现金折扣成本的计算公式如下：

$$现金折扣成本＝赊销净额×折扣期内付款的销售额比例×现金折扣率$$

【例7-6】 根据[例7-5]资料，若企业在采用40天的信用期限的同时，向客户提供"2/10，n/40"的现金折扣，预计将有占销售额60%的客户在折扣期内付款，而收账费用和坏账损失均比信用期为40天的方案下降8%。试判断该企业应否向客户提供现金折扣。

在[例7-5]中已判明40天信用期优于20天信用期，因此本例只需在40天信用期的前提下采用有现金折扣方案和无现金折扣方案来比较。

增加销售利润＝0

平均收账期＝10×60%＋40×40%＝22（天）

增加机会成本＝$240×\dfrac{72}{240}×9\%×\dfrac{22}{360}－240×\dfrac{72}{240}×9\%×\dfrac{40}{360}＝－0.324$（万元）

增加管理成本＝12×（－8%）＝－0.96（万元）

增加坏账成本＝5×（－8%）＝－0.4（万元）

增加折扣成本＝240×60%×2%＝2.88（万元）

增加净收益＝0－（－0.324－0.96－0.4＋2.88）＝－1.196（万元）

故该企业不应向客户提供现金折扣。

【例7-7】 某企业产销A产品，单位售价400元，单位变动成本300元。现接到某客户的追加订单1 000件，企业尚有生产能力给予接受。但是该客户提出赊账期为60天的付款方式，假如在30天内付款能给予2%的现金折扣，客户愿意有20%的货款在折扣期内支付。该企业根据信用调查，该客户信用等级较低，坏账损失率可能达到20%。该企业最低投资报酬率15%，收账管理费用为赊销收入额的2%。试计算并决策该企业是否应接受订单。

增加销售利润＝（400－300）×1 000＝100 000（元）

平均收账期＝30×20%＋60×80%＝54（天）

增加机会成本＝[（400×1 000）÷360]×54×（300÷400）×15%＝6 750（元）

增加管理成本＝400×1 000×2%＝8 000（元）

增加坏账成本＝400×1 000×20%＝80 000（元）

增加折扣成本＝400×1 000×20%×2%＝1 600（元）

增加净收益＝100 000－（6 750＋8 000＋80 000＋1 600）＝3 650（元）

故该企业应接受订单。

【任务十：课堂实训】

某企业2017年的A产品销售收入为4 000万元，总成本为3 000万元，其中固定成本为

600 万元。2018 年,该企业有两种信用政策可供选用:甲方案给予客户 60 天信用期限(即"n/60"),预计销售收入为 5 000 万元,货款将于第 60 天收到,其信用成本为 140 万元;乙方案的信用政策为"2/10,1/20,n/90",预计销售收入为 5 400 万元,将有 30% 的货款于第 10 天收到,20% 的货款于第 20 天收到,其余 50% 的货款于第 90 天收到(前两部分货款不会产生坏账,后一部分货款的坏账损失率为该部分货款的 4%),收账费用为 50 万元。该企业 A 产品销售额的相关范围为 3 000 万~6 000 万元,企业的资金成本率为 8%(为简化计算,这里不考虑增值税因素)。请你帮助决策哪个方案比较好。

3. 收账政策

收账政策是指客户违反信用条件,拖欠甚至拒付账款时企业应采取的策略。

首先,企业应投入一定收账费用以减少坏账的发生。一般来说,随着收账费用的增加,坏账损失会逐渐减少,但收账费用不是越多越好,因为收账费用增加到一定数额后,坏账损失不再减少,说明在市场经济条件下不可能绝对避免坏账。收账费用投入的额度,要在权衡增加的收账费用和减少的坏账损失后作出。

【任务十一:归纳填表】

请填写表 7-4 中收账政策对收账费用、机会成本和坏账损失的影响。

表 7-4　　　　　　　　　　　　　收账政策对相关因素的影响

收账政策	收账费用	机会成本	坏账损失
松			
紧			

其次,企业对客户欠款的催收应做到有理、有利、有节。对超过信用期限不多的客户宜采用电话、发信等方式"提醒"对方付款。对久拖不还的欠款,应具体调查分析客户欠款不还的原因。如客户确因财务困难而无力支付,则应与客户相互协商沟通,寻求解决问题的较理想的办法,如对客户予以适当帮助或进行债务重整等。如客户欠款属恣意赖账、品质恶劣,则应逐渐加强催账力度,直至诉诸法律,并将该客户从信用名单中排除。对客户的强硬措施应尽量避免,要珍惜与客户之间的友情,以有利于树立企业的良好形象。企业不仅要想到争取更多的回头客,也要想到如果日后与客户地位倒置的话,留下回旋的余地。

【拓展知识:12 步骤收账程序】

表 7-5 是一个典型的收账程序列表,被称为 12 步骤收账程序。

表 7-5　　　　　　　　　　　　　12 步骤收账程序

步骤	阶　段	时间段	联系方法	催账形式
1	提醒客户	逾期第 1 天	传真/E-mail	礼貌提示
2	提醒客户	以后第 4 天	传真/E-mail	再度提示
3	了解问题	以后第 4 天	电话	了解客户发生了什么问题
4	第一次正式催账	以后第 4 天	传真/E-mail	显示证据

（续表）

步骤	阶　段	时间段	联系方法	催账形式
5	严肃通知	以后第 4 天	传真/E-mail	严肃通知
6	第二次正式催账	以后第 4 天	传真/E-mail	显示证据
7	压迫客户式谈话	与 6 同一天	通话/拜访	表达不满
8	第一次经理对话	以后第 3 天	电话	催账级别升高
9	第二次经理对话	以后第 3 天	电话	最后一次通话
10	最后通知	以后第 3 天	挂号信	最后通牒
11	专业追账公司	1 周以后	委托追账	与追账代理签约
12	提出法律诉讼	半年以后	委托律师	法律行动

收账策略的"四针对"如下：

（1）针对"强硬型"债务人的策略。由于这种债务人突出的特点是态度傲慢，寄希望于对方的恩赐是枉费心机，可避其锋芒，设法改变认识，可采取如沉默策略和软硬兼施策略。

（2）针对"阴谋型"债务人的策略。这种债务人为了满足自身的利益与欲望，常利用一些诡计或借口拖欠款项。可采取反"车轮战"战略，及时揭穿债务人的诡计，紧随债务企业的负责人，不给其躲避的机会。

（3）针对"合作型"债务人的策略。由于这种债务人有合作意识，可采取互惠互利的策略，最好做到能给大家带来皆大欢喜的结果。

（4）针对"虚荣型"债务人的策略。债务人往往具有"自我意识很强，好表现自己"的特点，可采取以熟悉的事物展开话题、顾全面子和制约等策略。

具体的讨债方法有：讲理法、恻隐法、疲劳战法、激将法、软硬术法等。

【任务十二：联系实际】

结合实际生活，谈谈你对"讨债"的看法。

（四）应收账款的日常管理

应收账款的日常管理需要把握以下两个方面。

1. 监督应收账款的收回

企业对应收账款要落实专人做好备查记录，通过编制应收账款账龄分析表，实施对应收账款收回情况的监督，如表 7-6 所示。

表 7-6　　　　　　　　　　　　　应收账款账龄分析表

应收账款账龄	账户数量（个）	金额（万元）	比重
信用期内	100	80	42.11％
超过信用期 1 月内	50	40	21.05％
超过信用期 2 月内	40	30	15.79％
超过信用期 3 月内	30	20	10.53％

（续表）

应收账款账龄	账户数量（个）	金额（万元）	比重
超过信用期半年内	20	10	5.26%
超过信用期 1 年内	10	5	2.63%
超过信用期 1 年以上	15	5	2.63%
合　计	265	190	100.00%

从应收账款账龄分析表可以看出，企业的应收账款在信用期内及超过信用期各时间档次的金额及比重，也即账龄结构。一般而言，逾期拖欠时间越长，收回的难度越大，也越可能形成坏账。通过账龄结构分析，做好信用记录，可以研究与制定新的信用政策和收账政策。

2. 建立坏账准备金制度

在市场经济条件下，坏账损失难以避免。为使各会计年度合理负担坏账损失，减少企业的风险，应当建立应收账款坏账准备金制度。按现行企业财务制度规定，企业在年末可按应收账款余额的 3‰～5‰ 计提坏账准备金。

三、存货的管理

【情境描述：海信公司的存货管理方法】

海信公司的汤业国总经理凭借他的存货管理方法，获得首届营销人金鼎奖的中国杰出销售总经理奖。据他介绍，这归功于海信公司的存货营销管理方法。例如，根据市场需求给某个厂家下 5 000 台的订单，比如说好至少需要 5 天；那么一天 1 000 台，海信公司仓库中相应料的供应量就是 5 000 台，正好够生产车间干 5 天，然后接下一个订单。循环往复，每个生产周期衔接得恰到好处。这样，既保证不断货，又有适当库存。

【任务十三：讨论回答】

(1) 你们知道这是什么管理方法吗？

(2) 这种存货管理方法对海信公司销售产品有什么好处？

（一）存货管理的目的与内容

存货是指在生产经营过程中为了生产和销售而储备的各种物资。它主要包括企业的库存原材料、辅助材料、包装物、低值易耗品等。为销售而储备的存货主要包括库存商品、产成品等。

存货占有的资金在流动资产中所占的比重较大，是流动资产中流动性最差的部分。

1. 存货管理的目的

存货在流动资产中所占的比重为 40%～60%，存货管理水平的高低对企业生产经营的顺利与否具有直接的影响，并且最终会影响到企业的收益、风险和流动性的综合水平，因此，存货管理在整个流动资产管理中具有重要的地位。

存货在企业生产经营过程中具有非常重要的作用，持有一定量的存货可起到防止停工待料（维持连续生产）、适应市场变化、维持均衡生产、降低进货成本等作用。

存货管理的目的就是在充分发挥存货作用的前提下，不断降低存货成本，以最低的存货成本保障企业生产经营的顺利进行。

2. 存货管理的内容

(1) 根据企业生产经营的特点,制定存货管理的程序和办法。

(2) 合理确定存货的采购批量和储存期,降低各种相关成本。

(3) 对存货实行归口分级管理,使存货管理责任具体化。

(4) 加强存货的日常控制与监督,充分发挥存货的作用。

(二) 存货的成本

存货成本主要包括取得成本、储存成本和缺货成本。企业存货成本的最优化管理,就是使企业存货总成本即这三项成本之和最小。

1. 取得成本

存货的取得成本包括订货成本和购置成本。

订货成本指取得订单的成本,如办公费、差旅费、邮费等。订货成本由固定成本(F_1)与变动成本构成,其中订货变动成本与订货次数[等于存货年需要量与每次进货量之商(T/Q)]相关,即订货变动成本总额等于订货次数(T/Q)乘以每次订货成本(U)。

购置成本指存货本身的价值,是数量(T)与单价(P)的乘积。

$$取得成本 = 订货成本 + 购置成本$$

即: $$TCa = F_1 + (T/Q) \times U + TP$$

2. 储存成本

储存成本(TCc)是企业为持有存货而发生的成本费用支出,包括占有资金利息、仓库费用、保险费等。

在储存成本中,一部分与存货的储存数量有密切关系,如存货资金占用的机会成本、保险费用等,这部分成本属于变动成本,与存货数量有关,单位变动成本用 C 表示;另一部分成本与存货的储存数量没有密切的关系,如仓库折旧费用、仓库职工的固定工资等,这部分属于固定成本,用 F_2 表示。

$$储存成本 = 固定储存成本 + 变动储存成本$$

即: $$TCc = F_2 + C \times Q/2$$

3. 缺货成本

缺货成本(TCs)是指由于存货供应中断而造成的损失,包括材料供应中断形成的停工损失、产成品库存缺货的拖欠发货损失和销售机会损失。

如果以 TC 表示存货总成本,则其计算公式如下:

$$存货总成本 = 取得成本 + 储存成本 + 缺货成本$$

$$TC = TCa + TCc + TCs$$

$$= F_1 + T/Q \times U + TP + F_2 + C \times Q/2 + TCs$$

企业的存货最优化,就是求 TC 值最小时的存货总成本。

(三) 存货的控制方法

【情境描述：山东美晨科技股份有限公司重要外购原材料的代存代管制】

山东美晨科技股份有限公司于 2008 年年底开始推行 TPS 管理体系,2009 年年底对重要原材料开始实行类似于主机厂零库存制度的"代存代管"制度。TPS 管理体系的执行有助于公司制订精确的生产计划,并依据该精确生产计划备货生产。公司外部下游客户零库存执行带来了需求精确化,客户的日订单对其月生产计划的细化,公司内部 TPS 执行带来的生产与采购的紧密衔接,在公司内外部因素共同影响下,公司销售、生产和采购配合更加紧密,有效控制了存货规模增长。公司为规避采购风险,于 2009 年年底对部分重要外购原材料逐步推进"代存代管"制度。该制度的实质在于利用公司相对规模优势,要求原材料供应商将重要原材料存储于公司指定仓库,待公司实际领用并检验合格后才进行采购核算。目前,公司大部分的铸件产品和锻件产品均已开始实行代存代管制度。

【任务十四:讨论回答】

请指出山东美晨科技股份有限公司的某些重要原材料的代存代管制度属于以下三种存货控制方法中的哪种存货控制方法?

1. 经济订货批量法

存货的经济批量又称最佳经济订货批量,是使一定时期存货总成本最小时的每批订货数量。经济批量法主要应用于外购材料和外购商品。

企业在进行经济批量决策时的假设条件如下:

(1) 存货的流转比较均衡。

(2) 企业一定时期内的存货需求总量能准确预测。

(3) 存货价格稳定,且不考虑商业折扣。

(4) 无缺货现象,即无缺货成本。

(5) 市场货源充足,并能集中到货。

(6) 进货日期完全由企业自行决定,并且采购不需时间。

(7) 企业现金充足,不会因现金短缺而影响进货。

存货成本包括取得成本、储存成本和缺货成本,只有各项成本中的变动成本才是经济批量决策时的相关成本。经济订货批量中的相关成本仅包括变动的订购费用和变动的储存成本。只要这两部分成本之和最小,就能保证存货成本最小,相关总成本最小时的订货批量即为最佳经济批量。

假设:Q 为每次订货的批量;T 为存货年需要量;U 为每次订货成本;C 为单位储存成本;TC 为存货总成本;P 为单位采购价格,则:

$$TC = (Q/2) \times C + (T/Q) \times U$$

利用数学求导公式可推导出来:

$$最佳经济订货批量\ Q = \sqrt{(2TU)/C}$$

$$TC = \sqrt{2TUC}$$

【例 7-8】 某公司本年度需耗用乙材料 36 000 千克,该材料采购成本为 200 元/千克,年度储存成本为 16 元/千克,平均每次进货费用为 20 元。试计算下列指标:① 经济订货量。② 经济订货量下的总成本。③ 经济订货量下的平均资金占用额。④ 最佳进货批次。

$$Q = \sqrt{(2 \times 36\ 000 \times 20) \div 16} = 300(千克)$$

$$TC = \sqrt{2 \times 36\,000 \times 20 \times 16} = 4\,800(元)$$

$$平均资金占用额 = 200 \times 300 \div 2 = 30\,000(元)$$

$$最佳进货批次 = 36\,000 \div 300 = 120(次)$$

【任务十五：课堂实训】

某企业每年需要甲材料 36 000 吨，该材料单位进价为每吨 150 元，每次订货成本为 1 250 元，每吨甲材料每年存储成本为 10 元。试计算下列指标：① 甲材料的经济订货批量。② 经济订货批量的相关存货成本。③ 最优订货批数。④ 经济进货批量平均占用资金。

2. ABC 分类法

19 世纪，意大利经济学家巴特雷首创了 ABC 分类法，现已广泛应用于存货管理。其目的在于使企业分清主次，突出重点，以提高存货资金管理的整体水平。ABC 分类法也称为主次因素分析法，是项目管理中常用的一种方法，它是指按一定的标准，将存货划分为 A、B、C 三类，分别采用分品种重点管理、分类别一般控制和按总额灵活掌握的存货管理方法。其分类标准主要有两个：一是金额标准；二是品种数量标准。其中，金额标准是最基本的。

表 7 - 7　　　　　　　　　　　　　　　　ABC 分 类 法

存货类型	特　　点	金额比例	品种数量	管　　理
A 类	金额巨大，品种数量较少	70%左右	10%左右	分品种重点管理
B 类	金额一般，品种数量较多	20%左右	20%左右	分类别一般控制
C 类	金额很小，品种数量繁多	10%左右	70%左右	按总额灵活掌握

采用 ABC 分类法一般应遵循如下步骤：

（1）计算每一种存货在一定时间内（一般为 1 年）的资金占用额。

（2）计算每一种存货资金占用额占全部资金占用额的百分比，并按大小顺序排列，编成表格。

（3）根据事先测定好的标准，把最重要的存货划为 A 类，把一般存货划为 B 类，把不重要的存货划为 C 类，并画图表示出来。

（4）A 类存货进行重点规划和控制，对 B 类存货进行次重点管理，对 C 类存货只进行一般管理。

【任务十六：课堂实训】

恒大公司有 15 种材料，共占用资金 500 000 元，对它们按占用资金及品种数量进行顺序排列，根据分类原则划分成 A、B、C 三类，请把表 7 - 8 空白处填写完整。

表 7 - 8　　　　　　　　　　　　　恒大公司材料的 ABC 分类

材料品种（用编号代替）	资金数额（元）	类别	各类存货品种数量（种）	占存货品种总数的比重（元）	各类存货占用资金数量（元）	占存货总资金的比重（%）
1	200 000					
2	100 000		3		400 000	
3	100 000					

（续表）

材料品种 （用编号代替）	资金数额 （元）	类别	各类存货品 种数量（种）	占存货品种 总数的比重（元）	各类存货占 用资金数量（元）	占存货总资 金的比重（%）
4	20 000					
5	20 000					
6	15 000		5		80 000	
7	15 000					
8	10 000					
9	8 000					
10	5 000					
11	3 000					
12	2 000		7		20 000	
13	1 000					
14	800					
15	200					
合 计	500 000	—	15	100	500 000	100

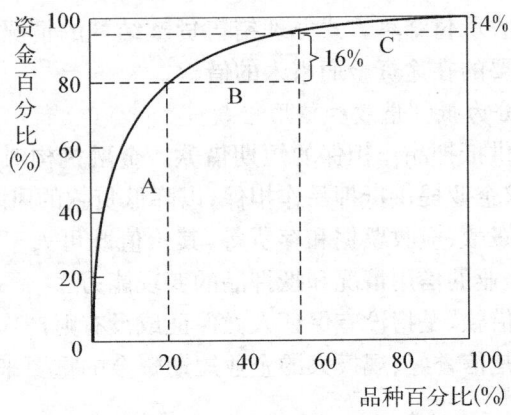

图 7 - 4 ABC 分类法图示

3. 零库存管理法

零库存是一种特殊的库存理念,零库存并不是不要储备和没有储备。所谓零库存,是指物料(包括原材料、半成品和产成品等)在采购、生产、销售、配送等一个或几个经营环节中,不以仓库存储的形式存在,而均是处于周转的状态。所以,零库存管理的内涵是以仓库储存形式的某些种物品数量为"零",即不保存经常性库存,它是在物资有充分社会储备保证的前提下所采取的一种特殊供给方式。

平衡存货进、存、销过程中形成的内部供应和需求关系,是库存管理的重要内容。零库存

管理可以免去存货储备带来的一系列问题,如仓库建设、管理费用、存货保管、装卸搬运等费用以及存货占用流动资金及库存物的老化、损失、变质、霉变等问题。

不过,零库存并非社会普遍意义上的取消库存,而是对某个具体企业或某个具体生产经营单元而言的库存缩减甚或取消,因此它只是在有充分社会储备保障前提下的一种特殊的存货管理形式。

任务7.3　进行流动负债的运营管理

企业的短期负债有很多,主要有短期借款、商业信用(包括应付账款、应付票据、预收账款等)、应付费用(包括应付职工薪酬、应交税费、其他应付费用)等。

一、短期借款的管理

短期借款是指企业向银行或其他金融机构等借入的期限在1年以下(含1年)的各种借款。短期借款一般是用来补充企业日常生产经营活动中流动资金的不足。

（一）分类

1. 按借款的目的或用途不同,分为周转借款、临时借款和结算借款

周转借款是指企业因流动资金不能满足正常生产经营需要,而向银行借入的短期流动资金借款。

临时借款是指企业因季节性和临时性客观原因,正常周转的资金不能满足需要,超过生产周转借款而借入的短期借款。

结算借款是在采用托收承付结算方式办理销售货款结算的情况下,企业为解决商品发出后至收到托收货款前所需要的在途资金而借入的借款。

2. 按借款有无担保,分为抵押借款和信用借款

抵押借款是指需要提供抵押品作担保的短期借款。金融机构对信用不好、财务状况较差的企业发放贷款,往往要求企业提供抵押品作担保,以降低贷款的风险。作为短期借款的抵押品,通常有固定资产、应收账款、应收票据和存货等,其价值既可大于或等于贷款金额,也可小于贷款金额,主要取决于企业的信用情况和抵押品的变现能力。

信用借款又称无担保借款,是指没有保证人做保证或没有财产作抵押,仅凭借款人的信用而取得的借款。这种借款是信誉好、规模大的企业短期资金的重要来源,通常用于季节性增加的应收账款和存货上。

（二）短期借款的信用条件

1. 信贷限额

信贷限额是银行与企业之间的一种非正式协定,是银行对借款人规定的无担保信用贷款的最高限额,不具有强制性。信贷限额的有效期限通常为1年,但根据情况也可延期1年。信贷限额的数量是根据企业在过去1年中的经营业绩来确定企业在来年需要的信用额度。

银行并不承担必须提供全部信贷限额的义务。如果企业信誉恶化,即使银行曾同意过按信贷限额提供贷款,也可能得不到借款,并且银行不会承担法律责任。

2. 循环贷款协定(周转信贷协定)

周转信贷协定是银行从法律上承诺向企业提供不超过某一最高限额的贷款协定。在协定有效期内,只要企业累计借款总额未超过最高限额,银行必须满足企业任何时候提出的借款要求。

企业享有周转协定,通常要对贷款限额的未使用部分付给银行一笔承诺费。承诺费是贷款者为同意随时提供信贷而收取的费用。

例如,某周转信贷额为 1 000 万元,承诺费率为 0.5%,借款企业年度内使用了 600 万元,信贷余额 400 万元,则借款企业年度内需要向银行支付承诺费 2 万元(400×0.5%)。

企业与银行签订周转贷款协定,既方便了企业安排使用资金,也减少了银行反复频繁发放贷款的手续。但企业需要为未使用的部分支付一笔承诺费,承诺费实际上提高了借款成本。

【例 7 - 9】　F 企业取得 2018 年为期 1 年的周转信贷额为 1 000 万元,承诺费率为 0.4%。2018 年 1 月 1 日,F 企业从银行借入 500 万元,8 月 1 日又借入 300 万元。如果年利率 8%,请计算 F 企业 2018 年度应向银行支付的利息和承诺费。

$$利息=500×8\%+300×8\%×5÷12=50(万元)$$

$$未使用的贷款额度=1\ 000-[500+300×(5÷12)]=1\ 000-625=375(万元)$$

$$承诺费=375×0.4\%=1.5(万元)$$

所以,利息和承诺费合计为 51.5 万元。

【任务十七：课堂讨论】
请比较信贷限额与周转信贷协定的异同。

3. 补偿性存款余额

补偿性存款余额是指商业银行要求借款者在银行中保持按贷款限额或实际借用额的一定百分比(通常 10%～20%)的最低存款余额。其贷款实际利率的计算公式如下:

$$补偿性存款余额贷款实际利率=利息÷可用借款额$$

$$=(借款额×名义利率)÷(借款额-借款额×补偿性余额比率)$$

$$=[名义利率÷(1-补偿性余额比率)]×100\%$$

【例 7 - 10】　企业按 10% 的利率向银行借款 100 000 元,银行要求维持贷款限额 15% 的补偿性存款余额(即企业实际可用的借款只有 85 000 万元)。试计算该项借款的实际利率。

$$该项借款的实际利率=(100\ 000×15\%)÷85\ 000=11.76\%$$

或：
$$该项借款的实际利率=10\%÷(1-15\%)=11.76\%$$

从银行的角度讲,补偿性余额可降低贷款风险,补偿遭受的贷款损失;对于借款企业来讲,补偿性余额则提高了借款的实际利率。

4. 借款抵押

银行向信誉好的客户提供非抵押借款,而向财务风险较大的企业发放贷款,通常需要企业有抵押品担保。抵押品经常是借款企业的应收账款、存货、股票、债券等。贷款金额一般为抵

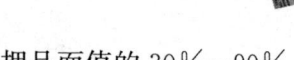
押品面值的 30%~90%。

企业向贷款人提供抵押品,银行一般会限制其财产的使用和将来的借款能力。抵押借款对银行来说是一种风险投资,贷款利率较非抵押借款高。

5. 偿还条件

借款的偿还主要有两种方式:到期一次偿还和在贷款期内定期(每月、季)等额偿还。

定期等额偿还会导致实际贷款利率的提高。其原因在于分期偿还,使得贷款的平均使用数额低于贷款额。例如,贷款 100 万元,每半年偿还 50%,即 1 年偿还 2 次。全年平均使用贷款的金额为 75 万元(50×12÷12+50×6÷12)。

一般来说,企业不希望采用分期等额偿还方式,而是愿意在贷款到期日一次偿还,因为分期偿还会加大贷款的实际利率。

【任务十八:考考你】

为什么企业希望采用到期一次偿还、而银行希望采用定期等额偿还呢?

6. 其他承诺

银行有时还要求企业为取得借款而作出其他承诺,如及时提供财务报表、保持适当资产流动性等。如企业违背承诺,银行可要求企业立即偿还全部贷款。

(三)短期借款利息的支付方式

1. 利随本清法

利随本清法又称收款法,是在借款到期时向银行支付利息的方法。采用这种方法,借款的名义利率等于其实际利率。

2. 贴现法

贴现法是银行向企业发放贷款时,先从本金中扣除利息部分,而到期时借款企业再偿还全部本金的一种计息方法。贴现法的实际贷款利率公式如下:

$$实际利率=利息÷可用借款额$$
$$=(借款额×名义利率)÷(借款额-利息)$$
$$=(借款额×名义利率)÷(借款额-借款额×名义利率)×100\%$$
$$=[名义利率÷(1-名义利率)]×100\%$$

【例 7-11】 某企业自银行借入期限为 12 个月、年利率为 8% 的短期借款 200 万元。试按贴现法计算该借款的实际利率。

$$实际利率=利息÷可用借款额=(200×8\%)÷(200-200×8\%)≈8.7\%$$

二、商业信用的管理

商业信用是经营型企业最大的短期资金来源。如果企业能及时支付账单,商业信用就成了一种自然(内在)的融资来源,它会随着生产循环而变动。商业信用主要有应付账款、应付票据和预收账款三种形式。

(一)应付账款

【情境描述】

中天公司经常性地向利友公司购买原材料,利友公司开出的付款条件为"2/10,n/30"。

某天,中天公司的财务经理王严查阅公司关于此项业务的会计账目,惊讶地发现,会计人员对此项交易的处理方式是,一般在收到货物后 15 天支付款项。当王严询问记账的会计人员为什么不取得现金折扣时,负责该项交易的会计不假思索地回答道,"这一交易的折扣成本仅为 2%,而银行贷款成本却为 12%,因此根本没有必要接受现金折扣"。

【任务十九：阅读回答】

针对此案例,对如下问题进行分析和回答:

(1) 会计人员在财务概念上混淆了什么?

(2) 丧失现金折扣的实际成本有多大?

(3) 如果中天公司无法获得银行贷款,而被迫使用商业信用资金(即利用推迟付款商业信用筹资方式),为降低放弃折扣的成本,你应向财务经理提出何种建议?

在市场经济条件下,卖方为扩大销售,经常采用赊销方式。卖方赊销商品给买方,对卖方来说,形成应收账款;对买方来说,则形成应付账款。应付账款指在商品交易中,买方收到货物后暂不付款,也不出具借据,而是延迟一定时日后才付款而对卖方形成的欠款。它是最常见、最典型的商业信用形式。采用应付账款形式,卖方的目的是为了促销,而对买方来说,延期付款等于是向卖方借用资金购进商品,可在一定程度上缓解买方的短期资金需求。

卖方为了及时地回笼货币资金,经常会采用种种策略和手段,其中一种方法就是给予买方一定的好处,如在规定的时间内付款就可以享受一定的优惠,这就是人们常说的现金折扣。

现金折扣通常表示为"2/10,n/30"的形式:"2/10"表示货款在 10 天内付清,可以享受货款金额 2% 的现金优惠;"n/30"表示货款在 10 天以后、30 天以内付清的没有折扣,须全额付款。假定需付款 100 万元。根据上述信用条件:1~10 天付款,只需要支付 98 万元,属于免费信用额;21~30 天付款,需支付 100 万元。

在 10 天内少付 2 万元,或者对方根本没有提供现金折扣,这两种情况都不需要企业付出代价,这两种情况通常称为"免费"信用。如果卖方不提供现金折扣,买方在信用期内任何时间支付货款均无代价;如果卖方提供现金折扣,买方在折扣期内支付货款,也没有成本发生。

作为买方不一定要享受现金折扣,由于买方放弃现金折扣而多付出的代价(上面 10 天内少付的 2 万元)称为现金折扣成本。现金折扣成本是指买方在赊购商品时,如果卖方提供现金折扣,而买方没有利用,由于放弃折扣而产生的机会成本,属于有代价信用,即在折扣期限外支付货款或放弃现金折扣。

假设某企业按"2/10,n/30"的信用条件购入货物一批,价值 100 万元。这意味着该采购企业如果在 10 天内付款,可获得折扣 2 万元(100×2%),免费信用额也随之降低为 98 万元(100 − 2)。如果该采购企业放弃折扣优惠,在 10 天后(不超过 30 天)付款,便要承受因放弃折扣而造成的隐含成本。如果现金折扣率用 CD 表示,则放弃现金折扣所造成成本的计算公式如下:

$$放弃现金折扣成本 = \frac{CD}{1-CD} \times \frac{360}{信用期 - 折扣期}$$

注意:放弃现金折扣的成本与折扣百分比的大小、折扣期限的长短同向变化,与信用期限

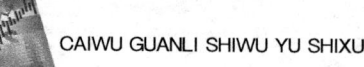
长短反向变化。

【例 7 - 12】 东方公司新赊购一批原材料,价税合计 117 万元,对方开出的付款条件是 "2/15,n/45",公司资金紧张,如果利用折扣,需要从银行取得短期借款,借款利率为 18%。该公司应如何决策。

$$放弃现金折扣成本 = \frac{2\%}{1-2\%} \times \frac{360}{45-15} = 24.49\%$$

由于短期借款利率为 18%,小于 24.49%,所以选择从银行取得短期借款在 15 天之内归还欠款来享受现金折扣 2.34 万元。如果企业放弃现金折扣,就会产生年利率为 24.49% 的机会损失,从而使商业信用变成一种十分高昂的短期融资。

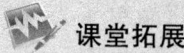

课堂拓展

请计算延期到 70 天付款的成本,你发现了什么规律?

购货方超过规定的信用期限延迟付款而强制获得的信用,称为展期信用。延期付款可降低成本,但由此会带来一定的风险或潜在的筹资成本:如信用损失、利息罚金、停止送货、法律追索等。因此,延期付款应与企业其他短期筹资成本相比较,或者延期付款应与企业可自由使用的资本来源用于短期投资所获得的收益相比较。

智慧能手

企业如何决策是否放弃供货商提供的现金折扣政策?

关于现金折扣的选择总体思路是:融资要与投资结合起来决策! 若能以低于放弃折扣成本的利率借入资金,应借入资金支付货款享受折扣。若在折扣期内将应付账款用于短期投资,所得的投资收益率高于放弃折扣的成本,则应放弃折扣。

应付账款比较容易取得,具有持续性且无须办理正式的筹资手续;并且若没有现金折扣,不负担成本。但期限较短,如果放弃现金折扣的话,则成本高。

【任务二十:课堂练习】

M 公司正面对着甲、乙两家提供不同信用条件的卖方,甲公司信用条件为"3/10,n/30";乙公司信用条件为"2/20,n/30"。

请回答下面问题并说明理由:

(1) 如果 M 公司在 10~30 天之间用该笔应付账款有一投资机会,投资回报率为 60%,M 公司是否在 10 天内归还甲公司的应付账款,以取得 3% 的折扣?

(2) 如果 M 公司准备延期付款,那么应选择哪家供应商?

(3) 如果 M 公司准备享有现金折扣,那么应选择哪家供应商?

(二)应付票据

应付票据是企业在进行延期付款交易时开具的反映债权债务关系的票据,它可由购货方或销货方开具,并由购货方承兑或请求其开户银行承兑。其付款期限由交易双方商定,我国规定一般为 1~6 个月,最长不超过 9 个月,遇有特殊情况还可适当延长。

应付票据根据承兑人不同,分商业承兑汇票和银行承兑汇票。

应付票据根据是否带息,分为带息商业票据和不带息商业票据。

应付票据利率低,且不用支付协议费,所以其资金成本低于银行利息。应付票据必须归还,如果延期则须支付罚金,因而风险较大。

采用带息应付票据方式时,其商业信用筹资是有成本的。

（三）预收账款

【情境描述：霍英东始创"卖楼花",靠商业信用巧融资本】

霍英东始创"卖楼花"筹集资金,创下了中国商业融资的第一个经典案例。霍英东原籍广东省番禺县,是香港知名的富商之一。第二次世界大战结束后,香港人口激增,住房严重不足,加上工商业日渐兴旺,形成对土地和楼宇的庞大需求。霍英东审时度势,认定香港房地产业势必大有发展。在 1953 年年初,他拿出自己的 120 万港元,另向银行贷款 160 万港元,开始经营房产业,成立"立信置业有限公司"。

在那个年代,英国、美国、加拿大、中国香港等国家和地区的地产商都是整幢房屋出售的,由一个公司拥有整幢地产楼宇,除非有巨额资金,一般很难购买到房屋,因而房屋不易脱手。刚开始,霍英东也和别人一样,自己花钱买旧楼,拆了后建成新楼逐层出售,从买地、规划、建楼,以致收租,资金周转期很长。这样当然可以稳妥地赚钱,可是由于资金少,发展就比较慢。他苦苦地思索改革房地产经营的方法,却没有结果。霍英东当时是向银行贷款建楼的,要付一分多利息,如果建成了才卖,人家不买,利息承担不起,自己只好"跳楼"。

有一天,一位老邻居到工地上找他,说是要买楼。霍英东抱歉地告诉他,盖好的楼已经卖完了。邻居指着工地上正在盖的楼说:"就这一幢;你卖一层给我好不好?"霍英东灵机一动,说:"你能不能先付定金?"邻居笑着说:"行,我先付定金,盖好后你把我指定的楼层给我,我就把钱交齐。"两人就这样成交了。这个偶然的事件,却使霍英东得到了启发。他立刻想到,他完全可以采取房产预售的方法,利用想购房者的定金来盖新房! 这个办法不但能为他积累资金,更重要的是还能大大地推动销售!

房产的价格是非常昂贵的,要想买一幢楼,就得准备好几万元的现金,一手交钱,一手接屋,少不得一角一分,拖不得一时一刻。当时只有少数有钱人才能买得起房产,所以房地产的经营也就不可能太兴旺。霍英东采取的房产预售的新办法,只要先交付 10% 的定金,就可以购得即将破土动工兴建的新楼。也就是说,要买一幢价值 10 万港元的新楼,只要付 1 万港元,就可以买到所有权,以后分期付款。这对于房地产商人来说,好处是显而易见的:可以利用购房者交付的定金,去盖房屋,原来只够盖 1 幢楼的钱,现在就可以同时动手盖 10 幢楼,发展的速度大大加快。对于购买房产的人来说,也是有利的。先付一小笔钱,就可以取得所有权,待到楼房建成时,很可能地价、房价都已上涨,而已付定金的买方只要把房产卖掉,就有可能赚一大笔钱! 因此,很快就有一批人变成了专门买卖楼房所有权的商人,这就是后来香港盛行的"炒楼花"。

霍英东称其为"房地产业的工业化"。这一创举使霍英东的房地产生意顿时大大地兴隆起来,一举打破了香港房地产生意的最高纪录。当别的建筑商也学着实行这个办法时,霍英东已经赚到了巨大的财富。

【任务二十一：讨论回答】

（1）上述案例中，霍英东"卖楼花"收取的定金在会计上如何进行处理？这种方式对现代企业有什么好处？

（2）结合身边的实际情况，谈谈该种方式在实际生活中的应用。

预收账款是销货企业按照合同或协议规定，在交付货物之前向购货企业预先收取部分或全部货物价款的信用形式。它相当于销货方向购货方先借一笔款，然后用货物抵偿，属于卖方的一种短期筹资方式。预收账款一般用于生产周期长、资金需要量大或者紧俏的货物销售。预收货款要先交钱后交货，重在一个"信"字。

三、应付费用的管理

应付费用是指企业生产经营过程中而非商品交易中形成的一些受益在先、支付在后，支付期晚于发生期的费用，如工资、利息、税款和股利等。应付费用为自发性筹资，属于自然筹资。

1. 应付职工薪酬

工资在实行先垫支劳动后支付工资的情况下，由于劳动的经常垫支，工资的按月定期支付，便形成了企业欠职工的应付未付工资，该应付工资在支付之前均可被企业生产经营所利用，故形成了企业一项资金来源。企业可以推迟支付工人工资，但这可能是以职工的士气和其工作效率为代价的。

2. 应交税费

由于税金、费用的经常性发生，国家对企业税费的定期征收，便产生了应交未交税费，在企业的应付税费未交纳之前，均可参加企业的资金周转形成企业的资金来源。政府希望企业准时支付税款，但有些企业还会延期支付，当然企业要受到惩罚或者支付利息。

3. 其他应付费用

其他应付费用是指企业欠交劳务提供单位以费用形式发生的各种应付款项。例如，企业欠交供电部门的电费、欠交自来水公司的水费等。这些劳务提供部门一般是先提供劳务，后收取劳务费，在提供劳务后企业未支付劳务费之前形成企业欠款，这种欠款在支付之前同样可以参加企业的资金周转，因而也形成企业的一种资金来源。

任务7.4　制作应收账款账龄分析数据透视表

【情境描述】

雅美服装贸易公司的统计分析员王倩负责对公司各分店应收账款的统计分析与管理。王倩对 Excel 2010 的操作比较熟练，数据统计、分析是她的主要工作之一，可是在分析数据时，她只会使用排序、自动筛选、分类汇总等功能，顶多再利用上一些简单的财务函数进行计算。面对每天都会生成的大量数据，案头的工作已经成了她很重的工作包袱。她听说数据透视表可以大大提高数据分析工作效率，于是，她开始学习使用数据透视表与数据透视图进行应收账款的统计分析与管理。

【任务二十二：制作数据透视表】

雅美服装贸易公司的应收账款账龄分析如图7-5所示。

	A	B	C	D	E	F	G
1			雅美公司应收账款账龄分析				
2						当前日期	
3	序号	交易日期	客户名称	应收账款	已收账款	余额	账龄
4	1	2015年10月11日	雅美1号店	52688.00	20,000.00		
5	2	2016年1月9日	雅美2号店	32800.00	32,800.00		
6	3	2016年1月9日	雅美3号店	49800.00	35,000.00		
7	4	2015年9月30日	雅美4号店	68950.00	50,000.00		
8	5	2017年5月3日	雅美5号店	72000.00	70,000.00		
9	6	2017年6月18日	雅美重庆分店	48900.00	18,900.00		
10	7	2017年6月18日	雅美成都分店	36,980.00	10,000.00		
11	8	2017年7月6日	雅美北京分店	77,000.00	16,000.00		
12	9	2014年12月4日	雅美1号店	65,000.00	50,000.00		
13	10	2017年7月6日	雅美2号店	108,000.00	88,000.00		
14	11	2017年7月6日	雅美3号店	36,000.00	36,000.00		
15	12	2017年8月7日	雅美4号店	47,890.00	47,890.00		
16	13	2017年8月7日	雅美5号店	69,800.00	69,800.00		
17	14	2017年9月8日	雅美重庆分店	48800.00	30,000.00		
18	15	2017年9月8日	雅美成都分店	150000.00	80,000.00		
19	16	2018年2月28日	雅美北京分店	39800.00	15,000.00		
20	17	2018年2月3日	雅美1号店	42600.00	32,600.00		
21	18	2018年1月3日	雅美2号店	30000.00	20,000.00		
22	19	2018年2月6日	雅美3号店	100000.00	50,000.00		
23	20	2018年3月19日	雅美4号店	70000.00	35,000.00		
24	21	2018年3月31日	雅美5号店	60000.00	25,000.00		
25	22	2018年4月30日	雅美重庆分店	89800.00	39,800.00		
26	23	2018年4月30日	雅美成都分店	787900.00	800,000.00		
27	24	2018年4月30日	雅美北京分店	11800.00	5,000.00		

图 7-5　雅美公司应收账款账龄分析

要求：

（1）根据当前日期，计算各分店应收账款的账龄。

（2）制作应收账款账龄分析数据透视表，以便进行应收账款的账龄分析与管理。

数据透视表是 Excel 中最具有创造性、技术性和强大分析能力的工具，它是利用数据库创建的，能更直观地展示、轻松地排列与汇总工作表中的复杂数据。它可以将大量繁杂的数据转换为可以利用不同方式进行汇总的交互式表格，可以任意重新排列数据信息，可以根据习惯将数据进行分组。

一、数据透视表

所谓透视表，就是将数据按照行字段和列字段进行有规律的排序或汇总的一张表格。它可以高度自动化地、高效地对规范化的数据进行分类汇总处理，从而帮助人们从看上去很杂乱的数据中找出清晰的规律，使透视结果以一张多维表格的形式清晰地展示出来。

（一）数据透视表的结构

一个透视表分为四个区域（见图 7-6）。

	A	B	C	D	E	F	G	H
1	（1）报表筛选字段拖至此处							
2								
3		（3）列字段拖至此处						
8	（2）行字段拖至此处	（4）值字段拖至此处						
9								
11								
16								

图 7-6　数据透视表结构

（1）筛选字段区域：放置控制整张表的字段，也可以理解为一本书的页标签（页码），如月份、币别、班级。

（2）行字段区域：放置按行分类汇总的字段区域，如客户、日期、销售员等。

（3）列字段区域：放置按列分类汇总的字段区域，如账龄期间、费用分类等。

（4）值字段区域：放置数值的区域，如金额、数量等。

制作数据透视表时，可选字段会出现在数据透视工作表右方（见图 7-7）。这些字段都可以根据需要，用鼠标选定后拖放至相应的区域内。

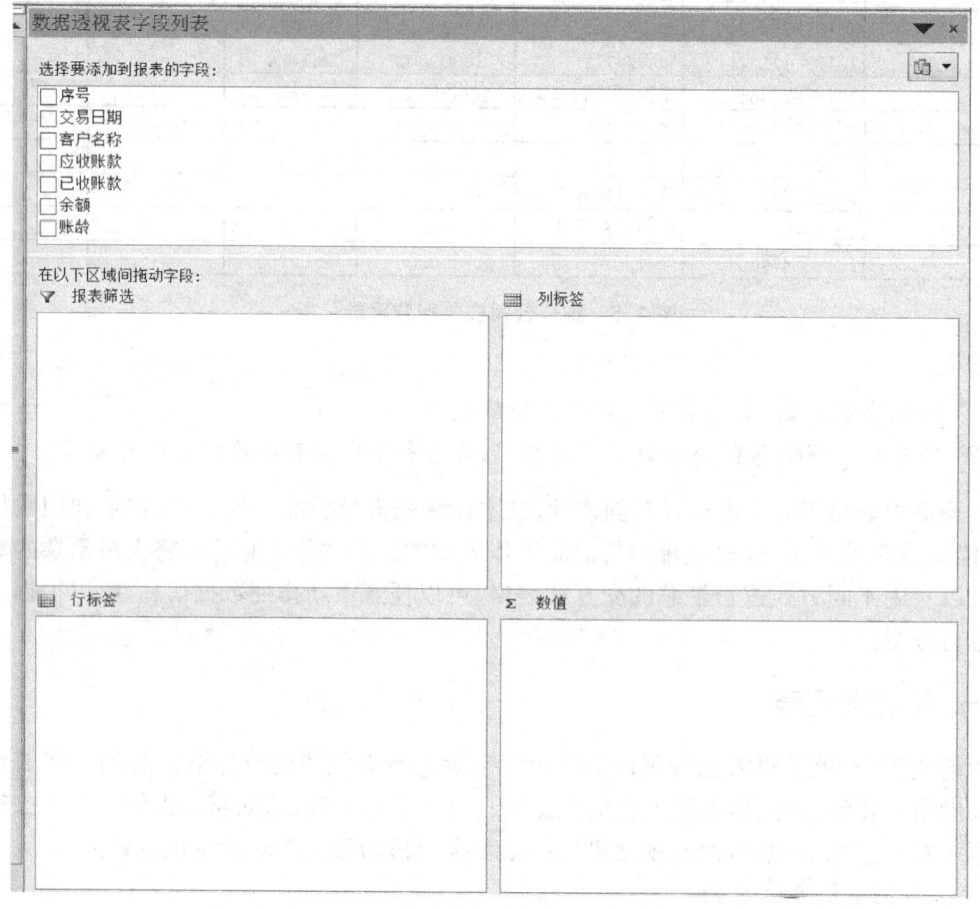

图 7-7　数据透视表字段列表

(二) 数据透视表的功能

数据透视表是一种交互式表格。利用数据透视表可以对大量的数据快速汇总并建立交叉列表,通过转换行和列来查看源数据的不同汇总结果,并可显示不同页面以筛选数据,还可以根据需要显示区域中的明晰数据。尤其在要汇总较大的数据清单并对每个数据进行多种比较时,就需用数据透视表。另外,数据透视表还可以进行排序、分类汇总和汇总。数据透视表所具有的透视和筛选能力,使得其数据分析能力极强。

二、制作应收账款数据透视表

应收账款是企业营运资金管理的重要环节,它关系到企业的资金能否顺畅流通,及时准确地了解应收账款的分布、坏账的计提情况,对于款项的收回、信用政策的制定、业绩的考核都具有重要意义。应用 Excel 数据透视表,可以实现对应收账款的轻松管理。

现以本项目任务二十二的[情境描述]为例,进行应收账款账龄数据透视表的制作。

(一) 操作步骤

(1) 在单元格 G2 中输入公式"=TODAY( )",显示当天的日期。

(2) 计算 F 列的余额。

(3) 计算 G 列的账龄。在单元格 G4 中输入"=(＄G＄2－B4)/365",鼠标右键向下拖拽(保留 4 位小数)。

(4) 制作透视表。选中单元格区域 C3:G27,插入—数据透视表—创建数据透视表—选择一个表或区域—新工作表—确定—数据透视表字段列表—拖动"客户名称"到行、"账龄"到列、"余额"到数据区域—关闭。

(5) 数据透视表工具—设计—报表布局—以表格形式显示;鼠标右击任意账龄数据—组合—起始于 0、终止于 4、步长为 0.5。

(6) 将工作表命名为"应收账款数据透视表"。

(二) 操作结果

操作结果如图 7-8 所示。

求和项:余额	账龄						
客户名称	0-0.5	0.5-1	1-1.5	2-2.5	2.5-3	3.5-4	总计
雅美1号店	10000				32688	15000	57688
雅美2号店	10000	20000		0			30000
雅美3号店	50000	0		14800			64800
雅美4号店	35000	0			18950		53950
雅美5号店	35000	0	2000				37000
雅美北京分店	31600	61000					92600
雅美成都分店	-12100	96980					84880
雅美重庆分店	50000	48800					98800
总计	209500	226780	2000	14800	51638	15000	519718

图 7-8 雅美服装贸易公司应收账款账龄分析数据透视表

说明：以上账龄按"当前日期"2018 年 9 月 15 日计算得出。

本章框架

```
                    ┌ 营运资金的含义
          营运资金概述┤ 营运资金的特点
          │         └ 营运资金管理的基本要求
          │         ┌ 货币资金的管理
营运资金管理┤ 流动资产的管理┤ 应收账款的管理
          │         └ 存货的管理
          │         ┌ 短期借款的管理
          └ 流动负债的管理┤ 商业信用的管理
                    └ 应付费用的管理
```

项目 8

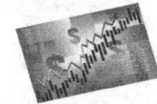

利润分配管理

知识目标

◆ 掌握利润分配的法定程序。

◆ 理解股利理论以及股利决策的主要内容。

◆ 掌握股利分配政策。

◆ 掌握股利分配方式与股利分配程序。

技能目标

◆ 能够判断某个企业的利润分配政策是否符合法定程序。

◆ 能够根据企业的具体情况,具体分析该企业适宜的股利政策。

【学习指南】

东升船务公司成立的5年时间内,从未给投资者分配过利润。公司将历年积累的盈余全部用于扩大经营规模,没有适量的货币结存分配给投资者,最后引起了公司全体投资者的不满,开会罢免了总经理。当投资者了解了公司的真正意图时,竞争对手已经乘虚占领了市场空间,公司失去了发展机遇,处于十分艰难的境地。

有人把利润分配比作是中国财务的哥德巴赫猜想,它犹如蛋糕分割一样,历来都是棘手的权衡。通过本章的学习,你就会知道公司股利分配对公司很重要,既不是越高越好,也不是越低越好,而是要根据公司经营实际,处理好股利分配与公司持续发展之间的关系,实现公司和股东双赢。

任务 8.1 了解利润分配的基本程序

【情境描述】

2017年12月通过的山东美晨生态环境股份有限公司的《公司章程》中规定,该公司的利润分配政策如下:

(1)公司分配当年税后利润时,应当提取利润的10%列入公司法定盈余公积。公司法定盈余公积累计额为公司注册资本的50%以上的,可以不再提取。

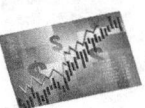

（2）公司的法定盈余公积不足以弥补以前年度亏损的,在依照前款规定提取法定盈余公积之前,应当先用当年利润弥补亏损。

（3）公司从税后利润中提取法定盈余公积后,经股东大会决议,还可以从税后利润中提取任意盈余公积。

（4）公司弥补亏损和提取盈余公积后所余税后利润,按照股东持有的股份比例分配,但本章程规定不按持股比例分配的除外。

（5）股东大会违反前款规定,在公司弥补亏损和提取法定盈余公积之前向股东分配利润的,股东必须将违反规定分配的利润退还公司。（未完,后续任务8.2[情境描述]中的利润分配政策）

【任务一:分析与解答】

（1）阅读本部分内容,指出山东美晨生态环境股份有限公司利润分配政策制定的依据是什么? 其利润分配政策是否符合利润分配的法定程序?

（2）结合本任务中关于公司利润分配的一般程序与上述美晨生态环境股份有限公司利润分配政策,完成图8-1股份制公司利润分配程序图表的填制。

（3）什么是任意盈余公积? 以山东美晨科技股份有限公司为例,说明为什么股份制企业除提取法定盈余公积外,要提取任意盈余公积?

（4）为什么山东美晨生态环境股份有限公司利润分配政策第(5)条中要强调"股东大会违反前款规定,在公司弥补亏损和提取法定盈余公积之前向股东分配利润的,股东必须将违反规定分配的利润退还公司"?

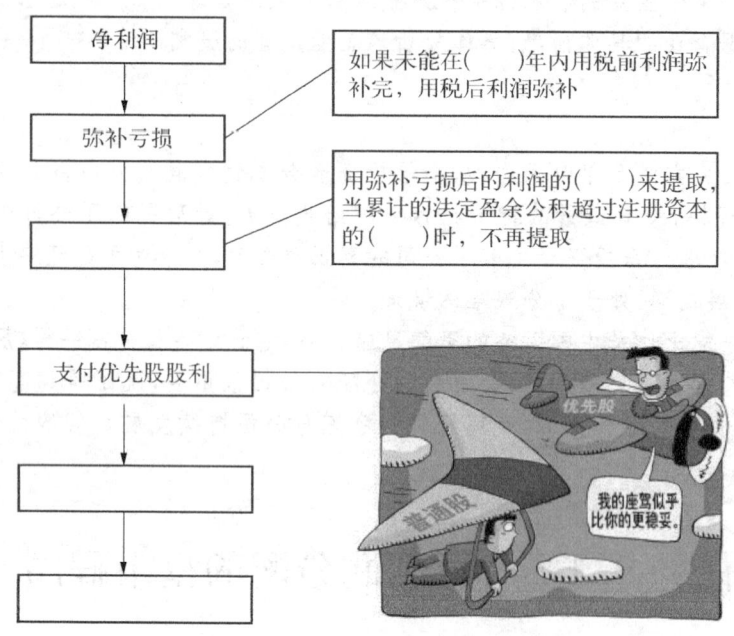

图8-1 股份制企业利润分配程序图

一、利润分配的一般程序

根据2007年开始实施的新《企业财务通则》,除法律、行政法规另有规定外,企业年度净利润按照以下顺序分配。

（一）弥补以前年度亏损

企业发生的年度经营亏损，依照税法的规定弥补。目前的税务制度规定，企业的年度亏损，可以用下一年度的税前利润弥补，下一年度税前利润尚不足于弥补的，可以用以后年度的税前利润继续弥补，但用税前利润弥补以前年度亏损的连续期限不超过 5 年。税法规定年限内的税前利润不足弥补的，用以后年度的税后利润弥补，或者经投资者审议后用盈余公积弥补。

将本年净利润（或亏损）与年初未分配利润（或亏损）合并，计算出可供分配的利润。如果可供分配的利润为负数（即亏损），则不能进行后续分配；如果可供分配利润为正数（即本年累计盈利），则进行后续分配。

（二）提取 10％的法定盈余公积

提取法定盈余公积的基数是抵减年初累计亏损后的本年净利润，只有不存在年初累计亏损时，才能按本年税后利润计算应提取数。法定盈余公积的提取比例为当年税后利润（弥补亏损后）的 10％，法定盈余公积累计额达到注册资本 50％以后，可以不再提取。法定盈余公积用于弥补公司亏损、扩大公司生产经营或者转为增加公司资本。

（三）提取任意盈余公积

任意盈余公积是根据企业发展的需要自行提取的公积金，其提取的基数计提与计提法定盈余公积的基数相同，计提比例由股东会根据需要决定。

（四）向投资者分配利润

企业以前年度未分配的利润，并入本年度利润，在充分考虑现金流量状况后，向投资者分配。有限责任公司股东按照实缴的出资比例分配红利；股份有限公司按照股东持有的股份比例分配，属于各级人民政府及其部门、机构出资的企业，应当将应付国有利润上缴财政。

企业弥补以前年度亏损和提取盈余公积后，当年没有可供分配的利润时，不得向投资者分配利润，但法律、行政法规另有规定的除外。

【任务二：课堂实训】

某公司 2012 年年初"利润分配——未分配利润"账户的贷方余额为 45 万元，2012 年公司亏损 155 万元。2013—2017 年每年的税前利润为 25 万元。2018 年税前利润 40 万元。该公司的所得税税率为 25％，盈余公积提取比例为 10％。试回答下列问题：① 该公司 2018 年应缴纳的所得税是多少？是否应提取法定盈余公积？需提取多少？② 该公司 2018 年可供投资者分配的利润是多少？

二、股份制企业的利润分配程序

股份制企业是按照一定的法律程序，通过发行股票募集资金建立的法人企业。股份有限（责任）公司的税后利润的分配程序有其特殊性。现行《公司法》规定，股份有限（责任）公司的税后利润在弥补亏损和提取法定盈余公积后，按照下列顺序进行分配：

（1）支付优先股股利。优先股有比普通股高但比公司债券低的优先要求权。通常优先股的股利率、参与分配的具体标准等由有关的协议章程规定。根据我国的法律规定，公司的普通股股利的分配，要以付清当年的或积欠的优先股股利为条件。

（2）提取任意盈余公积。公司从税后利润中提取法定盈余公积后，经股东会或者股东大会决议，还可以从税后利润中提取任意盈余公积。提取比例由股东会根据需要决定。

（3）支付普通股股利。公司应按同股同权、同股同利的原则，向普通股股东支付股利。股利是指公司依照法律或章程的规定，按期以一定的数额和方式分配给股东的利润。股份公司的股利分配是收益分配的核心。股份有限公司原则上应从累计盈利中分派股利，无盈利不得支付股利，即所谓"无利不分"的原则。

总之，股份有限（责任）公司利润分配的顺序逻辑关系是，在弥补亏损和提取法定盈余公积之后，才能向股东分配股利；在有优先股的公司，只有在支付优先股股利后，才能提取任意盈余公积，也才能支付普通股股利。利润分配必须严格按照上述顺序依次进行，凡是上项内容未分配完成，不得进行后续项目内容的分配。

三、利润分配的实质与原则

企业年度决算后实现的利润总额，要在国家、企业的所有者以及企业之间进行分配。利润分配的结果，形成了国家的所得税收入、投资者的投资报酬和企业的留用利润，其中企业的留用利润是指盈余公积金和未分配利润。由于所得税具有强制性和无偿性，因此，财务管理中的利润分配，主要指企业的净利润分配，利润分配的实质就是确定给投资者分红与企业留用利润的比例，利润分配的实质如图8-2所示。

利润要在国家、企业的所有者以及企业之间进行分配。国家以征收所得税形式参与利润分配，由于所得税的强制性和无偿性，因此，利润分配的实质就是确定给投资者分红与企业留用利润的比例。

图8-2 利润分配的实质

利润分配关系着国家、企业、职工及所有者各方面的利益，是一项政策性较强的财务活动。为了平衡各方面的利益冲突，各国公司法均对其分配原则和分配顺序予以了严格规定。税后利润的分配原则可以概括为以下几个方面。

（一）依法分配的原则

为规范收益分配行为，国家制定和颁布了若干法规，这些法规规定了企业收益分配的基本要求、一般程序和重大比例。依法分配是正确处理各项财务关系的关键。

（二）分配与积累并重原则

利润分配实际上是公司收益中对外分配和留存收益的分割比例问题。就企业发展而言，提高留存收益比例有利于企业当前的财务运作，减少外部融资，降低融资成本。但提高留存收益比例即意味着减少股东的现时收益,从而影响企业形象和投资者的信心,增大企业未来的融资成本和融资难度。因此,收益分配要平衡企业和股东面临的当前利益与未来利益的关系,处理好短期利益与长远利益、分配与增长的矛盾关系,分配与积累并重,促进企业的长远稳定发展。

（三）最大限度地保证企业价值最大化原则

企业的利润分配政策必须与企业的财务管理目标相一致,即最大限度地保证企业价值最大化。满足理财目标的要求,是制定利润分配政策的前提条件和根本出发点,无论采取何种利润分配政策、方案,决策者都要预见其对企业价值的影响。

（四）兼顾各方面利益原则

企业收益分配直接关系到各方的切身利益,因此,企业进行收益分配时,应当统筹兼顾,维护国家、企业、投资者、债权人、员工等各利益相关团体的合法权益。

任务 8.2 选择股利支付政策

【情境描述】

根据山东美晨生态环境股份公司的《公司章程》第一百五十三条的规定,该公司的利润分配政策如下(续任务 8.1[情境描述]中的利润分配政策):

"公司董事会应当综合考虑所处行业特点、发展阶段、自身经营模式、盈利水平以及是否有重大资金支出安排等因素,区分下列情形,并按照公司章程规定的程序,提出差异化的现金分红政策,决定现金分红在单次利润分配中所占比例:

（一）公司发展阶段属成熟期且无重大资金支出安排的,进行利润分配时,现金分红在本次利润分配中所占比例最低应达到 80%。

（二）公司发展阶段属成熟期且有重大资金支出安排的,进行利润分配时,现金分红在本次利润分配中所占比例最低应达到 40%。

（三）公司发展阶段属成长期且有重大资金支出安排的,进行利润分配时,现金分红在本次利润分配中所占比例最低应达到 20%。

公司发展阶段不易区分但有重大资金支出安排的,可以按照前项规定处理。

重大投资计划或重大现金支出是指:① 公司未来 12 个月内拟对外投资、收购资产或购买设备累计支出达到或超过公司最近一期经审计净资产的 50%,且超过 5 000 万元。② 公司未来 12 个月内拟对外投资、收购资产或购买设备累计支出达到或超过公司最近一期经审计总资产的 30%。

上述重大投资计划或重大现金支出须根据本章程的相关规定审批后方可通过。"

【任务三：阅读分析与解答】

（1）阅读本部分内容,并结合山东美晨生态环境股份有限公司的现金分红政策,说明什么是股利分配政策? 实务中一般有哪几种类型的股利分配政策?

（2）你认为山东美晨生态环境股份有限公司的现金分红政策采取的是哪种股利分配政策?

（3）结合你所了解的山东美晨生态环境股份有限公司目前经营的实际情况,你认为该公司目前的股利分配政策是否适宜? 请说明理由。

一、股利理论

【导读】

2002 年 10 月,中国电信在海外市场进行公开募股,计划于同年 11 月 7 日在纽约和中国香港两地挂牌交易。然而,截至募股的最后期限,中国电信面向机构投资者配售的股票仅获得 80％的认购,由于认购率不足,首次募股遭遇失败。11 月 1 日,中国电信宣布将重新募股,一时令舆论大哗。同时,此次承销失败在国际著名投资银行摩根斯坦利的股票承销史上也是第一次,从而令这一事件更加引人关注。

中国电信此次募股失败,虽与当时全球电信市场的低迷不无关系,但其招股策略的失当也是重要原因之一,为吸引投资者,中国电信推出了高派息率策略,计划以其预期收益的 1/3 用于回报投资者,使股息收益率达到 3.8％~4.4％,然而这一策略的实际效果却适得其反。

中国电信计划募集的股份中,95％是面向机构投资者的,而机构投资者不同于散户,他们看重的是股票长期升值潜力,寻求的是股价的差值,他们认为中国电信过高的派息率会影响到其投资其他电信业务,如建设移动网络的资金等,如此一来,反而降低了购买该公司股票的热情。

中国电信募股失败,主要是公司制定股利政策失误,使机构投资者不看好中国电信未来的发展。本案例给我们的启示是:公司股利分配政策必然会影响到股票的价格与公司的价值。

股利理论主要研究两个问题:一是股利的支付是否影响企业价值;二是股利的支付若会影响企业价值的话,使企业价值最大化的股利支付政策是什么。在这些问题上,存在着不同的观点,形成不同的股利理论。

(一)股利无关论

股利无关论也称 MM 理论,是由美国财务学家莫迪格利安尼(Franco Modigliani)和米勒(Merton Miller)在 20 世纪 60 年代提出的。股利无关论认为,在一定的假设条件限定下,股利政策不会对公司的价值或股票的价格产生任何影响。一个公司的股票价格完全由公司的投资决策的获利能力和风险组合决定,而与公司的利润分配政策无关。

该理论是建立在完全市场理论之上的,假定条件包括:① 市场具有强式效率,投资者和管理者一样可以公平地免费获得相同的信息,各种证券无限分散,任何投资者都不可能控制证券价格。② 不存在任何公司或个人所得税,即股票价格上涨的资本利得和股票股利的现金所得之间没有所得税差异。③ 不存在任何筹资费用(包括股票发行费和交易费)。④ 公司的投资决策与股利决策彼此独立,关于未来的投资机会,投资者和企业管理者之间信息是对称的。

在这些特定的假设条件下,股利无关论认为,投资者不会关心公司股利分配的情况,公司的股票价格完全由公司的投资方案和获利能力决定,而并非取决于公司的股利政策。在公司有较好的投资机会的情况下,如果公司股利分配少,留存收益多,公司的股票价格会上升,投资者可以通过出售股票来换取现金;如果股利分配多,留利少,投资者获得现金后会寻求新的投资机会,而公司也可以顺利地筹集到新的资金。因此,对具有理性的投资者来说,对股利和资本利得的选择上并无明显的偏好,无论从公司或股东的角度来看,根本没有最佳股利政策的存在,这样公司的价值就完全取决于公司的投资决策的获利能力和风险组合。

(二)股利相关论

股利无关论关于股利政策与公司价值无关的讨论是建立在一系列理想的假设之上的。但现实世界与股利无关论假设的理想情景有很大的差异,因此股利相关论认为,企业的股利政策会影响到股票价格。

【任务四：查找资料】

想一想,你认为股利无关论的假设条件与实际情况相符吗? 如果不相符,那么该理论有何现实意义? 请在课外查找相关资料后,列举出认为股利政策会影响企业股价的至少三种股利相关理论。

二、股利决策

股利决策是以企业发展为目标,以股价稳定为核心,在平衡企业内外部相关利益的基础上,对于净利润在提取了各种公积金后如何分配而采取的基本态度和方针政策。股利决策的内容主要包括以下四个方面:

(1) 股利支付率的高低政策,即确定每股实际分配盈余与可分配盈余的比率的高低。

(2) 股利支付率增长政策,即确定公司未来股利的增长速度,它将制约着某一时期股利支付率的高低。

(3) 股利支付具体形式的选择,即确定合适的分红形式(如现金股利、财产股利、负债股利、股票股利等)。

(4) 股利发放程序的策划,如股利发放频率、股利宣布日、登记日、除息日和发放日的确定等。

> **【知识链接——西方国家股利分配政策】**
>
> 在发达的西方证券市场中,股利政策在不同国家、不同行业、不同股权结构的企业间具有不同的趋势。
>
> (1) 股利政策在不同国家之间的区别:与德国、日本及韩国相比,英国、美国、加拿大等国家的公司一般采用较高的股利支付率政策。
>
> (2) 股利政策在不同行业之间的区别:一般来说,成熟行业(各国公用事业)中的盈利公司倾向于支付较高的股利;而在一些年轻的成长很快的行业中的公司则相反。
>
> (3) 股利政策在不同企业之间的区别:股利支付率通常与公司规模正相关,与增长率负相关;与小公司相比,大公司的平均股利支付率较高;高增长、多投资机会的公司一般倾向于低股利政策或零股利政策,而稳定增长的公司股利支付率较高。
>
> (4) 股利政策受股权结构的影响:无论在哪个国家,股权相对集中的公司几乎不发放股利,而股权分散的公司通常将其利润的一大部分作为股利发放。
>
> (5) 从长期看,几乎所有公司都会选择一种"平滑"的股利支付政策:从长期看,股利变动要比收益变动平滑得多,大部分公司一般不经常调整其股利支付率,形成"刚性股利"。

三、股利政策

股利政策是指企业管理当局对股利分配有关的事项所作出的方针与决策。股利政策决定了流向投资者和留存在公司以图再投资的资金数量,还能够向股东传递关于公司经营业绩的信息,因此,公司经营者都十分重视股利决策。在股利分配实务中,常用的股利支付政策主要有四种类型,如图 8-3 所示。

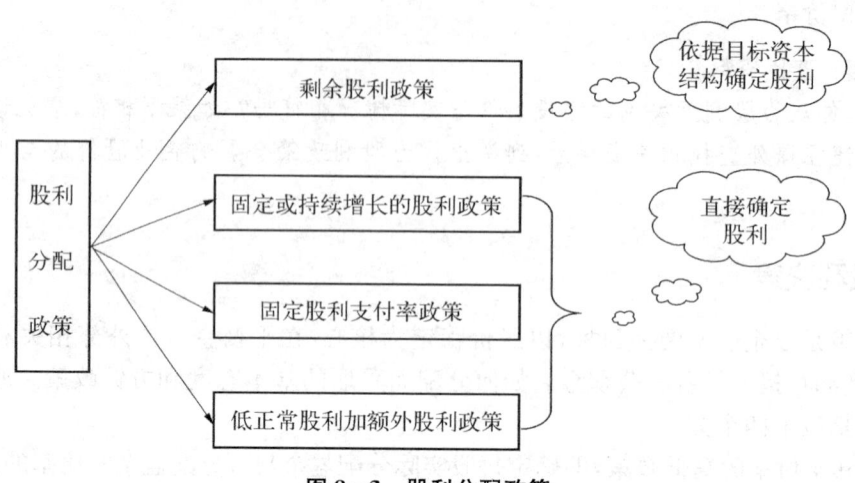

图 8 - 3   股利分配政策

（一）剩余股利政策

剩余股利政策是指在保持目标资本结构的前提下，将公司税后利润首先满足公司下一年度投资方案所需的权益资本需求，然后将剩余的盈余作为股利予以分配。

【**例 8 - 1**】   某企业遵循剩余股利政策，其目标资本结构为资产负债率保持为 60%，该年的税后利润为 60 万元。试计算在没有增发新股的情况下，企业可以从事的最大投资支出是多少？如果企业下 1 年拟投资 100 万元，企业将支付股利多少？

$$企业最大的投资支出＝60÷（1－60\%）＝150（万元）$$

$$企业支付股利＝60－100×（1－60\%）＝20（万元）$$

剩余股利政策的优点在于：可以最大限度地满足企业对再投资的权益资金需要，保持理想的资本结构，并能使综合资本成本最低。

剩余股利政策的缺点在于：首先，损害那些偏好现金股利的股东利益，从而有可能影响股东对企业的信心。其次，完全遵照执行剩余股利政策，股利发放额每年随投资机会和盈利水平的波动而波动，即使在盈利水平不变的情况下，股利也将与投资机会的多寡呈反方向变动：投资机会越多，股利越少；反之，投资机会越少，股利发放越多。剩余股利政策一般适用于公司初创阶段。

（二）固定或持续增长的股利政策

固定或持续增长的股利政策是指公司每年支付给股东的股利固定在一定的水平上，并在较长的时间内保持不变，不随公司税后利润的多少而调整，只有当公司认为未来盈余将会显著地、不可逆转地增长时，才提高每年的股利发放额。这种政策以确定的现金股利分配额作为利润分配的首要目标优先予以考虑，一般不随资金需求的波动而波动。

该股利政策的优点在于：稳定的股利向市场传递着公司正常发展的信息，有利于树立公司良好形象，增强投资者对公司的信心，稳定股票的价格；稳定的股利额有利于投资者安排股利收入和支出，特别是那些对股利高度依赖性的股东。

该股利政策的缺点在于：股利的支付与盈余相脱节。当盈余较低时仍要支付固定的股利，这可能导致资金短缺、财务状况恶化；同时，不能像剩余股利政策那样保持较低的资本成本。这种股利政策适用于盈利稳定或处于成长期的企业。

（三）固定股利支付率政策

固定股利支付率政策是指公司确定一个固定的股利占盈余的比率，长期按此比率支付股利的政策。从企业支付能力的角度看，这是一种真正稳定的股利政策。

该股利政策的优点在于：能使股利与公司盈余紧密地配合，体现了多盈多分、少盈少分、不盈不分的原则。

该股利政策的缺点在于：该政策必然导致公司股利分配数额的频繁变化，从而给股票投资者形成该公司经营不稳定的印象，使股票价格波动较大。另外，采用该政策确定合适的固定股利支付率难度大。如果固定股利支付率确定得较低，不能满足投资者对投资收益的要求；而固定股利支付率确定得较高，没有足够的现金派发股利时，会给公司带来巨大财务压力，此外当公司发展需要大量资金时，也要受其制约，缺乏财务弹性。

实际上，一成不变地奉行一种按固定比率发放股利政策的公司在实际中并不多见，固定股利支付率政策只是比较适用于那些处于稳定发展且财务状况也较稳定的公司。

（四）低正常股利加额外股利政策

按照这一政策，企业除每年按某一固定股利额向股东发放称为正常股利的现金股利外，还在企业盈利较高、资金较为充裕的年度向股东发放高于一般年度的正常股利额的现金股利。其高出部分即为额外股利。低正常股利加额外股利政策是介于固定股利与固定股利支付率之间的一种股利政策，它是指公司在一般情况下每年只支付某一固定的、数额较低的股利；在盈余较多的年份，再根据实际情况向股东发放额外股利。

这种股利分配政策的优点在于：既能保持股利的稳定性，使依靠股利度日的股东有比较稳定的收入，从而吸引这部分股东；又使公司在股利发放上留有余地和保持弹性，当公司盈余较少或投资需用较多的资金时，维持设定的较低但正常的股利，股东不会有股利跌落感而当盈余有较大幅度增加时，则可适度增发股利，把经济繁荣的部分利益分配给股东，使他们增强对公司的信心，这有利于稳定股票的价格。

这种股利政策适用于盈利与现金流量波动不够稳定的企业，因而也被大多数企业所采用。

以上各种股利政策各有所长，公司在分配股利时应借鉴其基本决策思想，根据实际情况制定一套比较适合公司的股利政策。

【例 8-2】 某股份公司资本总额为 10 000 万元，其中，自有资金为 6 000 万元，长期负债资金为 4 000 万元，目前的资金结构为最佳资金结构。公司发行在外的普通股为 30 万股。该公司 2016 年的税后利润为 300 万元，发放的现金股利为 4.8 元；2017 年的税后利润为 500 万元。该公司准备在 2018 年再投资 250 万元。试回答下述问题：

（1）如果该公司采用剩余股利政策，则其在 2017 年的每股股利为多少？

（2）如果该公司采用固定股利政策，则其在 2017 年的每股股利为多少？

（3）如果该公司采用固定股利支付率政策，则其在 2017 年的每股股利为多少？

（1）采用剩余股利政策。设定目标资金结构如下：

权益资本占总资本的比率＝6 000÷10 000＝60%

负债资本占总资本的比率＝4 000÷10 000＝40%

目标资金结构下投资所需的股东权益数额＝250×60%＝150（万元）

用于股利发放的剩余盈余＝500－150＝350（万元）

每股发放的股利＝350÷30＝11.67（元）

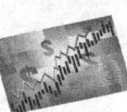

（2）采用固定股利政策。固定股利政策是将每年发放的股利固定在某一固定的水平上，并在较长的时期内保持不变，只有当公司认为未来盈余将会显著地、不可逆转地增长时，才提高年度的股利发放额。所以 2017 年每股发放的股利应该和 2016 年每股发放的股利相等。2017 年每股发放的股利为 4.8 元。

（3）采用固定股利支付率政策。采用固定股利支付率政策是公司确定一个股利占盈余比例，长期按此比例支付股利的政策，所以计算如下：

$$2016 年每股盈余 = 300 \div 30 = 10（元/股）$$
$$2016 年股利占盈余的比例 = 4.8 \div 10 \times 100\% = 48\%$$
$$2017 年发放的股利 = 500 \times 48\% = 240（万元）$$
$$2017 年每股发放的股利 = 240 \div 30 = 8（元）$$

【任务五：课堂实训】

ABC 公司制订了未来 5 年的投资计划，相关信息如下：公司的理想资本结构为负债和所有者权益比率为 2∶3，公司流通在外的普通股有 125 000 股。相关资料如表 8-1 所示。

表 8-1　　　　　　　　　　　相 关 资 料 表　　　　　　　　　　单位：元

年　　份	年度内的总投资规模	年度内的总净利润
1	350 000	250 000
2	475 000	450 000
3	200 000	600 000
4	980 000	650 000
5	600 000	390 000

试进行以下相关计算与比较：

（1）若公司采用剩余股利政策，① 若每年采用剩余股利政策，每年发放的每股股利为多少？② 若在规划的 5 年内总体采用剩余股利政策，每年的每股固定股利为多少？

（2）若公司采用每年每股 0.5 元加上年终额外股利，额外股利为净收益超过 250 000 元部分的 50%，则每年应发放的股利为多少？

（3）若公司的资金成本率为 6%，从股利现值比较看，采用每年每股 0.5 元加上年终额外股利，额外股利为净收益超过 250 000 元部分的 50% 和每年采用剩余股利政策，哪种政策股利现值小？

任务8.3　选择股利支付形式

一、股利的种类

【情境描述】

山东美晨生态环境股份有限公司 2017 年年度权益分派方案已获 2018 年 4 月 16 日召开

的 2017 年度股东大会审议通过,现将权益分派事宜公告如下。

一、权益分派方案

本公司 2017 年年度权益分派方案为:以公司现有总股本 807 262 506 股为基数,向全体股东每 10 股派发 0.80 元人民币现金(含税;扣税后,通过深股通持有股份的香港市场投资者、QFII、RQFII 以及持有首发前限售股的个人和证券投资基金每 10 股派发 0.72 元;持有首发后限售股、股权激励限售股及无限售流通股的个人股息红利税实行差别化税率征收,本公司暂不扣缴个人所得税,待个人转让股票时,根据其持股期限计算应纳税额;持有首发后限售股、股权激励限售股及无限售流通股的证券投资基金所涉红利税,对香港投资者持有基金份额部分按 10% 征收,对内地投资者持有基金份额部分实行差别化税率征收);同时,以资本公积金向全体股东每 10 股转增 8 股。

分红前本公司总股本为 807 262 506 股,分红后总股本增至 1 453 072 510 股。

二、股权登记日与除权除息日

本次权益分派股权登记日为 2018 年 5 月 16 日,除权除息日为 2018 年 5 月 17 日。

三、权益分派对象

本次分派对象为:截至 2018 年 5 月 16 日下午深圳证券交易所收市后,在中国证券登记结算有限责任公司深圳分公司(以下简称"中国结算深圳分公司")登记在册的本公司全体股东。

四、权益分派方法

(1) 本次所送(转)股于 2018 年 5 月 17 日直接记入股东证券账户。在送(转)股过程中产生的不足 1 股的部分,按小数点后尾数由大到小排序依次向股东派发 1 股(若尾数相同时则在尾数相同者中由系统随机排序派发),直至实际送(转)股总数与本次送(转)股总数一致。

(2) 本公司此次委托中国结算深圳分公司代派的 A 股股东现金红利将于 2018 年 5 月 17 日通过股东托管证券公司(或其他托管机构)直接划入其资金账户。

【任务六:阅读分析】

(1) 阅读本部分内容,指出山东美晨生态环境股份有限公司 2017 年度的股利分配的形式,并计算该公司发放现金股利的总数额,以及资本公积转增股本后,每位股东所持有的股份是原持有股份数量的多少倍?

(2) 你认为资本公积转增股本是股票股利吗? 发放股票股利与资本公积转增股本的区别是什么?

(3) 以山东美晨生态环境股份有限公司 2017 年度权益分配预案为例,你认为发放现金股利与资本公积转增股本,对公司的所有者权益金额或所有者权益结构各自将产生什么样的影响?

(4) 你认为该公司发放现金股利与资本公积转增股本后,对发放日后的股价是否会有影响? 有什么影响?

(5) 请指出山东美晨生态环境股份有限公司 2017 年度利润分配方案的股权登记日、除息日、股利支付日。

股份公司分派股利的形式一般有现金股利、股票股利、财产股利和负债股利等。后两种形式应用得较少,目前我国股份公司一般只采用现金股利和股票股利两种形式。在现实生活中,我国上市公司的股利分配广泛采用一部分现金股利和一部分股票股利的做法。

(一)现金股利

现金股利也称红利,是股份公司以现金的方式向股东支付股利。这是最常用的,也是最容

易被投资者接受的股利支付形式。现金股利发放的多少主要取决于公司的股利政策和经营业绩。公司支付现金股利,除了要有累计的未分配利润外,还要有足够的现金。因此,公司在支付现金前,必须做好财务上的安排,以便有充足的现金支付股利。现金股利的发放会对股票价格产生直接的影响,在股票除息日之后,一般来说股票价格会下跌。

（二）股票股利

以股票形式发放的股利即股票股利。股票股利对于企业来说,没有现金流出企业,因此它不是真正意义的股利,而只是增加流通在外的股票数量,同时降低股票的每股价值。股票股利一般以比率的形式来表示,例如,5％的股票股利意味着现时持有每100股股票的股东可无偿分到5股股票。公司当年的可供分配利润、盈余公积金和资本公积金可以用于发放股票股利。

显然,发放股票股利是一种增资行为,需经股东大会同意,并按法定程序办理增资手续。但发放股票股利与其他的增资行为不同的是,股票股利并没有改变企业账面的股东权益总额,也没有改变股东的持股结构,改变的只是股东权益内部各项目的金额;同时,发放股票股利会增加市场上流通的股票数量。一般来说,如果不考虑股票市价的波动,发放股票股利后的股票价格,应当按发放的股票股利的比例而成比例下降。高速成长的企业可以利用分配股票股利的方式来进行股票分割,以使股价保持在一个合理的水平上,避免因股价过高而使投资者减少。

股票股利尽管不直接增加股东的财富,也不增加企业的价值,但对股东和企业都有特殊意义。

1. 对股东而言

（1）公司发放股票股利后其股价一般并不成比例下降;一般在发放少量股票股利(如2％～3％)后,大体不会引起股价的立即变化。这可使股东得到股票价值相对上升的好处,即填权好处。

（2）发放股票股利通常由成长中的公司所为,因此投资者往往认为发放股票股利预示着公司将会有较大发展,这种心理往往会稳定住股价甚至导致股价上升。

（3）在股东需要现金时,可以将分得的股票股利出售,从中获得纳税上的好处。

2. 对公司而言

（1）发放股票股利一方面可以使股东享受公司盈余的好处,另一方面使公司留存了大量现金,便于进行再投资,这有利于公司长远的发展。

（2）发放股票股利往往会向投资者传递企业将会继续发展的信息,从而提高投资者对企业的信心,在一定程度上稳定股票价格。

（3）发放股票股利可以降低每股市场价格,在企业盈余和现金股利不变的情况下,会吸引更多的投资者。

（4）股票股利对公司而言的主要缺点是它的管理费用比现金股利高得多。另外,公司采用股票股利支付形式,有可能被认为是公司现金周转不灵的征兆。特别是当公司财务报表所反映的投资收益率低于投资者的预期或投资项目运转不良时尤其如此,从而会影响到公司的财务形象和再筹资能力,降低投资者对企业的信心,导致公司股价下跌。

【知识链接——股票分割】

股票分割是指将公司面值较大的股票分割成若干股面值较小的股票的行为。股票分割不是公司股利发放行为，但股票分割一般被认为是成长中公司的行为，向市场传递有利的信号会使股价上升，股东会得到超额收益，具有间接向股东返还现金的特征。

发放股票股利和实施股票分割计划，对公司来讲，既没有流出现金，也没有增加负债，所以公司股东权益总额并没有发生任何变化，仅仅是增加了公司流通在外的股数。两者的区别仅仅体现在会计处理上，股票股利作为股利必须从当期或前期保留盈余进行支付，支付的结果是股东权益中留存收益减少，股本及资本公积增加，即所有者权益内部构成发生变化；而股票分割不受股利支付的限制，股东权益内部结构并未发生变化，变化的仅仅是股份数额。

对股东来讲，在完善市场环境下，发放股票股利和进行股票分割，股票数量的增加使每股收益和每股市价下降，股票市值总额仍保持不变；但股东的持股比例不变，每位股东所持股票的市值亦保持不变。

【知识链接——股票回购】

股票回购是指公司出资购买其本身发行的流通在外的股票，以达到给股东返还现金的目的。这种方式在西方国家普遍被采用。从严格意义上讲，股票回购不属于股利，但参与股票回购及不参与股票回购的股东都可以从回购中获得财富的增值。回购的股票要么通过减资手续予以注销，要么作为"库藏股"予以保留，库藏股仍属于发行在外的股份，但不参与每股收益的计算和收益的分配。库藏股日后可用于雇员福利计划、发行可转换债券等，或在需要资金时将其出售。

对公司来讲，派发现金股利或股票股利都会对公司产生未来的派现压力，而股票回购不会对公司产生未来的派现压力。对股东来讲，需要现金的股东可以选择出售股票，不需要现金的股东可以选择继续持有股票。此外，由于个人资本利得税低于股利收入税，且可延期支付，加大了公司以股票回购来代替现金股利支付的动力。因此，通过股票回购，用提高股价的方式代替向股东支付现金股利，对公司和股东均有好处。

股票回购必须遵守国家有关法律、法规。我国《公司法》规定，公司不得收购本公司股票。但是，有下列情形之一的除外：

(1) 减少公司注册资本。

(2) 与持有本公司股份的其他公司合并。

(3) 将股份奖励给本公司职工。

(4) 股东因对股东大会作出的公司合并、分立决议持异议，要求公司收购其股份的。

公司因上述第(1)项至第(3)项的原因收购本公司股份的，应当经股东大会决议。公司依照上述规定收购本公司股份后，属于第(1)项情形的，应当自收购之日起 10 日内注销；属于第(2)项、第(4)项情形的，应当在 6 个月内转让或者注销。

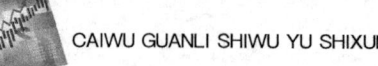

二、股利支付程序

股利支付程序的确定是股利政策的具体实施阶段。由于股份公司的股权可以自由转让，股东人数经常变动，所以，股利发放必须遵循法定的程序，根据有关规定，公司利润分配方案须经股东大会批准，董事会应当在股东大会召开后 2 个月内完成股利（或股份）的派发（或转增）事项。在此期间，董事会必须对外发布股利分配公告，以确定分配的具体程序和时间安排，一般是先由董事会提出分配预案，然后提交股东大会决议通过才能进行分配。股东大会决议通过分配预案之后，要向股东宣布发放股利的方案，并确定股权登记日、除息日和股利发放日。有关股利支付程序的时间线如图 8-4 所示。

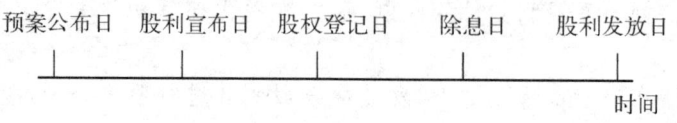

预案公布日   股利宣布日   股权登记日   除息日   股利发放日

时间

图 8-4　股利支付程序图

（一）股利宣布日

股利宣布日就是股东大会决议通过并由董事会宣布发放股利的日期。在宣布分配方案的同时，要公布股权登记日、除息日和股利发放日。通常，股份公司都应当定期宣布发放股利。在西方国家，股利通常是按季度支付，我国股份公司一般是 1 年发放一次或两次股利。宣布股利发放方案的那一天即为股利宣布日。

（二）股权登记日

股权登记日是有权领取本期股利的股东资格登记截止日期。企业规定股权登记日是为了确定股东能否领取股利的日期界限，因为股票是经常流动的，所以确定这个日期是非常必要的。只有在股权登记日前（含登记日当天）在公司股东名册上登记的股东，才有权分享股利。而在这一天之后登记在册的股东，即使是在股利发放日之前买到的股票，也无权领取本次分配的股利，股利仍归原股东所有。先进的计算机系统为股权登记提供了极大的方便，一般在股权登记日营业结束的当天即可打印出有权领取股利的股东有资格的股东名册。

（三）除息日

除息日又叫除权日。在除息日，股票的所有权和领取股息的权利分离，股利权利不再从属于股票，所以在这一天购入公司股票的投资者不能享有已宣布发放的股利。在目前实行"T+1"交易制度下，当日买进的股票，要到下一个交易日才能卖出。在这种交易制度下，股权登记日的次日（指工作日）即可确定为除息日。除息日对股票的价格有明显的影响。在除息日之前进行的股票交易，股票价格中含有将要发放的股利的价值，在除息日之后进行的股票交易，股票价格中不再包含股利收入，因此其价格应低于除息日之前的交易价格。

（四）股利发放日

股利发放日也称付息日，是将股利正式发放给股东的日期。在这一天，企业应将股利支付给股东，计算机交易系统可以通过中央结算登记系统将股利直接打入股东的资金账户。

本章框架

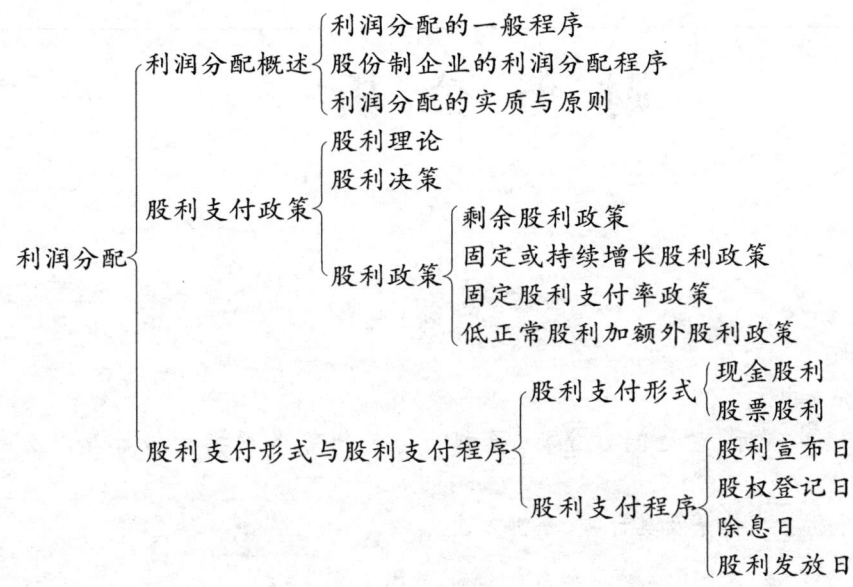

项目 9

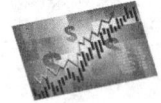

财 务 分 析

 知识目标

◆ 掌握财务分析基本方法。

◆ 掌握偿债能力分析、营运能力分析、盈利能力分析等各项指标的计算与分析方法。

◆ 掌握杜邦分析指标体系及其计算、分析方法。

 技能目标

◆ 能够通过快速浏览企业的财务报告,解读企业基本财务信息。

◆ 能根据企业的财务报表资料,采用科学的方法和工具与系统分析的方法评价该企业的偿债能力、营运能力和盈利能力,并撰写分析报告。

◆ 能运用杜邦分析法,对企业的综合财务状况进行分析、诊断与评价,并撰写分析报告。

◆ 能够灵活、综合利用 Excel 的各相关功能与工具,将图、表、文结合进行企业财务分析。

【学习指南】

财务报告反映了企业的财务状况、经营成果和现金流量以及股东的权益,它所提供的信息是企业投资者、债权人等报告使用人进行决策的重要依据。

曾有人问过巴菲特:"您是如何评估一家企业的价值的呢?"巴菲特回答说,"我的工作是阅读。我阅读我所关注的公司年报,同时我也阅读它的竞争对手的年报,这些是我最主要的阅读材料"。巴菲特强调,分析企业会计报表是投资者进行价值评估的基本功。他说:"当经理们向你解释清楚企业的实际情况时,是通过会计报表来说明的。但不幸的是,有的时候为了粉饰经营业绩,他们往往会弄虚作假。如果你不能辨认出虚假报表,那么,你就不必在投资管理行业中混下去了。"

【情境描述】

本项目以山东美晨生态环境股份有限公司 2014—2017 年的报表资料作为本项目学习的基本情境资料,通过对该公司报表的解读,同学们应学会如何进行财务分析。

(1) 山东美晨生态环境股份有限公司 2014—2017 年资产负债表如表 9-1 所示。

表 9 - 1 　　　　　　　　　　　资 产 负 债 表

会企 01 表

编制单位：山东美晨生态环境股份有限公司　　　　　　　　　　　　　　　　　　　　单位：元

项　　目	2017-12-31	2016-12-31	2015-12-31	2014-12-31
流动资产：				
货币资金	125 491 631.20	103 075 359.76	616 079 460.07	105 316 813.73
以公允价值计量且其变动计入当期损益的金融资产			135 000 000.00	
衍生金融资产				
应收票据	77 696 034.82	125 472 277.02	61 362 567.27	78 138 726.20
应收账款	300 510 220.29	436 496 992.96	254 960 677.62	194 898 921.62
预付款项	4 828 490.79	4 584 114.19	2 934 370.29	4 253 447.20
应收利息	2 219 786.82	1 536 800.15	425 888.90	344 012.50
应收股利	4 657 868.03			
其他应收款	963 069 850.04	757 725 706.64	218 618 950.74	46 067 840.19
存货	97 556 713.71	94 546 595.30	58 762 414.72	70 915 846.60
持有待售的资产	33 756 848.61			
一年内到期的非流动资产				776 232.34
其他流动资产	1 927 988.93	55 000 000.00	135 000 000.00	115 978.04
流动资产合计	1 611 715 433.24	1 578 437 846.02	1 483 144 329.61	500 827 818.42
非流动资产：				
可供出售金融资产	42 812 364.40	91 200 000.00	91 200 000.00	45 000 000.00
持有至到期投资				
长期应收款				1 579 465.55
长期股权投资	1 399 906 781.28	909 171 841.25	872 940 801.27	842 200 000.00
投资性房地产	20 094 478.81	16 311 333.23	11 252 361.00	10 137 635.55
固定资产	116 430 285.09	166 231 938.07	208 810 522.14	213 937 855.39
在建工程	8 590 009.42	130 000.00	1 371 088.10	793 642.25
工程物资				
固定资产清理				
生产性生物资产				
油气资产				
无形资产	9 978 392.97	25 563 584.59	24 740 537.56	24 827 432.05
开发支出				
商誉				

（续表）

项　目	2017-12-31	2016-12-31	2015-12-31	2014-12-31
长期待摊费用				
递延所得税资产	20 344 121.72	19 073 211.47	9 369 658.26	9 436 768.83
其他非流动资产	4 121 784.00	4 253 347.33	9 769 329.93	1 526 177.22
非流动资产合计	1 622 278 217.69	1 231 935 255.94	1 229 454 298.26	1 149 438 976.84
资产总计	3 233 993 650.93	2 810 373 101.96	2 712 598 627.87	1 650 266 795.26
流动负债：				
短期借款	167 000 000.00	353 400 000.00	414 900 000.00	207 900 000.00
以公允价值计量且其变动计入当期损益的金融负债				
衍生金融负债				
应付票据	281 174 623.56	113 918 964.33	94 117 273.34	83 467 041.63
应付账款	76 488 454.72	139 605 084.48	73 427 276.37	124 591 662.10
预收款项	1 094 479.69	8 915 619.82	2 843 829.92	5 440 418.42
应付职工薪酬	11 065 238.02	11 627 925.78	13 224 188.61	10 037 431.42
应交税费	17 379 281.98	32 010 660.88	10 744 868.79	766 647.42
应付利息	9 891 620.99	513 782.74	764 061.34	380 316.67
应付股利				
其他应付款	1 478 255.97	567 846.24	712 079.41	932 923.17
持有待售的负债				
一年内到期的非流动负债		4 083 019.80	6 569 719.80	6 449 219.80
其他流动负债				
流动负债合计	565 571 954.93	664 642 904.07	617 303 297.58	439 965 660.63
非流动负债：				
长期借款			2 509 500.00	7 505 700.00
应付债券	396 289 453.18			
其中：优先股				
永续债				
长期应付款			41 130 896.69	
长期应付职工薪酬				
专项应付款				
预计负债	47 578 276.90	25 269 657.22	8 493 743.43	1 329 296.16
递延收益	10 174 897.98	10 174 897.98	11 748 417.79	12 116 937.61

（续表）

项　目	2017-12-31	2016-12-31	2015-12-31	2014-12-31
递延所得税负债		27 044.31	67 824.69	153 718.87
其他非流动负债				
非流动负债合计	454 042 628.06	35 471 599.51	63 950 382.60	21 105 652.64
负债合计	1 019 614 582.99	700 114 503.58	681 253 680.18	461 071 313.27
所有者权益：				
股本	807 262 506.00	807 262 506.00	807 262 506.00	130 343 486.00
其他权益工具				
其中：优先股				
永续债				
资本公积	943 839 320.97	943 839 320.97	943 839 320.97	816 813 044.25
减：库存股				
其他综合收益				
专项储备				
盈余公积	60 253 926.23	44 998 304.24	34 685 205.77	29 561 354.01
未分配利润	403 023 314.74	314 158 467.17	245 557 914.95	212 477 597.73
所有者权益合计	2 214 379 067.94	2 110 258 598.38	2 031 344 947.69	1 189 195 481.99
负债和所有者权益总计	3 233 993 650.93	2 810 373 101.96	2 712 598 627.87	1 650 266 795.26

所有者权益变动情况附注：① 2015 年 4 月 2 日,经公司 2014 年度股东大会决议通过《关于公司 2014 年度权益分派的方案》,公司以 2014 年年末的总股本 130 343 486 股为基数,以资本公积向全体股东每 10 股转增 10 股,上述权益分派方案实施后,公司总股本由 130 343 486 股增至 260 686 972 股。② 2015 年 9 月 11 日,经公司 2015 年第五次临时股东大会决议通过了《关于公司 2015 年半年度利润分配及资本公积转增股本的议案》,公司以 2015 年 6 月 30 日的总股本 260 686 972 股为基数,以资本公积向全体股东每 10 股转增 15 股,本次权益分派方案实施后,公司总股本由 260 686 972 股增至 651 717 430 股。③ 根据 2015 年第一次临时股东大会及 2015 年第四次临时股东大会决议,并经中国证券监督管理委员会证监许可〔2015〕2477 号文《关于核准山东美晨科技股份有限公司非公开发行股票的批复》核准,2015 年 11 月 19 日公司采用非公开方式发行人民币普通股(A 股)155 545 076 股,每股面值为人民币 1 元,每股发行认购价格为人民币 5.22 元,共计募集人民币 811 945 296.72 元,扣除发行相关费用 800 万元,实际募集资金净额为 803 945 296.72 元,其中计入"股本"155 545 076 元,计入"资本公积——股本溢价"648 400 220.72 元。本次募集资金共计增加股本 155 545 076 股,变更后公司总股本为 807 262 506 元。

（2）山东美晨生态环境股份有限公司 2014—2017 年利润表如表 9-2 所示。

表9-2 　　　　　　　　　　　　　　利 润 表

会企02表

编制单位：山东美晨生态环境股份有限公司 　　　　　　　　　　　　　单位：元

项　目	2017-12-31	2016-12-31	2015-12-31	2014-12-31
一、营业收入	736 988 352.94	792 519 197.60	579 442 734.12	645 284 273.58
减：营业成本	476 899 889.23	497 737 068.76	372 033 465.51	426 232 188.39
税金及附加	8 438 505.34	9 316 740.67	5 160 787.99	5 325 226.72
销售费用	41 047 033.28	46 165 127.18	56 306 838.29	59 573 028.34
管理费用	69 367 928.81	73 130 060.11	76 224 791.82	74 323 428.85
财务费用	−20 642 097.60	−11 246 749.81	13 577 208.71	10 586 899.80
资产减值损失	−2 649 624.11	55 441 028.62	8 683 049.11	6 712 540.71
加：公允价值变动收益（损失以"一"号填列）				
投资收益（损失以"一"号填列）	8 793 161.06	4 318 081.71	−59 198.73	
其中：对联营企业和合营企业的投资收益	−3 119 605.92	−2 079 845.10	−59 198.73	
资产处置收益	360 153.29	−122 910.05		
其他收益	1 573 519.80			
二、营业利润（亏损以"一"号填列）	175 253 552.14	126 171 093.73	47 397 393.96	62 530 960.77
加：营业外收入	2 321 310.71	2 681 617.60	11 671 667.57	4 816 191.09
减：营业外支出	1 586 206.20	10 530 047.44	1 200 335.17	935 144.14
三、利润总额（亏损总额以"一"号填列）	175 988 656.65	118 322 663.89	57 868 726.36	66 412 007.72
减：所得税费用	23 432 436.73	15 191 679.21	6 630 208.78	9 013 940.30
四、净利润（净亏损以"一"号填列）	152 556 219.92	103 130 984.68	51 238 517.58	57 398 067.42
五、其他综合收益的税后净额				
六、综合收益总额	152 556 219.92	103 130 984.68	51 238 517.58	57 398 067.42
七、每股收益：				
（一）基本每股收益	0.76	0.55	0.31	0.15
（二）稀释每股收益	0.76	0.55	0.31	0.15

　　注：以上资产负债表与利润表报表数据皆为山东美晨生态环境有限公司母公司报表数据,但利润表中的每股收益数据系山东美晨生态环境有限公司合并报表中的每股收益数据。

任务 9.1　认识财务分析的基本概念

一、财务分析的概念

【导读】

在财务会计课程中,我们已经学习过四大会计报表,从财务角度看,四大会计报表的主要作用如下:

资产负债表:说明企业的家底,资产价值多少?了解企业总资产、净资产及财务结构的利器。

利润表:代表企业的面子,是否盈利?衡量企业经营绩效最重要的依据。

现金流量表:是企业的钱袋子,手头有无现金?评估企业能否持续存活及竞争的最核心工具。

所有者权益变动表:说明管理阶层是否公平对待股东的最重要信息。

财务报表最大的威力是系统地呈现了企业的经营、投资与筹资三大活动,并说明这些活动的关系;财务报表分析则主要是利用"呈现事实"及"解释变化"两种方法,通过不断拆解财务报表相关数据,进一步分析与阐释企业经营、投资与筹资活动及其存在的问题。

【任务一:课堂回答】

简单阅读本项目[情境描述]中给出的山东美晨生态环境股份有限公司的资产负债表(见表9-1)和利润表(见表9-2)。请同学阅读本部分内容后,回答下述问题:

(1)简要快速浏览这两张报表,然后说说你能解读出该公司的哪些信息?

(2)联系本部分内容后思考,哪些主体需要进行财务分析?试完成表9-3,比较不同的需求者进行财务分析的侧重点有何不同?

表 9-3　　　　　　　　　　　　不同财务主体报表分析目的

财务分析主体	进行财务分析的目的	主要关注的报表
投资者		
债权人		
企业管理者		
政府及主管部门		

(一)财务分析的概念

财务分析也称财务报表分析,是以企业的财务报告为主要依据,采用科学的评价标准与适用的分析方法,对企业的财务状况、经营成果和现金流量等重要指标的比较分析,判断企业目前的经营状况,评价企业的业绩,并能对企业未来发展作出一定预测的分析方法。

(二)不同主体进行财务分析的目的

财务分析的目的受财务分析主体和财务分析服务对象的制约,不同的财务分析主体进行财务分析的目的是不同的,不同的财务分析服务对象所关心的问题也是不同的。

1. 投资者

在现代企业里,投资者往往不需要亲自进行经营,但是他们需要了解并判断经营者经营的

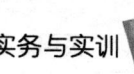

好坏,这就需要利用财务会计信息进行评价,并对企业经营中的重大事项作出决策。具体而言,投资者最关注的是投资报酬、投资的风险、利润分配政策等方面的情况,如:① 评价企业的财务状况和管理当局的经营业绩,检查管理当局是否实现了企业的经营目标。② 分析企业所处行业的市场前景、本企业的发展潜力和面临的风险,作出维持现有投资、追加投资或转让投资的决策。③ 关注企业支付股息、红利的能力。

出资者除包括现有出资者外,还包括潜在的出资者(比如有意向购买该公司股票的潜在股东)。对于潜在的出资者来说,他们主要是根据财务会计信息评价企业的各种投资机会,估量投资的成本、收益和投资风险的大小,作出是否对该企业投资的决策。

2. 债权人

债权人是企业信贷资金的提供者。债权人提供信贷资金的目的是能够收回本金并获取利息收入。也就是说,债权人关心的主要是企业能否近期还本付息。所以,他们需要了解企业资产与负债的总体结构(一般来说,负债在资产中占的比例越高,风险就越高),分析企业资产的流动性,评价企业的获利能力以及产生现金流量的能力,从而作出向企业提供贷款、维持原贷款数额、追加贷款、收回贷款或改变信用条件的决策。

3. 企业管理者

为满足不同利益主体的需要,协调各方面的利益关系,企业经营者必须对企业经营理财的各个方面,包括营运能力、偿债能力、盈利能力及社会贡献能力的全部信息予以详尽的了解和掌握,以便及时发现问题,采取对策、规划和调整市场定位目标、策略,进一步挖掘潜力,为经济效益的持续稳定增长奠定基础。

4. 政府及企业主管部门

政府对国有企业投资的目的,除关注投资所产生的经济效益外,还必然对投资的社会效益予以考虑。因此,政府部分也需要借助财务分析,检查企业是否存在违法违纪、浪费国有资产、坑害中小投资者的问题。最后,通过综合分析,对企业的发展潜力以及对社会的贡献程度进行分析考察。

二、财务分析的内容

【导读】

通常,人们主要从以下四个角度去判断分析一个企业目前的财务状况:企业对欠款当前有没有实力还(偿债能力)?企业拥有的家底(即各项资产)是否都在高效运转赚钱(营运能力)?企业赚钱的效率如何(盈利能力)?企业将来是否有后续增长潜力(发展能力)?

首先,偿债能力是最为基本的,因为如果不能及时偿还即将到期债务,就很难保证能正常的持续经营,人们熟悉的财务指标——资产负债率就是企业反映企业偿债能力的指标之一;其次,资产的营运能力是企业生存发展的基础,企业之所以购置厂房、机器、原材料等资产,是因为企业的经营收入是靠资产不断的循环周转才创造的,通常用××资产周转率来衡量企业某项资产的营运能力;再次,企业的盈利能力是企业的终极目标,投资人最关心的指标就是企业的盈利能力,衡量企业的盈利能力可以从不同的角度分析。例如,企业的经营业务获利能力如何?企业投入的总资产获利能力如何?投资人投入的净资产投资回报率如何?最后,除了以上三个角度外,投资者还关注企业的未来发展能力:企业的发展趋势是向好还是向坏?业绩增长是否有可持续性。

因此,财务分析的主要内容可以归结为偿债能力分析、营运能力分析、盈利能力分析和发展能力分析,如图9-1所示。

图9-1 财务分析的内容

财务报表分析是由不同的使用者进行的,他们各自有不同的分析重点,也有共同的要求。从企业总体来看,财务报表分析的基本内容主要包括以下四个方面:

(1)评价企业的偿债能力,包括企业对短期债务的偿还能力和对长期债务的偿还能力的分析评价。

(2)评价企业的资产营运能力,分析企业资产的分布情况和各项资产的周转速度,确定企业资金的利用效果。

(3)评价企业的盈利能力,分析企业利润目标的完成情况和不同年度盈利水平的变动情况,预测企业盈利前景。

(4)评价企业的发展能力,计算分析企业收益、资产、资本等指标的增长情况,从而预测企业的未来增长趋势。

以上各项分析内容互相联系、互相补充,可综合地描述出企业生产经营的财务状况和经营成果,以满足各种会计信息使用者的需要。其中,偿债能力关乎着企业的生存,是企业发展的保证;而营运能力是企业发展的物质基础;盈利能力则是前两者共同作用的结果,同时也对前两者的增强起到推动作用。

三、财务分析的基本方法

【导读】

飞机驾驶员仅仅知道仪表上各项数字的含义是不够的,还必须清楚各项数字之间的关系,清楚哪些指标是正常的、哪些指标是异常的,进而作出调整飞行的决策。企业也一样,成功企业总能从报表数字的分析中,得出对自身财务状况的正确判断,这是其成功的极为重要的一环。财务分析的基本方法有比较分析法、趋势分析法、结构分析法、比率分析法等。财务分析的基本方法如图9-2所示。

财务分析是一门艺术,不同的会计信息使用者采用的分析方法也有所不同。

(一)比较分析法

比较分析法是指通过比较各项指标,据以判断企业财务状况、经营成果或现金流量好

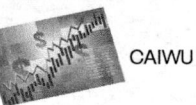

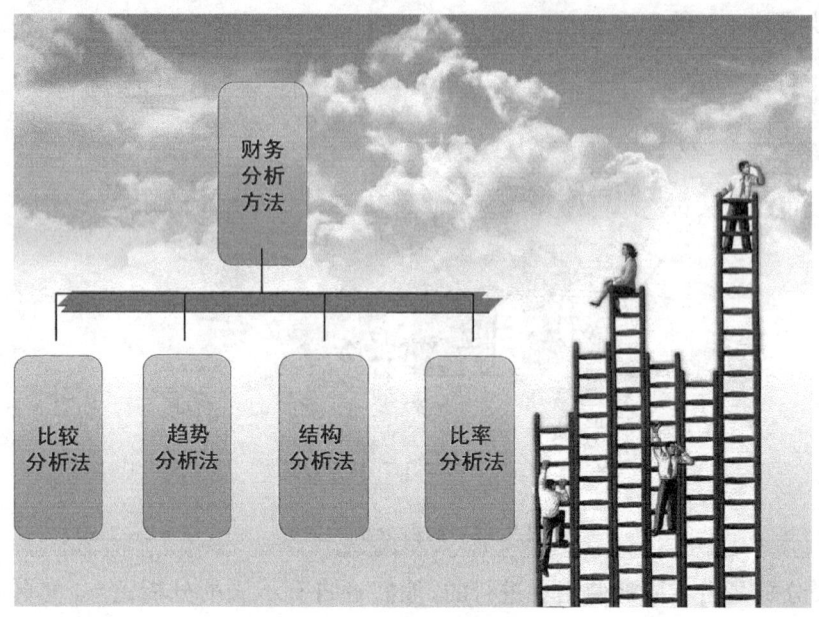

图 9-2   财务分析的基本方法

坏等的一种分析方法,用于比较的可以是绝对数,也可以是相对数。它的主要作用在于了解企业生产经营的成绩,找出差距,发现问题。这种分析方法在具体运用中包括以下几个方面:

(1) 本期的实际数据与前期(上月、上季、上年或上年同期等)的数据相比较,以反映生产经营活动的发展动态,考察其改进情况。

(2) 本期的实际发生数与计划数、预算数相比较,检查计划完成情况,给进一步分析提供方向。

(3) 本企业的数据与同行业其他企业或全行业的平均水平、先进水平相比较,以发现企业同先进水平的差距,找出潜力之所在。

(4) 期末数与期初数相比较,说明本期生产经营和财务状况的最新变动。

(二) 趋势分析法

趋势分析法是指通过观察连续数期的会计报表,比较各期的有关项目金额,分析某些指标的增减变动情况,在此基础上判断其发展趋势,从而对未来可能出现的结果作出预测的一种分析方法。它的主要作用是,可以了解有关项目变动的基本趋势,判断这种变动趋势是有利或者不利,并对企业未来发展作出预测。在进行趋势分析的时候,Excel 的图表功能提供了很大的便利,可以通过图形变化对某项目变动的趋势进行更直观的展示。

【例 9-1】   泰禾集团 2014—2017 年主营业务收入趋势表如表 9-4 所示,试用 Excel 工具表作出趋势分析图,并简要说明其趋势变化。

表 9-4   　　　　　　泰禾集团 2014—2017 年收入趋势分析表   　　　　　　单位:元

项　　目	2014 年	2015 年	2016 年	2017 年
主营业务收入	8 372 325 812.19	14 813 258 428.98	20 727 941 732.94	24 331 166 371.70

根据表 9－4，用 Excel 作出泰禾集团 2014—2017 年收入趋势分析图，如图 9－3 所示。

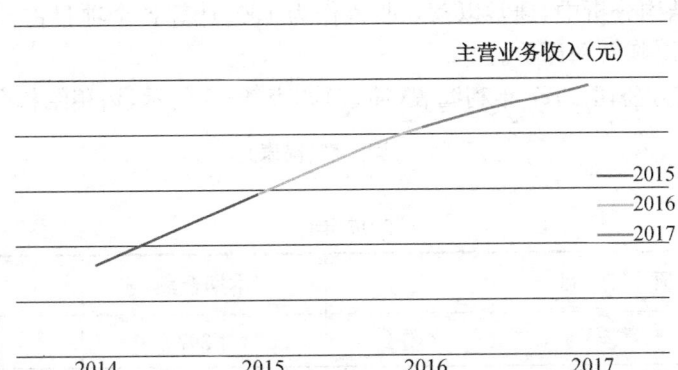

图 9－3 泰禾集团 2014—2017 年收入趋势分析图

从图 9－3 可以看出，泰禾集团的主营业务收入呈高速增长态势，尤其 2015 年和 2016 年增长态势凶猛，而 2017 年依然保持增长，但是增势有所回落。通过查询相关资料得知，作为主要从事住宅地产和商业地产的开发的公司，随着近年来房地产市场的高速发展，泰禾集团主营业务收入也增加迅速。但是在 2017 年中央强调住房居住属性背景下热点城市频繁出台严厉的调控政策，市场销售增速逐月回落，房价上涨较快的势头被抑制，泰禾集团的主营业务收入增速也受到一定影响。

【任务二：课堂实训】

依据本章情境描述中给出的山东美晨生态环境股份有限公司 2014—2017 年利润表（见表 9－2），填写表 9－5，并完成以下任务。

表 9－5　　　　　　　　　　　利润表主要指标趋势变动表　　　　　　　　　　单位：万元

项　　目	2014 年	2015 年	2016 年	2017 年
营业收入				
营业成本				
营业利润				
利润总额				
净利润				

（1）课后任务：依据表 9－5 的资料，并利用 Excel"图表"工具，完成该公司 2014—2017 年的"利润表主要指标趋势变动表"，并制作带该图表的 PPT 课件，课件中应包括 100 字以内的分析结论。

（2）课堂展示：结合该趋势变动图表，在课堂上阐述你的趋势分析结论。

（三）结构分析法

结构分析法也称垂直分析法、纵向分析法，是指将会计报表中某总体项目（比如资产负债表中的资产总数）作为基数（即为 100%），再计算该项目各组成部分占总体的比重，根据比重的不同，揭示会计报表中各项目的相对地位和总体结构的关系。在会计报表分析中，常见的结

构分析有资产结构分析、资本结构分析、盈利结构分析等。

例如,在盈利结构分析中,通常以营业收入作为100,计算各个项目占营业收入的比重,通过比重对各项目作出判断和评价。

【例9-2】 东方公司2017年利润表(简表)如表9-6所示,请用结构分析法进行分析。

表9-6　　　　　　　　　　　　　　利　润　表(简表)

会企02表

编制单位：东方公司　　　　　　　　　2017年度　　　　　　　　　　单位：万元

项　　目	本期金额	上期金额
一、营业收入	4 397	3 208
减：营业成本	2 465	1 846
税金及附加	145	108
销售费用	162	124
管理费用	153	136
财务费用	52	54
资产减值损失		
加：公允价值变动收益(损失以"－"号填列)		
投资收益(损失以"－"号填列)		
其中：对联营企业和合营企业的投资收益		
二、营业利润(亏损以"－"号填列)	1 420	940
加：营业外收入	100	84
减：营业外支出	20	24
三、利润总额(亏损总额以"－"号填列)	1 500	1 000
减：所得税费用	450	300
四、净利润(净亏损以"－"号填列)	1 050	700

将东方公司2017年的利润表进行结构分析,如表9-7所示。

表9-7　　　　　　　　　　　　　　利润结构分析表

项　　目	2017年度	2016年度
一、营业收入	100%	100%
减：营业成本	56.06%	57.54%
税金及附加	3.30%	3.37%
销售费用	3.68%	3.87%

（续表）

项　　目	2017 年度	2016 年度
管理费用	3.48%	4.24%
财务费用	1.18%	1.68%
资产减值损失		
加：公允价值变动收益（损失以"－"号填列）		
投资收益（损失以"－"号填列）		
其中：对联营企业和合营企业的投资收益		
二、营业利润（亏损以"－"号填列）	32.29%	29.30%
加：营业外收入	2.31%	2.62%
减：营业外支出	0.45%	0.75%
三、利润总额（亏损总额以"－"号填列）	34.11%	31.17%
减：所得税费用	10.23%	9.35%
四、净利润（净亏损以"－"号填列）	23.38%	21.82%

从表 9-7 可以看出，东方公司 2017 年的各项费用、成本项目比重相比 2016 年均略有降低，从而使税前利润和净利润比重有所上升，其中影响较大的有营业成本（下降 1.48%）、管理费用（下降 0.76%）、财务费用（下降 0.5%）。联系表 9-6，可以看到，无论从营业收入的绝对额，还是从盈利结构百分比而言，东方公司 2017 年比 2016 年都有所提高，盈利能力得到了提升。

【任务三：课堂实训】

依据本章［情境描述］中给出的山东美晨生态环境股份有限公司 2014—2017 利润表（见表 9-2）资料，完成以下任务：

（1）根据表 9-2 资料，以结构百分比形式计算填写表 9-8，可借助 Excel 表格计算功能快速填写。

表 9-8　　　　　　　　　　　　盈利结构趋势变动表

项　　目	2014 年	2015 年	2016 年	2017 年
一、营业收入				
减：营业成本				
税金及附加				
销售费用				
管理费用				
财务费用				
资产减值损失				

（续表）

项　　目	2014 年	2015 年	2016 年	2017 年
加：公允价值变动收益				
投资收益				
资产处置收益				
其他收益				
二、营业利润				

（2）撰写 100 字以内的分析结论。

（四）比率分析法

【导读】

比率是一种涉及两个会计数据的指标，通常由一个数据除以另一个数据得到。比率分析法是财务分析各种方法中最重要、最常用的分析方法，人们日常常用的很大一部分财务指标，如资产负债率、销售利润率等，就是通过比率分析而得到的。比率就类似于侦探小说中的线索。一个或多个比率可能会产生误导，但当结合一个公司的管理知识及经济环境时，并将该公司的比率指标与相关财务分析的标准进行比较，比率分析可以讲述一个发人深省的故事。

会计上有一个窍门，一般说到"××率"，就是后面名词占前面名词的百分比。拿"资产负债率"来说，可以理解为"资产"中"负债"所占的百分比，用公式表示就是后面的"负债"除以前面的"资产"。另外，所有的比率都是分式值的观念，比率变好或变坏，应从分子或分母角度分别去分析其中的原因。如分子不变、分母提高，比率会降低；若分子提高、分母降低，比率则会升高，以此类推。

比率分析法是指在将相关的两个或几个项目进行对比，组成一个比率，从两个数据的对比中反映它们之间的相互关系，据以评价企业财务状况和经营业绩，并找出经营中存在的问题和解决办法。比率分析法是财务分析中最基本、最常用的一种方法。通常，财务比率指标可分为反映偿债能力的比率指标、反映资产营运能力的比率指标和反映盈利能力的比率指标三大类，各类财务比率指标具体参见本章第二节。

【知识链接——财务分析的标准】

俗话说：没有比较就没有鉴别。在财务分析中，对分析对象进行评价，也往往需要根据一定的标准进行比较。常用的财务分析标准包括以下四种类型。

一、经验标准

经验标准是指依据大量且长期的实践经验而形成的标准（适当）的财务比率值。

例如，西方国家在 20 世纪 70 年代的财务实践就形成了流动比率的经验标准为 2∶1，速动比率的经验标准为 1∶1，资产负债率通常认为应该控制在 30%～70% 等。

事实上，所有这些经验标准主要是就制造业企业的平均状况而言的，而不是适用于一切领域和一切情况的绝对标准。

（续上）

二、历史标准

历史标准是指本企业过去某一时期该指标的实际值。历史标准对于评价企业自身经营状况和财务状况是否得到改善是非常有用的，可以选择本企业历史最好水平，也可以选择企业正常经营条件下的业绩水平，或者也可以取以往连续多年的平均水平。另外，在财务分析实践中，还经常将本年实际业绩与上年实际业绩作比较。

当企业主体发生重大变化（如企业合并）时，历史标准就会失去意义或至少不便直接使用；企业外部环境发生突变后，历史标准的作用会受到限制。

三、行业标准

行业标准可以是行业财务状况的平均水平，也可以是同行业中某一比较先进企业的业绩水平。

行业标准的优点在于：可以说明企业在行业中所处的地位和水平（竞争的需要）；也可用于判断企业的发展趋势。例如，在一个经济萧条时期，企业的利润率从 9％下降为 7％，而同期该企业所在行业的平均利润率由 10％下降为 6％，那么，就可以认为该企业的盈利状况是不错的。

行业标准的不足在于：同"行业"内的两个企业并不一定是十分可比的；多元化经营带来的困难；同行业企业也可能存在会计差异；或者同行业之间存在规模差异等。

四、预算标准

预算（目标）标准是指实行预算管理的企业所制定的预算指标。

预算标准的优点在于：符合战略及目标管理的要求；对于新建企业和垄断性企业尤其适用。

预算标准的不足在于：外部分析通常无法利用；预算的主观性未必可靠。

任务 9.2　进行财务比率分析

一、偿债能力分析

【导读】

导致企业破产清算的最主要原因是不能及时清偿到期债务。因此，偿债能力的大小直接关系到企业持续经营能力的高低，是企业各方面利害关系所重点关注的财务能力之一。偿债能力分析包括短期偿债能力分析与长期偿债能力分析。

短期偿债能力分析是企业财务分析的重要组成内容，企业由于不能支付短期债务，不仅无法获得有利的采购机会，甚至可能导致破产。短期偿债能力是指对流动负债的偿还能力。它一般用流动比率、速动比率、现金比率等比率指标衡量，该类比率指标的分母一律为流动负债。长期偿债能力主要取决于企业的资本结构（如资产负债率、产权比率）和获利能力（如利息保障倍数）等。

企业的偿债能力是指企业用其资产偿还长期债务与短期债务的能力。企业有无支付现金的能力和偿还债务能力，是企业能否生存和健康发展的关键。

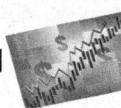

（一）短期偿债能力分析

短期偿债能力是指企业流动资产对流动负债及时足额偿还的保证程度，是衡量流动资产变现能力的重要标志。衡量企业短期偿债能力的指标主要有流动比率、速动比率和现金比率。

1. 流动比率

流动比率是指流动资产与流动负债的比例关系。它表示每1元流动负债有多少流动资产来作还款的保证。流动比率指标用于衡量企业流动资产对流动负债的保障程度。其计算公式如下：

$$流动比率 = \frac{流动资产}{流动负债}$$

通常认为，流动比率越高，企业的短期偿债能力越强，因此短期债权人比较欣赏较高的短期偿债能力。但是站在企业的角度看，过高的流动比率表明企业在流动资产上占用的资金过多。造成这种现象的原因，可能是因为产销失衡、存货积压所致；也可能是赊销过多形成过多的应收账款；还可能是过多的资金未能有效利用，从而降低了企业的盈利能力。

一般来说，流动比率小于1，说明即使所有流动资产变现也无法抵偿流动负债，短期偿债能力较弱；西方国家20世纪70年代将流动比率的经验标准定为2∶1，考虑到不同行业流动比率可能存在的各种正常情况，可以将1～3之间的范围视为流动比率的安全范围；流动比率大于3，尽管显示了企业较强的短期偿债能力，但可能意味着企业占用过多流动资产，影响其盈利能力。

对具体企业短期偿债能力的分析，应结合趋势分析法与比较分析法，进行横向与纵向的对比分析。

【例9-3】 泰禾集团和万科集团2015—2017年流动资产和流动负债分别如表9-9和表9-10所示，试计算其流动比率并进行比较。

表9-9　　　　　　　　　泰禾集团2015—2017年流动资产和流动负债表　　　　　单位：元

年度	流动资产	流动负债
2015	73 862 448 396.46	33 002 302 081.60
2016	107 872 990 149.03	43 495 174 568.09
2017	176 561 371 240.79	86 907 108 314.26

表9-10　　　　　　　　　万科集团2015—2017年流动资产和流动负债表　　　　　单位：元

年度	流动资产	流动负债
2015	547 024 375 866.34	420 061 826 880.58
2016	721 295 427 853.28	579 998 485 463.07
2017	1 017 552 832 148.30	847 355 429 875.81

泰禾集团2015—2017年流动比率的计算如下：

2015年流动比率 = 73 862 448 396.46 ÷ 33 002 302 081.60 = 2.24

2016年流动比率 = 107 872 990 149.03 ÷ 43 495 174 568.09 = 2.48

2017年流动比率 = 176 561 371 240.79 ÷ 86 907 108 314.26 = 2.03

万科集团 2015—2017 年流动比率的计算如下：

2015 年流动比率 ＝ 547 024 375 866.34 ÷ 420 061 826 880.58 ＝ 1.30

2016 年流动比率 ＝ 721 295 427 853.28 ÷ 579 998 485 463.07 ＝ 1.24

2017 年流动比率 ＝ 1 017 552 832 148.30 ÷ 847 355 429 875.81 ＝ 1.20

制作泰禾集团与万科集团 2015—2017 年流动比率指标比较表，如表 9-11 所示。

表 9-11　　　　　　泰禾集团与万科集团 2015—2017 年流动比率指标比较表

流动比率	2015 年	2016 年	2017 年
泰禾集团	2.24	2.48	2.03
万科集团	1.30	1.24	1.20

从计算结果可见，泰禾集团的流动比率出现了一个先增加再回落的过程，2016 年比 2015 年增加了 0.24，而 2017 年比 2016 年回落了 0.45，变化较大，主要是由于 2017 年房地产市场调控严厉，公司资金回流速度比以往有所减缓。但是公司整体流动比率还是保持在 2 以上，说明不存在短期偿债的风险。

而万科集团 3 年流动比率比较稳定，说明这一房地产龙头企业对偿债能力的控制能力还是很强的，但是由于 2017 年的宏观调控，流动比率在一定程度上还是有所回落。

泰禾集团与万科集团相比，流动比率要高很多，说明其在短期偿债方面风险控制较强；但是从另外一个角度分析，由于万科集团本身具有品牌优势，融资渠道广，因此可以承受较高的短期偿债风险。

2. 速动比率

速动比率又称酸性试验比率，是指流动资产中最容易变现的部分即速动资产与流动负债的比率。其计算公式如下：

$$速动比率 ＝ \frac{速动资产}{流动负债}$$

其中，速动资产是指可以迅速转换成为现金或已属于现金形式的资产。

速动资产是流动资产减去变现能力较差的存货、预付账款、1 年内到期的非流动资产和其他流动资产等之后的余额。在一般情况下，如果其他项目数额不大，速动资产也可以简化计算，即：

$$速动资产 ＝ 流动资产 － 存货$$

一般认为，企业的速动比率应保持在 100％的水平，即假定企业一旦面临财务危机或办理清算时，即使存货毫无价值，也可支付流动负债。当然，作为债权人要求该比率越大越好；而对企业来说，过高的速动比率会丧失一些投资和获利机会。

3. 现金比率

现金比率是指一定时期企业的现金以及现金等价物除以流动负债的比率。其计算公式如下：

$$现金比率 = \frac{货币资金 + 交易性金融资产}{流动负债}$$

虽然速动比率已将存货等变现能力较差的流动资产予以剔除,但速动资产中的应收账款等有时也会因客户倒闭、抵押等情况使变现能力受影响,甚至出现坏账,最终减弱企业的短期偿债能力,也无法满足债权人的要求。与流动比率和速动比率相比,用现金比率来评价企业短期偿债能力更为安全,在评价企业短期偿债能力强弱时,现金比率一般被认为是一个最安全、最可靠的指标。

显然,现金比率越高,说明企业短期偿债能力越强,但是,由于现金类资产的获利能力较差,企业不可能也没有必要保持大量的现金类资产。那么,现金比率应该维持在一个什么样的水平呢? 一般认为,现金比率保持在 0.2～0.3 比较恰当。当然,具体指标还应当结合企业的行业特点、经营规模、企业存货和应收账款等资产质量状况等因素综合分析。

【任务四：课堂实训】

(1) 企业流动比率为 1.2,则赊购材料一批,将会导致(　　)。

A. 流动比率提高　　B. 流动比率降低　C. 流动比率不变　D. 速动比率降低

(2) 根据本章[情境描述]中给出的山东美晨生态环境股份有限公司 2014—2017 年资产负债表(见表 9-1)资料,完成表 9-12。

表 9-12　　　　　　　　　　2014—2017 年度短期偿债能力指标　　　　　　　　　单位:元

年　度	流动资产	速动资产	现金资产	流动负债	流动比率	流动比率	现金比率
2014							
2015							
2016							
2017							

(3) 撰写 100 字以内的分析结论。

(二) 长期偿债能力分析

【导读】

长期偿债能力主要取决于企业的资本结构,反映企业资本结构的指标主要有资产负债率、产权比率和权益乘数。如何区别这三大比率指标呢?

三大比率反映了资产、负债和所有者权益等每两者组成的基本比率关系。分式的基本内容是分子与分母的辨别。记忆要点是,负债是在分子的位置,所有者权益是在分母的位置。例如,资产负债率,反映资产与负债的比率关系,计算该比率时的分子是负债的金额;权益乘数,反映资产与所有者权益的比率关系,计算该比率的分母是所有者权益的金额;产权比率,反映负债与所有者权益的比率关系,计算该比率时的分子是负债的金额,分母是所有者权益的金额。

资产负债率侧重于分析资产对债务偿还提供保障的程度;产权比率侧重于揭示财务结构的稳健程度以及自有资金对偿债风险的承受能力;权益乘数侧重于揭示企业利用财务杠杆的程度。

长期偿债能力是指企业对总体债务的承担能力和对偿还债务的保障能力。长期偿债能力的强弱是反映企业财务安全和稳定程度的重要标志。

1. 资产负债率

资产负债率也称负债比率,是企业全部负债总额与全部资产总额的比率。其计算公式如下:

$$资产负债率 = \frac{负债总额}{资产总额} \times 100\%$$

资产负债率反映了企业资产对负债的保障程度。在一般情况下,资产负债率越小,表明企业长期偿债能力越强;反之,则越弱。当然,不同的主体会站在不同的角度评价资产负债率:对债权人而言,他们最为关心的就是所提供的信贷资金的安全性,这必然决定了债权人总是要求资产负债率越低越好;对投资者而言,则期望利用财务杠杆提高企业的盈利水平;对企业经营者而言,需要将资产负债率控制在适度水平上,既要考虑其收益性,又要考虑由此产生的风险,审时度势,作出最优决策。

因此,在评价资产负债率的大小时,需要在收益和风险之间权衡利弊,通常要结合同行业的平均水平或先进水平、本企业的前期水平及其预算水平来进行。

一般认为,企业的资产负债率应保持在 50% 左右;低于 40% 显得有些保守,但是最高不应超过 65%;高于 70% 会出现财务困境,要预警了;若超过 100%,企业则已经是资不抵债了。

2. 产权比率

产权比率是负债总额与所有者权益总额之间的比率。其计算公式如下:

$$产权比率 = \frac{负债总额}{所有者权益总额} \times 100\%$$

产权比率实际上是资产负债率的另一种表现形式,只是表达得更为直接、明显,更侧重于反映权益资金对负债总额的保障程度,揭示企业财务结构的稳健程度。

在一般情况下,该比率越高,说明企业所有者权益对负债的保障程度越低,企业的长期偿债能力越弱,债权人承担的风险越大;反之,则相反。当然,该比率过低则说明企业利用财务杠杆能力不足,不能充分发挥举债经营作用,从而影响企业经营业绩。所以,在评价企业产权比率是否恰当时,应从提高经营业绩和增强偿债能力两个方面来考虑,即在保障财务安全的前提下,尽量利用财务杠杆原理,尽可能提高企业产权比率。

3. 所有者权益比率和权益乘数

所有者权益比率又称为股东权益比率、股权比率,反映企业所有者权益总额与资产总额的比例关系。其计算公式如下:

$$所有者权益比率 = \frac{所有者权益总额}{资产总额} \times 100\%$$

所有者权益比率反映了企业全部资产中,有多少是投资人提供资金所形成的,该比率越高,则说明企业资产中由投资者提供的资金形成的资产越多,偿还债务的保证越高。所有者权益比率与资产负债比率之和应该等于 1。这两个比率是从不同侧面来反映企业的长期资金来源。

所有者权益比率的倒数称作为权益乘数,即企业的资产总额是所有者权益的多少倍。权益乘数越大,说明投资者投入的一定量资本在生产经营中所运营的资产越多。同时,也表明所有者投入的资本在资产总额中所占的比重越小,对负债经营利用得越充分,但反映的企业长期偿债能力越弱;反之,则相反。权益乘数的计算公式如下:

$$权益乘数 = \frac{资产总额}{所有者权益总额}$$

权益乘数这一指标很重要,在第三节的财务报表综合分析中还会用到。

4. 利息保障倍数

利息保障倍数又称已获利息倍数,是企业息税前利润与利息费用的比率,该指标测定企业已获取的利润承担借款利息的能力,是评价债权人投资风险程度的重要指标之一。其计算公式如下:

$$利息保障倍数 = \frac{利润总额 + 利息费用}{利息费用} = \frac{净利润 + 利息费用 + 所得税}{利息费用}$$

由于我国现行利润表中"利息费用"项目没有单独列示,外部报表使用者无法知道其确切数据,因此,经常用"财务费用"项目来代替。

【例 9 - 4】　清方股份有限公司本年度税后净利润为 1 360 万元,利息费用 800 万元,所得税为 640 万元。试计算该公司利息保障倍数。

$$利息保障倍数 = (1\ 360 + 800 + 640) \div 800 = 3.5$$

长期偿债能力分析的其他三个指标都是从资产负债的构成情况,亦即企业的财务状况来评价企业的长期偿债能力,而利息保障倍数则是从企业的效益、从偿还债务利息资金来源的角度考察债务利息的偿还能力,因此,该比率更直接、更易理解。利息保障倍数越高,则表明企业对偿还债务的保障程度就越强。如果这个比率太低,说明企业难以保证用经营所得来按时按量支付债务利息,这会引起债权人的担心。

评价企业利息保障倍数指标是否恰当,需要将该企业的这一指标与其他企业,特别是本行业平均水平进行比较,来分析决定本企业的指标水平。同时,从稳健性的角度出发,最好比较本企业连续几年的该项指标,并选择最低指标年度的数据,作为标准。一般来说,企业的利息保障倍数至少要大于1;否则,就难以偿付债务及利息,若长此以往,甚至会导致企业破产倒闭。

【任务五:课堂实训】

(1) 请问在利息保障倍数为1的情况下,企业的利润总额、所得税与净利润各是多少?

(2) 多项选择题:权益乘数为4,则(　　　)。

A. 产权比率为 5　　B. 资产负债率为 1/4　　C. 产权比率为 3　　D. 资产负债率为 75%

(3) 根据本章[情境描述]中给出的山东美晨生态环境股份有限公司 2014—2017 年资产负债表(见表 9-1)资料,完成表 9-13。

表 9 - 13　2014—2017 年度长期偿债能力指标　单位:元

年度	资产总额	负债总额	所有者权益总额	资产负债率	产权比率	权益乘数	利息保障倍数
2014							
2015							
2016							
2017							

（4）根据上述指标撰写 100 字以内的分析结论。

二、营运能力分析

【导读】

说到赚钱，一般大家都会想到利润率，而看不到周转率。利润率高不一定能赚钱，周转率才重要。沃尔玛公司是经销商，1 元钱的成本投进去，周转一次获得 2% 的毛利并不高，但是别忘了 1 元钱资产 1 年周转 24 次。那 1 元钱资本 1 年就挣四毛八分钱。这是沃尔玛公司挣钱的原因。图 9-4 说明了资金周转速度对企业盈利的重要性。

企业营运能力指标就是衡量企业运用资产创造收入与利润的速度快慢，通常用××资产周转率来衡量。如何计算××资产周转率呢？

举个例子，张先生与李先生都平均占用 20 万元的资金倒卖服装，他们经营的服装毛利率都是 20%（即售价为 25 元/件的服装，进价为 20 元/件），张先生的服装倒卖的速度更快，平均一个季度倒卖更新服装一次，李先生的服装平均 1 年才周转一次，那么张先生 1 年的营业收入是 100 万元（25×4），1 年的营业成本是 80 万元（20×4），1 年的毛利是 20 万元；李先生 1 年的营业收入是 25 万元，成本是 20 万元，毛利是 5 万元；可以用存货周转率（年营运成本÷存货资金平均占用）来反映存货这项资产的营运能力，张先生的存货周转率 4 次（80÷20）；李先生的存货周转率 1 次（20÷20）。

注意，判断企业营运能力有以下五个主要指标：应收账款周转率、存货周转率、流动资产周转率、固定资产周转率和总资产周转率；其中，除存货周转率指标的分子用的是"年营运成本"（即利润表中的"营业成本"），其他周转率指标的计算一律用"年营运收入"（即利润表中的"营业收入"）。

【任务六：课堂回答】

假设企业将每次销售回收的钱全部用于购买存货投入运营，依据图 9-4 的资料，请分别计算存货资金 1 年分别周转一次、两次与四次的利润差别。

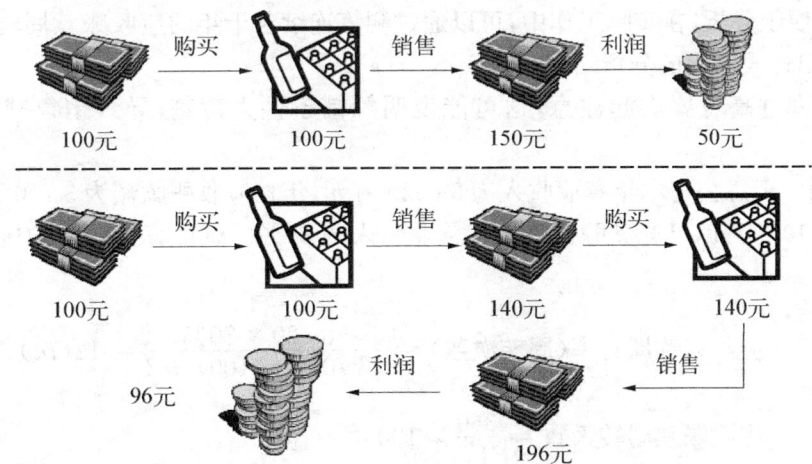

图 9-4　资产周转率与利润

企业营运能力是运用资产创造收入的能力，是盈利能力的基础，主要指企业营运资产的效率与效益。判断企业营运能力的指标主要有：应收账款周转率、存货周转率、流动资产周转

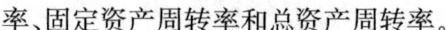

率、固定资产周转率和总资产周转率。

（一）应收账款周转率

应收账款周转率是反映企业应收账款周转速度的比率。它说明一定期间内（通常为1年）企业应收账款转化为现金的平均次数。其计算公式如下：

$$应收账款周转率（周转次数）= \frac{赊销收入净额}{平均应收账款余额}$$

其中，

$$平均应收账款余额 = \frac{应收账款期初余额 + 应收账款期末余额}{2}$$

用时间表示的应收账款周转速度为应收账款周转天数，也称平均应收账款回收期或平均收现期。它表示公司从获得应收账款的权利到收回款项、变成现金所需要的时间。其计算公式如下：

$$应收账款周转天数 = \frac{360}{应收账款周转率}$$

应收账款在流动资产中具有举足轻重的地位。企业的应收账款如能及时收回，企业的资金使用效率便能大幅提高。应收账款周转率反映了企业应收账款变现速度的快慢以及管理效率的高低。在一定期间内，企业的应收账款周转率越高，周转次数越多，表明企业应收账款回收速度越快，企业的经营管理的效率越高，资产流动性越强。同时，较高的应收账款周转率可以有效地减少收款费用和坏账损失，从而相对增加企业流动资产的收益；反之，则相反。

在计算分析应收账款周转率指标时，应注意以下几个问题：

（1）企业外部人员分析时，赊销收入净额指标往往不容易得到，因此在计算应收账款周转率时一般可采用营业收入。

（2）公式中的应收账款数额应包括资产负债表中"应收账款"与"应收票据"等项目全部赊销应收账款在内，并应使用扣除坏账准备后的净额。

（3）为了便于分析，在实际工作中，可以通过测算连续若干年的应收账款周转率指标与本期对比，以得出比较准确的分析结论。

（4）周转率过高也要引起注意，这可能说明赊销条件太苛刻，导致销售减少甚至失去客户。

【例9-5】 天霖公司本年营业收入为58 520万元，年初应收账款额为3 700万元，年末应收账款额为4 100万元，已知其赊销收入占营业收入的80%。试计算该公司的应收账款周转率和周转天数。

$$应收账款周转率（周转次数）= \frac{58\,520 \times 80\%}{(3\,700 + 4\,100) \div 2} = 12（次）$$

$$应收账款周转天数 = \frac{360}{12} \times 100\% = 30（天）$$

（二）存货周转率

存货周转率是反映企业存货周转速度的比率。它说明一定期间内企业存货转化为现金的平均次数，是反映企业流动资产流动性的另外一个重要指标。其计算公式如下：

$$存货周转率（周转次数） = \frac{营业成本}{存货平均余额}$$

其中，

$$存货平均余额 = \frac{期初存货 + 期末存货}{2}$$

存货周转速度也可以用周转天数来表示，其计算公式如下：

$$存货周转天数 = \frac{360}{存货周转率}$$

存货周转率指标的好坏反映企业存货管理水平的高低，是整个企业管理的一项重要内容。首先，它和企业的获利能力直接相关。在一定时期内，存货周转速度越快，企业的经营管理效率越高，资产流动性越强，则企业的利润率越高（在企业有利经营的条件下）。其次，它还影响到企业的短期偿债能力，一般来说，存货周转率越高，存货的占用水平越低，流动性越强，存货转换为现金或应收账款的速度越快。因此，提高存货周转率可以提高企业的变现能力。

【例 9 - 6】　天霖公司年初存货余额为 3 900 万元，年末存货余额为 5 020 万元，主营业务成本为 40 964 万元。试计算其存货周转率和周转天数。

$$存货周转率（周转次数） = \frac{40\ 964}{(3\ 900 + 5\ 020) \div 2} = 9.2（次）$$

$$存货周转天数 = \frac{360}{9.2} = 39（天）$$

（三）流动资产周转率

流动资产周转率是企业一定时期营业收入与平均流动资产总额的比率，反映企业一定期间内（通常为 1 年）流动资产周转的次数。其计算公式如下：

$$流动资产周转率（周转次数） = \frac{营业收入}{流动资产平均余额}$$

其中，

$$流动资产平均余额 = \frac{期初流动资产合计数 + 期末流动资产合计数}{2}$$

$$流动资产周转天数 = \frac{360}{流动资产周转率}$$

该指标反映了企业流动资产的周转速度，是从企业流动性最强的流动资产角度对企业资产的利用效率进行分析，以进一步揭示影响企业资产质量的主要因素。在一般情况下，该指标越高，表明企业流动资产周转速度越快，利用越好。流动资产周转越快，相当于在一定时期内流动资产投入越多，在一定程度上增强了企业的盈利能力。

【例 9 - 7】　天霖公司年初流动资产总额为 9 800 万元，年末固定资产净值为 12 100 万元，本年销售额为 58 520 万元。试计算其流动资产周转率和周转天数。

$$流动资产周转率（周转次数） = \frac{58\ 520}{(9\ 800 + 12\ 100) \div 2} = 5.3（次）$$

$$流动资产周转天数 = \frac{360}{5.3} = 68（天）$$

（四）固定资产周转率

固定资产周转率是企业一定时期内营业收入与平均固定资产净值的比率，它说明企业一定期间内（通常为 1 年）固定资产周转的次数。其计算公式如下：

$$固定资产周转率（周转次数）= \frac{营业收入}{平均固定资产净值}$$

其中，

$$平均固定资产净值 = \frac{期初固定资产净值 + 期末固定资产净值}{2}$$

$$固定资产周转天数 = \frac{360}{固定资产周转率}$$

在一般情况下，固定资产周转率越高，表明企业固定资产利用越充分，说明企业固定资产投资得当，比较能充分发挥固定资产的使用效率；反之，则说明固定资产使用效率不高，提供的生产经营成果不多，企业的营运能力较差。

【例 9 - 8】　天霖公司年初固定资产净值为 8 502 万元，年末固定资产净值为 10 100 万元，本年销售额 58 520 万元。试计算其固定资产周转率和周转天数。

$$固定资产周转率（周转次数）= \frac{58\,520}{(8\,502 + 10\,100) \div 2} = 6.3（次）$$

$$固定资产周转天数 = \frac{360}{6.3} = 57（天）$$

（五）总资产周转率

总资产周转率是指企业一定时期内营业收入与资产总额的比率，它说明企业在一定期间内（通常为 1 年）总资产周转的次数。其计算公式如下：

$$总资产周转率（周转次数）= \frac{营业收入}{平均资产总额}$$

其中，

$$平均资产总额 = \frac{期初资产总额 + 期末资产总额}{2}$$

$$总资产周转天数 = \frac{360}{总资产周转率}$$

企业的总资产周转率反映总资产的周转速度。总资产周转率越高，周转次数越多，表明总资产周转速度越快，说明企业的全部资产进行经营活动的效果越好，企业的经营效率越高，进而使企业的偿债能力和盈利能力得到增强；反之，则表明企业利用全部资产进行经营活动的能力差、效率低，最终还将影响企业的盈利能力。企业应采取各项措施来提高企业的资产利用程度，对那些多余闲置的资产及时进行处理，加速资产周转速度。

【例 9 - 9】　天霖公司本年营业收入为 58 520 万元，年初总资产余额为 16 500 万元，年末总资产余额为 20 120 万元。试计算其总资产周转率和总资产周转天数。

$$总资产周转率（周转次数）= \frac{58\,520}{(16\,500 + 20\,120) \div 2} = 3.2（次）$$

$$总资产周转天数 = \frac{360}{3.2} = 112.5（天）$$

【任务七：课堂实训】

阅读本部分内容后，请根据本章［情境描述］中给出的山东美晨生态环境股份有限公司 2014—2017 年资产负债表（见表 9-1）和利润表（见表 9-2）完成以下计算和分析：

（1）计算该公司 2015—2017 年总资产周转率、固定资产周转率、流动资产周转率、应收账款周转率及存货周转率等运营能力指标，并将计算结果填入表 9-14。

表 9-14　　　　　　　　　　　　　　　营运能力指标趋势分析

年度	总资产周转率	固定资产周转率	流动资产周转率	应收账款周转率	存货周转率
2015					
2016					
2017					

（2）根据上述计算结果撰写 150 字以内的营运能力分析报告。

三、盈利能力分析

【任务八：盈利能力分析】

阅读本部分内容后，请根据本项目［情境描述］中给出的山东美晨生态环境股份有限公司 2014—2017 年资产负债表（见表 9-1）和利润表（见表 9-2），以该公司为分析主体，完成以下计算和分析：

（1）计算该公司 2014—2017 年经营获利能力指标：营业毛利率、营业净利率、成本费用利润率；计算该公司 2014—2017 年投资收益能力指标：净资产收益率、总资产收益率，并将计算结果填入表 9-15 中。

表 9-15　　　　　　　　　　　　　　　盈利能力指标趋势分析

年度	经营获利能力			投资获利能力	
	营业毛利率	营业净利率	成本费用利润率	净资产收益率	总资产收益率
2014					
2015					
2016					
2017					

（2）2017 年，该公司未发放优先股股利，流通在外普通股股数为 807 262 506 000 000 股，2017 年度公司合并利润表的综合收益总额为 618 397 395.57 元；2017 年 12 月 29 日股票均价为 9 元/股。请根据上述数据，计算该公司 2017 年每股收益和市盈率。

（3）根据计算结果，对该公司收益能力作出评价，写出 100 字以内的盈利能力分析报告。

盈利能力也称为获利能力，是指企业获取利润的能力。在经营活动中是否具有较强的获

利能力,对企业的生存发展至关重要。反映企业盈利能力的指标主要有两类:反映经营获利能力的营业毛利率、营业净利率、成本费用利润率等指标;反映投资获利能力的净资产收益率、总资产收益率等指标。

（一）经营获利能力分析

1. 营业毛利率

毛利是企业营业收入扣除营业成本之后的差额。毛利率是指毛利与营业收入的对比关系,其计算公式如下:

$$营业毛利率 = \frac{营业收入 - 营业成本}{营业收入} \times 100\%$$

营业毛利率被广泛用来匡算企业获利能力的大小。较高的毛利率预示着企业获取较多利润的把握性比较大;反之,如果营业毛利率偏低,则企业最终获取的利润就低。很明显,企业应当努力降低成本,提高毛利率。

【例 9 - 10】 光明公司 2017 年度营业收入为 2 850 万元,营业成本为 2 503 万元。试计算其营业毛利率。

$$营业毛利率 = \frac{2\,850 - 2\,503}{2\,850} \times 100\% = 12.18\%$$

光明公司的营业毛利率仅 12.18%,可见盈利情况不是很理想,当然,这个指标应当再结合行业指标和其他指标更有说服力。

2. 营业净利率

营业净利率通常也被称为销售净利率,是指净利与营业收入的百分比,其计算公式如下:

$$营业净利率 = \frac{净利润}{营业收入} \times 100\%$$

该指标反映每 1 元营业收入最终能给企业带来多少利润,表明营业收入的利润水平。营业净利率低,说明企业经营管理者没能创造出足够多的销售收入业绩或未能控制好成本费用,或者两者兼而有之,因此该指标被广泛地用来衡量企业盈利水平和经营管理水平。

【例 9 - 11】 承[例 9 - 10],光明公司 2017 年度净利润为 195 万元。试计算其营业净利率。

$$营业净利率 = \frac{195}{2\,850} \times 100\% = 6.84\%$$

3. 成本费用利润率

成本费用利润率是指利润总额与成本费用总额的比率,它反映企业生产经营过程中发生的耗费与获得利润之间的关系。其计算公式如下:

$$成本费用利润率 = \frac{利润总额}{成本费用总额} \times 100\%$$

其中,

$$成本费用总额 = 营业成本 + 税金及附加 + 销售费用$$
$$+ 管理费用 + 财务费用 + 资产减值损失$$

【例 9 - 12】　承[例 9 - 10]，光明公司 2017 年度利润总额为 260 万元，管理费用为 35 万元，销售费用为 20 万元，财务费用为 96 万元，税金及附加为 5 万元，资产减值损失为 0。试计算成本费用利润率。

$$成本费用利润率 = \frac{260}{2\,503 + 35 + 20 + 96 + 5} \times 100\% = 9.78\%$$

成本费用利润率应当越高越好，说明企业取得收益的代价越小，盈利能力越强，企业在控制成本费用工作方面成效也越大。通过这个比例，既可评价企业获利能力的强弱，也可以评价企业对费用的控制能力和控制水平。

（二）投资获利能力分析

1. 净资产收益率

净资产收益率（rate of return on common stockholders' Equity，ROE）又称股东权益收益率、净资产报酬率等，是企业净利润除以平均净资产（即所有者权益）得到的百分比，其计算公式如下：

$$净资产收益率 = \frac{净利润}{所有者权益平均余额} \times 100\%$$

$$所有者权益平均余额 = \frac{期初所有者权益余额 + 期末所有者权益余额}{2}$$

【例 9 - 13】　承[例 9 - 10]和[例 9 - 11]，光明公司 2017 年度期初所有者权益为 880 万元，期末所有者权益为 945 万元。试计算净资产收益率。

$$净资产收益率 = \frac{195}{(880 + 945) \div 2} \times 100\% = 21.37\%$$

净资产收益率指标反映股东权益的收益水平，用以衡量企业运用自有资本的效率。指标值越高，说明投资带来的收益越高，所有者权益的盈利能力越强。按照巴菲特的观点，判断一家企业获利能力高低最重要的指标就是净资产收益率。美国的杜邦公司最先采用的杜邦分析法，就是以净资产收益率为出发点和主线，层层递推，得到揭示企业经营状况的其他指标工具，并一起构成一个完整的分析体系，最终对企业经营发展进行一个全面完整深入的分析。杜邦分析的内容将在本章第三节中作详细介绍。

2. 总资产收益率

总资产收益率（return on total assets，ROA）又称为总资产报酬率或总资产利润率，是企业息税前利润（$EBIT$）与企业平均资产总额的比率。该比率从整体上反映了企业资产的利用效果，说明企业运用其全部资产获取利润的能力。其计算公式如下：

$$总资产收益率 = \frac{息税前利润}{平均资产总额} \times 100\%$$

【例 9 - 14】　承[例 9 - 10]和[例 9 - 12]，光明公司 2017 年期初资产总额为 1\,693 万元，期末资产总额为 2\,020 万元，财务费用为 96 万元。试计算其总资产收益率。

$$总资产收益率 = \frac{260 + 96}{(1\,693 + 2\,020) \div 2} \times 100\% = 19.18\%$$

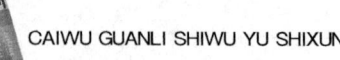
　　总资产收益率是分析公司盈利能力时一个非常有用的比率,是衡量企业总资产收益能力的指标。总资产收益率的高低直接反映了企业的竞争实力和发展能力,也是决定企业是否应举债经营的重要依据。在考核企业利润目标的实现情况时,投资者往往关注与投入资产相关的报酬实现效果,并经常结合每股收益(EPS)及净资产收益率(ROE)等指标来进行判断。对于净资产所剩无几的企业来说,尽管净资产收益率指标数值相对较高,但仍不能说明其风险程度较小,如果总资产收益率也较高,才能说明企业经营水平高,经营业绩好。

　　注意,总资产收益率指标计算公式中的分子采用何种数据有不同的观点,即:净利润,净利润＋利息,息税前利润。本书采用最后一种观点。在进行实际分析时可根据实际情况选用。需要注意的是,无论采用哪一个数据,比较对象的计算口径应当是一致的。不能计算甲企业的总资产收益率时用净利润,计算乙企业的总资产收益率时又用息税前利润。

 【知识链接——衡量上市公司价值的常用财务指标】

　　财务管理的目标是企业价值最大化,企业的价值大小取决于企业的盈利能力。以下三个指标是对上市公司价值分析最常用的三个分析指标。

　　一、普通股每股收益

　　普通股每股收益(earning per-share, EPS)也称普通股每股利润或每股盈余,是指股份有限公司实现的净利润总额减去优先股股利后与已发行在外的普通股股数的比率。其计算公式如下:

$$普通股每股收益 = \frac{净利润 - 优先股股利}{发行在外的普通股股数}$$

　　该指标是衡量上市公司获利能力的重要财务指标,能反映普通股每股的盈利能力,便于对每股价值的计算,因此被广泛使用。每股收益越多,说明每股盈利能力越强。值得注意的是,每股收益并不反映股票所含有的风险,并且每股收益多并不意味着多分红。为克服每股收益指标的局限性,往往还要考虑其他财务指标。

　　二、市盈率

　　市盈率(price to earning ratio, PE 或 P/E),是普通股每股股价与每股收益的比率。其计算公式如下:

$$市盈率 = \frac{普通股每股市场价格}{普通股每股收益}$$

　　该公式可以理解为投资人愿为获取公司每 1 元收益付出多高的价格。市盈率是估计普通股价值的最基本、最重要的指标之一,表明了市场对公司的共同期望,该比率越高,说明市场对公司的未来越看好。一般认为该比率保持在 20～30 是正常的,过小说明股价低,风险小,值得购买;过大则说明股价高,风险大,购买时应谨慎。但是,市盈率过低的股票往往是投资者认为其前景黯淡、持有风险较大的股票。

　　需要注意的是,市盈率作为衡量上市公司价格和价值关系的一个指标,其高低标准并非是绝对的。不同行业、不同市场的市盈率是不同的,而且经常发生变化。市盈率高低受很多因素的影响,包括投机炒作等,因此观察市盈率的长期变动趋势很重要。而且,投资者要结合其他信息,才能运用市盈率指标判断股票的价值。

（续上）

> 三、普通股每股股利
>
> 普通股每股股利是指普通股股利总额与流通在外普通股股数的比值。其计算公式如下：
>
> $$普通股每股股利 = \frac{普通股股利总额}{发行在外的普通股股数}$$
>
> 该指标表明在某一时期内每股普通股能够分享多少股利收益。该指标的数值越高，不仅能够体现出公司具有较强的获利能力，而且能引起股东的关注。一般认为，每股股利如能逐年稳定地增长，就能提高该股票的质量。但是，分析该项指标时应注意公司所采取的股利政策。

四、发展能力分析

【任务九：发展能力分析】

（1）阅读本部分内容后，根据本项目［情境描述］所给出的山东美晨生态环境股份有限公司2014—2017年资产负债表（见表 9-1）和利润表（见表 9-2），分别计算 2015—2017 年的营业收入增长率、资本保值增值率、总资产增长率和营业利润增长率指标，将计算结果填入表 9-16。

表 9-16　　　　　　　　　　　　　　发展能力分析

年度	营业收入增长率	资本保值增值率	总资产增长率	营业利润增长率
2015				
2016				
2017				

（2）根据上述计算结果撰写 100 字以内的企业发展能力分析报告。

发展能力是企业在生存的基础上，扩大规模、壮大实力的潜在能力。分析发展能力主要考察以下四项指标：营业收入增长率、资本保值增值率、总资产增长率和营业利润增长率。

（一）营业收入增长率

营业收入增长率是企业本年营业收入增长额与上年营业收入总额的比率。它反映企业营业收入的增减变动情况，是评价企业成长状况和发展能力的重要指标。其计算公式如下：

$$营业收入增长率 = \frac{本年营业收入增长额}{上年营业收入总额} \times 100\%$$

其中，　　　　　营业收入增长额 = 本年营业收入总额 － 上年营业收入总额

该指标若大于 0，表明企业本年营业收入有所增长，指标值越高，表明增长速度越快，企业市场前景越好。若该指标小于 0，则说明产品或服务不适销对路、质次价高，或是在售后服务等方面存在问题，市场份额萎缩。该指标在实际操作时，应结合企业历年的营业收入水平、企业市场占有情况、行业未来发展及其他影响企业发展的潜在因素进行前瞻性预测，或者结合企

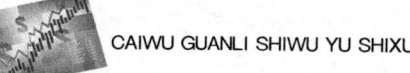

业前 3 年的营业收入增长率作出趋势性分析判断。

（二）资本保值增值率

资本保值增值率是企业扣除客观因素后的本年末所有者权益总额与年初所有者权益总额的比率，反映企业当年资本在企业自身努力下实际增减变动的情况。其计算公式如下：

$$资本保值增值率 = \frac{扣除客观因素后的本年年末所有者权益总额}{年初所有者权益总额} \times 100\%$$

什么是扣除客观因素后的本年年末所有者权益总额呢？真正意义的资本保值增值应当是由于企业赚取利润而使资本增加，所以如果是由于投资者追加投资或接受外来捐赠、资产评估等原因导致的所有者权益总额增加，虽然所有者权益增加了，但是并不是企业自身努力得来的，应当将这一部分增加数扣除。另外，有的年度进行利润分配之后，期末所有者权益总额就少了，应当将期末所有者权益总数加上本年度分配的利润。

该指标表示企业当年资本在企业自身的努力下的实际增减变动情况，是评价企业财务效益状况的辅助指标。它反映了投资者投入企业资本的保全性和增长性，该指标越高，表明企业的资本保全状况越好，所有者权益增长越快，债权人的债务越有保障，企业发展后劲越强。该指标通常应当大于 100%。

（三）总资产增长率

总资产增长率是企业本年总资产增长额同年初资产总额的比率，它反映企业本期资产规模的增长情况。其计算公式如下：

$$总资产增长率 = \frac{本年总资产增长额}{年初资产总额} \times 100\%$$

其中，　　　　　本年总资产增长额 = 资产总额年末数 - 资产总额年初数

总资产增长率是从企业资产总量扩张方面衡量企业的发展能力，表明企业规模增长水平对企业发展后劲的影响。该指标越高，表明企业一定时期内资产经营规模扩张的速度越快。但在实际分析时，应注意考虑资产规模扩张的质和量的关系，以及企业的后续发展能力，避免资产盲目扩张。

（四）营业利润增长率

营业利润增长率是企业本年营业利润增长额与上年营业利润总额的比率，反映企业营业利润的增减变动情况。其计算公式如下：

$$营业利润增长率 = \frac{本年营业利润增长额}{上年营业利润总额} \times 100\%$$

其中，　　　　　本年利润增长额 = 本年营业利润总额 - 上年营业利润总额

营业收入增长率大于零，表明企业本年营业收入有所增长。该指标值越高，表明企业营业收入的增长速度越快，企业市场前景越好。

【例 9 - 15】　长城股份有限公司 2017 年度财务报表中相关资料如表 9 - 17 所示（假设没有客观因素导致的所有者权益增加）。试计算总资产增长率、资本保值增值率、营业收入增长率、营业利润增长率等指标。

表 9 - 17	相 关 资 料 表	单位：元
项　　目	2016 - 12 - 31	2017 - 12 - 31
资产总额	28 539 248	33 728 058
所有者权益总额	21 728 500	23 078 964
营业收入	12 856 250	15 678 535
营业利润	7 489 246	9 176 234

$$总资产增长率 = \frac{33\,728\,058 - 28\,539\,248}{28\,539\,248} \times 100\% = 18.18\%$$

$$资本保值增值率 = \frac{23\,078\,964}{21\,728\,500} \times 100\% = 106.22\%$$

$$营业收入增长率 = \frac{15\,678\,535 - 12\,856\,250}{12\,856\,250} \times 100\% = 21.95\%$$

$$营业利润增长率 = \frac{9\,176\,234 - 7\,489\,246}{7\,489\,246} \times 100\% = 22.53\%$$

从上述指标可以看出，长城股份有限公司总资产增长率、营业收入增长率和营业利润增长率都较高，具有很好的成长性；资产保值增值率＞1，也说明资本保全状况良好，所有者权益增长势头良好。

【知识链接——从中国企业在世界 500 强的排名看其发展前景】

自 1994 年以来，美国《财富》杂志每年都要公布世界 500 强经济指标。该杂志世界 500 强的排名以公司年销售收入为主要评定依据，是衡量全球企业规模、效益和实力的最权威参照。

1929 年，美国人亨利·卢斯创办了《财富》杂志；1955 年，该杂志接受一位名叫埃德加·史密斯的编辑的建议，开始采取以上一年销售收入为主要参数对美国 500 家大工业公司进行排名的办法；1995 年，该杂志开始不再对工业企业与服务企业分别排名，而是混合地排出美国 500 强与世界 500 强的名次。

世界 500 强是世界各国经济实力的标志。以 2012 年数据为例，2012 年各国上榜企业的数量和国家的经济实力排名有着惊人的相似，尤其是上榜企业数量最多的 6 个国家，同时也是在 GDP 世界排名中最靠前的 6 个国家。2012 年入围世界 500 强的企业里，上榜企业数量最多的国家依次是：美国 132 家，中国 79 家，日本 68 家，德国 32 家，法国 32 家，英国 27 家，韩国 13 家。而最新公布的数据显示在 2011 年 GDP 世界排名中位居前 10 位的国家依次是：美国、中国、日本、德国、法国、英国、意大利、巴西、加拿大、俄罗斯。1992 年，中国首次进入全球 500 大服务公司行列；而在 10 年前的 2002 年，仅有 11 家中国企业上榜；此后，中国企业连续 9 年增加，由 11 家上榜到 79 家上榜，是世界经济版图 10 年来最大变化。

任务 9.3 进行杜邦综合分析

【导读】

山东美晨生态环境股份有限公司总经理说:"现在你们已经对公司偿债能力、营运能力、盈利能力、发展能力等情况进行了单项分析,但这些单项分析还不能说明企业总体财务状况,现在请你们将这些从不同侧面反映公司状况的结果进行综合,对公司经营状况给出一个总的结论并提出一些经营建议。"总经理的这一要求是要公司财务人员进行财务报表的综合分析。

在实践中,财务报表综合分析有许多方法,最常用的方法就是杜邦分析法。杜邦分析法从投资人最关心的指标——净资产收益率出发,通过对该指标的层层分解、逐步深入,将企业在某一时期的营业成果和资产营运状况全面联系在一起,构成一个完整的分析体系。杜邦财务分析体系如图9-5所示。

【任务十:填图与分析】

请采用杜邦分析法,完成山东美晨生态环境股份有限公司的财务综合分析。

(1) 阅读本部分内容,填制山东美晨生态环境股份有限公司2017年度杜邦分析图。根据本章[情境描述]中给出的财务分析基本资料,查阅与计算相关指标,并将数据填入图9-5中的中括号中。

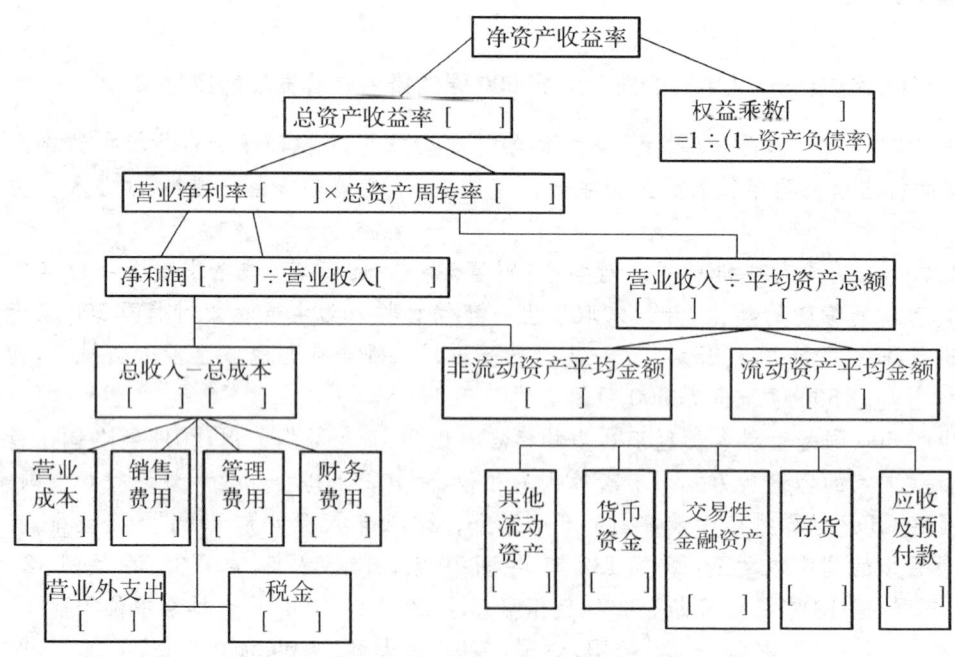

图 9-5 山东美晨生态环境股份有限公司杜邦财务分析体系

(2) 根据本章[情境描述]中给出的山东美晨生态环境股份有限公司近3年财务分析基本资料,计算相关指标,并将计算结果填入表9-18中。

| 表 9 – 18 | | 杜邦指标体系的趋势分析 | |
指　　标	2015 年	2016 年	2017 年
净资产收益率			
权益乘数			
资产负债率			
总资产收益率			
营业净利率			
总资产周转率			
存货周转率			

（3）根据上述图表资料，结合山东美晨生态环境股份有限公司的具体情况，撰写 300 字以内的杜邦综合分析报告，并提出相关建议。

杜邦财务分析体系简称杜邦体系（the Du Pont system），是利用各主要财务比率指标间的内在联系，对企业财务状况及经济效益进行综合系统分析评价的方法。该体系可通过绘制杜邦分析图来进行，它是以净资产收益率为龙头，以总资产收益率和权益乘数为核心，重点揭示企业获利能力及权益乘数对净资产收益率的影响，以及各相关指标间的相互影响作用关系。杜邦分析法因其最初由美国杜邦公司成功应用，所以得名。

一、杜邦财务分析体系

杜邦分析法通过解构净资产收益率，层层分解，逐步深入，将企业在某一时期的营业成果以及资产营运状况全面联系在一起，构成一个完整的分析体系。

（一）杜邦分析式

1. 解构净资产收益率——联系资产总额

$$净资产收益率 = \frac{净利润}{所有者权益平均余额} \times 100\%$$
$$= \frac{净利润}{平均资产总额} \times \frac{平均资产总额}{所有者权益平均余额} 100\%$$
$$= 总资产收益率 \times 权益乘数$$

2. 解构总资产收益率——联系营业收入

$$总资产收益率 = \frac{净利润}{平均资产总额} \times 100\%$$
$$= \frac{净利润}{营业收入} \times \frac{营业收入}{平均资产总额} \times 100\%$$
$$= \frac{净利润}{营业收入} \times \frac{营业收入}{平均资产总额} \times 100\%$$
$$= 营业净利率 \times 总资产周转率$$

3. 得出杜邦分析式

通过上面的分解，可以知道，决定净资产收益率高低的因素有：营业净利率、总资产周转

率、权益乘数三个方面。这就是杜邦分析式,其计算公式如下:

$$净资产收益率 = 营业净利率 \times 总资产周转率 \times 权益乘数$$

（二）杜邦分析图

把各项财务指标间的关系绘制成如图 9-6 所示的杜邦分析图,通过自上而下的分析,从净资产收益率出发研究分析企业的营业净利率、总资产周转率、权益乘数;并从这些指标出发进一步分析探究该企业的利润构成情况(见利润表)、企业的资产构成及资产权益状况(见资产负债表)、企业各项资产的营运效率等。通过从上到下的全面综合分析,就可以了解企业财务状况的全貌以及各项财务指标间的结构关系,从而为决策者优化经营结构和理财结构、提高企业偿债能力和经营效益提高了基本思路。

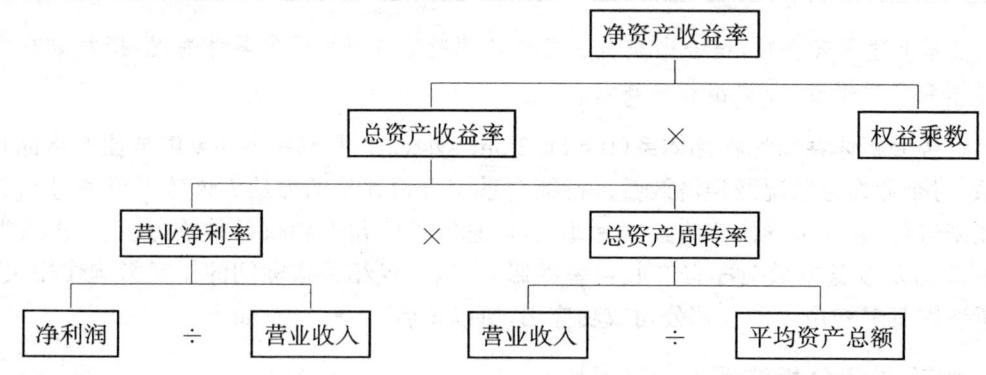

图 9-6 杜邦分析图

从上述杜邦财务分析体系的解构可以看出,提高净资产收益率的措施包括:扩大销售;节约成本;合理投资;加速资金周转;控制风险,优化资本结构等。

注意,杜邦分析式的口径必须一致,具体来说,各项比率的计算中,凡是涉及资产负债表项目的,公式中均使用平均数(如计算权益乘数时,以平均资产总额除以所有者权益平均余额)。在实际分析中,为了简化计算,也可以使用资产负债表项目期末数的做法。但是要注意,无论采用何种指标,必须口径一致,这样计算出来的结果才有意义。比方说,如果计算权益乘数使期末资产除以期末所有者权益,计算总资产收益率时分母又使用平均资产总额,这样口径不一致,公式必定不平衡,计算结果必定错误。

二、杜邦分析法的应用

杜邦分析法可以解释指标变动的原因和变动趋势,并为采取措施指明方向。下面以一家上市公司——宏翔机械股份有限公司为例,来说明杜邦分析法的运用。

【例 9-16】 宏翔机械股份有限公司 2016—2017 年的基本财务数据和财务比率见表 9-19 和表 9-20。

表 9-19 基本财务数据 单位:万元

年　　度	净利润	营业收入	资产总额	负债总额	全部成本
2016	10 284.04	411 224.01	306 222.94	205 677.07	403 967.43
2017	12 653.92	757 613.81	330 580.21	215 659.54	736 747.24

表 9 - 20 财 务 比 率

年　　度	2016 年	2017 年
净资产收益率	0.095	0.112
权益乘数	2.955	2.874
资产负债率	0.662	0.652
总资产收益率	0.032	0.039
营业净利率	0.025	0.017
总资产周转率	1.292	2.290

注：此处各项比率计算公式中凡是涉及资产负债表的相关项目的，均采用平均值。

具体分析过程如下：

该公司的净资产收益率在 2016—2017 年出现了一定程度的好转，从 2016 年的 0.095 增加至 2017 年的 0.112。企业的投资者在很大程度上依据这个指标来判断是否投资或是否转让股份，考察经营者业绩和决定股利分配政策。这些指标对公司的管理者也至关重要。

首先，对净资产收益率进行分解：

$$净资产收益率 = 总资产收益率 \times 权益乘数$$

2016 年：　　　　$0.095 = 0.032 \times 2.955$

2017 年：　　　　$0.112 = 0.039 \times 2.874$

经过分解表明，净资产收益率的改变是由于资本结构的改变（权益乘数下降），同时资产利用效果出现变动（总资产收益率上升）。总资产收益率的上升不但抵销了权益乘数下降带来的负面影响，而且还带动了净资产收益率的提升。

其次，对总资产收益率进行分解：

$$总资产收益率 = 营业净利率 \times 总资产周转率$$

2016 年：　　　　$0.032 = 0.025 \times 1.292$

2017 年：　　　　$0.039 = 0.017 \times 2.290$

通过分解可以看出，2017 年的总资产周转率有所提高，说明资产的利用得到了比较好的控制，显示出比 2016 年较好的效果，表明该公司利用其总资产产生收入的效率在增加。在总资产周转率提高的同时，营业净利率的减少阻碍了总资产收益率的增加。

再次，对营业净利率进行分解：

$$营业净利率 = 净利润 \div 营业收入$$

2016 年：　　　　$0.025 = 10\ 284.04 \div 411\ 224.01$

2017 年：　　　　$0.017 = 12\ 653.92 \div 757\ 613.81$

该公司 2017 年大幅度提高了营业收入，但是净利润的提高幅度却很小，分析其原因是成本费用增多，从表 9 - 19 可知：全部成本从 2016 年 403 967.43 万元增加到 2017 年 736 747.24

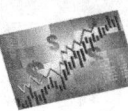

万元,增加幅度较大。

最后,得出如下结论:

(1)净资产收益率有所增加的主要原因是总资产周转率大幅提高,并且抵销了营业净利率和权益乘数下降带来的负面影响。

(2)营业净利率降低的主要原因是全部成本过大。也正是因为全部成本的大幅度提高导致了净利润提高幅度不大,显示出该公司营业盈利能力的降低。

(3)权益乘数下降说明该公司资本结构在 2016—2017 年发生了变动。2017 年的权益乘数较 2016 年有所减小。说明公司负债程度降低,偿还债务能力增强,财务风险程度有所降低。该公司的权益乘数 2016 年和 2017 年一直处于 2~3,也即资产负债率在 50%~70%,属于激进战略型公司。管理者应该准确把握公司所处的环境,准确预测利润,合理控制负债带来的风险。

因此,宏翔机械股份有限公司当前最为重要的就是要努力减少各项成本,在控制成本上下力气,使营业净利率得到提高,同时要保持自己高的总资产周转率。

三、杜邦分析法的评价

杜邦分析法通过杜邦财务分析体系自上而下的分析,不仅可以揭示出企业各项财务指标间的结构关系,查明各项主要指标变动的影响因素,而且能较好地帮助管理者发现企业财务和经营管理中存在的问题,为决策者优化经营理财状况、提高企业经营效益提供了思路。因此,该方法得到普遍的认同,并在实际工作中得到广泛应用。

但是杜邦分析法也有一定的局限性,该方法更偏重于从企业所有者的利益角度进行分析。从杜邦财务分析体系看,在其他因素不变的前提下,资产负债率越高,净资产收益率就越高,这是利用财务杠杆的结果,但没有考虑财务风险因素,负债越多,财务风险越大,偿债压力越大。因此,杜邦分析法还要结合其他指标与方法进行分析。将杜邦分析法与其他分析方法结合,可以使得分析结果更完整、更科学。比如,以杜邦分析法为基础,结合专项分析法,进行一些后续分析,对有关问题作更深入、更细致的分析了解;也可结合比较分析法和趋势分析法,将不同时期的杜邦分析法得出的结果进行对比趋势化分析,从而形成动态分析,找出财务变化的规律,为预测、决策提供依据。

 本章框架

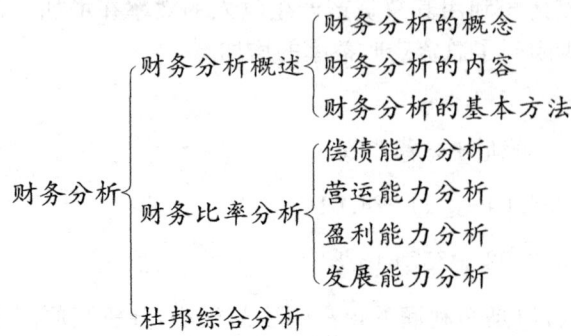

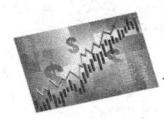

分项目练习题

项目1 认知财务管理基础

一、单项选择题

1. 在财务管理中,企业将所筹集到的资金投入使用的过程被称为(   )。
   - A. 广义投资
   - B. 狭义投资
   - C. 对外投资
   - D. 间接投资

2. 下列各项中,属于广义的投资而不属于狭义的投资的是(   )。
   - A. 购置固定资产
   - B. 购买其他公司的股票
   - C. 与其他企业联营
   - D. 投资于外部项目

3. 企业日常经营而引起的财务活动是(   )。
   - A. 投资活动
   - B. 筹资活动
   - C. 资金营运活动
   - D. 分配活动

4. 企业与国家行政管理者之间体现为(   )的财务关系。
   - A. 上级与下级
   - B. 强制与无偿
   - C. 投资与受资
   - D. 债权与债务

5. 企业财务关系中最为重要的关系是(   )之间的关系。
   - A. 股东与经营者
   - B. 股东与债权人
   - C. 股东、经营者、债权人
   - D. 企业与作为社会管理者的政府有关部门、社会公众

6. 下列经济活动中,能够体现企业与其投资者之间财务关系的是(   )。
   - A. 企业向国有资产投资公司交付利润
   - B. 企业向国家税务机关交纳税款
   - C. 企业向其他企业支付货款
   - D. 企业向职工支付工资

7. 财务管理的基本内容是指(   )。
   - A. 筹资、投资与用资
   - B. 预测、决策、预算、控制与分析
   - C. 资产、负债与所有者权益
   - D. 筹资管理、投资管理、营运资金管理与利润分配管理

8. 在市场经济条件下,财务管理的核心工作环节是(   )。

A. 财务预测　　　　B. 财务决策　　　　C. 财务控制　　　　D. 财务预算

9. 下列项目中,不属于财务管理的基本环节的是(　　)。

A. 财务预测　　　　B. 财务决策　　　　C. 财务控制　　　　D. 资金循环

10. 在财务管理工作环节中,起到承上启下作用的是(　　)。

A. 财务分析　　　　B. 财务决策　　　　C. 财务预算　　　　D. 财务控制

11. 在企业财务目标中,每股利润最大化较之利润最大化的优点在于(　　)。

A. 考虑了资金时间价值因素　　　　　B. 反映了创造利润与投入资本的关系

C. 考虑了风险因素　　　　　　　　　D. 能够避免企业的短期行为

12. 下列关于财务管理目标的说法中,反映了对企业资产保值增值的要求,并克服了管理上的片面性和短期行为的是(　　)。

A. 资本利润率最大化　　　　　　　　B. 每股利润最大化

C. 企业价值最大化　　　　　　　　　D. 利润最大化

13. 企业价值最大化目标强调的是企业的(　　)。

A. 实际利润额　　　　　　　　　　　B. 实际投资利润率

C. 预期获利能力　　　　　　　　　　D. 实际投入资金

14. 能够较好地反映企业价值最大化目标实现程度的指标是(　　)。

A. 税后净利　　　　　　　　　　　　B. 净资产收益率

C. 每股市价　　　　　　　　　　　　D. 剩余收益

15. 相对于每股利润最大化目标而言,企业价值最大化目标的不足之处是(　　)。

A. 没有考虑资金时间价值　　　　　　B. 没有考虑投资的风险价值

C. 不能反映企业潜在的获利能力　　　D. 不容易计量

16. 下列各项中,不属于解决经营者和所有者之间矛盾的方法是(　　)。

A. 限制性借债　　　B. 监督　　　　C. 解聘　　　　D. 激励

17. 下列各项中,(　　)环境是影响企业财务管理最直接的环境因素。

A. 法律　　　　　　B. 经济　　　　C. 金融　　　　D. 企业内部

18. 没有通货膨胀时,(　　)的利率可以视为纯利率。

A. 国库券　　　　　B. 金融债券　　　C. 短期借款　　　D. 公司债券

二、多项选择题

1. 下列经济行为中,属于企业投资活动的有(　　)。

A. 企业购置无形资产　　　　　　　　B. 企业提取盈余公积

C. 支付股息　　　　　　　　　　　　D. 企业购买股票

2. 企业目标对财务管理的要求有(　　)。

A. 以收抵支,到期偿债,减少破产风险　B. 增加收入,降低成本,使企业获利

C. 筹集企业发展所需资金　　　　　　D. 合理、有效地使用资金,使企业获利

3. 股东通过经营者伤害债权人利益的常用方式有(　　)。

A. 不经债权人的同意,投资于比债权人预期风险要高的新项目

B. 不顾工人的健康和利益

C. 不征得债权人同意而发行新债

D. 不尽最大努力去实现企业财务管理目标

4. 所有者与债权人的矛盾解决方式有(　　　)。

    A. 解聘　　　　　　B. 限制性借款　　　C. 收回借款　　　D. 激励

5. 影响财务管理的主要金融环境因素有(　　　)。

    A. 企业组织形式　　B. 金融市场　　　　C. 利息率　　　　　D. 金融机构

6. 纯利率的影响因素有(　　　)。

    A. 通货膨胀　　　　　　　　　　　　B. 资金供求关系

    C. 平均利润率　　　　　　　　　　　D. 国家调节

7. 一般而言,资金的利率的组成因素包括(　　　)。

    A. 纯利率　　　　　　　　　　　　　B. 违约风险报酬率

    C. 流动性风险报酬率　　　　　　　　D. 期限风险报酬率

8. 风险报酬率主要包括(　　　)风险报酬率。

    A. 违约　　　　　　　　　　　　　　B. 流动性

    C. 期限　　　　　　　　　　　　　　D. 通货膨胀

三、判断题

1. 财务管理的主要内容是投资、筹资和股利分配,因此,财务管理一般不会涉及成本问题。

    (　　　)

2. 企业与政府之间的财务关系体现为一种投资与受资关系。(　　　)

3. 财务管理的核心工作环节是财务预测。(　　　)

4. 利润额可以反映企业价值最大化目标的实现程度。(　　　)

5. 企业价值最大化直接反映了企业所有者的利益,但与企业经营者没有直接的利益关系。

    (　　　)

6. 接收是一种通过所有者约束经营者的办法。(　　　)

7. 短期证券市场由于交易对象易于变成货币或作为货币使用,所以也称资本市场。(　　　)

8. 金融市场是以货币为交易对象的市场。(　　　)

9. 从资金的借贷关系看,利率是一定时期运用资金的交易价格。(　　　)

10. 金融市场利率波动与通货膨胀有关,后者起伏不定,利率也随之而起落。(　　　)

11. 期限性风险报酬率是为了弥补因债务人无法按时还本付息而带来的风险,由债权人要求提高的利率。(　　　)

项目2　计算时间价值与风险价值

一、单项选择题

1. 资金时间价值的实质是(　　　)。

    A. 利息率　　　　　　　　　　　　　B. 资金周转使用后的价值增值额

    C. 企业的成本利润率　　　　　　　　D. 差额价值

2. 表示资金时间价值的利息率是(　　　)。

    A. 银行同期贷款利率

    B. 银行同期存款利率

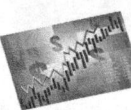

    C. 没有风险和没有通货膨胀条件下社会资金平均利润率

    D. 加权资本成本率

3. 当银行利率为 10% 时,一项 6 年后付款 800 元的购货,若按单利计息,相当于第 1 年年初一次现金支付的购价为(　　)元。

    A. 451.6　　　　　　　B. 500　　　　　　　　C. 800　　　　　　　　D. 480

4. 单利和复利是两种不同的计息方法,单利第 1 年的终值(　　)复利第 1 年的终值。

    A. 大于　　　　　　　　B. 小于　　　　　　　　C. 等于　　　　　　　　D. 无法确定

5. 为在第 5 年获本利和 100 元,若年利率为 8%,每 3 个月复利一次,若求现在应向银行存入多少钱,下列算式中,正确的是(　　)。

    A. $P = 100 \times (1+8\%)^5$　　　　　　　　B. $P = 100 \times (1+8\%)^{-5}$

    C. $P = 100 \times (1+8\%/4)^{5\times4}$　　　　　D. $P = 100 \times (1+8\%/4)^{-5\times4}$

6. 大华公司于 2018 年年初向银行存入 5 万元资金,年利率为 8%,每半年复利一次,则第 10 年年末大华公司可得到本利和为(　　)万元。

    A. 10　　　　　　　　　B. 8.96　　　　　　　　C. 9　　　　　　　　　D. 10.96

7. 在复利条件下,已知现值、年金和贴现率,求计算期数,应先计算(　　)。

    A. 年金终值系数　　　　　　　　　　　　B. 年金现值系数

    C. 复利终值系数　　　　　　　　　　　　D. 复利现值系数

8. 普通年金现值系数的倒数称为(　　)。

    A. 复利现值系数　　　　　　　　　　　　B. 普通年金终值系数

    C. 偿债基金系数　　　　　　　　　　　　D. 资本回收系数

9. 某人年初存入银行 1 000 元,假设银行按每年 10% 的复利计息,每年年末取出 200 元,则最后一次能够足额(200 元)提款的时间是(　　)。

    A. 5 年　　　　　　　　B. 第 8 年年末　　　　　C. 7 年　　　　　　　　D. 第 9 年年末

10. 以 10% 的利率借得 50 000 元,投资于寿命期为 5 年的项目,为使该投资项目成为有利的项目,每年至少应收回的现金数额为(　　)元。

    A. 10 000　　　　　　　B. 12 000　　　　　　　C. 13 189　　　　　　　D. 8 190

11. 王某退休时有现金 5 万元,拟选择一项回报比较稳定的投资,希望每个季度能获得收入 1 000 元补贴生活。那么,该项投资的实际报酬率应为(　　)。

    A. 8.24%　　　　　　　B. 4%　　　　　　　　　C. 2%　　　　　　　　　D. 10.04%

12. 有甲、乙两台设备可供选用,甲设备的年使用费比乙设备低 2 000 元,但价格高于乙设备 8 000 元。若资本成本为 10%,甲设备的使用期应长于(　　)年,选用甲设备才是有利的。

    A. 4　　　　　　　　　　B. 5　　　　　　　　　　C. 4.6　　　　　　　　　D. 5.4

13. 假如企业按 12% 的年利率取得贷款 200 000 元,要求在 5 年内每年年末等额偿还,每年的偿付额应为(　　)元。

    A. 40 000　　　　　　　B. 52 000　　　　　　　C. 55 482　　　　　　　D. 64 000

14. 从第 1 期起,在一定时期内每期期初等额收付的系列款项是(　　)。

    A. 先付年金　　　　　B. 后付年金　　　　　C. 递延年金　　　　　D. 普通年金

15. 预付年金终值的计算(　　)。

    A. 与普通年金的计算一样　　　　　　　　B. 比普通年金少计 1 年利息

C. 与普通年金的计算无关　　　　　　　　D. 比普通年金多计 1 年利息

16. 甲方案在 3 年中每年年初付款 500 元,乙方案在 3 年中每年年末付款 500 元,若利率为 10%,则两个方案第 3 年年末时的终值相差(　　)元。

　　A. 105　　　　　　B. 165.50　　　　　　C. 665.50　　　　　　D. 505

17. 某企业拟建立一项基金,每年年初投入 100 000 元,若利率为 10%,5 年后该项资本本利和将为(　　)元。

　　A. 671 600　　　　B. 564 100　　　　　C. 871 600　　　　　D. 610 500

18. 存本取息是(　　)。

　　A. 普通年金　　　　B. 预付年金　　　　C. 永续年金　　　　D. 递延年金

19. 下列年金中,只有现值没有终值的是(　　)年金。

　　A. 普通　　　　　　B. 即付　　　　　　C. 永续　　　　　　D. 先付

20. 某校准备设立永久性奖学金,每年计划颁发 36 000 元奖金,若年复利率为 12%,该校现在应向银行存入(　　)元本金。

　　A. 450 000　　　　B. 300 000　　　　　C. 350 000　　　　　D. 360 000

21. 企业发行债券,在名义利率相同的情况下,对其最不利的复利计息期是(　　)。

　　A. 1 年　　　　　　B. 半年　　　　　　C. 1 个季度　　　　D. 1 个月

22. 一项 500 万元的借款,借款期为 5 年,年利率为 8%,若每半年复利一次,年实际利率会高出名义利率(　　)。

　　A. 4%　　　　　　B. 0.24%　　　　　C. 0.16%　　　　　D. 0.8%

23. 若使复利终值经过 4 年后变为本金的 2 倍,每半年计息一次,则年名义利率应为(　　)。

　　A. 18.10%　　　　B. 18.92%　　　　　C. 37.84%　　　　　D. 9.05%

24. 某人借入年利率为 10% 的借款,借款期限为 2 年,借款利息每半年付一次,则借款的实际利率为(　　)。

　　A. 10.25%　　　　B. 10%　　　　　　C. 10.5%　　　　　D. 9.75%

25. 投资者甘冒风险进行投资的诱因是(　　)。

　　A. 可获得投资收益　　　　　　　　　　B. 可获得时间价值回报

　　C. 可获得风险报酬率　　　　　　　　　D. 可一定程度抵御风险

26. 企业某新产品开发成功的概率为 80%,成功后的投资报酬率为 40%,开发失败的概率为 20%,失败后的投资报酬率为 −100%,则该产品开发方案的预期投资报酬率为(　　)。

　　A. 18%　　　　　　B. 20%　　　　　　C. 12%　　　　　　D. 40%

27. 下列各项中,不属于经营性风险的是(　　)。

　　A. 新产品开发不成功　　　　　　　　　B. 利率变化

　　C. 消费爱好变化　　　　　　　　　　　D. 某种原材料价格变化

28. 甲方案的标准差系数是 1,乙方案的标准差系数是 2,如甲、乙两方案的期望值相同,则两方案的风险关系为(　　)。

　　A. 甲小于乙　　　　B. 甲大于乙　　　　C. 甲等于乙　　　　D. 无法确定

29. 下列关于标准离差与标准离差率的表述中,不正确的是(　　)。

　　A. 标准离差是反映概率分布中各种可能结果对期望值的偏离程度

　　B. 如果各方案的期望值相同,标准离差越大则风险越大

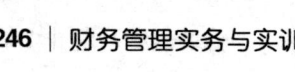

  C. 在各方案期望值不同的情况下,应借助于标准离差率衡量方案的风险程度,标准离差率越大则风险越大

  D. 标准离差和标准离差率的评价结果一般是相同的

二、多项选择题

1. 对于资金时间价值概念的理解,下列表述中,正确的有( )。

  A. 货币只有经过投资和再投资才会增值,不投入生产经营过程的货币不会增值

  B. 在一般情况下,资金的时间价值应按复利方式来计算

  C. 资金时间价值不是时间的产物,而是劳动的产物

  D. 不同时期的收支不宜直接进行比较,只有把它们换算到相同的时间基础上,才能进行大小的比较和比率的计算

2. 下列各项中,( )可以视为年金的形式。

  A. 直线法计提的折旧   B. 每月等额的房租

  C. 利滚利   D. 20年等额支付的养老保险费

3. 计算普通年金现值所必需的资料有( )。

  A. 年金   B. 终值   C. 期数   D. 利率

4. 下列关于年金的表述中,正确的有( )。

  A. 年金既有终值又有现值

  B. 永续年金是特殊形式的普通年金

  C. 递延年金是第一次收付款项发生的时间在第2期或第2期以后的年金

  D. 永续年金是特殊形式的即付年金

5. 下列各项中,属于即付年金终值系数的指标有( )。

  A. $\dfrac{(1+i)^n - 1}{i} \times (1+i)$ B. $\dfrac{1-(1+i)^{-n}}{i} \times (1+i)$

  C. $\dfrac{(1+i)^{n+1} - 1}{i} - 1$ D. $\dfrac{1-(1+i)^{-(n-1)}}{i} + 1$

6. 下列表述中,正确的有( )。

  A. 当利率大于0,计息期一定的情况下,年金现值系数一定都大于等于1

  B. 当利率大于0,计息期一定的情况下,年金终值系数一定都大于1

  C. 当利率大于0,计息期一定的情况下,复利终值系数一定都大于1

  D. 当利率大于0,计息期一定的情况下,复利现值系数一定都小于1

7. 下列各项中,既有现值又有终值的包括( )。

  A. 递延年金   B. 普通年金   C. 先付年金   D. 永续年金

8. 下列说法中,正确的有( )。

  A. 复利终值系数和复利现值系数互为倒数

  B. 普通年金终值系数和普通年金现值系数互为倒数

  C. 普通年金终值系数和偿债基金系数互为倒数

  D. 普通年金现值系数和资本回收系数互为倒数

9. 下列说法中,正确的有( )。

  A. 偿债基金的计算实际上是年金现值的逆运算

    B. 即付年金与普通年金的区别仅在于付款时间的不同

    C. 凡不是从第 1 期开始的年金都是递延年金

    D. 永续年金是期限趋于无穷的普通年金,它没有终值

10. 下列有关递延年金的说法中,正确的有( )。

    A. 递延年金的现值与递延期有关

    B. 递延年金的终值与递延期无关

    C. 递延年金的第一次支付发生在若干期以后

    D. 递延年金只有现值没有终值

11. 企业投资报酬率的构成内容有( )。

    A. 平均资金利润率   B. 货币时间价值率

    C. 通货膨胀补偿率   D. 风险报酬率

12. 风险与报酬的关系可表述为( )。

    A. 风险越大,期望报酬越大   B. 风险越大,期望投资报酬越小

    C. 风险越大要求的收益越高   D. 风险越大,获得的投资收益越小

13. 下列说法中,不正确的有( )。

    A. 风险越大,投资人获得的投资收益就越高

    B. 风险越大,意味着损失越大

    C. 风险是客观存在的,投资人无法选择是否承受风险

    D. 由于通货膨胀会导致市场利息率变动,企业筹资成本就会加大,所以由于通货膨胀而给企业带来的风险是财务风险即筹资风险

14. 按风险形成的原因,企业特有风险可划分为( )。

    A. 经营风险   B. 市场风险

    C. 可分散风险   D. 财务风险

15. 下列各项中,属于导致企业经营风险的因素有( )。

    A. 市场销售带来的风险

    B. 生产成本因素产生的风险

    C. 原材料供应地的政治经济情况变动带来的风险

    D. 生产组织不合理带来的风险

16. 下列各项中,可以用来衡量投资决策中项目风险的有( )。

    A. 报酬率的期望值   B. 各种可能的报酬率的离散程度

    C. 预期报酬率的方差   D. 预期报酬率的标准离差

三、判断题

1. 所有的货币都具有时间价值。   ( )

2. 从量的规定性看,资金时间价值是无风险无通货膨胀条件下的均衡点利率。   ( )

3. 在利息不断资本化的条件下,资金时间价值的计算基础应采用复利。   ( )

4. 在现值和利率一定的情况下,计息期数越少,则复利终值越大。   ( )

5. 在终值和计息期一定的情况下,贴现率越低,则复利现值越小。   ( )

6. 在利率和计息期相同的条件下,复利现值系数与复利终值系数互为倒数。   ( )

7. 年金是指每隔 1 年、金额相等的一系列现金流入或流出量。   ( )

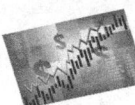

8. 当利率大于 0，计息期一定的情况下，年金现值系数一定大于 1。　　　　　（　　）

9. 一项借款的利率为 10％，期限为 7 年，其资本回收系数则为 0.21。　　　　（　　）

10. 即付年金和普通年金的区别在于计息时间与付款方式的不同。　　　　　　（　　）

11. 6 年分期付款购物，每年年初付款 500 元，设银行存款利率为 10％，该项分期付款相当于现在一次现金支付的购价是 2 395.42 元。　　　　　　　　　　　　（　　）

12. 永续年金既有终值又有现值。　　　　　　　　　　　　　　　　　　　　（　　）

13. 当年利率为 12％时，每月复利一次，即 12％为名义利率，1％为实际利率。　（　　）

14. 在实务中，当说到风险时，可能指的是确切意义上的风险，但更可能指的是不确定性，两者不作区分。　　　　　　　　　　　　　　　　　　　　　　　　　（　　）

15. 从财务角度讲，风险主要是指达到预期报酬的可能性。　　　　　　　　　（　　）

16. 财务风险是由通货膨胀而引起的风险。　　　　　　　　　　　　　　　　（　　）

17. 风险报酬率是指投资者因冒风险进行投资而获得的额外报酬率。　　　　　（　　）

18. 风险与收益是对等的，风险越大收益的机会越多，期望的收益率就越高。　（　　）

19. 两个方案比较时，标准离差越大，说明风险越大。　　　　　　　　　　　（　　）

20. 无论各投资项目报酬率的期望值是否相同，都可以采用标准离差比较其风险程度。
　　　　　　　　　　　　　　　　　　　　　　　　　　　　　　　　　　（　　）

四、计算分析题

1. 某企业购入国债 2 500 份，每份面值为 1 000 元，买入价格为 1 008 元，该国债期限为 5 年，年利率为 6.5％（单利），则到期企业可获得本利和共为多少元？

2. 某债券 3 年后到期，到期的本利和为 153.76 元，该债券的年利率为 8％（单利），则该债券目前的单利现值是多少元？

3. 某人将 10 000 元存入银行，年利率是 10％，按复利计算，5 年后此人可以从银行取出的现金总额是多少？

4. 某企业需要在 4 年后有 1 500 000 元的现金，现在有某投资基金的年收益率为 18％，现在企业应在该基金应投入多少元才能保证 4 年后的资金需求？

5. 某人 6 年后准备一次性付款 180 万元购买一套住房，他现在已经积累了 70 万元，若折现率为 10％，为了顺利实现购房计划，他每年还应积累多少钱？

6. 某人有一笔 5 年后到期的借款，本息合计 221 024 元，他决定从现在开始为还款存钱。他于每年年末等额存入银行一笔款项，若年利率 5％，他每年应存多少钱？

7. 某人想在以后的 5 年内每年年末从银行取出 10 000 元现金，如果利率为 10％，那么其应该向银行存入的现金是多少？

8. 企业年初借得 50 000 元贷款，10 年期，年利率为 12％，每年年末等额偿还，则每年应付的金额是多少？

9. 某企业于第 1 年年初借款 10 万元，每年年末还本付息额均为 2 万元，连续 8 年还清。请计算借款利率。

10. 某企业拟购买一台柴油机，更新目前的汽油机。柴油机价格较汽油机高 2 000 元，但每年可节约燃料费用 500 元。若利率为 10％，柴油机至少应使用多少年才有利？

11. 6 年分期付款购物，每年年初付款 500 元，利率为 10％，该项分期付款相当于现在一次现金支付的购价是多少？

12. 某人参加保险,每年投保金额为 2 400 元,投保年限为 25 年,则在投保收益率为 8% 的条件下,如果每年年末支付保险金 25 年后可得到多少现金(即求普通年金终值)?如果每年年初支付保险金 25 年后可得到多少现金(即求预付年金终值)?

13. 某人有一项投资,预计前 2 年没有现金流入,后 6 年每年年末流入 1 000 元,年利率为 10%,则其现值为多少?

14. 某人购买商品房,有三种付款方式:
    A. 每年年初支付购房款 80 000 元,连续支付 8 年。
    B. 从第 3 年年末开始,在每年年末支付房款 132 000 元,连续支付 5 年。
    C. 现在支付房款 100 000 元,以后在每年年末支付房款 90 000 元,连续支付 6 年。在市场资金收益率为 14% 的条件下,应该选择何种付款方式?

15. 某校计划建立教学奖学金,计划年支付奖学金 240 000 元,在市场资金收益率为 8% 的条件下,目前应投入多少资金?

16. 某企业有 A、B 两个项目,计划投资额均为 1 000 万元,净现值的概率分布如下表所示。

不同市场情况下净现值的概率分布表　　　　　　　金额单位:万元

市 场 情 况	概　率	A 项目	B 项目
好	0.2	200	300
一般	0.6	100	100
差	0.2	50	−50

试回答下述问题:① 分别计算 A、B 两个项目净现值的期望值。② 分别计算 A、B 两个项目期望值的标准离差。③ 比较 A、B 两个项目的优劣。

项目 3　选择资金筹集方式

一、单项选择题

1. 下列各项中,属于权益资金的筹资方式的是(　　　)。
   A. 利用商业信用　　　B. 发行公司债券　　　C. 融资租赁　　　D. 发行股票

2. 吸收直接投资和发行股票的共同优点是(　　　)。
   A. 有利于提高企业信誉　　　　　　B. 资金成本较低
   C. 有利于形成生产能力　　　　　　D. 筹资方式简便

3. 下列各项中,不能作为无形资产出资的是(　　　)。
   A. 专利权　　　　　　B. 商标权　　　　　　C. 非专利技术　　　D. 特许经营权

4. 下列权利中,不属于普通股股东权利的是(　　　)。
   A. 公司管理权　　　　　　　　　　B. 分享盈余权
   C. 优先认股权　　　　　　　　　　D. 优先分配剩余财产权

5. 下列各项中,属于普通股筹资缺点的是(　　　)。
   A. 能增强公司的信誉　　　　　　　B. 容易分散控制权

    C. 没有固定到期日,不用偿还   D. 使公司失去隐私权

6. 我国目前各类企业最为重要的资金来源是( )。
    A. 银行信贷资金   B. 国家资金
    C. 其他企业资金   D. 企业自留资金

7. 某公司拟发行一种面值为 1 000 元,票面年利率为 12%,期限为 3 年,每年付息一次的公司债券。假定发行时市场利率为 10%,则其发行价格应为( )元。
    A. 1 000   B. 1 050   C. 950   D. 980

8. 下列筹资方式中,一般情况而言,企业所承担的财务风险由大到小排列为( )。
    A. 融资租赁、发行股票、发行债券   B. 融资租赁、发行债券、发行股票
    C. 发行债券、融资租赁、发行股票   D. 发行债券、发行股票、融资租赁

9. 某公司发行债券,面值为 1 000 元,年利率为 8%,期限为 5 年,每年付息一次,以 961 元的价格折价发行,则发行时的市场利率为( )。
    A. 10%   B. 8%   C. 9%   D. 6%

10. 某债券面值为 1 000 元,票面利率为 10%,期限为 5 年,每半年付息一次。若市场利率为 10%,则此债券发行时的价格将( )。
    A. 高于 1 000 元   B. 低于 1 000 元   C. 等于 1 000 元   D. 不确定

11. 出租人既出租某项资产,又以该项资产为担保借入资金的租赁方式是( )。
    A. 经营租赁   B. 售后回租   C. 杠杆租赁   D. 直接租赁

12. 与其他负债资金筹集方式相比,下列各项中,属于融资租赁缺点的是( )。
    A. 资金成本较高   B. 财务风险大   C. 税收负担重   D. 筹资速度慢

13. 下列各项中,不属于融资租赁特点的是( )。
    A. 租赁期较长
    B. 租金较高
    C. 不得任意中止租赁合同
    D. 出租人与承租人之间并未形成债权债务关系

14. 下列各项中,不属于企业筹资方式的是( )。
    A. 吸收投资   B. 经营租赁   C. 商业信用   D. 长期借款

15. 下列各项中,不属于融资租赁租金构成项目的是( )。
    A. 租赁设备价款   B. 租赁期间利息
    C. 租赁手续费   D. 租赁设备维护费

16. 商业信用是指商品交易中以延期付款或预收货款方式进行购销活动而形成的( )。
    A. 买卖关系   B. 信用关系   C. 票据关系   D. 借贷关系

17. 商业信用主要形式不包括( )。
    A. 延期付款购货   B. 签发商业汇票购货 C. 预收货款   D. 预付账款

18. 在销售百分比法中,不随销售收入变动成正比例变动的资产项目是( )。
    A. 货币资金   B. 应收账款   C. 长期投资   D. 固定资产

二、多项选择题

1. 吸收直接投资的优点包括( )。
    A. 有利于降低企业资金成本   B. 有利于加强对企业的控制

C. 有利于壮大企业经营实力   D. 有利于降低企业财务风险

2. 下列各项中,属于普通股股东权利的有( )。

  A. 公司管理权   B. 分享盈余权

  C. 优先认股权   D. 优先分配剩余财产权

3. 下列各项中,属于吸收直接投资缺点的有( )。

  A. 容易分散企业控制权   B. 不利于生产能力的形成

  C. 资金成本较高   D. 财务风险大

4. 下列说法中,正确的有( )。

  A. 股票上市会使企业经理人员的操作更加自由

  B. 股票上市可利用股票市场客观评价企业

  C. 股票上市有利于激励企业职员

  D. 股票上市会使公司失去隐私权

5. 股票上市对公司的益处有( )。

  A. 便于筹措新资金   B. 增加公司的控制权

  C. 信息披露成本低   D. 促进股权流通和转让

6. 留存收益融资与普通股融资相比,具有的优点包括( )。

  A. 资金成本较低   B. 保持普通股股东的控制权

  C. 增强公司的信誉   D. 融资数额较多

7. 普通股融资的资金成本较高,其原因主要有( )。

  A. 筹资的风险可分散公司的控制权

  B. 在各种证券中,普通股的发行费用一般最高

  C. 在通货膨胀期间,不动产升值时普通股也随之升值

  D. 普通股股利在税后支付,不具有抵税作用

8. 优先股的优先权主要表现在( )。

  A. 优先认股   B. 优先取得股息

  C. 优先分配剩余财产   D. 优先行使投票权

9. 相对于发行债券筹资,对企业而言,发行股票筹集资金的优点有( )。

  A. 增加公司筹资能力   B. 降低公司财务风险

  C. 降低公司资金成本   D. 筹资限制较少

10. 与股票筹资方式相比,银行借款筹资的优点包括( )。

  A. 筹资速度快   B. 借款灵活性大   C. 使用限制少   D. 筹资成本低

11. 影响债券发行价格的因素包括( )。

  A. 债券面额   B. 票面利率   C. 市场利率   D. 债券期限

12. 下列各项中,属于融资租赁特点的有( )。

  A. 由于租入企业将其作为固定资产核算,所以出租人和承租人之间未形成债权债务关系

  B. 租金较高

  C. 不得任意中止租赁合同

  D. 租赁期较长

13. 下列各项中,属于融资租赁租金构成项目的有( )。

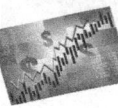
    A. 租赁设备的价款　　　　　　　　　　B. 租赁期间利息

    C. 租赁手续费　　　　　　　　　　　　D. 租赁设备维护费

14. 下列各项中,能够被视作"自然融资"的项目有（　　　）。

    A. 短期借款　　　　B. 应付票据　　　　C. 应付水电费　　　　D. 应付职工薪酬

15. 采用销售额比率法预测的对外筹资需要量,下列影响因素的变动会使对外筹资需要量减少的有（　　　）。

    A. 股利支付率降低　　　　　　　　　　B. 固定资产净值增加

    C. 留存收益率提高　　　　　　　　　　D. 销售净利率增大

三、判断题

1. 根据资金筹集的及时性原则,企业应当尽早筹集生产经营所需的资金。　　　　（　　）

2. 权益资本是企业的永久性资本,是一种高成本、低风险的资金来源。　　　　（　　）

3. 在所有资金来源中,一般来说,普通股的资金成本最高。　　　　　　　　　　（　　）

4. 企业利用留存收益获得的资金,其使用不会受到制约。　　　　　　　　　　（　　）

5. 与长期负债融资相比较,流动负债融资期限短、成本低,偿债风险相对较大。　（　　）

6. 企业获得银行信贷资金的唯一途径是向银行借款。　　　　　　　　　　　　（　　）

7. 一般来说,在偿还贷款时,企业希望采用定期等额偿还方式,而银行希望采用到期一次偿还方式。　　　　　　　　　　　　　　　　　　　　　　　　　　　　　（　　）

8. 与流动负债融资相比,长期负债融资的期限长、成本高,其偿债风险也相对较大。（　　）

9. 在债券面值与票面利率一定的情况下,市场利率越高,则债券的发行价格越低。（　　）

10. 债券的面值是固定的,但价格是经常变化的。　　　　　　　　　　　　　　（　　）

11. 债券利息与优先股股利都是作为财务费用在所得税税前支付。　　　　　　　（　　）

12. 融资租赁筹资的资金成本较低,财务风险小。　　　　　　　　　　　　　　（　　）

13. 对于借款企业来讲,若预测市场利率上升,应与银行签订浮动利率合同。　　（　　）

14. 企业敏感性负债占销售额的比重越大,外部融资需要量就会越小。　　　　　（　　）

四、计算题

1. 某公司 2017 年 12 月 31 日的资产负债表（简表）如下表所示。

资产负债表（简表）

2017 年 12 月 31 日

单位：元

资　产	期末余额	负债和所有者权益	期末余额
货币资金	2 000	应付费用	5 000
应收账款	28 000	应付账款	13 000
存　货	30 000	短期借款	12 000
固定资产	40 000	公司债券	20 000
		实收资本	40 000
		留存收益	10 000
资产总计	100 000	负债和所有者权益总计	100 000

该公司 2017 年的销售收入为 100 000 元,销售净利润为 10%,现在还有剩余生产能力。如果公司 2018 年的预计销售收入为 120 000 元,公司的利润分配给投资人的比率为 50%,其他条件不变,那么需要从公司外部筹集多少资金? 如果 2018 年要追加一项投资 30 000 元,其他条件不变,那么需要从公司外部筹集多少资金?

2. 某企业发行 3 年期企业债券,面值为 100 元,票面利率为 10%,每年年末付息一次。分别计算市场利率为 8%、10%、12% 时每张债券的发行价格。

3. 南方公司采用融资租赁方式于 2018 年年初租入一台设备,价款为 10 000 元,租期为 4 年。租期年利率为 8%。已知:$(P/A, 8\%, 3) = 2.577\,1$,$(P/A, 8\%, 4) = 3.312\,13$。试计算每年年末应支付的租金和每年年初应支付的租金,并分析两者的关系。

项目 4 资本成本与资本结构决策

一、单项选择题

1. 在一般情况下,下列筹资方式中,资金成本最低的是( )。
   A. 发行优先股　　　　B. 发行债券　　　　C. 长期借款　　　　D. 发行普通股

2. 某企业取得 3 年期长期借款 300 万元,年利率为 10%,每年付息一次,到期一次还本,筹资费用率为 0.5%,企业所得税税率为 25%。则该项长期借款的资本成本为( )。
   A. 10%　　　　　　　B. 8%　　　　　　　C. 6%　　　　　　　D. 7.5%

3. 某公司计划发行债券,面值为 500 万元,年利息率为 10%,预计筹资费用率为 5%,预计发行价格为 600 万元,所得税税率为 25%,则该债券的资本成本为( )。
   A. 6.58%　　　　　　B. 7.05%　　　　　　C. 5.3%　　　　　　D. 8.77%

4. 公司增发的普通股的市价为 12 元/股,筹资费用率为市价的 6%,最近刚发放的股利为每股 0.60 元,已知该股票的资金成本率为 11%,则该股票的股利年增长率为( )。
   A. 5%　　　　　　　　B. 5.39%　　　　　　C. 5.68%　　　　　　D. 10.34%

5. 在个别资金成本的计算中,不必考虑筹资费用影响因素的是( )。
   A. 长期借款成本　　　B. 债券成本　　　　C. 留存收益成本　　　D. 普通股成本

6. 某公司发行普通股 1 000 万元,每股面值 1 元,发行价格为 5 元,筹资费率为 3%,预计第 1 年年末每股发放股利为 0.5 元,以后每年增长 5%,则该普通股的资本成本为( )。
   A. 15.31%　　　　　　B. 15.82%　　　　　C. 13%　　　　　　　D. 14%

7. 下列关于留存收益成本的说法中,错误的是( )。
   A. 它是一种机会成本
   B. 计算时不必考虑筹资费用
   C. 实质上是股东对企业追加投资
   D. 它的计算与普通股成本完全相同

8. 进行资本结构决策时,使用( )。
   A. 个别资本成本
   B. 加权平均资本成本
   C. 边际资本成本
   D. 完全成本

9. 最佳资本结构是指企业在一定时期最适宜其有关条件下的( )。
   A. 企业价值最大的资本结构
   B. 企业目标资本结构

    C. 加权平均资金成本最低的目标资本结构

    D. 加权平均资金成本最低,企业价值最大的资本结构

10. 当预计的 $EBIT>$ 每股利润无差异点时,运用（   ）筹资较为有利。

    A. 负债   B. 权益   C. 负债或权益均可   D. 无法确定

11. 某公司经营风险较大,准备采取系列措施降低经营杠杆程度,下列措施中,无法达到这一目的的是（   ）。

    A. 降低利息费用   B. 降低固定成本水平

    C. 降低变动成本水平   D. 提高产品销售单价

12. 在正常经营情况下,只要企业存在固定成本,那么经营杠杆系数必（   ）。

    A. 大于1   B. 与销售量成正比

    C. 与固定成本成反比   D. 与风险成反比

13. 下列关于经营杠杆系数的说法中,正确的是（   ）。

    A. 在产销量的相关范围内,提高固定成本总额,能够降低企业的经营风险

    B. 在相关范围内,产销量上升,经营风险加大

    C. 在相关范围内,经营杠杆系数与产销量呈反方向变动

    D. 对于某一特定企业而言,经营杠杆系数是固定的,不随产销量的变动而变动

14. 某公司的经营杠杆系数为2,预计息税前盈余将增长 10%,在其他条件不变的情况下,销售量将增长（   ）。

    A. 5% B. 10% C. 15% D. 200

15. 在企业非亏损的情况下,固定成本不变,下列表述中,正确的是（   ）。

    A. 经营杠杆系数与经营风险成反比关系   B. 经营杠杆系数与经营风险成正比关系

    C. 销售额与经营杠杆系数成正比关系   D. 销售额与经营风险成正比关系

16. 某企业 2017 年销售额为 10 000 万元,2018 年预计销售额为 12 000 万元,2017 年息税前利润为 2 000 万元,2018 年预计息税前利润为 2 800 万元,则该公司 2018 年经营杠杆系数为（   ）。

    A. 1.5   B. 2.0   C. 2.5   D. 3.2

17. 某公司目前的净利润为 750 万元,所得税税率为 25%,利息 200 万元,固定生产经营成本为 300 万元,预计销量上涨 10%,则下列表述中,正确的是（   ）。

    A. 经营杠杆系数为 1.2   B. 财务杠杆系数为 1.25

    C. 总杠杆系数为 1.5   D. 预计每股收益增长率为 12.5%

18. 当财务杠杆系数为 1 时,下列表述中,正确的是（   ）。

    A. 息税前利润增长为 0   B. 息税前利润为 0

    C. 利息与优先股股息为 0   D. 固定成本为 0

19. 某公司全部资本为 120 万元,负债比率为 40%,负债利率 10%,当销售额为 100 万元时,息税前利润为 20 万元,则该公司的财务杠杆系数为（   ）。

    A. 1.25   B. 1.32   C. 1.43   D. 1.56

20. 某企业本期财务杠杆系数为 1.5,本期息税前的利润为 450 万元,则本期实际利息费用为（   ）万元。

    A. 100   B. 675   C. 300   D. 150

21. 经营杠杆系数（DOL）、财务杠杆系数（DFL）和复合杠杆系数（DCL）之间的关系是（　　）。

    A. $DCL = DOL + DFL$ B. $DCL = DOL - DFL$

    C. $DCL = DOL \times DFL$ D. $DCL = DOL \div DFL$

22. 财务杠杆影响企业的是（　　）。

    A. 税前利润   B. 税后利润

    C. 息前税前利润   D. 财务费用

23. 企业全部资本中，权益资本与债务资本各占 50%，则企业（　　）。

    A. 只存在经营风险   B. 只存在财务风险

    C. 存在经营风险和财务风险   D. 经营风险和财务风险可以相互抵销

24. 某企业上年每股收益为 0.50 元/股，根据上年数据计算得出的经营杠杆系数为 1.8，财务杠杆系数为 2.2，若预计今年销售增长 10%，则今年的每股收益预计为（　　）元/股。

    A. 0.55   B. 0.65   C. 0.70   D. 0.80

二、多项选择题

1. 债券资金成本一般包括（　　）。

    A. 债券利息   B. 发行印刷费

    C. 发行注册费   D. 上市费以及推销费用

2. 下列关于资金成本的说法中，正确的有（　　）。

    A. 资金成本的本质是企业为筹集和使用资金而实际付出的代价

    B. 资金成本并不是企业筹资决策中所要考虑的唯一因素

    C. 资金成本的计算主要以年度的相对比率为计量单位

    D. 资金成本可以视为项目投资或使用资金的机会成本

3. 下列项目中，属于资金成本中筹资费用内容的有（　　）。

    A. 借款手续费   B. 债券发行费   C. 债券利息   D. 股利

4. 在计算个别资金成本时，不需要考虑所得税影响的有（　　）。

    A. 债券成本   B. 银行借款成本   C. 普通股成本   D. 优先股成本

5. 下列个别资金成本中，属于负债资金成本的有（　　）。

    A. 债券成本   B. 优先股成本

    C. 留存收益成本   D. 银行借款成本

6. 普通股的资金成本较高的原因有（　　）。

    A. 投资者要求有较高的投资报酬率   B. 发行费较高

    C. 普通股价值较高   D. 普通股股利不具有抵税作用

7. 在计算（　　）项目的个别资本成本时，应考虑抵税作用。

    A. 普通股成本   B. 留存收益成本

    C. 长期借款成本   D. 债券成本

8. 关于计算综合资金成本的权数，下列说法中，正确的有（　　）。

    A. 市场价值权数反映的是企业过去的实际情况

    B. 市场价值权数反映的是企业目前的实际情况

    C. 目标价值权数更适用于企业筹措新的资金

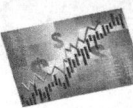

D. 计算边际资金成本时应使用市场价值权数

9. 利用每股利润无差别点进行企业资本结构分析时,( )。
    A. 当预计销售额高于每股利润无差别点时,采用负债筹资方式比采用权益筹资方式有利
    B. 当预计销售额低于每股利润无差别点时,采用权益筹资方式比采用负债筹资方式有利
    C. 当预计销售额低于每股利润无差别点时,采用负债筹资方式比采用权益筹资方式有利
    D. 当预计销售额等于每股利润无差别点时,两种筹资方式的报酬率相同

10. 下列各项中,属于比较资金成本法特点的有( )。
    A. 根据加权平均资金成本的高低来确定最优资本结构
    B. 考虑了风险因素
    C. 根据每股利润最高来确定最优资金结构
    D. 侧重于从资本投入成本高低的角度来确定最优资金结构

11. 负债资金在资金结构中产生的影响有( )。
    A. 降低企业资金成本   B. 加大企业财务风险
    C. 具有财务杠杆作用   D. 分散股东控制权

12. 下列指标中,可以用来衡量财务风险大小的有( )。
    A. 经营杠杆系数   B. 财务杠杆系数
    C. 息税前利润的标准离差   D. 每股利润的标准离差

13. 在其他因素不变的情况下,固定成本越高,则( )。
    A. 经营杠杆系数越小   B. 经营风险越大
    C. 经营杠杆系数越大   D. 经营风险越小

14. 下列有关杠杆的表述中,正确的有( )。
    A. 经营杠杆表明销售变动对息税前利润变动的影响
    B. 财务杠杆表明息税前利润变动对每股利润的影响
    C. 复合杠杆表明销量变动对每股利润的影响
    D. 经营杠杆系数、财务杠杆系数以及复合杠杆系数恒大于1

15. 复合杠杆的作用在于( )。
    A. 估计销售额变动对息税前利润的影响
    B. 估计销售额变动对每股利润造成的影响
    C. 揭示经营杠杆与财务杠杆之间的相互关系
    D. 揭示企业面临的风险对企业投资的影响

16. 下列关于财务杠杆系数的表述中,正确的有( )。
    A. 财务杠杆系数是由企业资本结构决定,债务资本比率越高时,财务杠杆系数越大
    B. 财务杠杆系数反映财务风险,即财务杠杆系数越大,财务风险也就越大
    C. 财务杠杆系数受销售结构的影响
    D. 财务杠杆系数可以反映息前税前盈余随着每股盈余的变动而变动的幅度

三、判断题

1. 资金成本是指企业筹资付出的代价,一般用相对数表示,即资金占用费加上资金筹集费之和除以筹资金额。   (   )
2. 资金成本可以用绝对数表示,也可以用相对数表示,但在财务管理中一般使用相对数表

示,即表示为用资费用和筹资费用之和与筹资额的比率。 （ ）

3. 留存收益是企业经营中的内部积累,这种资金不是向外界筹措的,因而它不存在资本成本。 （ ）

4. 若债券利息率、筹资费率和所得税率均已确定,则企业的债务成本率与发行债券的价格无关。 （ ）

5. 在不考虑手续费的情况下,银行借款的资金成本可以简化为:银行借款利率×(1-所得税税率)。 （ ）

6. 在所有资金来源中,一般来说,普通股的资金成本最高。 （ ）

7. 在个别资本成本一定的情况下,企业综合资本成本的高低取决于资金总额。 （ ）

8. 在不考虑风险的情况下,当息税前利润大于每股利润无差别点时,企业增加负债比增加主权资本筹资更为有利。 （ ）

9. 当预计的息税前利润大于每股利润无差别的息税前利润时,负债筹资的普通股每股利润大。 （ ）

10. 财务风险是企业在确定最优资金结构时应考虑的唯一因素。 （ ）

11. 一般来说,在其他因素不变的情况下,固定成本越高,经营杠杆系数越大,经营风险越高。 （ ）

12. 经营杠杆是通过扩大销售来影响税前利润的,它可以用边际贡献除以息税前利润来计算,它说明了销售额变动引起息税前利润变化的幅度。 （ ）

13. 所得税税率越高,负债的好处越少;反之,如果税率很低,则采用借债方式筹资益处就越多。 （ ）

14. 财务杠杆是通过扩大销售影响息税前利润的。 （ ）

15. 在其他因素不变的情况下,复合杠杆系数越大,则复合风险越小。 （ ）

16. 财务杠杆系数与财务风险成反比例关系。 （ ）

17. 经营杠杆和财务杠杆都会对息税前盈余造成影响。 （ ）

18. 当息税前利润大于 0 时,除非固定成本为零或业务量无穷大,否则息税前利润的变动率总是大于边际贡献的变动率。 （ ）

四、计算分析题

1. 某公司按面值发行 5 年期利率为 10％的债券 250 万元,发行费率为 3％,公司所得税税率为 25％。请计算该债券的资金成本。

2. 某公司发行普通股 40 万股,每股市价为 20 元,筹资费率为 6％,第 1 年年末每股股利为 2元,预计以后每年增长 5％。请计算该普通股的资金成本。

3. 某公司目前拥有资金 2 000 万元,其中,长期借款 800 万元,年利率为 10％;普通股1 200 万元,上年支付的每股股利为 2 元,预计股利增长率为 5％,发行价格为 20 元,目前价格也为 20 元,该公司准备筹集资金 100 万元,企业所得税税率为 25％,有两种筹资方案:

   方案一:增加长期借款 100 万元,借款利率上升到 12％,假设公司其他条件不变。

   方案二:增发普通股 40 000 股,普通股市价增加到每股 25 元。

   试根据以上资料,计算该公司筹资前加权平均资金成本,并用比较资金成本法确定该公司最佳的资金结构。

4. 某公司原有资金 700 万元,其中,债务资本 200 万元(每年负担利息 24 万元),普通股资本

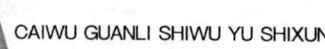

500 万元(发行普通股 10 万股,每股面值 50 元)。由于业务需要需追加筹资 300 万元,其筹资方式有以下两种:

A 方式:全部发行普通股。具体是增发 6 万股,每股面值为 50 元。

B 方式:全部筹借长期债务。债务利率仍为 12%,利息为 36 万元。所得税税率为 25%。请确定每股利润的无差别点,并决定如何筹资。

5. C 公司 2018 年年初的负债和所有者权益总额为 9 000 万元,其中,公司债券为 1 000 万元(按面值发行,票面年利率为 8%,每年年末付息,3 年后到期);普通股股本为 4 000 万元(面值为 1 元,4 000 万股);资本公积为 2 000 万元;其余为留存收益。

2018 年,该公司为扩大生产规模,需要再筹集 1 000 万元资金,有以下两个筹资方案可供选择:

方案一:增加发行普通股,预计每股发行价格为 5 元。

方案二:增加发行同类公司债券,按面值发行,票面年利率为 8%。预计 2018 年可实现息税前利润 2 000 万元,适用的企业所得税税率为 25%。试计算下列指标:

(1) 增发股票方案的 2018 年增发普通股股份数和全年债券利息。

(2) 增发公司债券方案下的 2018 年全年债券利息。

(3) 每股利润的无差异点,并据此进行筹资决策。

6. 华远公司 2018 年销售产品 20 万件,单价为 50 元,单位变动成本为 30 元,固定成本总额为 200 万元。公司负债为 120 万元,年利息率为 12%,并须每年支付优先股利 20 万元,所得税税率为 25%。试计算下列指标:

(1) 2018 年边际贡献。

(2) 2018 年息税前利润总额。

(3) 该公司 2018 年的复合杠杆系数。

7. 某企业 2017 年资产总额为 1 000 万元,资产负债率为 40%,负债平均利息率为 5%,实现的销售收入为 1 000 万元,全部的固定成本和费用为 220 万元,变动成本率为 30%,若预计 2018 年的销售收入提高 50%,其他条件不变,所得税税率为 25%。试计算下列指标:

(1) DOL、DFL 和 DTL。

(2) 预计 2018 年的每股利润增长率。

8. 某企业只生产和销售 A 产品,其总成本习性模型为 $Y = 400\,000 + 300X$。假定该企业 2017 年度 A 产品销售量为 10 000 件,每件售价为 500 元,企业资产总额为 10 000 000 元,资产负债率为 50%,负债利息率为 12%,预计该企业 2018 年的销量会提高 10%,其他条件不变,所得税税率为 25%。试计算下列指标:

(1) 该企业的经营杠杆系数、财务杠杆系数和总杠杆系数。

(2) 该企业 2018 年息税前利润的增长率。

(3) 该企业 2018 年每股收益的增长率。

五、综合题

1. 某公司目前发行在外普通股 100 万股(每股面值为 1 元)已发行 10% 利率的债券 400 万元。该公司打算为一个新的投资项目融资 500 万元,新项目投产后公司每年息税前盈余增加到 200 万元。现有两个方案可供选择:

方案一:按 12% 的利率发行债券。

方案二：按每股 20 元的价格发行新股。

公司适用所得税税率为 25%。试回答下列问题：

(1) 计算两个方案的每股盈余。

(2) 计算两个方案的每股盈余无差别点息税前盈余。

(3) 计算两个方案的财务杠杆系数。

(4) 判断哪个方案更好。

2. 某企业计划期销售收入将在基础上增加 40%，其他相关资料如下表所示。试计算表中未填列数字，并列出计算过程。

相 关 资 料 表 金额单位：元

项　　目	基　　期	计划期
销售收入	400 000	(1)
边际贡献	(2)	(3)
固定成本	240 000	240 000
息税前利润	(4)	(5)
每股利润	(6)	3.5
边际贡献率	75%	75%
经营杠杆系数	(7)	
财务杠杆系数	(8)	
总杠杆系数	7.5	
息税前利润增长率	(9)	
税后每股利润的增长率	(10)	

项目 5　项目投资管理

一、单项选择题

1. 在项目投资决策中，完整的项目计算期是指（　　）。

　　A. 建设期　　　　　　　　　　　　B. 经营期

　　C. 建设期和达产期　　　　　　　　D. 建设期和经营期

2. 下列项目中，不能引起现金流出的是（　　）。

　　A. 支付工资　　　　　　　　　　　B. 计提折旧

　　C. 支付材料价款　　　　　　　　　D. 垫支流动资金

3. 存在所得税的情况下，以"利润＋折旧"估计经营期净现金流量时，"利润"是指（　　）。

　　A. 利润总额　　　B. 净利润　　　C. 营业利润　　　D. 息税前利润

4. 某投资项目原始投资额为 100 万元，使用寿命 10 年，已知该项目第 10 年的营业现金净流量为 20 万元，期满处置固定资产残值收入及回收流动资金共 12 万元，则该投资项目第 10

年的现金净流量为( )万元。

    A. 12   B. 22   C. 32   D. 43

5. 在项目投资决策中,一般属于经营期现金流出项目的是( )。

    A. 固定资产投资   B. 开办费投资

    C. 经营成本   D. 无形资产投资

6. 在固定资产售旧购新决策中,旧设备的变现价值是继续使用旧设备的( )。

    A. 付现成本   B. 购置成本   C. 无关成本   D. 机会成本

7. 某投资项目年营业收入为 140 万元,年付现成本为 70 万元,年折旧额为 30 万元,所得税税率为 25%,则该方案年营业现金净流量为( )万元。

    A. 54   B. 60   C. 72   D. 46

8. 下列关于投资项目营业现金净流量的说法中,不正确的是( )。

    A. 营业现金净流量等于税后净利润加上折旧

    B. 营业现金净流量等于营业收入减去付现成本和所得税

    C. 营业现金净流量等于税后收入减去税后成本加折旧抵税额

    D. 营业现金净流量等于营业收入减去营业成本再减去所得税

9. 当新建项目的建设期不为 0 时,建设期内各年的现金净流量( )。

    A. 小于 0 或等于 0   B. 大于 0   C. 小于 0   D. 等于 0

10. 某投资方案的年营业收入为 100 000 元,年总成本为 60 000 元,年折旧额为 10 000 元,所得税税率为 25%,该方案的每年营业现金净流量为( )元。

    A. 26 800   B. 36 800   C. 40 000   D. 43 200

11. 下列各项中,属于项目决策静态评价指标的是( )。

    A. 现值指数   B. 净现值   C. 投资利润率   D. 内含报酬率

12. 某企业投资方案 A 的年销售收入为 180 万元,年销售成本和费用为 120 万元,其中折旧为 20 万元,所得税税率为 25%,则该投资方案的年现金净流量为( )万元。

    A. 52   B. 62   C. 65   D. 48

13. 下列指标中,属于贴现指标的是( )。

    A. 静态投资回收期   B. 投资利润   C. 平均收现期   D. 内部收益率

14. 下列指标的计算中,没有利用现金净流量的是( )。

    A. 内部收益率   B. 投资利润率   C. 净现值率   D. 现值指数

15. 如果其他因素不变,一旦贴现率提高,则下列指标中其数值将会变小的是( )。

    A. 净现值率   B. 投资报酬率   C. 内部报酬率   D. 静态回收期

16. 当建设期不为 0 且经营期各年现金净流量相等时,经营期各年现金净流量的现值之和的计算可采用的方法是( )。

    A. 先付年金现值   B. 永续年金现值

    C. 后付年金现值   D. 递延年金现值

17. 假定某项目的原始投资在建设期初全部投入,其预计的净现值率为 13.8%,则该项目的现值指数是( )。

    A. 5.69   B. 1.138   C. 1.38   D. 1.125

18. 已知某建设项目的现金净流量如下:$NCF_0 = -120$(万元),$NCF_{1-6} = 30$(万元),$NCF_{7-12} =$

40(万元),据此计算的静态投资回收期为(   )年。

    A. 3   B. 4   C. 5   D. 6

19. 现值指数小于1时意味着(   )。

    A. 投资报酬率大于预定的贴现率

    B. 投资报酬率小于预定的贴现率

    C. 投资报酬率等于预定的贴现率

    D. 现金流入量的贴现值大于现金流出量的贴现值

20. 下列关于净现值的表述中,不正确的是(   )。

    A. 净现值是项目计算期内各年现金净流量现值的代数和

    B. 净现值大于0,项目可行,净现值小于0,项目不可行

    C. 净现值的计算可以考虑投资的风险性

    D. 净现值反映投资的效率

21. 投资回收期的计算公式为(   )。

    A. 投资回收期＝原始投资额÷现金流入量

    B. 投资回收期＝原始投资额÷现金流出量

    C. 投资回收期＝原始投资额÷现金净流量

    D. 投资回收期＝净现金流量÷原始投资额

22. 某企业计划投资10万元建一生产线,预计投资后每年可获净利1.5万元,年折旧率为10%,则投资回收期为(   )年。

    A. 4.5   B. 5   C. 4   D. 6

23. 某投资项目在建设期内投入全部原始投资,该项目的获利指数为1.25,则该项目的净现值率为(   )。

    A. 0.25   B. 0.75   C. 0.125   D. 0.8

24. 年回收额法是指通过比较所有投资方案的年等额净现值指标的大小来选择最优方案的决策方法。在此法下,年等额净现值(   )的方案为优。

    A. 最小   B. 最大   C. 大于0   D. 等于0

25. 已知某投资项目的原始投资额为500万元,建设期为2年,投产后第1～5年每年 NCF 为90万元,第6～10年每年 NCF 为80万元。则该项目包括建设期的静态投资回收期为(   )年。

    A. 6.375   B. 8.375   C. 5.625   D. 7.625

26. 如果某一投资方案的净现值为正数,则必然存在的结论是(   )。

    A. 投资回收期在1年以内   B. 获利指数大于1

    C. 投资报酬率高于100%   D. 年均现金净流量大于原始投资额

27. 获利指数与净现值的主要区别是(   )。

    A. 获利指数未考虑时间价值

    B. 获利指数的计算无需事先设定折现率就可以计算

    C. 获利指数可以弥补净现值在投资额不同方案之间不能直接比较的缺陷

    D. 获利指数无需事先设定折现率就可以排定项目的优劣次序

28. 对于多个互斥方案的比较和优选,采用年等额净回收额指标时,选择(   )为最优方案。

  A. 投资额较大的方案   B. 投资额较小的方案

  C. 年等额净回收额最大的方案 D. 年等额净回收额最小的方案

29. 甲投资项目在建设期内投入全部原始投资,该项目的净现值率为30%,则该项目的获利指数为(　　)。

  A. 0.3   B. 6   C. 1.3   D. 0.75

30. 在其他条件不变的情况下,若企业提高折现率,下列指标中,其大小不会因此受到影响的是(　　)。

  A. 净现值   B. 获利指数   C. 净现值率   D. 内含报酬率

31. 在资金总量受到限制时,多方案投资组合最优组合的标准是(　　)。

  A. 平均投资收益率最高   B. 各方案净现值之和最大

  C. 各方案累计投资额最小   D. 平均静态投资回收期最短

32. 在投资方案组合决策中,若资金总量受到限制,则应以(　　)进行排序。

  A. 该项目的净现值   B. 该项目的净现值率结合净现值

  C. 该项目的投资总额结合净现值 D. 项目的投资回收期结合净现值

二、多项选择题

1. 完整工业投资项目的现金流入主要包括(　　)。

  A. 回收固定资产余值   B. 营业收入

  C. 其他现金流入量   D. 回收流动资金

2. 在不考虑所得税的情况下,下列公式中,能计算出营业现金净流量的有(　　)。

  A. 营业现金净流量=利润-折旧

  B. 营业现金净流量=利润+折旧

  C. 营业现金净流量=销售收入-付现成本

  D. 营业现金净流量=销售收入-营业成本+折旧

3. 净现值法的缺点有(　　)。

  A. 没有考虑资金时间价值

  B. 没有考虑项目计算期的全部现金净流量

  C. 计算麻烦,难以掌握和理解

  D. 不能从动态的角度反映投资项目的实际投资收益率水平

4. 若净现值为负数,表明该投资项目(　　)。

  A. 为亏损项目,不可行

  B. 投资报酬率小于0,不可行

  C. 投资报酬率没有达到预定的贴现率,不可行

  D. 投资报酬率不一定小于0

5. 影响项目内部收益率的因素包括(　　)。

  A. 投资项目的有效年限   B. 投资项目的现金净流量

  C. 企业要求的最低投资报酬率 D. 建设期

6. 下列长期投资决策评价指标中,其数值越大越好的指标有(　　)。

  A. 净现值率   B. 投资回收期

  C. 内部收益率   D. 投资利润率

7. 如果其他因素不变,一旦折现率提高,则下列指标中,其数值会变小的有(　　)。
   A. 净现值率　　　　　　B. 净现值　　　　　　C. 内部收益率　　　D. 获利指数

8. 评价投资方案的投资回收期指标的主要缺点有(　　)。
   A. 不能衡量企业的投资风险
   B. 没有考虑资金时间价值
   C. 没有考虑回收期后的现金流量
   D. 不能衡量投资方案投资报酬率的高低

9. 下列表述中,正确的有(　　)。
   A. 静态回收期指标没有考虑回收期后的现金流量问题
   B. 非折现指标本身不能告诉投资者项目是否可行
   C. 折现指标本身就能说明投资项目是否可行
   D. 非折现指标没有考虑时间价值,会夸大项目的收益

10. 采用净现值法评价投资项目可行性时,所采用的折现率通常有(　　)。
   A. 投资项目的资金成本率　　　　　　B. 投资的机会成本率
   C. 行业平均资金收益率　　　　　　　D. 投资项目内部收益率

三、判断题

1. 净现值作为评价投资项目的指标,其大于 0 时,投资项目的报酬率大于预定的贴现率。
   （　　）

2. 投资回收期指标虽然没有考虑资金的时间价值,但考虑了回收期满后的现金流量状况。
   （　　）

3. 投资回收期和投资利润率指标都具有计算简便、容易理解的优点,因而运用范围很广,在投资决策时起主要作用。（　　）

4. 现值指数大于 1,表明该项目具有正的净现值,对企业有利。（　　）

5. 包括建设期的投资回收期应等于累计现金流量为 0 时的年限再加上建设期。（　　）

6. 投资利润率的计算结果不受建设期的长短、资金投入的方式和回收额的有无等条件的影响。（　　）

7. 现金流量可以取代利润作为评价投资项目是否可行的指标。（　　）

8. 获利指数法可从动态的角度反映项目投资的资金投入与总产出之间的关系,可以使投资额不同的方案之间直接用获利指数进行对比。（　　）

9. 使某投资方案净现值小于 0 的折现率,一定小于该投资方案的内含报酬率。（　　）

10. 投资利润率、净现值率、获利指数对同一个项目进行评价,得出的结论一定完全相同。
    （　　）

四、计算分析题

1. 某企业投资 15 500 元购入一台设备。该设备预计残值为 500 元,可使用 3 年,折旧按直线法计算。设备投产后每年销售收入增加额分别为 10 000 元、20 000 元、15 000 元,除折旧外的费用增加额分别为 4 000 元、12 000 元、5 000 元。企业适用的所得税税率为 25%,要求的最低投资报酬率为 10%,目前年税后利润为 20 000 元。试回答下列问题:
   (1) 假设企业经营无其他变化,预测未来 3 年企业每年的税后利润。
   (2) 计算该投资方案的各年的现金净流量。

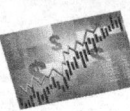

（3）计算该投资方案的净现值。

2. 某企业拟投资 185 000 元兴建某项目，该项目无建设期，税法规定的折旧年限为 3 年，按直线法折旧（与会计政策相同），3 年后有净残值 35 000 元，投产后第 1 年实现营业收入 80 000 元，以后每年增加 5 000 元，每年营业成本为各年营业收入的 70%，该企业适用 25% 的所得税税率，假设折现率为 10%。试计算下列指标：

（1）各年的现金净流量。

（2）投资回收期。

（3）投资利润率。

（4）净现值及内含报酬率。

3. 甲公司有一投资项目，需要投资 60 000 元（54 000 元用于购置设备，6 000 元用于追加流动资金）。该设备使用寿命为 6 年，采用直线法计提折旧，使用期满无残值。预期该项目每年可使销售收入增加 30 000 元、付现成本增加 5 000 元。假设公司所得税税率为 25%，该公司要求的最低报酬率为 10%。试计算下列指标：

（1）确定每年的现金净流量。

（2）该项目的净现值。

（3）该项目的投资回收期。

（4）该项目的内含报酬率，并对计算结果进行评价。

4. 美景公司有一投资项目，原始投资为 250 万元，其中设备投资 220 万元，无形资产投资 6 万元，垫支流动资金 24 万元。该项目建设期为 1 年，设备投资和无形资产投资于建设起点投入，流动资金于设备投产日垫支。该项目寿命期为 5 年，按直线法折旧，预计残值为 10 万元；无形资产于投产后分 3 年摊销。预计项目投产后第 1 年可获净利 60 万元，以后每年递增 5 万元。该公司要求的最低报酬率为 10%。试计算下列指标：

（1）该项目各年现金净流量。

（2）该项目回收期。

（3）该项目净现值与内含报酬率。

5. 开运公司准备购入一设备以扩充生产能力。现有甲、乙两个方案可供选择，甲方案需投资 20 000 元，使用寿命为 5 年，采用直线法计提折旧，5 年后设备无残值。5 年中每年销售收入 9 000 元，每年的付现成本为 2 000 元。乙方案需投资 24 000 元，使用寿命为 5 年，采用直线法计提折旧，5 年后有残值收入 4 000 元。5 年中每年销售收入 12 000 元；付现成本，第 1 年为 4 000 元，以后逐年增加修理费 200 元。另垫支营运资金 3 000 元，假设所得税税率为 25%。要求分别计算两方案每年的现金净流量。

6. 某公司现有一台旧设备，由于生产能力低下，现在正考虑是否更新，有关资料如下：

（1）旧设备原值为 15 000 元，预计使用年限 10 年，现已使用 6 年，最终残值为 1 000 元，变现价值 6 000 元，年运行成本 8 000 元。

（2）新设备原值 2 万元，预计使用 10 年，最终残值为 2 000 元，年运行成本为 6 000 元。

（3）企业要求的最低收益率为 10%。

现有两种主张，有人认为由于旧设备还没有达到使用年限，应继续使用；有人认为旧设备的技术程度已不理想，应尽快更新。你认为应该如何处理？

项目6　证券投资决策

一、单项选择题

1. 相对于股票投资而言,下列项目中,能够揭示债券投资特点的是(　　)。
   - A. 无法事先预知投资收益水平
   - B. 投资收益率的稳定性较强
   - C. 投资收益率比较高
   - D. 投资风险较大

2. 某股票投资人欲对甲股票目前的价值进行评价,已知该股票过去的实际报酬率是12%,投资人预期的未来报酬率是15%,那么,他对目前股票价值进行估价时所使用的报酬率应是(　　)。
   - A. 15%
   - B. 12%
   - C. 3%
   - D. 27%

3. 对于购买力风险,下列说法中,正确的是(　　)。
   - A. 投资者由于证券发行人无法按期还本付息带来的风险
   - B. 投资者由于利息率的变动而引起证券价格变动带来的风险
   - C. 由于通货膨胀而使证券到期或出售时所获得的货币资金购买力下降的风险
   - D. 投资者需要将有价证券变现而证券不能立即出售的风险

4. 估算股票价值时的折现率,不能使用(　　)。
   - A. 股票市场的平均收益率
   - B. 债券收益率加适当的风险报酬率
   - C. 国债的利息率
   - D. 投资人要求的必要报酬率

5. 某公司发行的股票,预期报酬率为20%,最近刚支付的股利为每股2元,估计股利年增长率为10%,则该种股票的价值为(　　)元。
   - A. 23
   - B. 24
   - C. 22
   - D. 18

6. 某人以40元的价格购入1股股票,该股票目前的股利为每股1元,股利增长率为2%,1年后以50元的价格出售,则该股票的投资收益率应为(　　)。
   - A. 2%
   - B. 20%
   - C. 21%
   - D. 27.55%

7. 在投资人想出售有价证券获取现金时,证券不能立即出售的是(　　)风险。
   - A. 流动性
   - B. 期限性
   - C. 违约
   - D. 购买力

8. 新华公司股票的β系数为1.2,无风险收益率为5%,市场上所有股票的平均收益率为9%,则该公司股票的必要收益率应为(　　)。
   - A. 9%
   - B. 9.8%
   - C. 10.5%
   - D. 11.2%

9. 某股票为固定成长股,其成长率为3%,预期第1年后股利为4元,假定目前国库券收益率13%,平均风险股票必要收益率为18%,而该股票的β系数为1.2,那么该股票的价值为(　　)元。
   - A. 25
   - B. 23
   - C. 20
   - D. 4.8

10. 由于通货膨胀而使证券到期或出售时所获得的货币资金的购买力降低的风险属于(　　)。
    - A. 购买力风险
    - B. 期限性风险
    - C. 流动性风险
    - D. 利息率风险

11. 企业把资金投资于国库券,可不必考虑的是(　　)风险。

　　A. 再投资　　　　　　B. 违约　　　　　　C. 购买力　　　　　　D. 利率

12. 下列投资组合策略中,必须具备丰富的投资经验的是(　　　)策略。

　　A. 保守型　　　　　　B. 冒险型　　　　　　C. 适中型　　　　　　D. 投资型

13. 如果组合中包括了全部股票,则投资人(　　　)。

　　A. 只承担市场风险　　　　　　　　　　B. 只承担特有风险

　　C. 只承担非系统风险　　　　　　　　　D. 不承担特有风险

14. 当股票投资期望收益率等于无风险投资收益率时,β 系数应(　　　)。

　　A. 大于 1　　　　　　B. 等于 1　　　　　　C. 小于 1　　　　　　D. 等于 0

二、多项选择题

1. 相对于实物投资而言,证券投资具有(　　　)等特点。

　　A. 流动性强　　　　B. 价格不稳定　　　　C. 投资风险大　　　　D. 交易成本低

2. 股票投资相对于债券投资而言,具有的特点包括(　　　)。

　　A. 股票投资是权益性投资　　　　　　B. 股票投资的风险大

　　C. 股票投资的收益率高　　　　　　　D. 股票投资的收益不稳定

3. 债券投资与股票投资相比,(　　　)。

　　A. 收益稳定性强,收益较高　　　　　　B. 投资风险较小

　　C. 购买力风险低　　　　　　　　　　　D. 没有经营控制权

4. 股票的预期报酬率包括(　　　)。

　　A. 预期股利收益率　　　　　　　　　　B. 预期股利增长率

　　C. 预期资本利得收益率　　　　　　　　D. 预期资本利息增长率

5. 下列证券中,属于固定收益的有(　　　)。

　　A. 公司债券　　　　　B. 国库券　　　　C. 优先股股票　　　　D. 普通股股票

6. 由影响所有公司的因素引起的风险,称为(　　　)。

　　A. 可分散风险　　　B. 市场风险　　　　C. 不可分散风险　　　D. 系统风险

7. 下列情况中,会引起证券价格下跌的有(　　　)。

　　A. 银行利率上升　　　　　　　　　　　B. 通货膨胀持续降低

　　C. 银行利率下降　　　　　　　　　　　D. 通货膨胀持续增长时

8. 证券投资组合的非系统风险包括(　　　)。

　　A. 货币政策的变动　　　　　　　　　　B. 利率政策的变动

　　C. 产品价格降低　　　　　　　　　　　D. 企业经营管理水平低

9. 证券的 β 系数是衡量风险大小的重要指标,下列表述中,正确的有(　　　)。

　　A. β 越大,说明该股票的风险越大

　　B. 某股票的 $\beta=0$,说明此证券无风险

　　C. 某股票的 $\beta=1$,说明该股票的市场风险等于股票市场的平均风险

　　D. 某股票的 β 大于 1,说明该股票的市场风险大于股票市场的平均风险

10. 证券投资的收益包括(　　　)。

　　A. 资本利得　　　　B. 股利　　　　　　C. 出售售价　　　　D. 债券利息

11. 按照资本资产定价模式,影响特定股票预期收益率的因素有(　　　)。

　　A. 无风险的收益率　　　　　　　　　　B. 平均风险股票的必要收益率

C. 特定股票的 β 系数   D. 杠杆系数

三、判断题

1. 投资者可以根据经济价值与当前证券市场价格的比较决定是否进行证券投资。 （　　）

2. 与保守型策略相对应的证券组合方法为把风险大、风险中等、风险小的证券放在一起进行组合。 （　　）

3. 一般而言,随着通货膨胀的发生,固定收益证券要比变动收益证券能更好地避免购买力风险。 （　　）

4. 可分散风险通常可以用 β 系数来衡量。 （　　）

5. 一般而言,利率下降,证券价格下降,利率上升,证券价格上升。 （　　）

四、计算分析题

1. 大华公司拟购买面值 100 元、票面利率 5%、期限 10 年的债券若干张,每年 12 月 31 日付息,市场利率为 6%。试回答下述问题:

   (1) 计算该债券价值。

   (2) 若该债券市价是 91 元,是否值得购买该债券?

   (3) 如果按债券价格购入了该证券,并一直持有至到期日,则此时购买债券的到期收益率是多少?

2. 某公司于 2018 年 1 月 1 日发行一种 3 年期的新债券,该债券的面值为 1 000 元,票面利率为 14%,每年付息一次。试回答下述问题:

   (1) 如果债券的发行价为 1 040 元,其到期收益率是多少?

   (2) 假定 2018 年 1 月 1 日的市场利率为 12%,债券市价为 1 040 元,是否应购买该债券?

   (3) 假定 2018 年 1 月 1 日的市场利率下降到 10%,那么此时债券的价值是多少?

   (4) 假定 2018 年 1 月 1 日的债券市价为 950 元,此时购买债券的到期收益率为多少?

   (以上计算系数保留至小数点后四位,结果保留至小数点后两位)

3. 东华公司计划利用一笔长期资金投资购买股票。现有 A 公司股票和 B 公司股票可供选择,东华公司只准备投资一家公司股票。已知 A 公司股票现行市价为每股 9 元,上年每股股利为 0.15 元,预计以后每年以 6% 的增长率增长,B 公司股票现行市价每股 7 元,上年每股股利为 0.60 元,股利分配政策将一贯坚持固定股利政策。东华公司所要求的投资必要报酬率为 8%。试回答下述问题:

   (1) 利用股票估价模型,分别计算 A、B 公司股票价值。

   (2) 请你代东华公司作出股票投资决策。

4. 某公司准备对一种股利固定成长的普通股股票进行长期投资,该股票当年股利为每股 2 元,估计年股利增长率为 4%,现行国库券的收益率为 6%,平均风险股票的必要收益率为 10%,该股票的 β 系数为 1.5。试计算该股票的价值。

5. 某公司股票的 β 系数为 2.5,目前无风险收益率为 6%,市场上所有股票的平均报酬为 10%,若该股票为固定成长股,成长率为 6%,预计 1 年后的股利为 1.5 元。试回答下述问题:

   (1) 测算该股票的风险收益率。

   (2) 测算该股票的预期收益率。

   (3) 测算该股票的价格为多少时可购买。

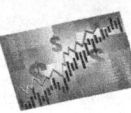

6. 某咨询公司最近支付了每股 2 元的股利,预计在以后的 3 年内股利将以 12% 的年增长率增长,在接下来的 3 年内增长率为 8%,此后预计以 5% 的年增长率永远增长下去。假定投资者要求的必要报酬率为 12%,那么股票的价值是多少?(系数保留至小数点后四位,结果保留至小数点后两位)

7. 某投资人的投资组合中包括三种证券,债券占 40%,A 股票占 30%,B 股票占 30%,其 β 系数分别为 1、1.5 和 2,市场全部股票的平均收益率为 12%,无风险收益率为 5%。试计算投资组合的 β 系数和投资组合的预期收益率。

8. 明大公司持有 X、Y 和 Z 三种股票构成的证券组合,其 β 系数分别是 1.5、1.7 和 1.9,在证券投资组合中所占比重分别为 30%、40% 和 30%,股票的市场平均收益率为 9%,无风险收益率为 7%。试计算该证券组合的下列指标:

(1) β 系数。

(2) 风险收益率。

(3) 必要投资收益率。

9. 圣华公司欲投资购买债券,目前有三家公司债券可供挑选:

(1) A 公司债券,债券面值为 1 000 元,5 年期,票面利率为 8%,每年付息一次,到期还本,债券的发行价格为 1 105 元,若投资人要求的必要收益率为 6%,则 A 公司债券的价值为多少?若圣华公司欲投资 A 公司债券,并一直持有至到期日,其投资收益率为多少?应否购买?

(2) B 公司债券,债券面值为 1 000 元,5 年期,票面利率为 8%,单利计息,到期一次还本付息,债券的发行价格为 1 105 元,若投资人要求的必要收益率为 6%,则 B 公司债券的价值为多少?若圣华公司欲投资 B 公司债券,并一直持有至到期日,其投资收益率为多少?应否购买?

(3) C 公司债券,债券面值为 1 000 元,5 年期,票面利率为 8%,C 公司采用贴现法付息,发行价格为 600 元,期内不付息,到期还本,若投资人要求的必要收益率为 6%,则 C 公司债券的价值为多少?若圣华公司欲投资 A 公司债券,并一直持有至到期日,其投资收益率是多少?应否购买?

项目 7　营运资金管理

一、单项选择题

1. 企业持有现金的动机包括交易性需求、预防性需求和投机性需求,企业为满足交易性需求而持有现金,所需考虑的主要因素是(　　)。

A. 企业维持日常周转及正常商业活动　　　B. 企业临时融资能力

C. 企业对待风险的态度　　　D. 金融市场投资机会的多少

2. 在现金管理中,下列关于成本模型的说法中,不正确的是(　　)。

A. 成本模型强调持有现金是有成本的,最优的现金持有量是使得现金持有成本最小的持有量

B. 现金的机会成本是指企业因持有一定现金余额而丧失的再投资收益

C. 管理成本在一定范围内和现金持有量之间没有明显的比例关系

D. 现金持有量越少,进行证券变现的次数少,相应的转换成本越少

3. 某企业现金收支状况比较稳定,全年的现金需要量为 300 000 元,每次转换有价证券的固定成本为 600 元,有价证券的年利率为 10%,则最低全年固定性转换成本是(　　)元。

    A. 1 000　　　　　　B. 2 000　　　　　　C. 3 000　　　　　　D. 4 000

4. 企业要购买原材料,并不是都是收到原材料的当天就马上付款,通常会有一定的延迟,这一延迟的时间段是(　　)。

    A. 应收账款周转期　　B. 存货周转期　　　　C. 应付账款周转期　　D. 现金周转期

5. 下列现金持有方案中,最佳方案为(　　)。

    A. 投资成本 3 000 元,管理成本 2 000 元,短缺成本 12 000 元

    B. 投资成本 6 000 元,管理成本 2 000 元,短缺成本 6 750 元

    C. 投资成本 9 000 元,管理成本 2 000 元,短缺成本 2 800 元

    D. 投资成本 12 000 元,管理成本 2 000 元,短缺成本 500 元

6. 企业在确定为应付紧急情况而持有的现金数额时,不需考虑的因素是(　　)。

    A. 企业愿意承担风险的程度　　　　　　B. 企业临时举债能力的强弱

    C. 金融市场投资机会的多少　　　　　　D. 企业对现金流量预测的可靠程度

7. 某企业每月现金需要量为 250 000 元,现金与有价证券的每次转换金额和转换成本,分别为 50 000 元和 40 元,其每月现金的转换成本为(　　)元。

    A. 200　　　　　　　B. 1 250　　　　　　C. 40　　　　　　　D. 5 000

8. 在一定时期现金需求总量一定的情况下,同现金持有余额成反比的是(　　)。

    A. 短缺成本　　　　　　　　　　　　　B. 变动转换成本

    C. 现金管理费用　　　　　　　　　　　D. 现金机会成本

9. 下列各项中,不属于应收账款成本构成要素的是(　　)。

    A. 机会成本　　　　　B. 管理成本　　　　　C. 坏账成本　　　　　D. 短缺成本

10. 某企业预测的年赊销额为 1 200 万元,应收账款平均收账期为 30 天,变动成本率为 60%,资本成本率为 10%,则应收账款的机会成本为(　　)万元。

    A. 10　　　　　　　　B. 6　　　　　　　　C. 5　　　　　　　　D. 9

11. 企业在进行应收账款管理时,除了要合理确定信用标准和信用条件外,还要合理确定(　　)。

    A. 现金折扣期限　　　B. 现金折扣率　　　　C. 信用期限　　　　　D. 收账政策

12. 某企业规定的信用条件是"3/10,1/20,n/30",客户从该企业购入原价为 10 000 元的原材料,并于第 18 天付款,则该客户实际支付的货款为(　　)元。

    A. 7 700　　　　　　B. 9 900　　　　　　C. 1 000　　　　　　D. 9 000

13. (　　)是决定是否给予客户信用的首要因素。

    A. 资本　　　　　　　B. 抵押品　　　　　　C. 信用品质　　　　　D. 偿付能力

14. 设定信用标准的"5C"系统中,资本是指(　　)。

    A. 顾客的经济实力和财务状况,是顾客偿付债务的最终保证

    B. 影响顾客付款能力的经济环境

    C. 顾客拒付款项或无力支付款项时能被用作抵押的资产

    D. 企业流动资产的数量和质量以及与流动负债的比例

15. 企业目前信用条件是"n/30",赊销额为 3 600 万元,预计将信用期延长为"n/60",预计赊销额将变为 5 400 万元,若该企业变动成本率为 60%,资本成本率为 12%,该企业维持赊销业务所需资金应增加( )万元。

    A. 3 600　　　　　　B. 360　　　　　　C. 43.2　　　　　　D. 36

16. 企业拟将信用期由目前的 30 天放宽为 60 天,预计赊销额由 1 000 万元变为 1 200 万元,变动成本率为 60%,等风险投资的最低报酬率为 10%,则放宽信用期后应收账款机会成本增加( )万元。(1 年按 360 天计算)

    A. 17　　　　　　　B. 5　　　　　　　　C. 7　　　　　　　　D. 12

17. 信用条件为"2/20,n/45"时,预计有 60% 的客户选择现金折扣优惠,则平均收账期为( )天。

    A. 20　　　　　　　B. 45　　　　　　　　C. 32　　　　　　　D. 30

18. 某企业年销售收入为 720 万元,信用条件为"1/10,n/30"时,预计有 20% 的选择享受现金折扣优惠,其余客户在信用期付款,变动成本率为 70%,资金成本率为 10%,则下列选项中,不正确的是( )。

    A. 平均收账天数为 26 天　　　　　　　　B. 应收账款机会成本 5.2 万元

    C. 应收账款占用资金为 36.4 万元　　　　D. 应收账款机会成本为 3.64 万元

19. 在其他因素不变的情况下,企业采用积极的收账政策,可能导致的后果是( )。

    A. 坏账损失增加　　　　　　　　　　　　B. 应收账款投资增加

    C. 收账费用增加　　　　　　　　　　　　D. 平均收账期延长

20. 下列成本中,属于固定储存成本的是( )。

    A. 仓库折旧　　　　　　　　　　　　　　B. 存货资金的应计利息

    C. 存货的破损和变质损失　　　　　　　　D. 存货的保险费用

21. 下列选项中,不属于存货的储存变动成本的是( )。

    A. 存货资金的应计利息　　　　　　　　　B. 替代材料紧急购入的额外成本

    C. 存货的残损和变质损失　　　　　　　　D. 存货的保险费

22. 经济进货批量基本模型的假设条件不包括( )。

    A. 所需存货市场供应充足　　　　　　　　B. 存货的价格稳定

    C. 允许陆续到货　　　　　　　　　　　　D. 能够及时补充存货

23. 某企业每年耗用某种原材料 3 600 千克,该材料的单位成本为 20 元,单位材料年持有成本为 1 元,一次订货成本 50 元,则该企业的经济订货批量为( )千克,最小存货成本为( )元。

    A. 300　3 000　　B. 600　600　　　　C. 600　300　　　　D. 600　6 000

24. 存货 ABC 分类控制法中对存货划分的最基本的分类标准为( )。

    A. 金额标准　　　　　　　　　　　　　　B. 品种数量标准

    C. 重量标准　　　　　　　　　　　　　　D. 金额与数量标准

25. 在对存货采用 ABC 法进行控制时应重点控制的是( )。

    A. 价格昂贵的存货　　　　　　　　　　　B. 数量大的存货

    C. 占用资金多的存货　　　　　　　　　　D. 品种多的存货

26. 某企业按年利率 6% 向银行借款 1 000 万元,银行要求保留 10% 的补偿性余额,则这项借款的实际利率约为( )。

  A. 6.67%   B. 6.38%   C. 7.14%   D. 6%

27. 周转信贷限额为 100 万元,承诺费率为 0.5%,借款企业年度内借用了 60 万元,则向银行支付的承诺费为( )元。

  A. 2 000   B. 3 000   C. 4 000   D. 5 000

28. 周转信用协议、补偿余额和借款抵押三种短期借款信用条件的共同点是( )。

  A. 降低了企业筹资风险   B. 提高了企业资金成本

  C. 提高了银行投资风险   D. 加大了银行的法律责任

29. 某企业按照"2/10,n/60"的信用条件购进一批商品。若企业放弃现金折扣,在信用期内付款,则放弃现金折扣的机会成本为( )。

  A. 20.41%   B. 12.24%   C. 14.70%   D. 20%

30. 放弃现金折扣的成本大小与( )。

  A. 折扣百分比的大小呈反向变化

  B. 信用期的长短呈同向变化

  C. 折扣百分比的大小、信用期的长短均呈同向变化

  D. 折扣期的长短呈同方向变化

二、多项选择题

1. 在持有现金的动机中,预防性需求是指企业需要维持充足现金,以应付突发事件。那么为应付意料不到的现金需求,企业需要掌握的现金取决于( )。

  A. 它愿意冒缺少现金风险的程度   B. 它预测现金收支可靠的程度

  C. 企业临时融资的能力   D. 金融市场投资机会的多少

2. 利用存货模式计算最佳现金持有量时,一般考虑的相关成本有( )。

  A. 现金短缺成本   B. 转换成本   C. 机会成本   D. 现金管理成本

3. 为了提高现金使用效率,企业应当( )。

  A. 力争现金流入与流出同步   B. 加速收款,推迟应付款的支付

  C. 使用现金浮游量   D. 尽量使用汇票付款

4. 在应收账款管理中,应收账款的成本包括( )。

  A. 应收账款机会成本   B. 应收账款管理成本

  C. 应收账款坏账成本   D. 应收账款信用成本

5. 应收账款的管理成本包括( )。

  A. 资信调查费用

  B. 收账费用

  C. 应收账款无法收回带来的损失

  D. 资金投放在应收账款上而丧失的其他收入

6. 企业对客户进行资信评估应当考虑的因素主要有( )。

  A. 信用品质   B. 偿付能力   C. 资本   D. 抵押品

7. 现金折扣政策的目的在于( )。

  A. 吸引顾客为享受优惠而提前付款   B. 扩大销售量

  C. 缩短企业平均收款期   D. 减轻企业税负

8. 某企业的信用条件为"5/10,2/20,n/30",则下列选项中,正确的有( )。

　　A. "5/10"表示 10 天内付款,可以享受 5% 的价格优惠

　　B. "2/20"表示在 20 天内付款,可以享受 2% 的价格优惠

　　C. "n/30"表示的是最后的付款期限是 30 天,此时付款无优惠

　　D. 如果该企业有一项 100 万元的货款需要收回,客户在 15 天付款,则该客户只需要支付 98 万元货款

9. 选择信用标准时应考虑的因素包括( )。

　　A. 同行业竞争对手情况　　　　　　　　B. 企业承担违约风险的能力

　　C. 客户的信用品质　　　　　　　　　　D. 客户的资信程度

10. 下列各项中,属于存货缺货成本的有( )。

　　A. 停工损失　　　　　　　　　　　　B. 产成品缺货造成的拖欠发货损失

　　C. 丧失销售机会的损失　　　　　　　D. 存货的机会成本

11. 下列因素中,影响经济订货批量大小的有( )。

　　A. 仓库折旧费　　　　　　　　　　　B. 存货资金的机会成本

　　C. 仓库管理人员工资　　　　　　　　D. 存货的年需求量

12. 下列各项中,属于短期借款信用条件的有( )。

　　A. 信贷限额　　　　B. 周转信贷协定　　　　C. 补偿性余额　　　　D. 偿还条件

三、判断题

1. 营运资金的管理是指流动资产的管理。（　　）

2. 现金折扣是企业为了鼓励客户多买商品而给予的价格优惠,每次购买的数量越多,价格也就越便宜。（　　）

3. 现金持有成本中的管理费用与现金持有量的多少无关。（　　）

4. 在成本分析模式和存货模式下确定最佳现金持有量时,都须考虑的成本是机会成本。

（　　）

5. 应收账款的功能指其在生产经营中的作用,主要包括两方面的功能:一是增加销售,二是减少存货。（　　）

6. 赊销是扩大销售的有力手段之一,企业应尽可能放宽信用条件,增加赊销量。（　　）

7. 通过应收账款账龄分析,编制账龄分析表,可以了解有多少欠款尚在信用其内,有多少欠款超过了信用期,超过时间长短的款项各占多少,并可以估计偿还欠款的可能时间。（　　）

8. 能够使企业的取得成本、储存成本和缺货成本之和最低的进货批量,便是经济进货批量。

（　　）

9. 存货的经济批量是指订货成本达到最低的批量。（　　）

10. 一般来讲,当某种存货品种数量比重达到 70% 左右时,可将其划分为 A 类存货,进行重点管理和控制。（　　）

11. 如果企业信誉恶化,即使在信贷额度内,企业也可能得不到借款,此时,银行要承担法律责任。（　　）

12. 商业信用筹资没有实际成本。（　　）

四、计算分析题

1. 某公司现金收支平衡,预计全年(360 天计)货币资金需要量为 25 万元,货币资金与有价证

券的转换成本为每次 500 元,有价证券年利率为 10%。试计算以下指标:

(1) 最佳货币资金持有量。

(2) 最佳货币资金持有量下的相关总成本、转换成本、持有机会成本。

(3) 有价证券交易次数。

(4) 有价证券交易间隔期。

2. 某公司的原材料购买和产品销售均采用赊销方式,应付款的平均付款天数为 30 天,应收款的收款天数为 70 天,平均存货期限为 80 天。该公司每年现金需求总额为 360 万元,则公司的最佳现金持有量为多少?

3. 某公司的年赊销收入为 720 万元,平均收账期为 60 天,坏账损失为赊销额的 10%,年收账费用为 5 万元。该公司认为通过增加收账人员等措施,可以使平均收账期降为 50 天,坏账损失降为赊销额的 7%。假设公司的资本成本率为 6%,变动成本率为 50%。试计算为使上述变更经济合理,新增收账费用的上限(每年按 360 天计算)。

4. 某公司现在采用 30 天按发票金额付款的信用政策,拟将信用期放宽至 60 天,仍按发票金额付款即不给折扣,该公司投资的最低报酬率为 15%。其他相关资料如下表所示。试分析是否延长信用期。

相 关 资 料 表

金额单元:元

项　　目 信用期	30 天	60 天
销售量(件)	100 000	120 000
销售额(单价 5 元)	500 000	600 000
销售成本:		
变动成本(单位变动成本 4 元)	400 000	480 000
固定成本	50 000	50 000
毛利		
可能发生的收账费用	50 000	70 000
可能发生的坏账损失	3 000	4 000

5. 某公司商品赊销净额为 960 万元,变动成本率为 65%,资金成本率为 20%,在现有的收账政策下,全年的收账费用为 10 万元,坏账损失率为 8%,平均收款天数为 72 天。如果改变收账政策,全年的收账费用为 16 万元,坏账损失率为 5%,平均收款天数为 45 天。请分析企业是否要改变收账政策?

6. 某公司目前的信用条件为"n/50",即无现金折扣,预计销售收入为 2 640 万元,估计坏账占销售额的 3%,收账费用为 40 万元。为加速应收账款收回,该公司计划将信用条件改为"2/10,1/20,n/50",估计约有 60%的客户将利用 2%的折扣;20%的客户将利用 1%的折扣,坏账损失率将降为 2%,收账费用降低为 30 万元。该公司的变动成本率为 70%,资本成本为 10%。试通过计算,分析评价该公司是否应改变目前的信用条件。

7. 某公司年度需耗用 A 材料 36 000 千克,该材料采购成本为 200 元/千克,年度储存成本为 16 元/千克,平均每次进货费用为 20 元。试计算本年度 A 材料的以下指标:

（1）经济进货批量。

（2）经济进货批量下的相关总成本。

（3）经济进货批量下的平均资金占用额。

（4）最佳进货批次。

8. S公司每年耗用甲材料60 000件，单价为100元，每次进货费用为5 000元，每年单位储存成本为10元。试计算存货的经济订货批量和最低相关成本。

9. 恒运公司现在要从甲、乙两家企业中选择一家作为供应商。甲企业的信用条件为"2/10，n/30"，乙企业的信用条件为"1/20，n/30"。试回答下列互补相关的三个问题：

（1）假如选择甲企业作为供应商，恒通公司在10～30天有一投资机会，投资回报率为40%，恒运公司应否在折扣期内归还甲公司的应付账款以取得现金折扣？

（2）当恒运公司准备放弃现金折扣，那么应选择哪家供应商？

（3）当恒运公司准备享受现金折扣，那么应选择哪家供应商？

项目8　利润分配管理

一、单项选择题

1. 企业当年税后利润抵补亏损后，提取法定盈余公积金的比例是（　　）。

    A. 3%　　　　　　　B. 5%　　　　　　　C. 10%　　　　　　　D. 15%

2. 下列各项中，不能用于股利分配的是（　　）。

    A. 盈余公积　　　　　　　　　　　B. 资本公积

    C. 税后利润　　　　　　　　　　　D. 上年未分配利润

3. 下列各项中，不能用于弥补亏损的是（　　）。

    A. 盈余公积　　　　B. 资本公积　　　　C. 税前利润　　　　D. 税后利润

4. 下列各项中，不属于利润分配项目的是（　　）。

    A. 法定盈余公积　　B. 任意盈余公积　　C. 所得税　　　　D. 股利额

5. 企业投资并取得收益时，必须按一定的比例和基数提取各种公积金，这一要求体现的是（　　）。

    A. 资本保全约束　　　　　　　　　B. 资本积累约束

    C. 超额累积利润约束　　　　　　　D. 偿债能力约束

6. 某公司2010年年初的未分配利润为100万元，当年的税后利润为400万元，2011年年初公司讨论决定股利分配的数额。预计2011年追加投资500万元。公司的目标资本结构为权益资本占60%，债务资本占40%，2011年继续保持目前的资本结构不变。按有关法规规定该公司应该至少提取10%的法定盈余公积金。该公司采用剩余股利分配政策，则该公司最多用于派发的现金股利为（　　）万元。

    A. 100　　　　　　　B. 60　　　　　　　C. 200　　　　　　　D. 160

7. 上市公司按照剩余股利政策发放股利的好处是（　　）。

    A. 有利于公司合理安排资金结构　　B. 有利于投资者安排收入与支出

    C. 有利于公司稳定股票的市场价格　　D. 有利于公司树立良好的形象

8. 剩余股利政策的缺点是( )。

　　A. 先满足企业再投资资金需要　　　　B. 有利于保持理想的资本结构

　　C. 能使综合资本成本最低　　　　　　D. 影响股东对企业的信心

9. 采用剩余股利政策分配股利的根本目的是为了( )。

　　A. 降低企业筹资成本　　　　　　　　B. 稳定公司股票价格

　　C. 合理安排现金流量　　　　　　　　D. 体现风险投资与风险收益的对等关系

10. 下列股利分配政策中,能保持股利与利润之间一定的比例关系,并体现风险投资与风险收益对等原则的是( )。

　　A. 剩余股利政策　　　　　　　　　　B. 固定股利政策

　　C. 固定股利支付率政策　　　　　　　D. 正常股利加额外股利政策

11. 正常股利加额外股利政策的优点是( )。

　　A. 能保证股利的稳定又能使股利与企业盈利配合

　　B. 可最大限度满足企业对再投资的权益资金需要

　　C. 能保持理想的资本结构

　　D. 能使综合资本成本最低

12. 在下列股利政策中,有利于稳定股票价格,从而树立公司良好形象,但股利的支付与公司盈余相脱节的股利政策是( )。

　　A. 剩余股利政策　　　　　　　　　　B. 固定股利政策

　　C. 固定股利比例政策　　　　　　　　D. 正常股利加额外股利政策

13. 下列公司中,通常适合采用固定股利政策的是( )的公司。

　　A. 收益显著增长　　　　　　　　　　B. 收益相对稳定

　　C. 财务风险较高　　　　　　　　　　D. 投资机会较多

14. 在企业的净利润与现金流量不够稳定时,采用( )政策对企业和股东都是有利的。

　　A. 剩余股利　　　　　　　　　　　　B. 固定股利

　　C. 固定股利比例　　　　　　　　　　D. 正常股利加额外股利

15. 下列各项中,能够增加普通股股票发行在外股数,但不改变公司资本结构的行为是( )。

　　A. 支付现金股利　　B. 增发普通股　　C. 股票分割　　　D. 股票回购

16. 支付股票股利( )。

　　A. 会减少所有者权益　　　　　　　　B. 会增加所有者权益

　　C. 不会变动所有者权益总额　　　　　D. 企业必须要有足够的现金

17. 下列各项中,将会导致企业股本变动的股利形式是( )。

　　A. 财产股利　　　　B. 负债股利　　　C. 股票股利　　　D. 现金

二、多项选择题

1. 若上市公司采用了合理的收益分配政策,则可获得的效果有( )。

　　A. 能为企业筹资创造良好条件　　　　B. 能处理好与投资者的关系

　　C. 改善企业经营管理　　　　　　　　D. 能增强投资者的信心

2. 按照资本保全约束的要求,企业发放股利所需资金的来源包括( )。

　　A. 当期利润　　　　B. 留存收益　　　C. 原始投资　　　D. 股本

3. 股东在决定公司收益分配政策时,通常考虑的主要因素有(　　)。

    A. 筹资成本　　　　　　　　　　　B. 偿债能力约束

    C. 防止公司控制权旁落　　　　　　D. 避税

4. 从公司的角度看,制约股利分配的因素有(　　)。

    A. 控制权的稀释　　　　　　　　　B. 举债能力的强弱

    C. 盈余的变化　　　　　　　　　　D. 潜在的投资机会

5. 利润分配政策直接影响公司的(　　)。

    A. 经营能力　　　　B. 盈利水平　　　　C. 筹资能力　　　　D. 市场价值

6. 采用正常股利加额外股利政策的理由有(　　)。

    A. 有利于保持最优资本结构

    B. 使公司具有较大的灵活性

    C. 保持理想的资本结构,使综合成本最低

    D. 使依靠股利度日的股东有比较稳定的收入,从而吸引住这部分股东

7. 采用现金股利形式的企业必须具备的条件是企业要有足够的(　　)。

    A. 现金　　　　　　　　　　　　　B. 净利润

    C. 留存收益　　　　　　　　　　　D. 未指明用途的留存收益

8. 企业发放股票股利(　　)。

    A. 实际上是企业盈利的资本化　　　B. 能达到节约企业现金的目的

    C. 可使股票价格不至于过高　　　　D. 会使企业财产价值增加

9. 股利决策涉及的内容包括(　　)。

    A. 股利支付程序中各日期的确定　　B. 股利支付比率的确定

    C. 股利支付方式的确定　　　　　　D. 股利发放策略的确定

10. 上市公司发放股票股利可能导致的结果有(　　)。

    A. 公司股东权益内部结构发生变化　　B. 公司股东权益总额发生变化

    C. 公司每股利润下降　　　　　　　　D. 公司股份总额发生变化

三、判断题

1. 按照"无利不分"原则,股份有限公司当年亏损,不得向股东支付股利。　　　(　　)

2. 企业发生的年度经营亏损,依法用以后年度实现的利润弥补。连续 5 年不足弥补的,用税后利润弥补,或者经企业董事会或经理办公会审议,依次用企业资本公积、盈余公积弥补。

    　　　　　　　　　　　　　　　　　　　　　　　　　　　　　　　(　　)

3. 采用剩余股利分配政策的优点是有利于保持理想的资金结构,降低企业的综合资金成本。

    　　　　　　　　　　　　　　　　　　　　　　　　　　　　　　　(　　)

4. 低正常股利加额外股利政策,能使股利与公司盈余紧密配合,以体现多盈多分、少盈少分的原则。　　　　　　　　　　　　　　　　　　　　　　　　　　　(　　)

5. 采用固定股利支付率政策分配利润时,股利不受经营状况的影响,有利于公司股票价格的稳定。　　　　　　　　　　　　　　　　　　　　　　　　　　　　　(　　)

6. 在除息日之前,股利权从属于股票;从除息日开始,新购入股票的人不能分享本次已宣告发放的股利。　　　　　　　　　　　　　　　　　　　　　　　　　　　(　　)

7. 企业发放股票股利会引起每股利润的下降,从而导致每股市价有可能下跌,因而每位股东

所持股票的市场价值总额也将随之下降。　　　　　　　　　　　　　　　　　（　　）

8. 派发股票股利有可能会导致公司资产的流出或负债的增加。　　　　　　　　（　　）

9. 采用现金股利形式的企业必须具备两个条件：一是企业要有足够的现金；二是企业要有足够的留存收益。　　　　　　　　　　　　　　　　　　　　　　　　　　（　　）

10. 企业发放股票股利将使同期每股收益下降。　　　　　　　　　　　　　　　（　　）

11. 处于成长期的企业一般采取低股利政策，处于收缩期的企业一般采用高股利政策。（　　）

12. 对于盈余不稳定的公司而言，较多采取低股利政策。　　　　　　　　　　　（　　）

四、计算分析题

1. 光华股份有限公司有关资料如下：

   （1）公司本年年初"利润分配——未分配利润"账户贷方余额为 132 万元，本年息税前利润为 800 万元，适用的所得税税率为 25%。

   （2）公司流通在外的普通股 60 万股，发行时每股面值 1 元，每股溢价收入 9 元；公司负债总额为 200 万元，均为长期负债，平均年利率为 10%，假定公司筹资费用忽略不计。

   （3）公司股东大会决定本年度按 10% 的比例计提法定盈余公积，按 10% 的比例计提任意盈余公积。本年按可供投资者分配利润的 16% 向普通股股东发放现金股利。

   试计算光华公司以下指标：

   （1）本年度净利润。

   （2）本年应计提的法定盈余公积和任意盈余公积。

   （3）本年年末可供投资者分配的利润。

   （4）每股支付的现金股利。

2. 某公司上年税后利润 600 万元，今年年初公司讨论决定股利分配的数额。预计今年需要增加投资资本 800 万元。公司的目标资本结构是权益资本占 60%，债务资本占 40%，今年继续保持。公司采用剩余股利政策。筹资的优先顺序是留存收益、借款和增发股份。请问该公司应分配多少股利？

3. 某公司成立于 2017 年 1 月 1 日，2017 年度实现的净利润为 1 000 万元，分配现金股利 550 万元，提取盈余公积 450 万元（所提盈余公积均已指定用途）。2018 年实现的净利润为 900 万元（不考虑计提法定盈余公积的因素）。2018 年计划增加投资，所需资金为 700 万元。假定公司目标资本结构为自有资金占 60%，借入资金占 40%。

   目前，该公司有以下几种分配预案：

   （1）在保持目标资本结构的前提下，如果公司执行剩余股利政策，试计算 2018 年度应分配的现金股利、投资方案所需的自有资金额、需要从外部筹资的资金额。

   （2）在不考虑目标资本结构的前提下，如果公司执行固定股利政策，试计算 2018 年度应分配的现金股利、可用于 2018 年投资的留存收益和需要额外筹集的资金额。

   （3）不考虑目标资本结构的前提下，如果公司执行固定股利支付率政策，试计算 2018 年度应分配的现金股利、可用于 2018 年投资的留存收益和需要额外筹集的资金额。

   （4）假定公司 2018 年面临着从外部筹资的困难，只能从内部筹资，不考虑目标资本结构，试计算在此情况下 2018 年度应分配的现金股利。

4. 甲公司是一家上市公司，有关资料如下：2018 年 3 月 31 日，甲公司股票每股市价为 25 元，每股收益为 2 元；股东权益项目构成如下：普通股 4 000 万股，每股面值为 1 元，计

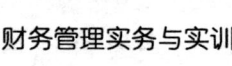

4 000 万元;资本公积 500 万元;留存收益 9 500 万元。2018 年 4 月 1 日,甲公司公布的 2017 年度分红方案为: 凡在 2018 年 4 月 15 日前登记在册的本公司股东,有权享有每股 1.15 元的现金股息分红,除息日是 2018 年 4 月 16 日,享有本次股息分红的股东可于 5 月 16 日领取股息。

假定甲公司发放 10% 的股票股利替代现金分红,并于 2018 年 4 月 16 日完成该分配方案。试计算并比较两种分红方案完成前后的下列指标:① 普通股股数。② 股东权益各项目的数额。③ 所有者权益合计数。

项目9　财　务　分　析

一、单项选择题

1. 从企业债权者的角度看,财务分析的最直接目的是看企业的(　　)能力。

    A. 盈利　　　　　　　B. 营运　　　　　　　C. 偿债　　　　　　　D. 增长

2. 企业投资者进行财务分析的根本目的是关心企业的(　　)能力。

    A. 盈利　　　　　　　B. 营运　　　　　　　C. 偿债　　　　　　　D. 增长

3. 下列各项中,属于短期偿债能力指标的是(　　)。

    A. 资产负债率　　　　B. 速动比率　　　　　C. 利息保障倍数　　　D. 产权比率

4. 某企业原流动比率等于2,现取得一笔长期借款会使流动比率(　　)。

    A. 等于2　　　　　　B. 大于2　　　　　　C. 小于2　　　　　　D. 无法确定

5. 如果企业速动比率很大,下列结论中,成立的是(　　)。

    A. 企业流动资产占用过多,增加机会成本　　B. 企业短期偿债能力很差

    C. 企业流动资产占用小　　　　　　　　　　D. 企业资产流动性差

6. 在其他条件不变的情况下,如果企业过度提高现金比率,可能导致的结果是(　　)。

    A. 财务风险加大　　　B. 获利能力提高　　　C. 营运效率提高　　　D. 机会成本增加

7. 现金比率是(　　)与流动负债的比率。

    A. 流动资产　　　　　B. 速动资产　　　　　C. 现金资产　　　　　D. 交易性金融资产

8. 甲公司年初流动比率为2.2,速动比率为1.0,当年期末流动比率为2.5,速动比率为0.8。下列各项中,可能解释年初与年末之间差异的是(　　)。

    A. 赊销增加　　　　　　　　　　　　　　　B. 存货增加

    C. 应付账款增加　　　　　　　　　　　　　D. 应收账款周转加速

9. 某企业库存现金 5 万元,银行存款 78 万元,交易性金融资产 95 万元,应收账款 40 万元,存货 110 万元,流动负债 400 万元;据此计算出该企业的现金比率为(　　)。

    A. 0.445　　　　　　B. 0.845　　　　　　C. 0.545　　　　　　D. 0.57

10. 下列财务比率中,(　　)可以反映企业的偿债能力。

    A. 平均收款期　　　　B. 销售利润率　　　　C. 权益乘数　　　　　D. 已获利息倍数

11. 与产权比率相比较,资产负债率评价企业偿债能力的侧重点是(　　)。

    A. 揭示财务结构的稳健程度　　　　　　　　B. 揭示债务偿付安全性的物质保障程度

    C. 揭示自有资金对偿债风险的承受能力　　　D. 揭示负债与长期资金的对应关系

12. 已知某企业资产负债率为50%,则该企业的产权比率为( )。
    A. 50%   B. 100%   C. 200%   D. 不能确定

13. 产权比率与权益乘数的关系是( )。
    A. 产权比率×权益乘数 = 1
    B. 权益乘数 = 1÷1×(1−产权比率)
    C. 权益乘数 = (1+产权比率)÷产权比率
    D. 权益乘数 = 1+产权比率

14. 下列各项中,会导致企业资产负债率下降的是( )。
    A. 收回应收款项   B. 计提资产减值准备
    C. 盈余公积转增资本   D. 接受股东追加投资

15. 在计算利息保障倍数时,分母的"利息费用"指( )。
    A. 财务费用中的利息支出   B. 全部财务费用
    C. 本期发生的全部应付利息   D. 计入固定资产的资本化利息

16. 下列对应收账款的表述中,正确的是( )。
    A. 应收账款周转天数越长,周转速度越快
    B. 计算应收账款周转率时,应收账款余额不应包括应收票据
    C. 计算应收账款周转率时,应收账款余额应为扣除坏账损失准备后的净额
    D. 应收账款周转率越小,表明周转速度越快

17. 某企业利润总额为734万元,所得税费用为234万元,利息支出为300万元,年初和年末所有者权益分别为3 000万元和3 250万元,则净资产收益率为( )。
    A. 16.67%   B. 15.38%   C. 16.00%   D. 33.09%

18. 某企业净利润为500万元,所得税费用为234万元,利息支出为300万元,年初和年末资产总额分别为5 250万元和6 250万元,则总资产收益率为( )。
    A. 8.70%   B. 12.77%   C. 17.98%   D. 8.00%

19. 用于评价企业盈利能力的总资产收益率指标中的"收益"是指( )。
    A. 息税前利润   B. 营业利润   C. 利润总额   D. 净利润

20. 某股份公司上市流通普通股的股价为每股17元,每股收益为2元,该公司的市盈率为( )。
    A. 17   B. 34   C. 8.5   D. 2

21. 年初资产总额为2 000万元,年末资产总额为2 800万元,净利润为480万元,所得税为180万元,利息支出为120万元,则总资产报酬率为( )。
    A. 27.5%   B. 32.5%   C. 20%   D. 17.1%

22. 杜邦财务分析体系的核心指标是( )。
    A. 总资产收益率   B. 营业净利率   C. 净资产收益率   D. 权益乘数

23. 某企业净资产收益率为20%,营业净利率为30%,总资产周转率为15%,则权益乘数为( )。
    A. 4.44   B. 5   C. 2   D. 3

24. 净资产收益率=( )×权益乘数。
    A. 营业净利率   B. 资产负债率   C. 成本利润率   D. 总资产收益率

二、多项选择题

1. 财务分析的内容包括( )分析。
   A. 偿债能力　　　　B. 营运能力　　　　C. 盈利能力　　　　D. 发展能力
2. 财务分析的基本方法有( )。
   A. 趋势分析法　　　B. 比率分析法　　　C. 计算分析法　　　D. 比较分析法
3. 反映企业短期偿债能力的指标有( )。
   A. 速动比率　　　　B. 资产负债率　　　C. 现金比率　　　　D. 流动比率
4. 下列对流动比率的表述中,正确的有( )。
   A. 从企业的角度看,流动比率越高越好
   B. 不同企业的流动比率有统一的衡量标准
   C. 在一般情况下,流动比率越高,反映企业短期偿债能力越强
   D. 流动比率高,并不意味着企业就一定具有短期偿债能力
5. 反映企业长期偿债能力的比率有( )。
   A. 资产负债率　　　B. 产权比率　　　　C. 权益乘数　　　　D. 利息保障倍数
6. 在利息保障倍数等于2的情况下,能使利息保障倍数提高的经济业务有( )。
   A. 实现主营业务收入　　　　　　　　B. 取得补贴收入
   C. 降低银行贷款利率　　　　　　　　D. 借入短期借款
7. 流动资产周转次数越多,表明( )。
   A. 流动资产利用效果越好　　　　　　B. 流动资产利用效果越差
   C. 可以节约流动资产占用　　　　　　D. 可以增强企业盈利能力
8. 在其他条件不变的情况下,会引起存货周转率变动的经济业务有( )。
   A. 改变存货发出计价方法　　　　　　B. 产品生产领用原材料
   C. 用现金购入一批原材料　　　　　　D. 在建工程领用原材料
9. 应收账款周转次数多、周转天数少则表明( )。
   A. 企业信用管理严格　　　　　　　　B. 应收账款流动性强
   C. 收账费用和坏账损失少　　　　　　D. 应收账款管理效率高
10. 下列各项中,反映企业获利能力的指标有( )。
    A. 营业利润率　　　　　　　　　　　B. 净资产收益率
    C. 资产负债率　　　　　　　　　　　D. 成本费用利润率
11. 对股份制企业而言,反映其获利能力的比率有( )。
    A. 总资产报酬率　　B. 市盈率　　　　　C. 每股股利　　　　D. 营业净利率
12. 根据杜邦分析方法可知,提高净资产收益率的途径可以有( )。
    A. 加强负债管理,提高负债比率　　　　B. 加强资产管理,提高资产周转率
    C. 加强销售管理,提高营业净利率　　　D. 增强资产流动性,提高流动比率

三、判断题

1. 偿债能力分析、运营能力分析和获利能力分析是财务报表分析的主要内容,也是企业三大
   基本经济活动的综合结果的体现。　　　　　　　　　　　　　　　　　　( )
2. 流动比率越高,表明偿还短期债务的流动资产的保证程度越强,意味着企业已有足够的现
   金或存款用来偿债。　　　　　　　　　　　　　　　　　　　　　　　　( )

3. 从短期债权人的角度看,希望流动比率越高越好。但从企业经营角度看,过高的流动比率意味着企业闲置资金的持有量过多,将会造成机会成本的增加和获利能力的降低。 （   ）

4. 权益乘数侧重于揭示总资本中有多少是靠负债取得的,说明债权人权益的受保障程度。 （   ）

5. 产权比率就是负债总额与所有者权益总额的比值。 （   ）

6. 企业负债比率越高,财务杠杆系数越大,财务风险越小。 （   ）

7. 计算任何一项资产的周转率时,其周转额均为营业收入。 （   ）

8. 一般来讲,在销售规模一定的情况下,存货周转速度越快,存货的占用水平越低。 （   ）

9. 如果企业的营业毛利率非常低,那么营业净利率也不会很理想;如果企业的营业毛利率非常高,那么营业净利率也会很高。 （   ）

10. 依据杜邦分析原理,在其他因素不变的情况下,提高权益乘数,将提高净资产收益率。 （   ）

四、计算分析题

1. 甲公司流动资产由速动资产和存货组成。本期期末流动资产数额为 300 万元,流动比率为 3,速动比率为 1.2,现金比率为 0.5,货币资金为 30 万元。试计算以下指标:

(1) 公司期末流动负债的数额。

(2) 公司期末存货数额。

(3) 公司期末交易性金融资产的数额。

2. 某企业 2018 年年末产权比率为 80%,流动资产占总资产的 40%。

该企业资产负债表中的负债项目如下表所示。试计算下列指标:

(1) 所有者权益总额。

(2) 流动资产和流动比率。

(3) 资产负债率。

资产负债表中的负债项目   单位:万元

负 债 项 目	金 额
流动负债:	
短期借款	2 000
应付账款	3 000
预收账款	2 500
其他应付款	4 500
一年内到期的长期负债	4 000
流动负债合计	16 000
非流动负债:	
长期借款	12 000
应付债券	20 000
非流动负债合计	32 000
负债总计	48 000

3. 某公司流动资产由速动资产和存货构成,年初存货为 145 万元,年初应收账款为 125 万元,年末流动比率为 3,年末速动比率为 1.5,存货周转率为 4 次,年末流动资产余额为 270 万元,1 年按 360 天计算。计算下述指标:

(1) 流动负债年末余额。

(2) 存货年末余额和年平均余额。

(3) 本年销货成本。

(4) 假定本年赊销净额为 960 万元,应收账款以外的其他速动资产忽略不计,计算该公司应收账款周转期。

4. 已知某公司 2017 年会计报表的有关资料如下表所示。试回答下述问题:

会计报表的有关资料　　　　　　　　　　　　　　　　　单位:万元

资产负债表项目	年初数	年末数
资产	8 000	10 000
负债	4 500	6 000
所有者权益	3 500	4 000
利润表项目	上年数	本年数
营业收入净额	(略)	20 000
净利润	(略)	500

(1) 计算杜邦财务分析体系中的下列指标(凡计算指标涉及资产负债表项目数据的,均按平均数计算):① 净资产收益率(保留两位小数)。② 总资产收益率(分子采用净利润指标,保留四位小数)。③ 营业净利率。④ 总资产周转率(保留四位小数)。⑤ 权益乘数。

(2) 用文字列出净资产收益率与上述其他各项指标之间的关系式,并用本题数据加以验证。

下　篇

实训篇

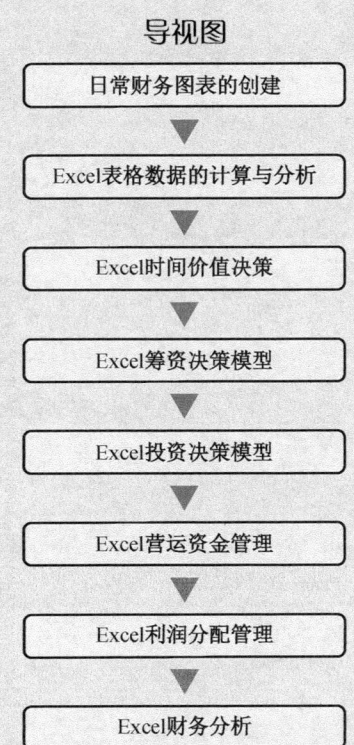

导视图

日常财务图表的创建

Excel表格数据的计算与分析

Excel时间价值决策

Excel筹资决策模型

Excel投资决策模型

Excel营运资金管理

Excel利润分配管理

Excel财务分析

项目 10

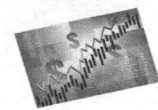

日常财务图表的创建

任务 10.1　制作日常财务图表

一、任务布置

依据图 10-1 和图 10-2 的数据，在"公司日常财务图表"工作簿中，完成"采购计划单""产品生产记录表"两个工作表的创建。

	A	B	C	D	E	F	G	H
1	采购计划单							
2	序号	名称	颜色	布料材质	工艺	幅宽（CM）	数量（米）	备注
3	1	不倒绒布料	蓝色、深蓝色	混合纺织	印染	155	10,000	
4	2	加厚牛仔布料	深蓝色、黑色	棉布	印染	145	12,000	
5	3	皱裂纹弹力仿牛仔棉	紫色、黑色、蓝色	混合纺织	印染	180	15,000	
6	4	色织大提花牛仔	蓝灰色、深蓝色、灰	棉+氨纶	色织	125	13,000	
7	5	全棉弹力牛仔布料	紫色、红色、蓝色	棉布	印染	136	30,000	
8	6	波点全棉薄牛仔布料	米黄色、粉红色	棉布	印染	150	36,000	
9	7	水洗牛仔布料	蓝色、深蓝色、红色	棉布	印染	145	45,000	
10	合计							

图 10-1　采购计划单

二、知识链接

（一）Excel 文件簿的创建

新建工作簿方法如下：

（1）点击鼠标右键自动创建。

（2）利用""图标—新建—空工作簿。

（二）Excel 基本概念

1. 工作簿

工作簿是指所有工作表的集合。一个 Excel 文件就是一个工作簿。

2. 工作表

工作表是指工作簿中的每一张表格。工作表用于对数据的存放、处理与分析。请注意主界面左下角的工作表标签（Sheet1，Sheet2，Sheet3）。

	A	B	C	D	E	F	G	H
1	金翔有限责任公司产品生产记录表							
2	编号	名称	生产数量	单位	单价	生产单位	生产日期	备注
3	SX001	1856-S女裤	24500	条	￥56.50	二车间一生产线	2013年12月10日	
4	SX001	1856-M女裤	24800	条	￥56.00	二车间二生产线	2013年12月10日	
5	SX001	1856-L女裤	20300	条	￥60.50	二车间二生产线	2013年12月11日	
6	SX001	1856-XL女裤	14500	条	￥60.50	二车间一生产线	2013年12月11日	
7	SX001	1856-XXL女裤	13800	条	￥60.50	二车间二生产线	2013年12月12日	
8	SX001	1856-XXXL女裤	9800	条	￥60.50	二车间一生产线	2013年12月12日	
9	ZH008	6098-65女童	8700	套	￥25.00	一车间二生产线	2013年12月10日	
10	ZH008	6098-70女童	8300	套	￥25.00	一车间一生产线	2013年12月10日	
11	ZH008	6098-75女童	9200	套	￥25.00	一车间二生产线	2013年12月11日	
12	ZH008	6098-80女童	6800	套	￥25.00	一车间一生产线	2013年12月11日	
13	ZH008	6098-85女童	5900	套	￥25.00	一车间一生产线	2013年12月12日	
14	ZH008	6098-90女童	6500	套	￥26.00	一车间二生产线	2013年12月12日	
15	ZH008	6098-95女童	12300	套	￥26.00	一车间一生产线	2013年12月13日	
16	ZH008	6098-100女童	15200	套	￥26.00	一车间二生产线	2013年12月13日	
17	ZH008	6098-105女童	16300	套	￥26.00	一车间一生产线	2013年12月14日	
18	GPDDS	3078-22牛仔裤	11500	条	￥73.00	一车间一生产线	2013年12月12日	
19	GPDDS	3078-23牛仔裤	10500	条	￥73.00	三车间二生产线	2013年12月12日	
20	GPDDS	3078-24牛仔裤	9900	条	￥73.00	三车间二生产线	2013年12月13日	
21	GPDDS	3078-25牛仔裤	6700	条	￥73.00	三车间一生产线	2013年12月13日	
22	GPDDS	3078-26牛仔裤	9600	条	￥73.00	三车间二生产线	2013年12月14日	
23	GPDDS	3078-27牛仔裤	7500	条	￥75.00	三车间一生产线	2013年12月14日	
24	GPDDS	3078-28牛仔裤	7560	条	￥75.00	三车间一生产线	2013年12月15日	
25	GPDDS	3078-29牛仔裤	7580	条	￥75.00	三车间一生产线	2013年12月16日	
26	GPDDS	3078-30牛仔裤	7600	条	￥75.00	三车间一生产线	2013年12月17日	
27	GPDDS	3078-31牛仔裤	7590	条	￥75.00	三车间一生产线	2013年12月18日	

图10-2　产品生产记录表

3. 单元格

单元格是指表格中的每一个小方格。单元格的引用是通过指定其行、列坐标实现的,如单元格 A5、B5、A8、E8 等。

4. 单元格区域

单元格区域是指单元格的集合,如单元区域 A2:F8。

5. 活动单元格

活动单元格是指目前正在操作的单元格。

(三)Excel 表格制作的常用方法

Excel 表格制作的常用方法有如下几种。

1. 十字光标快速填充

把鼠标挪到单元格右下角,当鼠标变成十字时,按住鼠标左键往下或往右拖拽,可以实现将该单元格相应的内容往下或往右快速填充。可以实现以下方式的快速填充:

(1)复制。在下拉填充之后,在区域最小角会出现填充提示的虚线框,点开之后可以选择是序列还是复制。

(2)填充序列。所谓序列,就是呈现一定规律变化的一组数据,如等差数列、等比数列、自定义序列等。

(3)公式填充。借助相对引用和绝对引用的变化,使得公式可以按同样规律套用。

2. 单元格格式设置

选中正在操作的单元格或单元格区域,单击鼠标右键,在弹出下拉菜单中选择"设置单元格格式",就可以对正在操作的单元格或单元格区域进行格式设置。

3. 行高与列宽设置

行高和列宽的设置,概括起来有两种方式:一是直接用鼠标拉动设置;二是直接输入参数值确定。

三、操作步骤

以创建"采购计划单"为例,具体操作步骤如下:

(1) 输入表标题:金翔有限责任公司采购计划单。

(2) 输入表头:序号、名称、颜色、布料材质、工艺、幅宽(CM)、数量(米)、备注。

(3) 输入"序号"栏:在单元格 A3 输入序号"1"后,以填充序列的方式用鼠标左键点住十字光标并向下拖拽至序号"7"。

(4) 输入"名称"栏:见"采购计划单"名称。

(5) 输入颜色。

(6) 输入布料材质:混合纺织、棉布、棉+氨纶。点击鼠标右键—从下拉列表中选择。

(7) 输入工艺:用鼠标左键点住十字光标向下拖曳,或者点击鼠标右键并从下拉列表中选择。

(8) 输入幅宽。

(9) 输入数量:点击鼠标右键—设置单元格格式—数值—使用千位分隔符。

(10) 调整行高与列宽:选中行号中的 1~10 行,点击鼠标右键,在"行高"中设置输入为"16"的高度,列宽通过鼠标放置列线上拉的方法将各列拉到适当的列宽。

(11) 保存。

四、任务提交

提交所建的"公司日常财务图表"工作簿,内含"采购计划单""产品生产记录表"两个工作表。

任务 10.2 美化日常财务图表

一、任务布置

按操作步骤要求,美化"公司日常财务图表"中的"采购计划单"与"产品生产记录表"。其中"产品生产记录表"的美化效果如图 10-3 所示。

二、知识链接

(一)相关概念

1. 表标题

表标题是指表格的名称,一般是在第一行将所有单元格合并成一个单元格。

2. 表头

表头是指表格的列标题(字段名),一般在第二行。

编号	名称	生产数量	单位	单价	生产单位	生产日期	备注
SX001	1856-S女裤	24,500.00	条	￥56.50	二车间一生产线	2013年12月10日	
SX001	1856-M女裤	24,800.00	条	￥56.00	二车间二生产线	2013年12月10日	
SX001	1856-L女裤	20,300.00	条	￥60.50	二车间二生产线	2013年12月11日	
SX001	1856-XL女裤	14,500.00	条	￥60.50	二车间一生产线	2013年12月11日	
SX001	1856-XXL女裤	13,800.00	条	￥60.50	二车间一生产线	2013年12月12日	
SX001	1856-XXXL女裤	9,800.00	条	￥60.50	二车间一生产线	2013年12月12日	
ZH008	6098-65女童	8,700.00	套	￥25.00	一车间二生产线	2013年12月10日	
ZH008	6098-70女童	8,300.00	套	￥25.00	一车间一生产线	2013年12月10日	
ZH008	6098-75女童	9,200.00	套	￥25.00	一车间二生产线	2013年12月11日	
ZH008	6098-80女童	6,800.00	套	￥25.00	一车间一生产线	2013年12月11日	
ZH008	6098-85女童	5,900.00	套	￥25.00	一车间一生产线	2013年12月12日	
ZH008	6098-90女童	6,500.00	套	￥26.00	一车间二生产线	2013年12月12日	
ZH008	6098-95女童	12,300.00	套	￥26.00	一车间一生产线	2013年12月13日	
ZH008	6098-100女童	15,200.00	套	￥26.00	一车间一生产线	2013年12月13日	
ZH008	6098-105女童	16,300.00	套	￥26.00	一车间一生产线	2013年12月11日	
GPDDS	3078-22牛仔裤	11,500.00	条	￥73.00	一车间一生产线	2013年12月12日	
GPDDS	3078-23牛仔裤	10,500.00	条	￥73.00	三车间二生产线	2013年12月12日	
GPDDS	3078-24牛仔裤	9,900.00	条	￥73.00	三车间二生产线	2013年12月13日	
GPDDS	3078-25牛仔裤	6,700.00	条	￥73.00	三车间一生产线	2013年12月13日	
GPDDS	3078-26牛仔裤	9,600.00	条	￥73.00	三车间二生产线	2013年12月14日	
GPDDS	3078-27牛仔裤	7,500.00	条	￥75.00	三车间一生产线	2013年12月14日	
GPDDS	3078-28牛仔裤	7,560.00	条	￥75.00	三车间一生产线	2013年12月15日	
GPDDS	3078-29牛仔裤	7,580.00	条	￥75.00	三车间一生产线	2013年12月16日	
GPDDS	3078-30牛仔裤	7,600.00	条	￥75.00	三车间一生产线	2013年12月17日	
GPDDS	3078-31牛仔裤	7,590.00	条	￥75.00	三车间一生产线	2013年12月18日	

图 10-3　生产记录表美化效果图

3. 数据区域

数据区域是指有数据的单元格。即写入数据的单元格所在区域。

（二）Excel 格式设置

Excel 格式设置有两种方法：

（1）点击开始菜单下的快捷方式。

（2）点击鼠标右键后，选中"设置单元格格式"。之后，可以进行合并居中、设置字体颜色与大小、设置对齐方式、设置边框、设置单元格底纹（填充）等操作。

三、操作步骤

（一）美化产品生产记录表

（1）将标题单元格区域 A1：H1 进行"合并后居中"。

（2）设置标题格式：使用"常用选项卡"，将标题字体设置为华文行楷、字号设置为 18 号，将鼠标拖动行高至合适大小，填充颜色设置为褐色、字体颜色设置为白色、字体加粗。

（3）设置表头格式：使用"单元格格式"对话框单元格区域 A2：H2 的字体设置为隶书、字号设置为 16 号、填充颜色设置为淡蓝、字体颜色设置为深红、对齐方式设置为"水平对齐"居中和"垂直对齐"居中。

（4）设置数据区域格式：将"名称""生产日期"两列数据区域的字体设置为新宋体、将"编号"列的字体设置为方正姚体简体、将"单位""生产单位"两列的字体设置为楷体；将 C、E 列的对齐方式设置为增加缩进量和右对齐、将 A、B、D、F、G 列的对齐方式设置为居中，C 列加千位符。

（5）设置表格边框：使用"单元格格式"对话框，为单元格区域 A2:H27 设置较细线条的预置内边框和较粗线条的预置外边框，达到内细外粗的边框效果。

（6）设置数据区域底纹：使用"单元格格式"对话框，将单元格区域 A3:H27 的填充颜色设置为象牙色，图案颜色设置为天蓝色，图案样式设置为细对角线剖面线。

（二）美化采购计划单

要求依据自己的审美，自行设置美化的格式样式。

四、任务提交

提交已完成了两个美化工作表的"公司日常财务图表"工作簿。

任务 10.3　制作销售记录表

一、任务布置

根据"公司日常财务图表"中的"生产记录表"的相关数据制作"销售记录表"，并进行格式设置与相关数据计算，"销售记录表"的最终操作结果数据如图 10-4 所示。

编号	名称	单位	单价（￥）	销售量	折价率	销售额（￥）
			销售记录表			
SX001	1856-S女裤	条	56.5	8350	86%	405726.50
SX001	1856-M女裤	条	56	8600	85%	409360.00
SX001	1856-L女裤	条	60.5	8900	92%	495374.00
SX001	1856-XL女裤	条	60.5	9800	88%	521752.00
SX001	1856-XXL女裤	条	60.5	9900	86%	515097.00
SX001	1856-XXXL女裤	条	60.5	8400	92%	467544.00
ZH008	6098-65女童	套	25	6570	95%	156037.50
ZH008	6098-70女童	套	25	8325	93%	193556.25
ZH008	6098-75女童	套	25	8465	85%	179881.25
ZH008	6098-80女童	套	25	7598	80%	151960.00
ZH008	6098-85女童	套	25	7658	85%	162732.50
ZH008	6098-90女童	套	26	6853	88%	156796.64
ZH008	6098-95女童	套	26	4258	92%	101851.36
ZH008	6098-100女童	套	26	15630	90%	365742.00
ZH008	6098-105女童	套	26	9123	90%	213478.20
GPDDS	3078-22牛仔裤	条	73	6874	87%	436567.74
GPDDS	3078-23牛仔裤	条	73	4876	84%	298996.32
GPDDS	3078-24牛仔裤	条	73	5789	81%	342303.57
GPDDS	3078-25牛仔裤	条	73	9872	78%	562111.68
GPDDS	3078-26牛仔裤	条	73	9865	75%	540108.75
销售总额						6676977.26

图 10-4　销售记录表

二、知识链接

(一)智能粘贴

智能粘贴是指在 Excel 中可以进行的选择性粘贴。例如,在 Excel 中进行复制操作时,选择"选择性粘贴"后,既可粘贴全部,又可粘贴公式、数值、格式、批注等,还可进行加、减、乘、除等运算,亦可跳过空单元或进行转置。

(二)Excel 公式的基本操作

(1) 输入公式。

(2) 通过鼠标左键十字下拉复制公式。

(3) 在编辑栏使用修改文本的方法修改公式。

(三)公式的规则

1. 运算次序

最前面是等号"=";后面是参与计算的元素(如 D3、E3 等)与运算符(如 *)。

2. 运算符类型

(1) 算术运算符(5 个):+,-,*(乘),/(除),^(乘方)。

例如,请在单元格 H3 和 I3 分别尝试计算 G3/E3 和 D3 的三次方,然后分别右键拖曳(不带格式填充),计算出所有 H 列和 T 列的相关数据。尝试完毕后再清除这两列的内容。

(2) 比较运算符(6 个):=,>,<,>=,<=,<>(不等于)。比较运算符用于比较两个值,得到的结果是一个逻辑值:TRUE 或 FALSE。例如,请在单元格 H3、I3 分别尝试"H3=D3<F3"和"I3=D3>F3,"比较计算结果。尝试完后清除这两个单元格的内容。

(3) 文本运算符(1 个):&(将两个文本值连接或串起来产生一个连续的文本值)。例如,请在单元格 H3 中尝试"H3=B3&B7"。查看完运算结果后清除该单元格内容。

(4) 引用运算符(2 个):一是对包括引用在内的所有单元格进行引用,如单元格区域 B5:B15;二是将多个引用合并为一个引用,如 SUM(B5:B15,D5:D15),此处英文状态下的逗号是联合操作符。

(四)相对引用与绝对引用

采用快速填充柄,通过鼠标左键下拉复制公式进行公式填充时,下拉后公式会随单元格的变化相应变化,例如,在单元格 C1 中,将其公式设置为"=A1+B1"。如果选中单元格 C1,用填充柄的方式向下拉到单元格 C2,则单元格 C2 的公式将会显示为"=A2+B2"。以此类推,这就是相对引用。

绝对引用是指将公式复制或填充后,公式中引用的单元格位置保持固定不变。绝对引用是通过对单元格地址的"冻结"来实现的,在相对引用单元格的列标和行号之前分别添加"$"符号便可成为绝对引用。例如,在单元格 C1 中,将其公式设置为"=\$A\$1+\$B\$1",此时如果将填充柄向下拉,单元格 C2 的公式仍为"=\$A\$1+\$B\$1",数据保持不变。在已创建的公式中,"F4"键可以在单元格的绝对引用和相对引用之间切换。

三、操作步骤

(1) 录入产品销售记录数据:首先,输入标题"销售记录表";其次,复制"生产记录表"中"编号""名称"两列数据(到第 22 行即可),在智能粘贴中选择匹配目标区域格式;再次,复制

"单位""单价"两列数据,在选择性粘贴中选择数值,使被粘贴的数据不带源格式,将单价栏的数据格式设为货币形式但不带"￥"符号的数值;最后,录入各产品的"销售量",录入各产品的"折价率"并设置为百分比格式,小数位数为 2 位;在表头的"单价"和"销售额"后面输入"￥",合并后居中标题区。

(2) 计算销售额:激活单元格 G3,将其公式设置为"＝D3 * E3 * F3"(即销售额＝单价×销售量×折价率),按"Enter"键计算出一种产品的销售额,点击鼠标右键并向下拖曳(不带格式填充),计算出所有产品的销售额。

(3) 计算销售总额:激活单元格 G23,使用求和公式,将公式设置为"＝SUM(A23:G23)",计算销售总额。

四、任务提交

提交已包含了"销售记录表"的"公司日常财务图表"工作簿。

任务 10.4　制作个性化的销售记录表

一、任务布置

通过套用表格格式功能,对任务 10.3 制作的销售记录表,利用"套用表格格式"功能,进行进一步美化。

二、知识链接

常用的工作表的修饰操作如下:
(1) 套用表格格式:选择"开始"—"样式"—"套用表格格式"。
(2) 添加背景:选择"页面布局"—"背景"—"工作表背景"。
(3) 插入艺术字。
(4) 插入图片、剪贴画、形状等。

三、操作步骤

(一) 套用表格格式

(1) 打开 Excel 主页面,选择"开始",找到套用表格格式选项;在下拉菜单中,选择一个你喜欢的表格模板;点击"套用"。

(2) 在弹出的窗口,选择数据区域。先选取单元格区域 A2:G23,由于选择的表格是带有标题的,因此务必勾选表中包含标题的选项;然后点击【确定】按钮。

(3) 取消掉筛选标签。将鼠标放在筛选标签的表格(即标题栏)中,然后点击"数据"选项卡,点击"筛选"开关,即可取消筛选。

(二) 修改套用的表格格式

套用的模板可能也不是很好看,套用完若不满意,你可以在这个基础上继续修改。例如,继续美化如下:

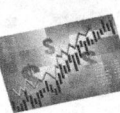

标题：字体选为方正舒体，字号选为 20 号。

表头：字体颜色选为黄色，填充颜色选为浅蓝色，字号选为 14 号，字体选为华文中宋。

（三）添加背景

选择"页面布局"—"背景"—"工作表背景"（随意设置）。

注意：① 背景图片不能被打印。② 如果要删除工作表背景，选择"页面布局"—"删除背景"。

（四）插入艺术字

选中单元格 A1，删掉原表格的标题，选择"插入"—"艺术字"，选择喜欢的艺术字样后，键入标题，再把艺术字放到单元格 A1 的中央。

（五）插入剪贴画

自行选择一幅剪贴画插在你认为合适美观的位置。

美化后"销售记录表"的效果图如图 10-5 所示。

编号	名称	单位	单价（¥）	销售量	折价率	销售额（¥）
SX001	1856-S女裤	条	56.5	8350	86%	405726.50
SX001	1856-M女裤	条	56	8600	85%	409360.00
SX001	1856-L女裤	条	60.5	8900	92%	495374.00
SX001	1856-XL女裤	条	60.5	9800	88%	521752.00
SX001	1856-XXL女裤	条	60.5	9900	86%	515097.00
SX001	1856-XXXL女裤	条	60.5	8400	92%	467544.00
ZH008	6098-65女童	套	25	6570	95%	156037.50
ZH008	6098-70女童	套	25	8325	93%	193556.25
ZH008	6098-75女童	套	25	8465	85%	179881.25
ZH008	6098-80女童	套	25	7598	80%	151960.00
ZH008	6098-85女童	套	25	7658	85%	162732.50
ZH008	6098-90女童	套	26	6853	88%	156796.64
ZH008	6098-95女童	套	26	4258	92%	101851.36
ZH008	6098-100女童	套	26	15630	90%	365742.00
ZH008	6098-105女童	套	26	9123	90%	213478.20
GPDDS	3078-22牛仔裤	条	73	6874	87%	436567.74
GPDDS	3078-23牛仔裤	条	73	4876	84%	298996.32
GPDDS	3078-24牛仔裤	条	73	5789	81%	342303.57
GPDDS	3078-25牛仔裤	条	73	9872	78%	562111.68
GPDDS	3078-26牛仔裤	条	73	9865	75%	540108.75
销售总额						6676977.26

图 10-5　销售记录表参考效果图

四、任务提交

提交包含了该已经美化的"销售记录表"的"公司日常财务图表"工作簿。

任务 10.5　利用模版功能快速制作大量销售报表

一、任务布置

在任务 10.4 所制作的销售记录表的基础上，根据表 10-1 所给定的各月份销售数据，快速、高效地制作具有相同格式和相似内容的工作表。

二、知识链接

(一)模板的创建

需要重复利用的工作表，可以另存为 Excel 模板。Excel 模板实际上也是一个 Excel 文件，但利用这个模板文件，可以重复生成出一样内容的 Excel 工作表，从而减少重复性的工作。

(二)模板的应用

新建基于模板的工作簿。

(三)单元格样式

Excel 内置了丰富的单元格样式。用户可以通过"新建单元格样式"来自定义样式；也可以通过直接选择"单元格样式"所内置的单元格样式，直接应用样式，达到快速美化或更改单元格格式设置的操作目标。

(四)添加背景

用户经常使用 Excel 表格，可能会对表格永远不变的白底背景感到单调，这时可以为 Excel 表格添加自己喜爱的图片，作为 Excel 表格的背景。

三、操作步骤

(一)创建销售报告工作簿模板

(1) 新建一份含有 1 月份批发数据的工作表，相关数据见表 10-1。

(2) 计算到账百分比，并将标题设计为喜欢的艺术字样。

(3) 设置表头区域的格式：将字体设置为方正舒体、字形设置为加粗、颜色设置为红色，将边框设置为上下两边的边框，将填充背景色设置为天蓝，将填充图案颜色设置为鲜绿，将填充图案样式设置为细逆对角线条纹。

(4) 设置标题格式：将字体设置为华文仿宋，字号设置为 28 号。

(5) 为 Excel 表格添加背景：选择"页面布局—背景"，在弹出的浏览选项中，选择自己喜好的一张背景图片，为工作表添加背景。

(6) 删除 Sheet2、Sheet3，将文件另存为 Excel 模板，文件名为"月销售报表"。这样就创建了一个命名为"月销售报表"的模板文件。

(二)创建基于模板的工作簿

关闭步骤(一)的模板，新建一个工作簿，选中 Sheet1，选择"插入"—"常用"—"月销售报表"模板。

同理，再插入 3 张工作表，将 4 张工作表重命名为"一月份""二月份""三月份""四月份"，并修改"二月份""三月份""四月份"3 张工作表的数据和表格标题(各月销售数据分别见表 10-1)。

各月份销售数据

表10-1

产品名称	1月份数据		2月份数据		3月份数据		4月份数据	
	签单额	到账额	签单额	到账额	签单额	到账额	签单额	到账额
1856-S 女裤	281 822	280 000	256 878	194 575.63	256 878	194 575.63	875 623	836 952.56
1856-M 女裤	257 040	250 000	3 562 456	3 432 769	3 562 456	3 432 769	2 356 456	2 236 589
1856-L 女裤	311 696	300 000	4 568 952.1	4 568 222.87	4 568 952.1	4 568 222.87	356 890.35	345 687.65
1856-XL 女裤	172 497.6	150 000	3 562 143.2	3 369 220.89	3 562 143.2	3 369 220.89	5 362 143.02	5 269 220.9
1856-XXL 女裤	280 962	180 000	456 879.6	421 835.11	456 879.6	421 835.11	456 879.6	421 835.11
1856-XXXL 女裤	178 112	150 000	6 542 315.6	6 238 009.05	6 542 315.6	6 238 009.05	6 442 315.6	6 338 009.05
6098-65 女童	73 625	70 000	56 895.36	45 722.41	56 895.36	45 722.41	78 895.36	76 722.41
6098-70 女童	53 475	50 000	75 702	74 916.17	75 702	74 916.17	89 702	86 916.17
6098-75 女童	102 000	100 000	96 963.75	83 010.67	96 963.75	83 010.67	65 963.75	64 010.36
6098-80 女童	190 000	180 000	93 040	88 674.62	93 040	88 674.62	39 040.04	38 674.25
6098-85 女童	170 000	160 000	103 530	89 567.55	103 530	89 567.55	93 530.75	89 567.57
6098-90 女童	148 720	148 000	113 599.2	93 636.55	113 599.2	93 636.55	813 599.78	803 636.85
6098-95 女童	167 440	165 000	234 894.4	184 317.65	234 894.4	184 317.65	634 894.65	584 317.45
6098-100 女童	182 520	180 000	228 969	196 043.26	228 969	196 043.26	328 969.35	306 043.36
6098-105 女童	161 460	160 000	147 753.84	124 290.53	147 753.84	124 290.53	427 753.24	404 290.07
3078-22 牛仔裤	254 040	250 000	157 469.76	143 849.97	157 469.76	143 849.97	254 469.78	249 849.07
3078-23 牛仔裤	122 640	120 000	92 361.06	91 513.84	92 361.06	91 513.84	292 361.06	281 513.84
3078-24 牛仔裤	1 137 661.2	1 100 000	258 052.08	250 892.56	258 052.08	250 892.56	368 052.28	350 892.44
3078-25 牛仔裤	307 476	300 000	357 572.25	290 694.22	357 572.25	290 694.22	477 572.47	450 694.24
3078-26 牛仔裤	197 100	180 000	548 763.08	530 869.36	548 763.08	530 869.36	663 256.12	652 893.32

（三）新建样式

（1）新建并命名"表头"的样式：在名为"四月份"的工作表中，选中表头区域 A2：D2，新建单元格样式，输入样式名为"表头"，将格式设置如下：背景色为淡紫，图案颜色为天蓝，图案样式为细对角线条纹。

（2）新建并命名"产品名称"的样式：选中产品名称列区域 A3：A22，新建单元格样式，输入样式名为"品名"，将格式设置如下：字体颜色为橙色，字形倾斜。

（四）在双月报表中应用样式

切换到名为"二月份"的工作表，选中单元格区域 A2：D2，在单元格样式中选择自定义，应用自建的"表头"样式；同理，选中单元格区域 A3：A22，应用自建的"品名"样式。

以名为"四月份"的工作表为例，操作效果见图 10-6 所示。

	A	B	C	D
1	四月份产品批发销售报表			
2	产品名称	签单额	到账额	到账百分比
3	1856-S女裤	875623	836952.56	95.58%
4	1856-M女裤	2356456	2236589	94.91%
5	1856-L女裤	356890.35	345687.65	96.86%
6	1856-XL女裤	5362143.02	5269220.9	98.27%
7	1856-XXL女裤	456879.6	421835.11	92.33%
8	1856-XXXL女裤	6442315.6	6338009.05	98.38%
9	6098-65女童	78895.36	76722.41	97.25%
10	6098-70女童	89702	86916.17	96.89%
11	6098-75女童	65963.75	64010.36	97.04%
12	6098-80女童	39040.04	38674.25	99.06%
13	6098-85女童	93530.75	89567.57	95.76%
14	6098-90女童	813599.78	803636.85	98.78%
15	6098-95女童	634894.65	584317.45	92.03%
16	6098-100女童	328969.35	306043.36	93.03%
17	6098-105女童	427753.24	404290.07	94.51%
18	3078-22牛仔裤	254469.78	249849.07	98.18%
19	3078-23牛仔裤	292361.06	281513.84	96.29%
20	3078-24牛仔裤	368052.28	350892.44	95.34%
21	3078-25牛仔裤	477572.47	450694.24	94.37%
22	3078-26牛仔裤	663256.12	652893.32	98.44%

图 10-6　四月份产品批发销售报表效果图

四、任务提交

提交基于模板所建的"月销售报表"工作簿。

项目 11

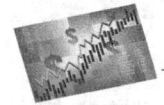

Excel 表格数据的计算与分析

任务 11.1 汇总产品销售情况

一、任务布置

根据任务 10.5 所制作的前 3 个月的销售报表,利用"数据—合并计算"功能,汇总计算形成一个名为"第一季度销售情况表"的工作表。

二、知识链接

(1)"数据—合并计算"功能:可以将来自一个或多个源区域的数据进行汇总,并且建立合并计算表。

这些源区域与合并计算工作表可以在一个工作表中,也可以在同一工作簿的不同工作表中,还可以在不同的工作簿中。

(2)目标工作表与源区域:存放合并计算结果的工作表称为目标工作表;被引用的单元格区域称为源区域。

三、操作步骤

(1)打开"月销售报表",在名为"四月份"的工作表前,插入新工作表(应用月销售报表模板),命名为"第一季度销售情况表",删除此表中单元格区域 B3:D22 的数据,将标题改为"第一季度销售情况表"。

(2)激活单元格 B3,使用"数据"选项卡的"合并计算"功能,函数选择"求和",引用名为"一月份"的工作表中单元格区域 B3:C22 数据,添加至所引用位置;标签位置选择"创建连至源数据的链接";分别添加引用 2~3 月份工作表的单元格区域 B3:D22 数据,最终如图 11-1 所示。

(3)计算合并后的"到账百分比"。

(4)点击左上角的"2"按钮,可展开工作表,如图 11-2 所示。

四、任务提交

提交包括了"第一季度销售情况表"工作表的"月销售报表"工作簿。

	A	B	C	D
1	第一季度产品批发销售报表			
2	产品名称	答单额	到账额	到账百分比
6	1856-S女裤	995058	831562.26	
10	1856-M女裤	4381952	4115538.05	
14	1856-L女裤	5449600.2	5436445.73	
18	1856-XL女裤	4296784	3888441.75	
22	1856-XXL女裤	1194721.2	1024670.29	
26	1856-XXXL女裤	13262743.2	12726018.14	
30	6098-65女童	196415.72	180444.85	
34	6098-70女童	214879	208832.33	
38	6098-75女童	265927.5	248021.56	
42	6098-80女童	336080	317348.88	
46	6098-85女童	357060	331135.14	
50	6098-90女童	345918.4	324973.09	
54	6098-95女童	433228.8	373705.3	
58	6098-100女童	440458	404086.52	
62	6098-105女童	556967.68	508581.06	
66	3078-22牛仔裤	768979.52	737699.94	
70	3078-23牛仔裤	244362.12	240027.32	
74	3078-24牛仔裤	1453766.08	1401785.43	
78	3078-25牛仔裤	722620.5	641388.49	
82	3078-26牛仔裤	1224426.09	1176702.44	

图 11-1　第一季度产品批发销售报表

	A	B	C	D
1	第一季度产品批发销售报表			
2	产品名称	答单额	到账额	到账百分比
3		256878	194575.63	
4		456358	356986.63	
5		281822	280000	
6	1856-S女裤	995058.00	831562.26	83.57%
7		3562456.00	3432769.00	96.36%
8		562456.00	432769.05	76.94%
9		257040.00	250000.00	97.26%
10	1856-M女裤	4381952.00	4115538.05	93.92%
11		4568952.10	4568222.87	99.98%
12		568952.10	568222.86	99.87%
13		311696.00	300000.00	96.25%
14	1856-L女裤	5449600.20	5436445.73	99.76%
15		3562143.20	3369220.89	94.58%
16		562143.20	369220.86	65.68%
17		172497.60	150000.00	86.96%
18	1856-XL女裤	4296784.00	3888441.75	90.50%
19		456879.60	421835.11	92.33%
20		456879.60	422835.18	92.55%
21		280982.00	180000.00	64.07%
22	1856-XXL女裤	1194721.20	1024670.29	85.77%
23		6542315.60	6238009.05	95.35%
24		6542315.60	6338009.09	96.88%
25		178112.00	150000.00	84.22%
26	1856-XXXL女裤	13262743.20	12726018.14	95.95%
27		56895.36	45722.41	80.36%
28		65895.36	64722.44	98.22%
29		73625.00	70000.00	95.08%
30	6098-65女童	196415.72	180444.85	91.87%
31		75702.00	74916.17	98.96%

图 11-2　第一季度产品批发销售报表

任务 11.2　汇总与分析产品销售情况

一、任务布置

对"第一季度销售情况表"进行数据计算与分析。在实际工作中,我们在分析数据时,经常需要将大量繁杂且无规律的数据进行适当的排序,或者根据一定的条件进行筛选,以提高我们的工作效率。

二、知识链接

(1) 在不同工作簿之间进行"数据—合并"计算。

(2) 掌握运用"数据—排序"功能完成对单列内容排序、对多列内容组合排序。

(3) 掌握运用"数据—筛选"完成自动筛选和自定义筛选。

三、操作步骤

(1) 新建一个名为"第一季度销售情况分析表"的工作簿,利用月销售报表模板功能建立"第一季度销售情况分析表",删除数据区域,并按任务 11.1 的方法进行合并计算(注意:此次合并计算不要求"创建连至源数据的链接";计算新工作表的到账百分比。

(2) 建立"排序筛选工作表",采用"只有值"方式拷贝"第一季度销售情况分析表",分别进行排序或筛选:要求先对"签单额"一列进行升序排列。

(3) 要求按"到账百分比"(降序)和"签单额"(升序)同时进行排序,其中"到账百分比"为主要关键字。

(4) 要求筛选"到账额"最大的 5 项数据。

(5) 要求显示全部数据。

(6) 要求筛选"到账百分比"大于等于 0.85 并且小于等于 0.95 的数据。

(7) 退出筛选。

四、任务提交

上交名为"第一季度销售情况分析表"的工作簿,该工作簿包含三个工作表,分别为第一季度销售情况分析表""排序筛选结果""存货损耗表",其中,要求将本任务操作步骤中(2)～(7)的结果粘贴于名为"排序筛选结果"的工作表中,各步骤的数据结果前以步骤的序号列示;如步骤(2)结果、步骤(3)结果等。

任务 11.3　创建销售图表

一、任务布置

在日常工作中,为了对数据有更加直观的认识和比较,我们经常用到图表工具。根据不同的目的和比较方式,我们需要创建不同类型的图表。

二、知识链接

(1)掌握运用"插入"—"图表"工具创建第一季度不同产品签单额和到账额的比较图表。

(2)美化图表:图表标题、图表区域格式、背景墙、图例、网格线颜色与坐标轴颜色、坐标轴标题。

三、操作步骤

(1)打开任务 11.2 所制作的工作簿,找到"第一季度销售情况分析表"工作表,将其粘贴到"创建销售图表"工作簿中。

(2)选取单元格区域 A2:C22,点击"插入"—"柱形图",选择"三维簇状柱形图"。

(3)将图表标题名称改为"产品销售情况表"。

(4)美化图表标题与图例:① 图表标题格式自设,要求美观大方,没设置或不美观将扣分。② 设置图表区域格式,修改填充颜色(自选,协调美观)。③ 设置"背景墙"颜色(自选,协调美观)。④ 设置"签单额"和"到账额"图例颜色(自选,协调美观)。⑤ 设置网格线颜色和坐标轴颜色(自选,协调美观)。⑥ 设置坐标轴格式,将横坐标轴文字的"对齐方式"改为"旋转 90 度对齐"。⑦添加横向坐标轴标题"产品名称"和纵向坐标轴标题"金额"(竖排)。

操作效果图如图 11-3 所示。

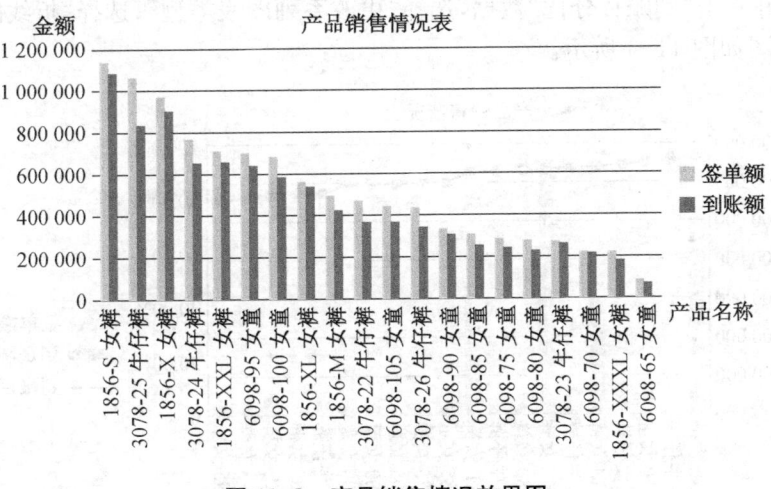

图 11-3　产品销售情况效果图

四、任务提交

提交所建的"创建销售图表"工作簿。

任务 11.4　创建双轴线柱图

一、任务布置

在任务 11.3 所制作的"产品销售情况表"中加上"到账百分比"数据系列,并且利用双轴线

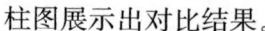

柱图展示出对比结果。

二、知识链接

在利用 Excel 图表功能展示数据对比结果的时候,经常会出现不同系列数据相差太大,无法在同一坐标轴中展示的情况。在这种情况下。在我们可以建立双坐标轴进行比较。

(1) 掌握运用 Excel 图表中"选择数据"功能,添加"到账百分比"数据系列。

(2) 掌握运用 Excel 图表"修改图表类型"和"设置数据系列格式"功能,制作出双轴线柱图。

三、操作步骤

(1) 打开任务 11.3 所制作的工作簿,找到名为"第一季度销售情况分析表"的工作表,粘贴到该工作簿新建的"双轴线柱图"工作表中。

(2) 修改图表类型为"二维簇状柱形图"。〔注意:在制作双轴线柱图之前必须将柱形图类型改为"簇状柱形图(二维)"。〕

(3) 在所做图表中重新选择数据,添加"到账百分比"数据系列。

(4)选中图例中"到账百分比"并右击,选择"设置数据系列格式",在弹出对话框"系列选项"中,选择"次要坐标轴"。

(5) 选中并右击"到账百分比"数据,选择"更改系列图表类型",选择"折线图"。

操作效果图如图 11-4 所示。

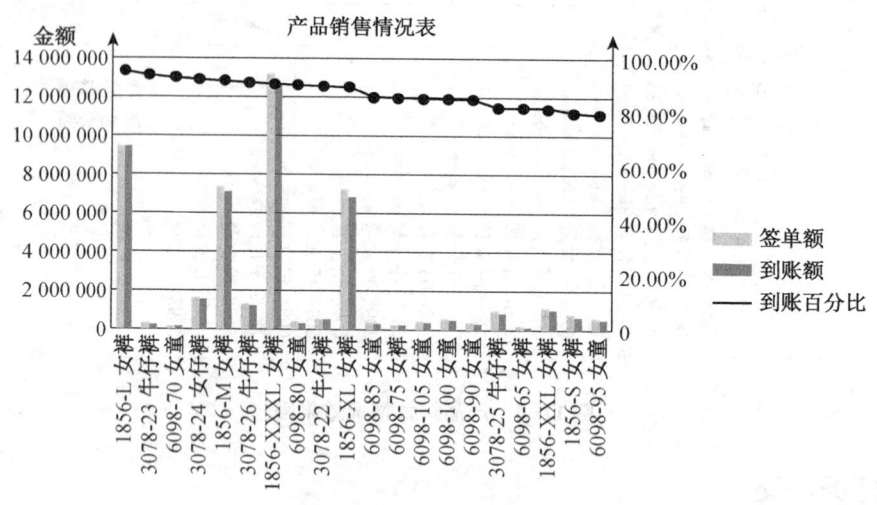

图 11-4　产品销售情况表

四、任务提交

提交包含了该"双轴线柱图"工作表的"创建销售图表"工作簿。

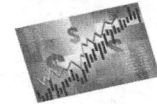

Excel 时间价值决策

任务 12.1　单利、复利时间价值的计算与分析

一、任务布置

（1）依据图 12-1 的数据制作 Excel 电子表格，完成单利终值与现值的计算。

	A	B	C	D	E	F	G	H	I	J	K
1	单利终值计算表										
2	本金	10000									
3	利率	2.60%									
4	年限	1	2	3	4	5	6	7	8	9	10
5	终值										
6	单利现值计算表										
7	本利和	20000	20000	20000	20000	20000	20000	20000	20000	20000	20000
8	利率	3.50%	3.50%	3.50%	3.50%	3.50%	3.50%	3.50%	3.50%	3.50%	3.50%
9	年限	1	2	3	4	5	6	7	8	9	10
10	现值										
11											
12											

图 12-1　单利终值计算表

a. 已知本金为 10 000 元，利率为 2.6％，求第 1 年年末至第 10 年年末的终值分别是多少？

b. 已知终值均为 20 000 元，利率为 3.5％，假定存放期限分别为 1～10 年，求 1～10 各年年初的本金分别为多少？

（2）依据图 12-2 的数据制作 Excel 电子表格，完成复利终值的计算，并绘制相应的资金变化图表。

a. 本金为 80 000 元，年利率为 3.25％，每季度复利一次，到年末总终值是多少？用 Excel 制作并填列资金在各季度的变化情况，并绘制资金变化的两轴柱形图。

b. 本金为 50 000 元，年利率为 2.25％，每月复利一次，到年末总终值是多少？填列资金在各季度的变化情况，并绘制资金变化的两轴柱形图。

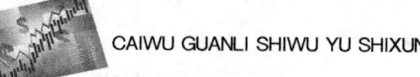
	A	B	C	D	E	F	G	H	I	J	K	L	M	N
1	复利终值计算及资金变化图表（每季度计息一次）													
2	存入本金	800000												
3	年利率	3.25%												
4	存款期限	1												
5	终值													
6	日期	3月31日	6月30日	9月30日	12月31日									
7	本金													
8	利息													
9	本利和													
10														
11														
12	复利终值计算及资金变化图表（每月计息一次）													
13	存入本金	500000.00												
14	年利率	2.25%												
15	存款期限	1												
16	终值													
17	日期	1月31日	2月28日	3月31日	4月30日	5月31日	6月30日	7月31日	8月31日	9月30日	10月31日	11月30日	12月31日	
18	本金	500000.00												
19	利息													
20	本利和													
21														
22														

图 12-2　复利终值计算及资金变化图表

（3）依据图 12-3 的数据制作 Excel 电子表格，完成复利现值的计算，并绘制相应的资金变化图表。

	A	B	C	D	E	F	G	H
1	复利现值计算及资金变化图表							
2	期望终值	1000000.00						
3	年利率	4.50%						
4	存款期限	5						
5	存入现值							
6	年份	第1年	第2年	第3年	第4年	第5年		
7	本金							
8	利息							
9	本利和							
10								
11								
12	复利现值计算及资金变化图表							
13	期望终值	5000000.00						
14	年利率	2.25%						
15	存款期限	5						
16	存入现值							
17	年份	第1年	第2年	第3年	第4年	第5年		
18	本金							
19	利息							
20	本利和							
21								
22								

图 12-3　复利现值计算及资金变化图表

a. 在年复利率为 4.5% 的条件下，希望 5 年后攒到 100 000 元，现在应该一次性存入多少资金？同时计算填列这笔资金在这 5 年的资金变化情况。

b. 在年复利率为 2.25% 的条件下，希望 5 年后攒到 50 000 元，现在应该一次性存入多少资金？同时计算填列这笔资金在这 5 年的资金变化情况。

二、知识链接

（1）单利、复利的计算公式。

（2）Excel 的公式拖拽功能。

（3）绝对引用与相对引用的不同效果。

（4）双轴线柱图。

三、操作步骤

（1）在单利计算工作表中，进行如下操作：

在单元格 B6 中输入"＝＄B＄3＊（1＋＄B＄4＊B5）"，点击鼠标右键拖拽；在单元格 B13 中输入"＝B10/（1＋B11＊B12）"，点击鼠标右键拖拽。

（2）在复利终值计算及资金变化图表中，进行如下操作：

a. 在单元格 B5 中计算 800 000 元本金、期限 1 年的复利终值，输入公式"＝B2＊（1＋B3/4）⌃4"。

b. 按季计算本金、利息、本利和。在单元格 B9 中输入公式"＝B8＊（＄B＄3/4）"，在单元格 B10 中输入公式"＝B8＋B9"，点击鼠标右键拖拽。

c. 根据单元格区域 A7:E10 制作资金变化的双轴线柱图。图表名称为"本金、利息及本利和变化图表"。选择双轴线柱图，本利和与本金的 Y 轴为主坐标轴，同时图表类型为柱形图；利息的 Y 轴在次坐标轴，同时图表类型为折线图。

操作效果图如图 12-4 所示。

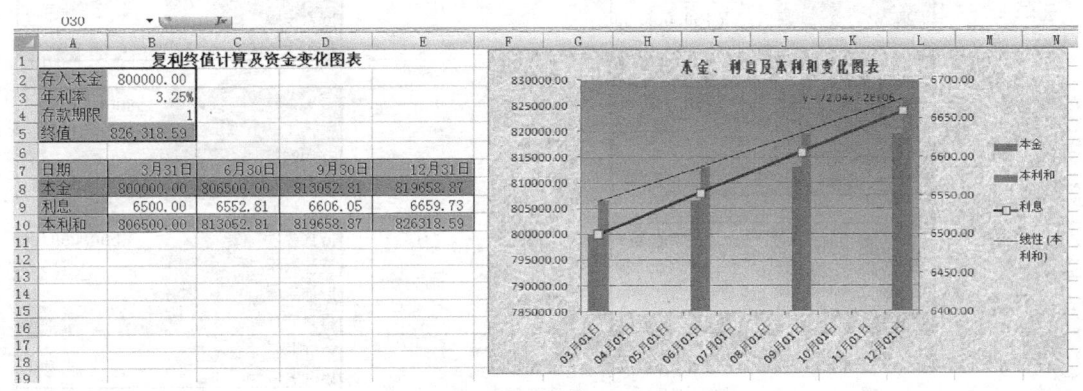

图 12-4　复利终值计算及资金变化图表效果图

（3）在复利现值计算及资金变化图表中，进行如下操作：

a. 在单元格 B5 中计算复利现值，输入公式"＝B2/（1＋B3）⌃B4"。

b. 按年计算本金、利息、本利和。

c. 根据单元格区域 A7:F10 制作复利现值的"本金、利息及本利和变化图表"。

四、任务提交

提交名为"时间价值计算"的工作簿，该工作簿内含上述三个工作表。

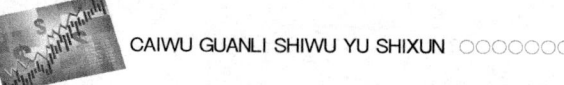

任务 12.2　时间价值函数的综合应用

一、任务布置

依据图 12-4，制作 Excel 表格（见图 12-5），并利用时间价值函数，完成表格内的相关计算。

	A	B	C	D	E	F	G
1			综合任务				
2	1	现在存入总金额	¥20,000.00		5	每年末还金额	
3		月利率	0.18%			借款利率	7.30%
4		存款年限	8			还款期限	6
5		本利和				借款本金	¥50,000.00
6							
7							
8	2	每年末还金额	10000.00				
9		借款利率			6	每年初存入金额	¥50,000.00
10		还款期限	6			年利率	4.10%
11		借款本金	¥50,000.00			存款年限	5
12						年金终值	
13							
14	3	存入本金	100000.00				
15		年利率			7	贷款金额	¥400,000.00
16		存款期限	8			贷款利率	7.56%
17		终值	¥150,000.00			贷款年限	20
18						每年还款额	
19							
20	4	每年初取出金额	¥50,000.00		8	每年末存入金额	80000.00
21		年利率	4.20%			年利率	
22		取款年限	5			存款期限	6
23		现在存入金额				终值	¥500,000.00
24							
25	9	存入本金	200000.00		10	贷款金额	¥500,000.00
26		年利率	3.05%			贷款利率	7.86%
27		存款期限				贷款年限	15
28		终值	¥250,000.00			每月末还款额	
29						第56月还本金	
30						第56月还利息	

图 12-5　时间价值函数应用综合任务

二、知识链接

七个时间价值函数的综合运用：FV 函数；PV 函数；RATE 函数；NPER 函数；PMT 函数；IPMT 函数；PPMT 函数。

三、任务提交

提交名为"时间价值计算"的工作簿，内含上述"时间价值函数应用"的工作表。

任务 12.3 贷款方式的选择

一、任务布置

贷款 10 万元，年利率为 6.5%，2 年还清，每月还款一次，可承受的最高月还款额是 4 800 元，现有等额本息偿还与等额本金两种还款方式。请依据图 12-6，制作命名为“贷款方式选择”的 Excel 工作表，并在完成表格计算后，进行贷款方式的选择决策。

贷款方式的选择

贷款时间	2016-1-1
贷款金额	¥100,000.00
贷款利率	6.50%
贷款年限	2
可承受最高月还款额	¥4,800.00
最优还款方式	

方案一：等额本息

月份数	每月偿还数额	每月偿还利息数额	每月偿还本金数额	累计偿还本金数额
1				
2				
3				
4				
5				
6				
7				
8				
9				
10				
11				
12				
13				
14				
15				
16				
17				
18				
19				
20				
21				
22				
23				
24				
还款本息总额				
最高月还款额				
是否选择该方式				

方案二：等额本金

月份数	每月归还本金数额	累计归还本金数额	每月偿还利息数额	每月偿还数额
1				
2				
3				
4				
5				
6				
7				
8				
9				
10				
11				
12				
13				
14				
15				
16				
17				
18				
19				
20				
21				
22				
23				
24				
还款本息总额				
最高月还款额				
是否考虑该方式				

图 12-6 贷款方式的选择

二、知识链接

PMT 函数、SUM 函数、MAX 函数、IF 函数的应用。

三、操作步骤

(一) 等额本息还款法

(1) 应用年金函数 PMT 输入等额本息下的每月偿还额，在单元格 B10 中输入“=PMT($D$4/12,$D$5*12,-$D$3)”，按回车键得到计算结果后，将鼠标指针移动到单元格 B10 的右下角，当鼠标指针呈“十”字形状时，点击鼠标右键将该公式向下一直拖拽至单元格 B33。

(2) 计算还款本息总额和最高月还款额。在单元格 B34 中输入公式“=SUM(C10:C33)”，在单元格 B35 中输入公式“=MAX(C10:C33)”。

(3) 计算每月偿还利息数额(提示：每月归还的利息数额=尚未归还的本金×月利率)。在单元格 C10 中输入公式“= D3*D4/12”，按回车键得到计算结果。在单元格 C11 中输入公

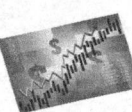

式"=（$D$3－E10）＊$D$4/12"，按回车键得到计算结果后，利用公式拖拽功能点击鼠标右键，将该公式向下一直拖拽至单元格 C33。

（4）计算每月偿还本金数额。在单元格 D10 中输入公式"=B10－C10"，按回车键得到计算结果后，利用公式拖拽功能，点击鼠标右键，将该公式向下一直拖拽至单元格 D33。

（5）计算累计偿还本金数额。在单元格 E10 中输入公式"=D10"，在单元格 E11 中输入公式"=E10＋D11"，按回车键得到计算结果后，利用公式拖拽功能，点击鼠标右键，将该公式向下一直拖拽至单元格 E33。

（6）如果最高月还款额小于可承受最高月还款额，则在单元格 B36 中显示"可以考虑此方式"；否则，显示"不可考虑此方式"。即在单元格 B36 中输入"=IF（B35＜D6,"可以考虑此方式","不可考虑此方式"）"。

（二）等额本金还款法

（1）计算每月归还的本金数额（提示：在等额本金方式下每月归还的本金数相同）。在单元格 H10 中输入公式"=$D$3/$D$5/12"，点击鼠标右键将该公式向下一直拖拽至单元格 H33。

（2）计算各月累计归还本金数额。在单元格 I10 中输入公式"=H10"，按回车键，得到计算结果。在单元格 I11 中输入公式"=H10＋I11"，按回车键得到计算结果后，利用公式拖拽功能，点击鼠标右键将该公式向下一直拖拽至单元格 I33。

（3）计算每月偿还利息数额。在单元格 J10 中输入公式"=D3＊D4/12"，按回车键得到计算结果。在单元格 J11 中输入公式"=（$D$3－I10）＊$D$4/12"，按回车键得到计算结果后，利用公式拖拽功能，点击鼠标右键将该公式向下一直拖拽至单元格 J33。

（4）计算填入每月偿还数额（提示：每月偿还数额＝每月归还本金数＋每月归还的利息数额）。在单元格 K10 中输入公式"=I10＋J10"，按回车键得到计算结果后，利用公式拖拽功能，点击鼠标右键，将该公式向下一直拖拽至单元格 K33。

（5）计算还款本息总额和最高月还款额。在单元格 K34 中输入公式"=SUM（K10：K33）"，在单元格 K35 中输入公式"=MAX（K11：K33）"。

（6）如果最高月还款额小于可承受最高月还款额，则在单元格 K36 中显示"可以考虑此方式"；否则，显示"不可考虑此方式"。即在单元格 K36 中输入公式"=IF（K35＜D6,"可以考虑此方式","不可考虑此方式"）"。

（三）比较两种还款方式

在单元格 D7 中比较两种还款方式。在单元格 B7 中输入公式"=IF（B35＜K35,"等额本息还贷法","等额本金还贷法"）"。

四、任务提交

提交名为"时间价值计算"的工作簿，内含上述名为"贷款方式选择"的工作表。

任务 12.4　风险价值的计算衡量

一、任务布置

某企业准备投资开发一新产品，现有 A、B、C 三种方案可供选择，三种方案的市场预测如

表 12-1 所示。

表 12-1　　三种方案的市场预测

市场状况	发生概率	预计年收益率		
		A 方案	B 方案	C 方案
繁荣	0.30	30%	40%	50%
一般	0.50	15%	15%	15%
衰退	0.20	0	−15%	−30%

请利用 Excel 作为辅助工具，依据表 12-1 制作电子表格，计算三个方案的期望值、标准差和标准离差率，并进行风险的比较分析。

	A	B	C	D	E	F
1	风险的衡量					
2						
3	1	风险的衡量		A项目	B项目	C项目
4	2	市场状况	概率	A项目收益率	B项目收益率	C项目收益率
5	3	繁荣	0.3	30%	40%	50%
6	4	一般	0.5	15%	15%	15%
7	5	衰退	0.2	0	-15%	-30%
8	7	期望值				
9	衡量指标	方差				
10		标准离差				
11		标准离差率				

图 12-7　风险的衡量

二、知识链接

(1) SQRT 函数：计算开平方的函数。

(2) SUMPRODUCT 函数：在给定的几组数组中，将数组间对应的元素相乘，并返回乘积之和。其格式为：SUMPRODUCT(array1, array2, array3, …)。其中，array1, array2, array3,…为 2～30 个数组，其相应元素需要进行相乘并求和。

三、操作步骤

(1) 在单元格 D8 中输入公式"=SUMPRODUCT($C$5:$C$7,D5:D7)"，点击鼠标右键拖拽，计算出三个项目的期望值皆为 16.5%。

(2) 在单元格 D9 中输入公式"=SUMPRODUCT($C$5:$C$7,(D5:D7−D8)^2)"，点击鼠标右键拖拽，计算出三个项目的方差分别为 0.011 025、0.036 525、0.077 025。

(3) 在单元格 D10 中输入公式"=SQRT(D9)"，点击鼠标右键拖拽，计算出三个项目的标准离差分别为 0.105、0.191 1、0.277 5。SQRT()函数为计算开平方函数。

(4) 在单元格 D11 中输入公式"=D10/D8"，点击鼠标右键拖拽，计算出三个项目的标准离差率分别为 0.636 4、1.158 3、1.682 0。

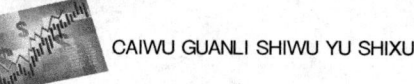
因此,三个方案的预期收益率的期望值相同,都是 16.5%,C 方案的风险最大,A 方案的风险最小。

四、任务提交

提交名为"时间价值计算"的工作簿,内含上述名为"风险的衡量"的工作表。

项目 13

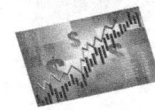

Excel 筹资决策模型

任务 13.1　创建资金结构分析图表

一、任务布置

根据图 13-1 的资料，制作"企业资金结构分析"工作表，并根据该表格数据，制作资金结构分析的复合饼图，使其能够显示以下效果：① 能够显示自有资金中流通股、非流通股和筹措资金的比例关系。② 能够显示筹措资金中长期借款、融资租赁、股票筹资和债券筹资的比例。

	项目	金额
	企业资金结构分析	
	项目	**金额**
自有资金	流通股	￥889,000.00
	非流通股	￥327,000.00
筹措资金	长期借款	￥500,000.00
	融资租赁	￥150,000.00
	股票筹资	￥368,700.00
	债券筹资	￥97,800.00

图 13-1　企业资金结构分析

二、知识链接

复合饼图：在 Excel 的图表类型中，提供了一种复合饼图的类型，当饼图的项目过多时，可将最后的若干项合并为其他类，并在另一个饼图中表现这些项目的构成。

三、操作步骤

（1）根据图 13-1 所示数据制作图表。选择"饼图"—"复合饼图"，图表标题为"资本结构分析图"。

（2）鼠标右击数据系列，选择"数据系列格式""选项"选项卡中设置：第二绘图区包含最后4值；"数据标志"选项卡中选择百分比。

（3）自行设置图表区格式，要求美观大方。效果图如图13-2所示。

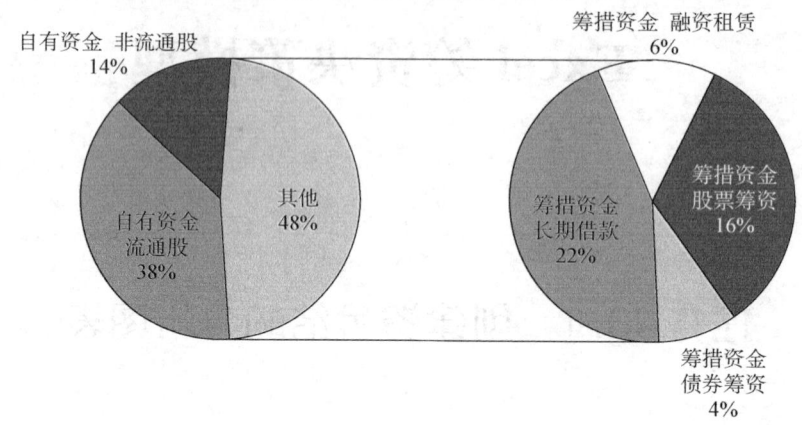

图 13-2　资金结构分析图

四、任务提交

提交名为"Excel 筹资决策"的工作簿，内含"企业资金结构分析"工作表。

任务 13.2　比较综合资本成本

一、任务布置

有三种筹资方案，筹资总额都是 5 000 万元：A 方案中，长期借款筹资 500 万元，利率为 6%；长期债券筹资 1 000 万元，利率为 8%；优先股筹资 500 万元，资本成本率为 12%，普通股筹资 3 000 万元，资本成本率为 15%。B 方案中，长期借款筹资 600 万元，利率为 6.5%；长期债券筹资 1 400 万元，利率为 8%；优先股筹资 500 万元，资本成本率为 12%；普通股筹资 2 500 万元，资本成本率为 15%。C 方案中，长期借款筹资 700 万元，利率为 7%；长期债券筹资 1 800 万元，利率为 10%；优先股筹资 300 万元，资本成本率为 12%；普通股筹资 2 200 万元，资本成本率为 15%。

要求：根据图 13-3 的资料，制作"综合资本成本计算"的工作表，并计算 A、B、C 三个筹资方案的综合资本成本。

二、知识链接

SUMPRODUCT 函数的应用：sum 是和，product 是积，所以该函数是乘积之和的意思。语法：两个以上数组时，各个数组的所有元素对应相乘。

	A	B	C	D	E	F	G	H
1								
2		综合资本成本比较						
3		筹资方式	A方案		B方案		C方案	
4			筹资金额	个别资本成本	筹资金额	个别资本成本	筹资金额	个别资本成本
5		长期借款	500	6%	600	6.50%	700	7%
6		长期债券	1000	8%	1400	8%	1800	10%
7		优先股	500	12%	500	12%	300	12%
8		普通股	3000	15%	2500	15%	2200	15%
9		合计						
10		综合资本成本						

图 13-3 综合资本成本计算

三、操作步骤

要求：按图 13-2 要求制作表格，填写单元格区域 B2：H10 的文字内容，并设置格式。设置公式如下：

(1) 在单元格 C9 中输入公式"＝SUM(C5：C8)"，并将此公式应用到单元格 E9 和单元格 G9。

(2) 在单元格 D10 中输入公式"＝SUMPRODUCT(C5：C8/C9，D5：D8)"，并将此公式应用到单元格 F10 和单元格 H10。

四、任务提交

提交名为"Excel 筹资决策"的工作簿，内含"综合资本成本计算"工作表。

任务 13.3 建立财务杠杆与资本结构分析模型

一、任务布置

根据无差别点分析法的原理，建立资本结构分析模型，分析不同筹资方案下，当息税前利润变动时，财务杠杆系数和每股收益的变动情况。有关资料如下：

有甲、乙、丙三种筹资方案，筹资金额都是 2 000 万元。甲公司发行 2 000 万股普通股，每股价格为 1 元；乙公司借 500 万元长期负债，利息率为 10%，另发行 1 500 万股普通股，每股价格为 1 元；丙公司借入 1 000 万元长期负债，利息率为 12%，另发行 1 000 万股普通股，每股价格为 1 元。

要求：根据图 13-4 的资料，制作"资本结构分析模型"的工作表，在表格中填入所给数据资料，然后继续完成下述分析计算：

(1) 在单元格 D19 中设置滚动条控件，使单元格 C19 的息税前利润，范围在 1 万～2 000 万元的范围滚动。

(2) 通过拖动滚动条，得到甲和乙、乙和丙、甲和丙的 EBIT-EPS 无差别点。

	A	B	C	D	E
1					
2		资本结构分析模型			
3		原始数据区		单位：万元	
4			甲公司	乙公司	丙公司
5		长期借款	0	500	1000
6		借款利率	0	10%	12%
7		普通股	2000	1500	1000
8		股份数	2000	1500	1000
9		总资产			
10		息税前利润			
11		所得税税率			
12		分析区：财务杠杆			
13		固定利息			
14		所得税			
15		净利润			
16		财务杠杆系数			
17		每股盈余			
18		分析：资本结构			
19		息税前利润			

图 13-4　资本结构分析模型

（3）分析无差别点前后 DFL 的变动对 EPS 的影响。

二、知识链接

控件滚动条及其应用。

三、操作步骤

（1）按要求制作表格，填写单元格区域 B2:E19 文字内容，并设置格式。

（2）设置公式如下：

a. 在单元格 C9 中输入公式"＝C5＋C7"，点击鼠标右键，将该公式沿该单元格右下角十字光标往右拖拽到底。

b. 在单元格 C10 中输入公式"＝$C$19"，点击鼠标右键，将该公式沿该单元格右下角十字光标往右拖拽到底。

c. 在单元格 C13 中输入公式"＝C5＊C6"，点击鼠标右键，将该公式沿该单元格右下角十字光标往右拖拽到底。

d. 在单元格 C14 中输入公式"＝（C10－C13）＊C11"，点击鼠标右键，将该公式沿该单元格右下角十字光标往右拖拽到底。

e. 在单元格 C15 中输入公式"＝C10－C13－C14"，点击鼠标右键，将该公式沿该单元格右下角十字光标往右拖拽到底。

　　f. 在单元格 C16 中输入公式"＝C10/（C10－C13）"，点击鼠标右键，将该公式沿该单元格右下角十字光标往右拖拽到底。

　　g. 在单元格 C18 中输入公式"＝C15/C8"，点击鼠标右键，将该公式沿该单元格右下角十字光标往右拖拽到底。

　　（3）设置控件如下：

　　a. 插入控件—表单控件—滚动条。

　　b. 点击"滚动条"，设置控件格式，最小值为 1，最大值为 2 000，单元格链接选择 C19，把滚动条放入单元格 D19。

　　（4）进行资本结构分析：拖动滚动条，直至分别得到甲和乙、乙和丙、甲和丙的 EBIT-EPS 无差别点，根据无差别点前后 DFL 的变动对 EPS 的影响，进行企业资本结构决策分析。

　　通过如上模型分析可得到以下结论：

　　（1）甲、乙公司无差别点的息税前利润为 200 万元；乙、丙公司无差别点的息税前利润为 260 万元；甲、丙公司无差别点的息税前利润为 240 万元。

　　（2）当将三个公司进行两两比较时，负债比例越高的方案，利息越大，财务杠杆系数越大，但不一定每股收益就越大。

　　（3）当实际息税前利润小于每股收益无差别点的息税前利润时，财务杠杆系数大的方案每股收益小；反之，财务杠杆系数大的方案每股收益大。

　　（4）当实际息税前利润等于每股收益无差别点的息税前利润时，意味着负债产生的利润和所支付的利息一样多，此时负债比率不影响每股收益，选择哪种筹资方案都一样。

四、任务提交

　　提交名为"Excel 筹资决策"的工作簿，内含"资本结构模型分析"工作表。

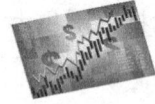

Excel 投资决策模型

任务 14.1　设备投资决策

一、任务布置

东泰公司准备进行一项设备投资，有关数据如图 14-1 所示。

	A	B	C	D	E
1	设备购置投资决策分析				
2	投资项目	设备			
3	贴现率	10%			
4	期初投入金额（元）	40000			
5	预计期末残值（元）	2000			
6	投资期限（年）	8			
7	企业所得税税率	25%			
8	投资方案现金流量表				
9	年数	营业收入	付现成本	年折旧	NCF
10	0				
11	1	30000	18000		
12	2	33000	20000		
13	3	33000	22000		
14	4	35000	23000		
15	5	36000	25000		
16	6	20000	18000		
17	7	31000	24000		
18	8	34000	26000		
19	净现值				
20	内含报酬率				
21	项目评价				

图 14-1　设备购置投资决策分析

　　要求：按图 14-1 所给资料建立"设备购置投资决策"的 Excel 电子表格，并用内置财务函数，完成图 14-1 中年折旧、净现值、内含报酬率的计算，并判断该设备方案是否可行（该公司采用年数总和法计提折旧）。

二、知识链接

折旧函数、净现值函数、内含报酬率函数等函数的应用。

三、操作步骤

（1）在已创建的"Excel 投资决策"工作簿中，建立"设备购置投资决策"工作表，在该工作表中按图 14-1 所示的格式与内容输入表格信息。

（2）用财务函数等工具，完成电子表格中年折旧、现金净流量、净现值、内含报酬率的计算。

（3）单元格 B21 用 IF 函数进行评价，在单元格 B21 中输入公式"＝IF(B19＜0,"方案不可行",IF(B20＜0,"方案不可行","方案可行"))"。效果图如图 14-2 所示。

设备购置投资决策分析

投资项目	设备			
贴现率	10%			
期初投入金额（元）	40000			
预计期末残值（元）	2000			
投资期限（年）	8			
企业所得税税率	25%			
投资方案现金流量表				
年数	营业收入	付现成本	年折旧	NCF
0				−40000
1	30000	18000	8444.44	11111.11
2	33000	20000	7388.89	11597.22
3	33000	22000	6333.33	9833.33
4	35000	23000	5277.78	10319.44
5	36000	25000	4222.22	9305.56
6	20000	18000	3166.67	2291.67
7	31000	24000	2111.11	5777.78
8	34000	26000	1055.56	8263.89
净现值	8013.42			
内含报酬率	16.12%			
项目评价	方案可行			

图 14-2　设备购置投资决策分析

四、任务提交

提交名为"Excel 投资决策"的工作簿，内含"设备购置投资决策"工作表。

任务 14.2　建立债券估价模型

一、任务布置

根据图 14-3 所给的资料，建立"债券估价模型"的 Excel 工作表。将债券类型分为单利计算和复利计算两种类型。单利计息时到期一次还本付息；复利计息情况下，每年支付利息，到期还本。请借助 Excel 工具，完成单利、复利条件下债券的估价计算。

	A	B
1	债券估价模型	
2	债券类型	
3	债券面值	100
4	期限（年）	5
5	票面利率	5%
6	市场利率	8%
7	债券估价	

图 14-3　债券估价模型

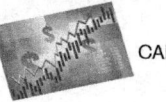

二、知识链接

数据有效性是一种 Excel 功能,用于定义可以在单元格中输入或应该在单元格中输入哪些数据,设置数据有效性可以防止输入无效数据。数据有效性的设置步骤如下:

(1)选择要设置"数据有效性"的单元格或单元格区域,在"数据"选项卡上的"数据工具"组中,单击"数据有效性",在"允许"框中,有多种属性可供选择,包括任何值、整数、小数、序列、日期、时间、自定义等。用得比较普遍的属性是"序列",用于限定单元格的输入内容选择。

(2)选择"序列",单击"来源"框,选择或输入来源引用,或者直接键入列表值,各列表值之间用分隔符分隔,默认是英文逗号。勾选"提供下拉箭头"复选框;否则,将无法看到单元格旁边的下拉箭头。

(3)这样当选中设置了"数据有效性"的单元格时,就会看到旁边的下拉箭头,点开后可看到"序列",点选哪个,哪个即成为单元格内容。

三、操作步骤

(1)在已创建的"Excel 投资决策"工作簿中,建立"债券估价模型"工作表。

(2)选中单元格 B2,选择菜单"数据—数据有效性"命令,在其对话框中设置允许值为"序列",在"来源"中输入"单利计息,复利计息"(注意:逗号为半角状态),确认后,单元格 B2 即可使用下拉列表来选择债券计息类型。

(3)在单元格 B7 中输入公式"=IF(B2="复利计息",−PV(B6,B4,B3*B5,B3),−PV(B6,B4,0,B3*(1+B4*B5)))"。

四、任务提交

提交名为"Excel 投资决策"的工作簿,内含"债券估价模型"工作表。

任务 14.3　计算证券投资收益率

一、任务布置

根据图 14-4 所给资料,建立"证券投资收益率"的 Excel 工作表,完成证券、股票投资收益率的计算。

二、知识链接

1. YIELD 函数

YIELD 函数是计算返回定期付息有价证券收益率的函数。其语法为 YIELD(settlement,maturity,rate,pr,redemption,frequency,basis)。其中,settlement 为有价证券的成交日;maturity 为到期日;rate 为年息票利率;pr 为面值 100 元的有价证券的价格;redemption 为面值 100 元的有价证券到期清偿额;frequency 为年付息次数,如果按年支付,则

	A	B	C	D	E
1	长期债券收益率			长期债券收益率	
2	面值	100		面值	100
3	期限	5		期限	3
4	年利率	8%		年利率	7%
5	购买价格	120		购买价格	90
6	购买日期	2013-1-2		购买日期	2015-1-2
7	到期日期			到期日期	
8	每年付息次数	1		每年付息次数	2
9	债券收益率			债券收益率	
10					
11					
12	长期股票收益率				
13	购买价格	-900			
14	第1年股利	40			
15	第2年股利	70			
16	第3年股利	0			
17	第4年股利	80			
18	第5年股利及售价	950			
19	股票收益率				

图 14-4　证券投资收益率

其值为 1，如果按半年支付，则其值为 2，如果按季度支付，则其值为 4；basis 为日基数基准类型。

2. IRR 函数

IRR 函数是计算有价证券内部收益率的函数。其语法形式为 IRR(values，guess)。其中，values 为数组或单元格的引用，包含用来计算内部收益率的数字；guess 为对函数 IRR 计算结果的估计值。

三、操作步骤

(1) 在已创建的"证券投资决策"工作表中，按图 14-4 所给格式与内容输入表格信息。

(2) 在单元格 B7 中输入公式"＝B6＋B3 * 365"，在单元格 B9 中输入公式"＝YIELD(B6，B7，B4，B5，B2，B8)"，得出债券收益率 3.56％。

(3) 在单元格 E7 中输入公式"＝E6＋E3 * 365"，在单元格 E9 中输入公式"＝YIELD(E6，E7，E4，E5，E2，E8)"，得出债券收益率 11.01％。

(4) 在单元格 B19 中输入公式"＝IRR(B13：B18)"，得出股票收益率 5.3％。

四、任务提交

提交名为"Excel 投资决策"的工作簿，内含"证券投资收益率"工作表。

项目 15

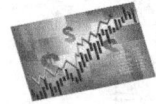

Excel 营运资金管理

任务 15.1　制作企业日常费用透视表与透视图

一、任务布置

根据图 15-1 所给资料,建立命名为"费用台账"的 Excel 工作表,并分别在该表格的单元格 H5、单元格 H23 等位置制作数据透视表与数据透视图,从而分析各销售部门各月的费用开支情况和费用构成情况。

二、知识链接

（一）数据透视表

数据透视表 Excel 提供的一种交互式的表格工具。之所以称其为数据透视表,是因为它可以动态地改变版面布置,通过转换行和列来查看源数据的不同汇总结果,并可显示不同页面以筛选数据。另外,如果原始数据发生更改,则可以更新数据透视表。

数据透视表的创建方法为:点击"插入"—"数据透视表"—"数据透视表"—"创建数据透视表"。

（二）数据透视图

数据透视图是数据透视表的图形显示效果。创建数据透视图主要有两种方法:一是直接通过数据表中的数据创建数据透视图;二是通过已有数据透视表创建数据透视图。

三、操作步骤

（一）创建工作表

在已创建的"费用台账"工作表中,按图 15-1 所给的格式与内容输入表格信息。

	A	B	C	D
1	费用台账			
2	日期	类别	部门	金额
3	2018-1-3	日常办公费	销售一部	475.00
4	2018-1-5	业务招待费	销售二部	476.00
5	2018-1-8	业务招待费	销售一部	477.00
6	2018-1-12	广告费	销售三部	3000.00
7	2018-1-15	房屋租赁费	销售三部	12600.00
8	2018-1-18	广告费	销售二部	3200.00
9	2018-1-28	车辆费用	销售一部	481.00
10	2018-1-29	业务招待费	销售一部	482.00
11	2018-1-29	日常办公费	销售三部	483.00
12	2018-1-31	日常办公费	销售一部	53.50
13	2018-2-3	日常办公费	销售一部	485.00
14	2018-2-4	日常办公费	销售一部	600.00
15	2018-2-8	车辆费用	销售一部	470.00
16	2018-2-10	日常办公费	销售一部	488.00
17	2018-2-15	业务招待费	销售二部	489.00
18	2018-2-18	房屋租赁费	销售一部	490.00
19	2018-2-19	房屋租赁费	销售三部	11800.00
20	2018-2-21	业务招待费	销售三部	492.00
21	2018-2-23	车辆费用	销售一部	80.00
22	2018-2-25	日常办公费	销售一部	76.80
23	2018-2-25	车辆费用	销售三部	92.00
24	2018-2-25	日常办公费	销售二部	89.40
25	2018-2-28	日常办公费	销售一部	497.00
26	2018-2-28	车辆费用	销售三部	530.00
27	2018-2-28	车辆费用	销售三部	499.00
28	2018-2-28	广告费	销售一部	2800.00
29	2018-3-5	日常办公费	销售一部	780.00
30	2018-3-7	房屋租赁费	销售一部	12800.00
31	2018-3-8	业务招待费	销售三部	503.00
32	2018-3-9	业务招待费	销售一部	504.00
33	2018-3-10	广告费	销售二部	1600.00
34	2018-3-11	车辆费用	销售一部	85.00
35	2018-3-15	日常办公费	销售二部	630.00
36	2018-3-17	车辆费用	销售二部	80.00
37	2018-3-22	日常办公费	销售一部	580.00
38	2018-3-25	业务招待费	销售三部	510.00
39	2018-3-26	车辆费用	销售二部	440.00
40	2018-3-27	车辆费用	销售三部	385.00
41	2018-3-29	业务招待费	销售三部	520.00

图 15-1　销售部门一季度日常费用台账

（二）制作透视表

1. 制作部门月度费用分析透视表

在图 15-1 中，选中单元格区域 A3∶D41，创建数据透视表，在放置数据透视表的位置选择现有工作表（见图 15-2）中的单元格 H5。将数据透视表字段列表中的"部门"拖动到行，"日期"拖动到列，"金额"拖动到数据区域。在数据透视表工具的设计功能中，将报表布局设置为以表格形式显示。右击鼠标右键，选择任意日期数据，创建组，步长选"月"。

2. 制作部门费用项目分析透视表

在图 15-1 中，选中单元格区域 A3∶D41，创建数据透视表，放置数据透视表的位置选择现有工作表（见图 15-2）中的单元格 H13。将数据透视表字段列表中的"部门"拖动到行，"项目"拖动到列，"金额"拖动到数据区域。

（三）制作数据透视图

点击部门费用项目分析透视表区域内的任意位置，在数据透视表工具的选项功能中，选择数据透视图，插入的图表类型为簇状柱形图，图表位置选择在单元格 H23 位置。

（四）美化数据透视图

在图表选项中，设置图表标题为"各部门费用项目分析"，坐标轴格式（X 轴、Y 轴、Z 轴）、背景墙、地板、绘图区、网格线、图例项等自行设置。

以上数据透视图与数据透视表的制作结果如图 15-2 所示。

图 15-2　费用台账数据透视表与数据透视图制作效果图

四、任务提交

提交名为"营运资金管理"的工作簿,内含上述"费用台账"工作表。

任务 15.2   坏账的提取与分析

一、任务布置

首先,在已建的"营运资金管理"工作簿中,新建"应收账款账龄分析"工作表,资料如图 15-3 所示;新建"坏账的提取与分析"工作表,资料如图 15-4 所示。其次,完成下述计算与操作。

	B	C	D	E	F	G
1		应收账款账龄分析				
2					当前日期	2018-9-18
3	交易日期	客户名称	应收账款	已收账款	余额	账龄
4	2015年10月11日	雅美1号店	52688.00	20,000.00		
5	2016年1月9日	雅美2号店	32800.00	32,800.00		
6	2016年1月9日	雅美3号店	49800.00	35,000.00		
7	2016年9月30日	雅美4号店	68950.00	50,000.00		
8	2017年5月3日	雅美5号店	72000.00	70,000.00		
9	2017年6月18日	雅美重庆分店	48900.00	18,900.00		
10	2017年6月18日	雅美成都分店	36,980.00	10,000.00		
11	2017年7月6日	雅美北京分店	77,000.00	16,000.00		
12	2017年7月4日	雅美1号店	65,000.00	50,000.00		
13	2017年7月6日	雅美2号店	108,000.00	88,000.00		
14	2017年7月6日	雅美3号店	36,000.00	36,000.00		
15	2017年8月7日	雅美4号店	47,890.00	47,890.00		
16	2017年8月7日	雅美5号店	69,800.00	69,800.00		
17	2017年9月8日	雅美重庆分店	48800.00	30,000.00		
18	2017年9月8日	雅美成都分店	150000.00	80,000.00		
19	2018年2月28日	雅美北京分店	39800.00	15,000.00		
20	2018年2月3日	雅美1号店	42600.00	32,600.00		
21	2018年1月3日	雅美2号店	30000.00	20,000.00		
22	2018年2月6日	雅美3号店	100000.00	50,000.00		
23	2018年3月19日	雅美4号店	70000.00	35,000.00		
24	2018年3月31日	雅美5号店	60000.00	25,000.00		
25	2018年4月30日	雅美重庆分店	89800.00	39,800.00		
26	2018年4月30日	雅美成都分店	787900.00	800,000.00		
27	2018年6月30日	雅美北京分店	11800.00	5,000.00		
28						
29						
30						
31						

|◀ ◀ ▶ ▶|　应收账款账龄分析　∕　坏账的提取与分析　∕　费用台账　∕　

图 15-3   应收账款账龄分析

（1）在"应收账款账龄分析"工作表中,计算应收账款余额与账龄。

（2）在"坏账的提取与分析"工作表中,完成以下计算与操作:

a. 计算各分店的应收账款余额、平均账龄(账龄总数÷赊账次数)。

b. 用 IF 函数填制坏账提取比例。企业的坏账提取比率政策为:如果账龄<0.5 年,坏账提取比率为 0;0.5 年≤账龄<1 年,坏账提取比率为 0.005;1 年≤账龄<1.5 年,坏账提取比率为 0.01;1.5≤账龄<2 年,坏账提取比率为0.02;2 年≤账龄<2.5 年,坏账提取比率为 0.03;2.5≤账龄<3 年,坏账提取比率为 0.04。

（3）计算提取坏账的金额(应收账款×坏账提取比率)。

（4）选取 B 列和 F 列数据制作坏账分布状况图表。

	A	B	C	D	E	F
1		**坏账的提取与分析**				
2		客户名称	应收账款余额	平均账龄	坏账提取比例	提取坏账金额
3		雅美1号店				
4		雅美2号店				
5		雅美3号店				
6		雅美4号店				
7		雅美5号店				
8		雅美重庆分店				
9		雅美成都分店				
10		雅美北京分店				
11						
12						

图 15-4　坏账的提取与分析

二、知识链接

1. 定义名称

Excel 中有一个特别好的工具就是定义名称。定义名称是指为一个区域、常量值或者数组定义一个名称。这样,以后编写公式时就可以很方便地用所定义的名称进行编写了。

2. SUMIF 函数

SUMIF 函数为 Excel 的常用函数,是根据指定条件对若干单元格、区域或引用求和。

3. COUNTIF 函数

COUNTIF 函数是 Excel 常用函数,是对指定区域中符合指定条件的单元格计数。

三、操作步骤

（一）在"应收账款账龄分析"工作表中应进行的操作

（1）计算 F 列的余额。

（2）计算 G 列的账龄。在单元格 G4 中输入公式"=(＄G＄2－B4)/365",点击鼠标右键

将该公式向下一直拖拽至单元格 G27(保留 4 位小数)。

(二)在"坏账的提取与分析"工作表中应进行的操作

(1)计算每个客户应收账款余额。在单元格 C3 中输入公式"=SUMIF(应收账款账龄分析! $C$4:$C$27,B3,应收账款账龄分析! $F$4:$F$27)",利用公式的拖拽功能,将该公式应用到该列所有单元格。

(2)计算平均账龄。切换到"应收账款账龄分析"工作表,选中"应收账款账龄分析"中的单元格区域 C4:C27,将该客户名称列定义为"客户名称"(公式—定义名称—定义),点击"确定"按钮。在单元格 D3 中输入公式"=SUMIF(客户名称,B3,应收账款账龄分析! $G$4:$G$27)/COUNTIF(客户名称,B3)",利用公式的拖拽功能,将该公式应用到该列所有单元格。

(3)输入坏账准备提取率。在单元格 E3 中输入公式"=IF(D3<0.5,0,IF(D3<1,0.005,IF(D3<1.5,0.01,IF(D3<2,0.02,IF(D3<2.5,0.03,IF(D3<3,"0,04")))))))",利用公式的拖拽功能,将该公式应用到该列所有单元格。

(4)计算提取坏账的金额。在单元格 F3 中输入公式"=C3 * E3",利用公式的拖拽功能,将该公式应用到该列所有单元格。

(5)选取 B 列和 F 列数据制作坏账分布状况图。选择三维饼图中的第 2 个,图例项位于图的底部,数据标志显示百分比,图的名称为"坏账分布状况",并按照自己的喜好美化该图。

四、任务提交

提交名为"营运资金管理"的工作簿,内含上述"应收账款账龄分析""坏账的提取与分析"的工作表。

任务 15.3　最优订货批量决策

一、任务布置

首先,在已建的"营运资金管理"工作簿中,新建"最优订货批量决策"工作表,资料如图 15-5所示;其次,计算各种材料的最优订货批量及其最低相关总成本。

	A	B	C	D	E
1	最优订货批量决策模型				
2	存货名称	A材料	B材料	C材料	D材料
3	材料年需要量	22000	24000	30000	18000
4	一次订货成本	30.00	30.00	30.00	30.00
5	单位储存成本	2.50	4.00	3.50	2.00
6	单价	15.00	16.00	18.00	14.00
7	最优订货批量				
8	最低相关成本				

图 15-5　最优订货批量决策

二、知识链接

（1）SQRT 函数：用于返回正平方根。

（2）ROUNDUP 函数：用于远离零值、向上舍入数字。

三、操作步骤

（1）在已创建的"营运资金管理"工作簿中，建立"最优订货批量决策"工作表。

（2）按照上述要求输入相关数据。

（3）在单元格 B7 中输入公式"＝ROUNDUP(SQRT(2 * B4 * B3/B5),0)"，利用公式的拖拽功能，将该公式一直拖拽到单元格 E7。

（4）在单元格 B8 中输入公式"＝ROUNDUP(SQRT(2 * B4 * B3 * B5),2)"，利用公式的拖拽功能，将该公式一直拖拽到单元格 E8。

四、任务提交

提交名为"营运资金管理"的工作簿，内含上述"最优订货批量决策"工作表。

项目 16

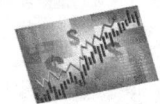

Excel 利润分配管理

任务 16.1　建立利润分配分析模板

一、任务布置

查阅上市公司定期的财务会计报告,可知甘肃独一味生物制药股份有限公司从 2009—2011 年这 3 年实现的净利润及利润分配情况如下:

(1) 公司 2009 年,年初所有者权益结构为:股本 93 400 000 元,资本公积 128 126 571.93 元,盈余公积 9 062 410.74 元,未分配利润 81 405 589.98 元。公司于 2009 年 9 月 9 日实施的利润分配及资本公积转增股本的方案为:以公司现有总股本 9 340 万股为基数,向全体股东每 10 股送红股 5 股,并派发现金 0.56 元(含税);同时,以资本公积向全体股东每 10 股转增 5 股。分红转增后公司总股本为 18 680 万股。

(2) 2010 年,公司实现净利润 65 961 429.48 元。公司于 2010 年实施的利润分配及资本公积转增股本的方案为:以公司现有总股本 18 680 万股为基数,向全体股东每 10 股送红股 3 股,并派发现金 0.34 元(含税);同时,以资本公积向全体股东每 10 股转增 3 股。分红前本公司总股本为 18 680 万股,分红后总股本增至 29 888 万股。此次权益分派股权登记日为 2010 年 9 月 28 日,除权除息日为 2010 年 9 月 29 日。

(3) 2011 年,公司实现净利润 71 369 607.83 元。以 2010 年 12 月 31 日的公司总股本 298 880 000 股为基数,以未分配利润向全体股东每 10 股送红股 2 股,并派发现金 0.28 元(含税);同时,以资本公积向全体股东每 10 股转增 0.5 股,共计送转 74 720 000 股。2011 年 5 月 19 日,公司实施了该方案,公司总股本由 29 888 万股变更为 37 360 万股。

要求:根据以上资料,建立"利润分配及所有者权益变动情况表模板",分别快速制作 2009 年、2010 年、2011 年各年的"利润分配及所有者权益变动情况表"。

二、知识链接

(一) Excel 的模板功能

平时我们创建使用的很多财务管理表格大多是一样的,只是内容不同,此时可以使用 Excel 的模板功能,具体方法是把自己编制好的表格作为模板存放[文件—另存为—在保存类型中选

"模板(＊.xlt)"]，以后要使用时，点击"文件"—"新建"，这时窗口右面会出现新建工作簿，选择"本机上的模板"，再选择你自己制作的模板，这样就新建了一个与你所建立的模板相同的工作簿，保存并按需要进行修改，即可达到快速制作大量格式与项目、计算公式相同的工作表的目的。

（二）Excel 的样式功能

如果需要经常使用相同的格式选项设置工作表中的单元格，可以考虑创建一种格式样式，它可与工作簿一起保存，并且每当设置具有相同属性的信息的格式时都可以使用它。在创建新的格式样式或修改现有格式样式后，你可以在工作簿的任意工作表中使用该样式，也可以将该样式复制到其他打开的工作簿中。具体方法是，通过使用"样式"对话框，即可使用多种方法创建自己的样式。

三、操作步骤

（1）新建一个命名为"利润分配"的 Excel 文件，在"Sheet 1"中，按图 16-1 所给的资料创建表格。

	A	B	C
1	2009年度利润分配情况		
2	本年实现净利润	47,805,407.81	
3	本年利润分配方案	法定盈余公积提取率10%，以公司现有总股本93,400,000股为基数，向全体股东每10股送红股5 股，并派发现金0.56元(含税)；　同时，以资本公积向全体股东每10股转增5股。	
4	所有者权益项目	分配前	分配后
5	股本	93,400,000.00	
6	资本公积	128,126,571.93	
7	盈余公积	9,062,410.74	
8	未分配利润	81,405,589.98	
9	加：本年实现净利润		
10	减：提取盈余公积		
11	减：分配现金股利		
12	减：转为股本的股票股利		
13	年末未分配利润		

图 16-1　2009 年度利润分配情况

（2）设置表标题格式：选择单元格区域 A1:C1，进行字体、颜色设置(方正细圆简体，加粗，红色，12 号)—取消所有边框—上下两条边—图案—单元格底纹—颜色(天蓝)(图案：逆对角线条纹)—图案颜色(鲜绿)。

（3）设置计算公式：在单元格 B9 中，输入公式"＝B2"；在单元格 B13 中，输入公式"＝B8＋B9－B10－B11－B12"；在单元格 C8 中，输入公式"＝B13"。

（4）另存为模板：先删除 Sheet2 和 Sheet3，再另存为模板(命名为"利润分配")。

（5）创建基于模板的工作簿：新建一个命名为"利润分配及其影响"的 Excel 工作簿—插入 3 张工作表(皆选择"利润分配"模板)，重命名这 3 张工作表(分别命名为"2009""2010""2011")。

（6）利用 Excel 的公式计算功能，完成 2009 年利润分配工作表的计算填写：计算单元格 B10，在单元格 B10 中输入公式"＝B2＊10％"；计算单元格 B11，在单元格 B11 中输入公式"＝B5＊10％＊0.56"；计算单元格 B12，在单元格 B12 中输入公式"＝B5＊10％＊5"；计算单元格 C5，在单元格 C5 中输入公式"＝B5＊2"；计算单元格 C6，在单元格 C6 中输入公式"＝B6－B5＊50％"；计算单元格 C7，在单元格 C7 中输入公式"＝B7＋B10"。

（7）设置未分配利润计算项目的样式：选择单元格区域 A9：A12—选择格式—样式—输入样式名："未分配利润计算项目"—修改—打开单元格格式—字体（方正细圆简体，加粗，12 号自动）—图案（对角线条纹，象牙色）。

（8）完成 2010 年度利润分配工作表：首先，打开"2010"的工作表，按所提供的数据资料修改单元格 A1、B2、B3 的数据，复制名为"2009"的工作表中单元格区域 C5：C8 的值，粘贴到名为"2010"的工作表中单元格区域 B5：B8 中（注意在粘贴选项中选择第三项：只有值）。其次，按操作步骤（6）的方法完成 2010 年利润分配数据的计算填列。最后，改变利润分配计算项目的样式：选择单元格区域 A9：A12—选择格式—样式—样式名下拉选框中选择"未分配利润计算项目"。

（9）同操作步骤（8），完成 2011 年度利润分配工作表。2011 年度利润分配工作表完成结果如图 16-2 所示。

2011 年度利润分配情况		
本年实现净利润	71 369 607.83	
本年利润分配方案	以 2010 年 12 月 31 日的公司总股本 298 880 000 股为基数，以未分配利润向全体股东每 10 股送红股 2 股，并派发现金 0.28 元（含税）；同时，以资本公积向全体股东每 10 股转增 0.5 股，共计送转 74 720 000 股。	
所有者权益项目	分配前	分配后
股本	298 880 000.00	373 600 000.00
资本公积	25 386 571.93	10 442 571.93
盈余公积	20 439 094.47	27 576 055.25
未分配利润	69 474 143.54	65 562 150.59
加：本年实现净利润	71 369 607.83	
减：提取盈余公积	7 136 960.78	
减：分配现金股利	8 368 640.00	
减：转为股本的股票股利	59 776 000.00	
年末未分配利润	65 562 150.59	

图 16-2　2011 年度利润分配情况

（10）利用所建的利润分配模版，查阅该公司自 2012 年以来的利润分配数据，制作历年的利润分配表，并对该公司历年来的利润分配情况进行评价。

四、任务提交

提交名为"利润分配及其影响"的 Excel 工作簿，内含"2009""2010""2011""2012"年度及以后年度的利润分配情况工作表。

项目 17

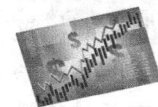

Excel 财务分析

任务 17.1　偿债能力分析

一、任务布置

根据山东美晨生态环境股份有限公司 2014—2017 年相关财务数据，制作命名为"美晨公司财务分析"的工作簿，建立名为"短期偿债能力分析"的 Excel 表格，如图 17-1 所示，计算公司的流动比率、速动比率、现金比率等偿债能力指标，并选择 Excel 图表中的折线图，对其短期偿债能力进行趋势分析。

	山东美晨生态环境股份公司短期偿债能力分析			单位：元
项目	**2014-12-31**	**2015-12-31**	**2016-12-31**	**2017-12-31**
现金类资产	105,316,813.73	751,079,460.07	103,075,359.76	125,491,631.20
存货	70,915,846.60	58,762,414.72	94,546,595.30	97,556,713.71
预付款项	4,253,447.20	2,934,370.29	4,584,114.19	4,828,490.79
流动资产	500,827,818.42	1,483,144,329.61	1,578,437,846.02	1,611,715,433.24
流动负债	439,965,660.63	617,303,297.58	664,642,904.07	565,571,954.93
短期偿债能力指标	**2014-12-31**	**2015-12-31**	**2016-12-31**	**2017-12-31**
流动比率				
速动比率				
现金比率				

图 17-1　短期偿债能力分析

二、知识链接

在进行趋势分析的时候，我们往往利用折线图来表现某个指标随时间变化的趋势。折线图可以显示随时间而变化的连续数据，因此非常适用于显示在相等时间间隔下数据的趋势。Excel 提供的可选择的折线图类型有折线图、堆积折线图、带数据标志的折线图等。

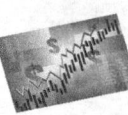
（一）折线图和堆积折线图的区别

折线图中，两个数据系列是独立的；堆积折线图中，第一个数据系列和折线图中显示的是一样的，而第二个数据系列的值要和第一个数据系列的值在同一分类（或时间上）进行累计，这样可以显示两个数据系列在同一分类（或时间上）的值的总和的发展变化趋势，之后的数据系列以此类推。例如，企业生产两种产品，制作销售额的折线图，只能单纯地反映每种产品的销售额随时间的变化情况；制作销售额的堆积折线图，则可以反映这两种产品的总销售额随时间发展的变化情况。

（二）折线图与带数据标志的折线图的区别

与折线图比较，带数据标志的折线图与折线图作用是一样的，但是后者更清晰直观。尤其是在各个数据系列直接有交叉时，用带数据标记的折线图看得更加清楚，可以避免视觉错觉的产生。

三、操作步骤

（1）创建命名为"美晨公司财务分析"工作簿，在该工作簿中建立"短期偿债能力分析"Excel 工作表，相关数据及表格格式如图 17-1 所示。

（2）根据计算公式计算 2014 年各比率指标，并利用快速填充柄快速计算 2015—2017 年的各比率指标。设置流动比率、速动比率、现金比率的数据类型为"数值"，并保留两位小数。

（3）选择单元格区域 A8：E11，首先，点击"插入"—"折线图"，选择第四个图表"带数据标志的折线图"；其次，在"图表工具"—"设计"菜单中选择第五种格式，如图 17-2 所示。

图 17-2　图表工具选项

（4）单击"图表标题"，修改标题名称为"美晨生态公司短期偿债能力分析"，将字体大小设置为"12"；单击"坐标轴标题"，修改为"短期偿债能力比率"，在"短期偿债能力比率"标题上单击鼠标右键，选择"设置坐标轴标题格式"，将"对齐方式"中的"文字方向"设为"竖排"。所创建折线图的最终效果如图 17-3 所示。

（5）最后根据上述图表，对该公司的短期偿债能力给出分析结论。

四、任务提交

提交名为"美晨公司财务分析"的工作簿，内含上述"短期偿债能力分析"的工作表。

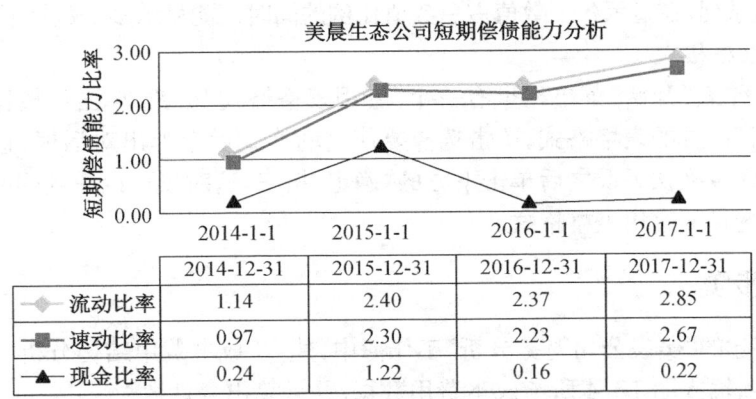

图 17-3　美晨生态公司短期偿债能力分析

任务 17.2　成本费用结构分析

一、任务布置

根据山东美晨生态环境股份有限公司 2014—2015 年利润表相关数据,制作名为"美晨公司财务分析"的工作簿,建立名为"成本费用结构分析"的 Excel 表格,如图 17-4 所示。

要求:① 计算公司 2014 年度与 2015 年度的费用构成结构。② 通过套用表格格式完成对该图的美化。③ 选择 Excel 图表中的圆环图,对其费用结构构成及年度费用构成比例的变化情况进行分析。

	A	B	C	D	E	F
1	山东美晨生态环境股份有限公司成本费用结构分析 单位: 元					
2	项目	2014年	2015年	上年结构	本年结构	比例增减
3	营业成本	426232188.4	372033465.5			
4	税金及附加	5325226.72	5160787.99			
5	销售费用	59573028.34	56306838.29			
6	管理费用	74323428.85	76224791.82			
7	财务费用	10586899.8	13577208.71			
8	资产减值损失	6712540.71	8683049.11			
9	合计	582753312.8	531986141.4			

图 17-4　费用结构分析

二、知识链接

(一)圆环图

圆环图类似于饼图,可显示每个数值占总数值的大小,但饼图只能有一个数据系列,圆环图

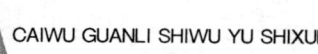

可包含多个数据系列,在显示各个数值占总数值比例的同时还能显示多个数据系列的对比关系。

（二）套用表格格式

在 Excel 工作表"开始"菜单栏里有一个"套用表格格式"按钮,单击该按钮后会跳出下拉选项,里面有多种内置的表格格式;单击选择要使用的格式后会弹出对话框,这时选择套用表格格式的区域,区域确认无误之后单击下方的"确定"按钮,这时候可以看到刚刚的格式已经改变,已经变成所选择的套用表格格式。

三、操作步骤

（1）在所创建的"美晨公司财务分析"工作簿中,建立"成本费用结构分析"工作表,在该工作表中制作表格,输入图 17-4 所给成本费用数据,并计算出合计数。

（2）在单元格 D3 中输入公式"＝B3/＄B＄9",按回车键,得出计算结果,并利用填充柄快速填充至单元格 D9。在单元格 E3 中输入公式"＝C3/＄C＄9",按回车键,得出计算结果,并利用填充柄快速填充至单元格 E9。在单元格 F2 中输入公式"＝E3－D3",按回车键,得出计算结果,并利用填充柄快速填充至单元格 F9。

（3）选中单元格区域 A2:F9,打开常用工具栏上"套用表格格式"命令,选择第一行最右边的"表样式浅色 7"样式,在弹出的"套用表格式"对话框中点击"确定"按钮,应用此样式。

（4）所套用的"表样式浅色 7"格式,表头含有筛选标志,选中表头的单元格区域 A2:F2,点击"数据"—"筛选"按钮,去除筛选标志。

（5）选择单元格区域 D3:F9,设置单元格格式为"百分比",并设定两位小数。

（6）选择单元格区域 A2:C8,单击"插入—其他图表",选择"圆环图",弹出图表。

（7）在选中的 Excel 表上方出现"图表工具"菜单,选择"图表工具—布局—图表标题—图表上方",设置图表标题为"成本费用结构分析"。

（8）在"图表工具"的"设计"选项卡中的"图表样式"选项的右侧有一组下拉箭头,点击下面一个下拉箭头,如图 17-5 箭头标示。

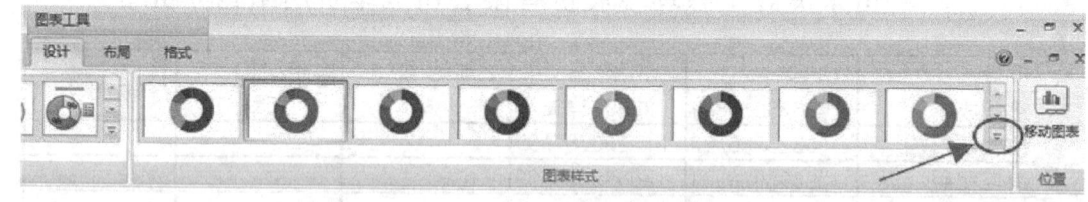

图 17-5　图表样式

在弹出的圆环图表样式中有 6 行 8 列共 48 种样式选择,选择最后一行第二列样式 42（你也可以在仔细观察并逐一尝试后,选择自己认为需要的样式）。

（9）在图表区单击鼠标右键,选择最下面一行"设置图表区域格式",系统弹出对话框,在"填充"处选择"纯色填充",选择"茶色"作为图表区域的底色。

关闭上述窗口后,圆环图效果如图 17-6 所示。

（10）此时圆环图中尚未显示数据,要显示数据,可在选中图表后,在"图表工具"的"布局"选项卡中点击"数据标签"选项的下拉箭头,在弹出的下拉菜单中选择"显示"来打开所选内容的数据标签。此时图表仅仅是打开了数值的数据标签,数据还不全面,数据标签的格式尚未确定,按鼠标右键来点击数据标签,在右键菜单中选择"设置数据标签格式",在弹出的"标签选项"中选择"百分比",点击"确定"按钮。

(11) 将数据系列上重合的比值位置进行简单调整,使其分离。

最终效果图如图 17-7 所示。

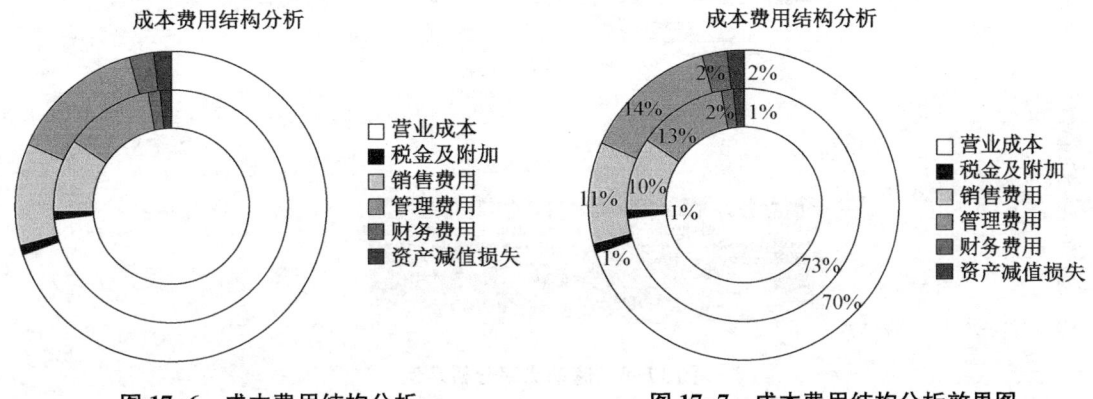

图 17-6　成本费用结构分析　　　　　图 17-7　成本费用结构分析效果图

四、任务提交

提交名为"美晨公司财务分析"的工作簿,内含上述"成本费用结构分析"工作表。

任务 17.3　财务综合分析

一、任务布置

建立"××上市公司财务分析"工作簿,选取一家上市公司近 3 年的报表数据,进行财务分析在分析过程中应灵活使用 Excel 图表。注意一定是近 3 年财报数据,同时严禁重复。具体要求如下:

(1) 在该工作簿中,建立"××公司会计报表"工作簿,将该上市公司近 3 年资产负债表、利润表数据输入。

(2) 进行单项财务分析。单项财务分析的内容,可从偿债能力分析、营运能力分析、盈利能力分析、股利政策分析、发展能力分析中至少选择 3 种。每项分析建立一个工作表,如"偿债能力分析""营运能力分析"等工作表。每项分析都采用表、图、结论相结合的模式。具体参照图 17-8 示例所示的分析模式。

(3) 进行财务综合分析。先在工作簿中建立"杜邦分析数据"的工作表,如图 17-9 所示;再建立命名为"杜邦分析"的工作表,如图 17-10 所示,进行最近 2 年数据的杜邦财务综合分析,并作出综合分析结论。

二、知识链接

（一）Excel 制表、制图功能

财务分析需要图、表、文综合运用,Excel 最经常被使用的功能就是制表功能。Excel 具有

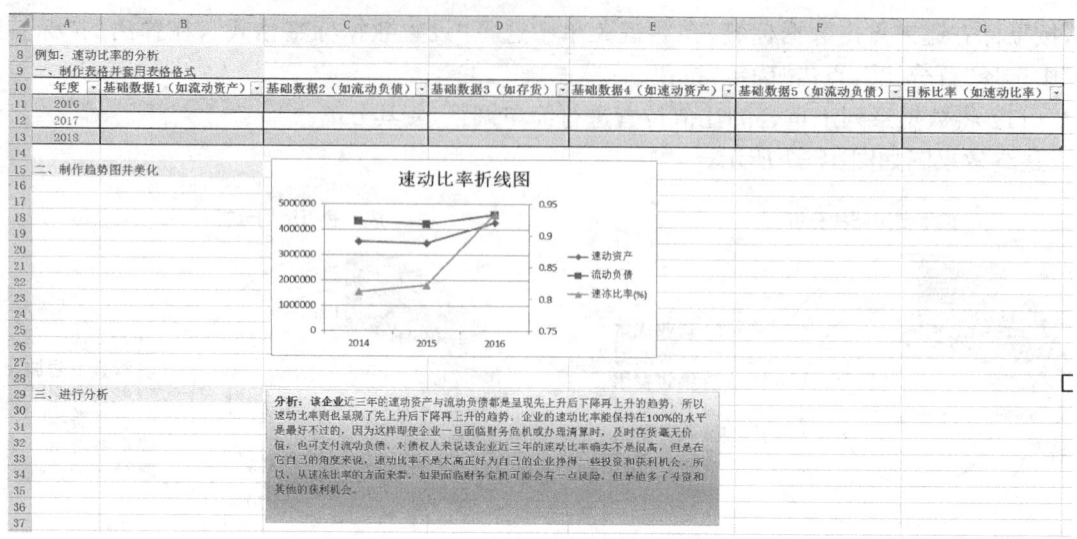

图 17-8　速动比率分析示例

	A	B	C	D
1	项目	2016	2017	2018
2	资产总额			
3	所有者权益总额			
4	营业收入			
5	净利润			

图 17-9　杜邦分析数据

图 17-10　杜邦分析

智能化进行数据处理能力,如检索、分类、筛选等,从而使复杂的财务分析工作简单化。

Excel 具有强大的制图功能。Excel 提供了十几种图表类型,不同的图表类型反映的数据特性侧重点不同,应用时根据实际需要选用不同特性的图表类型。利用 Excel 的"图表向导"可以很方便地创建数据图表,用图形和图表形式表示数据,能够对数据的变化趋势、变化周期、变化速度和变化幅度有更加形象和直观的表述。无论哪种图表都与原始数据表紧密相关,任何数据变化都可以立即反映到图表上。

（二）各工作表之间数据的引用

在一个工作表中可以引用另外一个工作表的数据。其方法为:在单元格中输入"＝"之后,点击另外工作表的单元格,即可实现在目标单元格中引用另一个工作表中所选用的单元格的数据。例如,任务 17.3 中,"杜邦分析"工作表中的单元格 B11 数据,需要引用"杜邦分析数据"工作表中的单元格 C5 的数据,则在"杜邦分析"工作表中的单元格 B11,输入"＝"后,点击"杜邦分析数据"工作表的单元格 C5，按回车键后即可实现引用。其公式显示为单元格 B11"＝杜邦分析数据！C5"。如果"杜邦分析数据"工作表的数据发生变化，则引用了该数据的"杜邦分析表"的结果会随之变化。在实际工作中，我们还可以深化分析杜邦分析表的指标，直接引用资产负债表和利润表中的数据，这样就大大减轻了财务分析的工作量。

三、操作步骤

以"杜邦分析"工作表的建立为例，其操作步骤如下：

（1）新建"杜邦分析"工作表。

（2）合并单元格 I1 和单元格 J1，输入"净资产收益率"。

（3）在单元格 I2 和单元格 I3 分别输入"2017"和"2018"，选中单元格区域 I2:J3，点击"边框"按钮，选中"所有框线"类型。

（4）选中单元格区域 F3:N3，点击"边框"按钮，分别选择"上框线""左框线""右框线"。

（5）合并单元格 E4 和单元格 F4，输入"总资产收益率"。其他数据的输入方法与此类同，在此不赘述。

（6）在制作该表时，注意考虑更节约时间和工作量的方法。比如设置并输入"

2017	
2018	

"表格，可以只设置一次格式，其他相同地方均可以采用粘贴方式。

（7）进行"杜邦分析"工作表中数据的计算，参考单元公式如下：

单元格 B11"＝杜邦分析数据！C5"。

单元格 B12"＝杜邦分析数据！D5"。

单元格 F11"＝杜邦分析数据！C4"。

单元格 F12"＝杜邦分析数据！D4"。

单元格 K11"＝(杜邦分析数据！C2＋杜邦分析数据！B2)/2"。

单元格 K12"＝(杜邦分析数据！D2＋杜邦分析数据！C2)/2"。

单元格 D8"＝B11/F11"。

单元格 D9"＝B12/F12"。

单元格 I8"＝F11/K11"。

单元格 I9"＝F12/K12"。

单元格 M8"＝AVERAGE(杜邦分析数据！B2:C2)"。

单元格 M9"＝AVERAGE(杜邦分析数据！C2:D2)"。

单元格 Q8"＝AVERAGE(杜邦分析数据！B3:C3)"。

单元格 Q9"＝AVERAGE(杜邦分析数据！C3:D3)"。

单元格 O5"＝M8/Q8"。

单元格 O6"＝M9/Q9"。

单元格 F5"＝D8＊I8"。

单元格 F6"＝D9＊I9"。

（8）以文字形式，做出该公司杜邦分析的分析结论。

四、任务提交

提交名为"××上市公司财务分析"的工作簿，内含所建的上述各工作表。

附

附表 1　1元复利终值

计算公式:$(F/P, i, n)=(1+i)^n$

期数	1%	2%	3%	4%	5%	6%	7%	8%	9%	10%
1	1.010 0	1.020 0	1.030 0	1.040 0	1.050 0	1.060 0	1.070 0	1.080 0	1.090 0	1.100 0
2	1.020 1	1.040 4	1.060 9	1.081 6	1.102 5	1.123 6	1.144 9	1.166 4	1.188 1	1.210 0
3	1.030 3	1.061 2	1.092 7	1.124 9	1.157 6	1.191 0	1.225 0	1.259 7	1.295 0	1.331 0
4	1.040 6	1.082 4	1.125 5	1.169 9	1.215 5	1.262 5	1.310 8	1.360 5	1.411 6	1.464 1
5	1.051 0	1.104 1	1.159 3	1.216 7	1.276 3	1.338 2	1.402 6	1.469 3	1.538 6	1.610 5
6	1.061 5	1.126 2	1.194 1	1.265 3	1.340 1	1.418 5	1.500 7	1.586 9	1.677 1	1.771 6
7	1.072 1	1.148 7	1.229 9	1.315 9	1.407 1	1.503 6	1.605 8	1.713 8	1.828 0	1.948 7
8	1.082 9	1.171 7	1.266 8	1.368 6	1.477 5	1.593 8	1.718 2	1.850 9	1.992 6	2.143 6
9	1.093 7	1.195 1	1.304 8	1.423 3	1.551 3	1.689 5	1.838 5	1.999 0	2.171 9	2.357 9
10	1.104 6	1.219 0	1.343 9	1.480 2	1.628 9	1.790 8	1.967 2	2.158 9	2.367 4	2.593 7
11	1.115 7	1.243 4	1.384 2	1.539 5	1.710 3	1.898 3	2.104 9	2.331 6	2.580 4	2.853 1
12	1.126 8	1.268 2	1.425 8	1.601 0	1.795 9	2.012 2	2.252 2	2.518 2	2.812 7	3.138 4
13	1.138 1	1.293 6	1.468 5	1.665 1	1.885 6	2.132 9	2.409 8	2.719 6	3.065 8	3.452 3
14	1.149 5	1.319 5	1.512 6	1.731 7	1.979 9	2.260 9	2.578 5	2.937 2	3.341 7	3.797 5
15	1.161 0	1.345 9	1.558 0	1.800 9	2.078 9	2.396 6	2.759 0	3.172 2	3.642 5	4.177 2
16	1.172 6	1.372 8	1.604 7	1.873 0	2.182 9	2.540 4	2.952 1	3.425 9	3.970 3	4.595 0
17	1.184 3	1.400 2	1.652 8	1.947 9	2.292 0	2.692 8	3.158 8	3.700 0	4.327 6	5.054 5
18	1.196 1	1.428 2	1.702 4	2.025 8	2.406 6	2.854 3	3.379 9	3.996 0	4.717 1	5.559 9
19	1.208 1	1.456 8	1.753 5	2.106 8	2.527 0	3.025 6	3.616 5	4.315 7	5.141 7	6.115 9
20	1.220 2	1.485 9	1.806 1	2.191 1	2.653 3	3.207 1	3.869 7	4.661 0	5.604 4	6.727 5
21	1.232 4	1.515 7	1.860 3	2.278 8	2.786 0	3.399 6	4.140 6	5.033 8	6.108 8	7.400 2
22	1.244 7	1.546 0	1.916 1	2.369 9	2.925 3	3.603 5	4.430 4	5.436 5	6.658 6	8.140 3
23	1.257 2	1.576 9	1.973 6	2.464 7	3.071 5	3.819 7	4.740 5	5.871 5	7.257 9	8.954 3
24	1.269 7	1.608 4	2.032 8	2.563 3	3.225 1	4.048 9	5.072 4	6.341 2	7.911 1	9.849 7
25	1.282 4	1.640 6	2.093 8	2.665 8	3.386 4	4.291 9	5.427 4	6.848 5	8.623 1	10.834 7
26	1.295 3	1.673 4	2.156 6	2.772 5	3.555 7	4.549 4	5.807 4	7.396 4	9.399 2	11.918 2
27	1.308 2	1.706 9	2.221 3	2.883 4	3.733 5	4.822 3	6.213 9	7.988 1	10.245 1	13.110 0
28	1.321 3	1.741 0	2.287 9	2.998 7	3.920 1	5.111 7	6.648 8	8.627 1	11.167 1	14.421 0
29	1.334 5	1.775 8	2.356 6	3.118 7	4.116 1	5.418 4	7.114 3	9.317 3	12.172 2	15.863 1
30	1.347 8	1.811 4	2.427 3	3.243 4	4.321 9	5.743 5	7.612 3	10.062 7	13.267 7	17.449 4

表

系数表($F/P,i,n$)

11%	12%	13%	14%	15%	16%	17%	18%	19%	20%
1. 110 0	1. 120 0	1. 130 0	1. 140 0	1. 150 0	1. 160 0	1. 170 0	1. 180 0	1. 190 0	1. 200 0
1. 232 1	1. 254 4	1. 276 9	1. 299 6	1. 322 5	1. 345 6	1. 368 9	1. 392 4	1. 416 1	1. 440 0
1. 367 6	1. 404 9	1. 442 9	1. 481 5	1. 520 9	1. 560 9	1. 601 6	1. 643 0	1. 685 2	1. 728 0
1. 518 1	1. 573 5	1. 630 5	1. 689 0	1. 749 0	1. 810 6	1. 873 9	1. 938 8	2. 005 3	2. 073 6
1. 685 1	1. 762 3	1. 842 4	1. 925 4	2. 011 4	2. 100 3	2. 192 4	2. 287 8	2. 386 4	2. 488 3
1. 870 4	1. 973 8	2. 082 0	2. 195 0	2. 313 1	2. 436 4	2. 565 2	2. 699 6	2. 839 8	2. 986 0
2. 076 2	2. 210 7	2. 352 6	2. 502 3	2. 660 0	2. 826 2	3. 001 2	3. 185 5	3. 379 3	3. 583 2
2. 304 5	2. 476 0	2. 658 4	2. 852 6	3. 059 0	3. 278 4	3. 511 5	3. 758 9	4. 021 4	4. 299 8
2. 558 0	2. 773 1	3. 004 0	3. 251 9	3. 517 9	3. 803 0	4. 108 4	4. 435 5	4. 785 4	5. 159 8
2. 839 4	3. 105 8	3. 394 6	3. 707 2	4. 045 6	4. 411 4	4. 806 8	5. 233 8	5. 694 7	6. 191 7
3. 151 8	3. 478 5	3. 835 9	4. 226 2	4. 652 4	5. 117 3	5. 624 0	6. 175 9	6. 776 7	7. 430 1
3. 498 5	3. 896 0	4. 334 5	4. 817 9	5. 350 3	5. 936 0	6. 580 1	7. 287 6	8. 064 2	8. 916 1
3. 883 3	4. 363 5	4. 898 0	5. 492 4	6. 152 8	6. 885 8	7. 698 7	8. 599 4	9. 596 4	10. 699 3
4. 310 4	4. 887 1	5. 534 8	6. 261 3	7. 075 7	7. 987 5	9. 007 5	10. 147 2	11. 419 8	12. 839 2
4. 784 6	5. 473 6	6. 254 3	7. 137 9	8. 137 1	9. 265 5	10. 538 7	11. 973 7	13. 589 5	15. 407 0
5. 310 9	6. 130 4	7. 067 3	8. 137 2	9. 357 6	10. 748 0	12. 330 3	14. 129 0	16. 171 5	18. 488 4
5. 895 1	6. 866 0	7. 986 1	9. 276 5	10. 761 3	12. 467 7	14. 426 5	16. 672 2	19. 244 1	22. 186 1
6. 543 6	7. 690 0	9. 024 3	10. 575 2	12. 375 5	14. 462 5	16. 879 0	19. 673 3	22. 900 5	26. 623 3
7. 263 3	8. 612 8	10. 197 4	12. 055 7	14. 231 8	16. 776 5	19. 748 4	23. 214 4	27. 251 6	31. 948 0
8. 062 3	9. 646 3	11. 523 1	13. 743 5	16. 366 5	19. 460 8	23. 105 6	27. 393 0	32. 429 4	38. 337 6
8. 949 2	10. 803 8	13. 021 1	15. 667 6	18. 821 5	22. 574 5	27. 033 6	32. 323 8	38. 591 0	46. 005 1
9. 933 6	12. 100 3	14. 713 8	17. 861 0	21. 644 7	26. 186 4	31. 629 3	38. 142 1	45. 923 3	55. 206 1
11. 026 3	13. 552 3	16. 626 6	20. 361 6	24. 891 5	30. 376 2	37. 006 2	45. 007 6	54. 648 7	66. 247 4
12. 239 2	15. 178 6	18. 788 1	23. 212 2	28. 625 2	35. 236 4	43. 297 3	53. 109 0	65. 032 0	79. 496 8
13. 585 5	17. 000 1	21. 230 5	26. 461 9	32. 919 0	40. 874 2	50. 657 8	62. 668 6	77. 388 1	95. 396 2
15. 079 9	19. 040 1	23. 990 5	30. 166 6	37. 856 8	47. 414 1	59. 269 7	73. 949 0	92. 091 8	114. 475 5
16. 738 6	21. 324 9	27. 109 3	34. 389 9	43. 535 3	55. 000 4	69. 345 5	87. 259 8	109. 589 3	137. 370 6
18. 579 9	23. 883 9	30. 633 5	39. 204 5	50. 065 6	63. 800 4	81. 134 2	102. 966 6	130. 411 2	164. 844 7
20. 623 7	26. 749 9	34. 615 8	44. 693 1	57. 575 5	74. 008 5	94. 927 1	121. 500 5	155. 189 3	197. 813 6
22. 892 3	29. 959 9	39. 115 9	50. 950 2	66. 211 8	85. 849 9	111. 064 7	143. 370 6	184. 675 3	237. 376 3

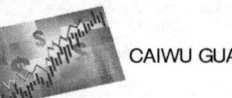

附表2　1元复利现值

计算公式：$(F/P, i, n) = (1+i)^n$

期数	1%	2%	3%	4%	5%	6%	7%	8%	9%	10%
1	0.990 1	0.980 4	0.970 9	0.961 5	0.952 4	0.943 4	0.934 6	0.925 9	0.917 4	0.909 1
2	0.980 3	0.961 2	0.942 6	0.924 6	0.907 0	0.890 0	0.873 4	0.857 3	0.841 7	0.826 4
3	0.970 6	0.942 3	0.915 1	0.889 0	0.863 8	0.839 6	0.816 3	0.793 8	0.772 2	0.751 3
4	0.961 0	0.923 8	0.888 5	0.854 8	0.822 7	0.792 1	0.762 9	0.735 0	0.708 4	0.683 0
5	0.951 5	0.905 7	0.862 6	0.821 9	0.783 5	0.747 3	0.713 0	0.680 6	0.649 9	0.620 9
6	0.942 0	0.888 0	0.837 5	0.790 3	0.746 2	0.705 0	0.666 3	0.630 2	0.596 3	0.564 5
7	0.932 7	0.870 6	0.813 1	0.759 9	0.710 7	0.665 1	0.622 7	0.583 5	0.547 0	0.513 2
8	0.923 5	0.853 5	0.789 4	0.730 7	0.676 8	0.627 4	0.582 0	0.540 3	0.501 9	0.466 5
9	0.914 3	0.836 8	0.766 4	0.702 6	0.644 6	0.591 9	0.543 9	0.500 2	0.460 4	0.424 1
10	0.905 3	0.820 3	0.744 1	0.675 6	0.613 9	0.558 4	0.508 3	0.463 2	0.422 4	0.385 5
11	0.896 3	0.804 3	0.722 4	0.649 6	0.584 7	0.526 8	0.475 1	0.428 9	0.387 5	0.350 5
12	0.887 4	0.788 5	0.701 4	0.624 6	0.556 8	0.497 0	0.444 0	0.397 1	0.355 5	0.318 6
13	0.878 7	0.773 0	0.681 0	0.600 6	0.530 3	0.468 8	0.415 0	0.367 7	0.326 2	0.289 7
14	0.870 0	0.757 9	0.661 1	0.577 5	0.505 1	0.442 3	0.387 8	0.340 5	0.299 2	0.263 3
15	0.861 3	0.743 0	0.641 9	0.555 3	0.481 0	0.417 3	0.362 4	0.315 2	0.274 5	0.239 4
16	0.852 8	0.728 4	0.623 2	0.533 9	0.458 1	0.393 6	0.338 7	0.291 9	0.251 9	0.217 6
17	0.844 4	0.714 2	0.605 0	0.513 4	0.436 3	0.371 4	0.316 6	0.270 3	0.231 1	0.197 8
18	0.836 0	0.700 2	0.587 4	0.493 6	0.415 5	0.350 3	0.295 9	0.250 2	0.212 0	0.179 9
19	0.827 7	0.686 4	0.570 3	0.474 6	0.395 7	0.330 5	0.276 5	0.231 7	0.194 5	0.163 5
20	0.819 5	0.673 0	0.553 7	0.456 4	0.376 9	0.311 8	0.258 4	0.214 5	0.178 4	0.148 6
21	0.819 5	0.673 0	0.553 7	0.456 4	0.376 9	0.311 8	0.258 4	0.214 5	0.178 4	0.148 6
22	0.811 4	0.659 8	0.537 5	0.438 8	0.358 9	0.294 2	0.241 5	0.198 7	0.163 7	0.135 1
23	0.803 4	0.646 8	0.521 9	0.422 0	0.341 8	0.277 5	0.225 7	0.183 9	0.150 2	0.122 8
24	0.795 4	0.634 2	0.506 7	0.405 7	0.325 6	0.261 8	0.210 9	0.170 3	0.137 8	0.111 7
25	0.787 6	0.621 7	0.491 9	0.390 1	0.310 1	0.247 0	0.197 1	0.157 7	0.126 4	0.101 5
26	0.779 8	0.609 5	0.477 6	0.375 1	0.295 3	0.233 0	0.184 2	0.146 0	0.116 0	0.092 3
27	0.772 0	0.597 6	0.463 7	0.360 7	0.281 2	0.219 8	0.172 2	0.135 2	0.106 4	0.083 9
28	0.764 4	0.585 9	0.450 2	0.346 8	0.267 8	0.207 4	0.160 9	0.125 2	0.097 6	0.076 3
29	0.756 8	0.574 4	0.437 1	0.333 5	0.255 1	0.195 6	0.150 4	0.115 9	0.089 5	0.069 3
30	0.749 3	0.563 1	0.424 3	0.320 7	0.242 9	0.184 6	0.140 6	0.107 3	0.082 2	0.063 0

系数表(P/F, i, n)

11%	12%	13%	14%	15%	16%	17%	18%	19%	20%
0.900 9	0.892 9	0.885 0	0.877 2	0.869 6	0.862 1	0.854 7	0.847 5	0.840 3	0.833 3
0.811 6	0.797 2	0.783 1	0.769 5	0.756 1	0.743 2	0.730 5	0.718 2	0.706 2	0.694 4
0.731 2	0.711 8	0.693 1	0.675 0	0.657 5	0.640 7	0.624 4	0.608 6	0.593 4	0.578 7
0.658 7	0.635 5	0.613 3	0.592 1	0.571 8	0.552 3	0.533 7	0.515 8	0.498 7	0.482 3
0.593 5	0.567 4	0.542 8	0.519 4	0.497 2	0.476 1	0.456 1	0.437 1	0.419 0	0.401 9
0.534 6	0.506 6	0.480 3	0.455 6	0.432 3	0.410 4	0.389 8	0.370 4	0.352 1	0.334 9
0.481 7	0.452 3	0.425 1	0.399 6	0.375 9	0.353 8	0.333 2	0.313 9	0.295 9	0.279 1
0.433 9	0.403 9	0.376 2	0.350 6	0.326 9	0.305 0	0.284 8	0.266 0	0.248 7	0.232 6
0.390 9	0.360 6	0.332 9	0.307 5	0.284 3	0.263 0	0.243 4	0.225 5	0.209 0	0.193 8
0.352 2	0.322 0	0.294 6	0.269 7	0.247 2	0.226 7	0.208 0	0.191 1	0.175 6	0.161 5
0.317 3	0.287 5	0.260 7	0.236 6	0.214 9	0.195 4	0.177 8	0.161 9	0.147 6	0.134 6
0.285 8	0.256 7	0.230 7	0.207 6	0.186 9	0.168 5	0.152 0	0.137 2	0.124 0	0.112 2
0.257 5	0.229 2	0.204 2	0.182 1	0.162 5	0.145 2	0.129 9	0.116 3	0.104 2	0.093 5
0.232 0	0.204 6	0.180 7	0.159 7	0.141 3	0.125 2	0.111 0	0.098 5	0.087 6	0.077 9
0.209 0	0.182 7	0.159 9	0.140 1	0.122 9	0.107 9	0.094 9	0.083 5	0.073 6	0.064 9
0.188 3	0.163 1	0.141 5	0.122 9	0.106 9	0.093 0	0.081 1	0.070 8	0.061 8	0.054 1
0.169 6	0.145 6	0.125 2	0.107 8	0.092 9	0.080 2	0.069 3	0.060 0	0.052 0	0.045 1
0.152 8	0.130 0	0.110 8	0.094 6	0.080 8	0.069 1	0.059 2	0.050 8	0.043 7	0.037 6
0.137 7	0.116 1	0.098 1	0.082 9	0.070 3	0.059 6	0.050 6	0.043 1	0.036 7	0.031 3
0.124 0	0.103 7	0.086 8	0.072 8	0.061 1	0.051 4	0.043 3	0.036 5	0.030 8	0.026 1
0.124 0	0.103 7	0.086 8	0.072 8	0.061 1	0.051 4	0.043 3	0.036 5	0.030 8	0.026 1
0.111 7	0.092 6	0.076 8	0.063 8	0.053 1	0.044 3	0.037 0	0.030 9	0.025 9	0.021 7
0.100 7	0.082 6	0.068 0	0.056 0	0.046 2	0.038 2	0.031 6	0.026 2	0.021 8	0.018 1
0.090 7	0.073 8	0.060 1	0.049 1	0.040 2	0.032 9	0.027 0	0.022 2	0.018 3	0.015 1
0.081 7	0.065 9	0.053 2	0.043 1	0.034 9	0.028 4	0.023 1	0.018 8	0.015 4	0.012 6
0.073 6	0.058 8	0.047 1	0.037 8	0.030 4	0.024 5	0.019 7	0.016 0	0.012 9	0.010 5
0.066 3	0.052 5	0.041 7	0.033 1	0.026 4	0.021 1	0.016 9	0.013 5	0.010 9	0.008 7
0.059 7	0.046 9	0.036 9	0.029 1	0.023 0	0.018 2	0.014 4	0.011 5	0.009 1	0.007 3
0.053 8	0.041 9	0.032 6	0.025 5	0.020 0	0.015 7	0.012 3	0.009 7	0.007 7	0.006 1
0.048 5	0.037 4	0.028 9	0.022 4	0.017 4	0.013 5	0.010 5	0.008 2	0.006 4	0.005 1

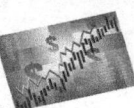

附表3 1元年金终值

计算公式：$(F/A, i, n) = \dfrac{(1+i)^n - 1}{i}$

期数	1%	2%	3%	4%	5%	6%	7%	8%	9%	10%
1	1.000 0	1.000 0	1.000 0	1.000 0	1.000 0	1.000 0	1.000 0	1.000 0	1.000 0	1.000 0
2	2.010 0	2.020 0	2.030 0	2.040 0	2.050 0	2.060 0	2.070 0	2.080 0	2.090 0	2.100 0
3	3.030 1	3.060 4	3.090 9	3.121 6	3.152 5	3.183 6	3.214 9	3.246 4	3.278 1	3.310 0
4	4.060 4	4.121 6	4.183 6	4.246 5	4.310 1	4.374 6	4.439 9	4.506 1	4.573 1	4.641 0
5	5.101 0	5.204 0	5.309 1	5.416 3	5.525 6	5.637 1	5.750 7	5.866 6	5.984 7	6.105 1
6	6.152 0	6.308 1	6.468 4	6.633 0	6.801 9	6.975 3	7.153 3	7.335 9	7.523 3	7.715 6
7	7.213 5	7.434 3	7.662 5	7.898 3	8.142 0	8.393 8	8.654 0	8.922 8	9.200 4	9.487 2
8	8.285 7	8.583 0	8.892 3	9.214 2	9.549 1	9.897 5	10.259 8	10.636 6	11.028 5	11.435 9
9	9.368 5	9.754 6	10.159 1	10.582 8	11.026 6	11.491 3	11.978 0	12.487 6	13.021 0	13.579 5
10	10.462 2	10.949 7	11.463 9	12.006 1	12.577 9	13.180 8	13.816 4	14.486 6	15.192 9	15.937 4
11	11.566 8	12.168 7	12.807 8	13.486 4	14.206 8	14.971 6	15.783 6	16.645 5	17.560 3	18.531 2
12	12.682 5	13.412 1	14.192 0	15.025 8	15.917 1	16.869 9	17.888 5	18.977 1	20.140 7	21.384 3
13	13.809 3	14.680 3	15.617 8	16.626 8	17.713 0	18.882 1	20.140 6	21.495 3	22.953 4	24.522 7
14	14.947 4	15.973 9	17.086 3	18.291 9	19.598 6	21.015 1	22.550 5	24.214 9	26.019 2	27.975 0
15	16.096 9	17.293 4	18.598 9	20.023 6	21.578 6	23.276 0	25.129 0	27.152 1	29.360 9	31.772 5
16	17.257 9	18.639 3	20.156 9	21.824 5	23.657 5	25.672 5	27.888 1	30.324 3	33.003 4	35.949 7
17	18.430 4	20.012 1	21.761 6	23.697 5	25.840 4	28.212 9	30.840 2	33.750 2	36.973 7	40.544 7
18	19.614 7	21.412 3	23.414 4	25.645 4	28.132 4	30.905 7	33.999 0	37.450 2	41.301 3	45.599 2
19	20.810 9	22.840 6	25.116 9	27.671 2	30.539 0	33.760 0	37.379 0	41.446 3	46.018 5	51.159 1
20	22.019 0	24.297 4	26.870 4	29.778 1	33.066 0	36.785 6	40.995 5	45.762 0	51.160 1	57.275 0
21	23.239 2	25.783 3	28.676 5	31.969 2	35.719 3	39.992 7	44.865 2	50.422 9	56.764 5	64.002 5
22	24.471 6	27.299 0	30.536 8	34.248 0	38.505 2	43.392 3	49.005 7	55.456 8	62.873 3	71.402 7
23	25.716 3	28.845 0	32.452 9	36.617 9	41.430 5	46.995 8	53.436 1	60.893 3	69.531 9	79.543 0
24	26.973 5	30.421 9	34.426 5	39.082 6	44.502 0	50.815 6	58.176 7	66.764 8	76.789 8	88.497 3
25	28.243 2	32.030 3	36.459 3	41.645 9	47.727 1	54.864 5	63.249 0	73.105 9	84.700 9	98.347 1
26	29.525 6	33.670 9	38.553 0	44.311 7	51.113 5	59.156 4	68.676 5	79.954 4	93.324 0	109.181 8
27	30.820 9	35.344 3	40.709 6	47.084 2	54.669 1	63.705 8	74.483 8	87.350 8	102.723 1	121.099 9
28	32.129 1	37.051 2	42.930 9	49.967 6	58.402 6	68.528 1	80.697 7	95.338 8	112.968 2	134.209 9
29	33.450 4	38.792 2	45.218 9	52.966 3	62.322 7	73.639 8	87.346 5	103.965 9	124.135 4	148.630 9
30	34.784 9	40.568 1	47.575 4	56.084 9	66.438 8	79.058 2	94.460 8	113.283 2	136.307 5	164.494 0

系数表($F/A,i,n$)

11%	12%	13%	14%	15%	16%	17%	18%	19%	20%
1.000 0	1.000 0	1.000 0	1.000 0	1.000 0	1.000 0	1.000 0	1.000 0	1.000 0	1.000 0
2.110 0	2.120 0	2.130 0	2.140 0	2.150 0	2.160 0	2.170 0	2.180 0	2.190 0	2.200 0
3.342 1	3.374 4	3.406 9	3.439 6	3.472 5	3.505 6	3.538 9	3.572 4	3.606 1	3.640 0
4.709 7	4.779 3	4.849 8	4.921 1	4.993 4	5.066 5	5.140 5	5.215 4	5.291 3	5.368 0
6.227 8	6.352 8	6.480 3	6.610 1	6.742 4	6.877 1	7.014 4	7.154 2	7.296 6	7.441 6
7.912 9	8.115 2	8.322 7	8.535 5	8.753 7	8.977 5	9.206 8	9.442 0	9.683 0	9.929 9
9.783 3	10.089 0	10.404 7	10.730 5	11.066 8	11.413 9	11.772 0	12.141 5	12.522 7	12.915 9
11.859 4	12.299 7	12.757 3	13.232 8	13.726 8	14.240 1	14.773 3	15.327 0	15.902 0	16.499 1
14.164 0	14.775 7	15.415 7	16.085 3	16.785 8	17.518 5	18.284 7	19.085 9	19.923 4	20.798 9
16.722 0	17.548 7	18.419 7	19.337 3	20.303 7	21.321 5	22.393 1	23.521 3	24.708 9	25.958 7
19.561 4	20.654 6	21.814 3	23.044 5	24.349 3	25.732 9	27.199 9	28.755 1	30.403 5	32.150 4
22.713 2	24.133 1	25.650 2	27.270 7	29.001 7	30.850 2	32.823 9	34.931 1	37.180 2	39.580 5
26.211 6	28.029 1	29.984 7	32.088 7	34.351 9	36.786 2	39.404 0	42.218 7	45.244 5	48.496 6
30.094 9	32.392 6	34.882 7	37.581 1	40.504 7	43.672 0	47.102 7	50.818 0	54.840 9	59.195 9
34.405 4	37.279 7	40.417 5	43.842 4	47.580 4	51.659 5	56.110 1	60.965 3	66.260 7	72.035 1
39.189 9	42.753 3	46.671 7	50.980 4	55.717 5	60.925 0	66.648 8	72.939 0	79.850 2	87.442 1
44.500 8	48.883 7	53.739 1	59.117 6	65.075 1	71.673 0	78.979 2	87.068 0	96.021 8	105.930 6
50.395 9	55.749 7	61.725 1	68.394 1	75.836 4	84.140 7	93.405 6	103.740 3	115.265 9	128.116 7
56.939 5	63.439 7	70.749 4	78.969 2	88.211 8	98.603 2	110.284 6	123.413 5	138.166 4	154.740 0
64.202 8	72.052 4	80.946 8	91.024 9	102.443 6	115.379 7	130.032 9	146.628 0	165.418 0	186.688 0
72.265 1	81.698 7	92.469 9	104.768 4	118.810 1	134.840 5	153.138 5	174.021 0	197.847 4	225.025 6
81.214 3	92.502 6	105.491 0	120.436 0	137.631 6	157.415 0	180.172 1	206.344 8	236.438 5	271.030 7
91.147 9	104.602 9	120.204 8	138.297 0	159.276 4	183.601 4	211.801 3	244.486 8	282.361 8	326.236 9
102.174 2	118.155 2	136.831 5	158.658 6	184.167 8	213.977 6	248.807 6	289.494 5	337.010 5	392.484 2
114.413 3	133.333 9	155.619 6	181.870 8	212.793 0	249.214 0	292.104 9	342.603 5	402.042 5	471.981 1
127.998 8	150.333 9	176.850 1	208.332 7	245.712 0	290.088 3	342.762 7	405.272 1	479.430 6	567.377 3
143.078 6	169.374 0	200.840 6	238.499 3	283.568 8	337.502 4	402.032 3	479.221 1	571.522 4	681.852 8
159.817 3	190.698 9	227.949 9	272.889 2	327.104 1	392.502 8	471.377 8	566.480 9	681.111 6	819.223 3
178.397 2	214.582 8	258.583 4	312.093 7	377.169 7	456.303 2	552.512 1	669.447 5	811.522 8	984.068 0
199.020 9	241.332 7	293.199 2	356.786 8	434.745 1	530.311 7	647.439 1	790.948 0	966.712 2	1 181.881 6

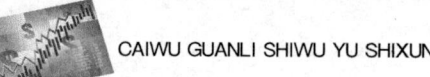

附表4　1元年金现值

计算公式：$(P/A, i, n) = \dfrac{1-(1+i)^{-n}}{i}$

期数	1%	2%	3%	4%	5%	6%	7%	8%	9%	10%
1	0.990 1	0.980 4	0.970 9	0.961 5	0.952 4	0.943 4	0.934 6	0.925 9	0.917 4	0.909 1
2	1.970 4	1.941 6	1.913 5	1.886 1	1.859 4	1.833 4	1.808 0	1.783 3	1.759 1	1.735 5
3	2.941 0	2.883 9	2.828 6	2.775 1	2.723 2	2.673 0	2.624 3	2.577 1	2.531 3	2.486 9
4	3.902 0	3.807 7	3.717 1	3.629 9	3.546 0	3.465 1	3.387 2	3.312 1	3.239 7	3.169 9
5	4.853 4	4.713 5	4.579 7	4.451 8	4.329 5	4.212 4	4.100 2	3.992 7	3.889 7	3.790 8
6	5.795 5	5.601 4	5.417 2	5.242 1	5.075 7	4.917 3	4.766 5	4.622 9	4.485 9	4.355 3
7	6.728 2	6.472 0	6.230 3	6.002 1	5.786 4	5.582 4	5.389 3	5.206 4	5.033 0	4.868 4
8	7.651 7	7.325 5	7.019 7	6.732 7	6.463 2	6.209 8	5.971 3	5.746 6	5.534 8	5.334 9
9	8.566 0	8.162 2	7.786 1	7.435 3	7.107 8	6.801 7	6.515 2	6.246 9	5.995 2	5.759 0
10	9.471 3	8.982 6	8.530 2	8.110 9	7.721 7	7.360 1	7.023 6	6.710 1	6.417 7	6.144 6
11	10.367 6	9.786 8	9.252 6	8.760 5	8.306 4	7.886 9	7.498 7	7.139 0	6.805 2	6.495 1
12	11.255 1	10.575 3	9.954 0	9.385 1	8.863 3	8.383 8	7.942 7	7.536 1	7.160 7	6.813 7
13	12.133 7	11.348 4	10.635 0	9.985 6	9.393 6	8.852 7	8.357 7	7.903 8	7.486 9	7.103 4
14	13.003 7	12.106 2	11.296 1	10.563 1	9.898 6	9.295 0	8.745 5	8.244 2	7.786 2	7.366 7
15	13.865 1	12.849 3	11.937 9	11.118 4	10.379 7	9.712 2	9.107 9	8.559 5	8.060 7	7.606 1
16	14.717 9	13.577 7	12.561 1	11.652 3	10.837 8	10.105 9	9.446 6	8.851 4	8.312 6	7.823 7
17	15.562 3	14.291 9	13.166 1	12.165 7	11.274 1	10.477 3	9.763 2	9.121 6	8.543 6	8.021 6
18	16.398 3	14.992 0	13.753 5	12.659 3	11.689 6	10.827 6	10.059 1	9.371 9	8.755 6	8.201 4
19	17.226 0	15.678 5	14.323 8	13.133 9	12.085 3	11.158 1	10.335 6	9.603 6	8.950 1	8.364 9
20	18.045 6	16.351 4	14.877 5	13.590 3	12.462 2	11.469 9	10.594 0	9.818 1	9.128 5	8.513 6
21	18.857 0	17.011 2	15.415 0	14.029 2	12.821 2	11.764 1	10.835 5	10.016 8	9.292 2	8.648 7
22	19.660 4	17.658 0	15.936 9	14.451 1	13.163 0	12.041 6	11.061 2	10.200 7	9.442 4	8.771 5
23	20.455 8	18.292 2	16.443 6	14.856 8	13.488 6	12.303 4	11.272 2	10.371 1	9.580 2	8.883 2
24	21.243 4	18.913 9	16.935 5	15.247 0	13.798 6	12.550 4	11.469 3	10.528 8	9.706 6	8.984 7
25	22.023 2	19.523 5	17.413 1	15.622 1	14.093 9	12.783 4	11.653 6	10.674 8	9.822 6	9.077 0
26	22.795 2	20.121 0	17.876 8	15.982 8	14.375 2	13.003 2	11.825 8	10.810 0	9.929 0	9.160 9
27	23.559 6	20.706 9	18.327 0	16.329 6	14.643 0	13.210 5	11.986 7	10.935 2	10.026 6	9.237 2
28	24.316 4	21.281 3	18.764 1	16.663 1	14.898 1	13.406 2	12.137 1	11.051 1	10.116 1	9.306 6
29	25.065 8	21.844 4	19.188 5	16.983 7	15.141 1	13.590 7	12.277 7	11.158 4	10.198 3	9.369 6
30	25.807 7	22.396 5	19.600 4	17.292 0	15.372 5	13.764 8	12.409 0	11.257 8	10.273 7	9.426 9

系数表($P/A, i, n$)

11%	12%	13%	14%	15%	16%	17%	18%	19%	20%
0.900 9	0.892 9	0.885 0	0.877 2	0.869 6	0.862 1	0.854 7	0.847 5	0.840 3	0.833 3
1.712 5	1.690 1	1.668 1	1.646 7	1.625 7	1.605 2	1.585 2	1.565 6	1.546 5	1.527 8
2.443 7	2.401 8	2.361 2	2.321 6	2.283 2	2.245 9	2.209 6	2.174 3	2.139 9	2.106 5
3.102 4	3.037 3	2.974 5	2.913 7	2.855 0	2.798 2	2.743 2	2.690 1	2.638 6	2.588 7
3.695 9	3.604 8	3.517 2	3.433 1	3.352 2	3.274 3	3.199 3	3.127 2	3.057 6	2.990 6
4.230 5	4.111 4	3.997 5	3.888 7	3.784 5	3.684 7	3.589 2	3.497 6	3.409 8	3.325 5
4.712 2	4.563 8	4.422 6	4.288 3	4.160 4	4.038 6	3.922 4	3.811 5	3.705 7	3.604 6
5.146 1	4.967 6	4.798 8	4.638 9	4.487 3	4.343 6	4.207 2	4.077 6	3.954 4	3.837 2
5.537 0	5.328 2	5.131 7	4.946 4	4.771 6	4.606 5	4.450 6	4.303 0	4.163 3	4.031 0
5.889 2	5.650 2	5.426 2	5.216 1	5.018 8	4.833 2	4.658 6	4.494 1	4.338 9	4.192 5
6.206 5	5.937 7	5.686 9	5.452 7	5.233 7	5.028 6	4.836 4	4.656 0	4.486 5	4.327 1
6.492 4	6.194 4	5.917 6	5.660 3	5.420 6	5.197 1	4.988 4	4.793 2	4.610 5	4.439 2
6.749 9	6.423 5	6.121 8	5.842 4	5.583 1	5.342 3	5.118 3	4.909 5	4.714 7	4.532 7
6.981 9	6.628 2	6.302 5	6.002 1	5.724 5	5.467 5	5.229 3	5.008 1	4.802 3	4.610 6
7.190 9	6.810 9	6.462 4	6.142 2	5.847 4	5.575 5	5.324 2	5.091 6	4.875 9	4.675 5
7.379 2	6.974 0	6.603 9	6.265 1	5.954 2	5.668 5	5.405 3	5.162 4	4.937 7	4.729 6
7.548 8	7.119 6	6.729 1	6.372 9	6.047 2	5.748 7	5.474 6	5.222 3	4.989 7	4.774 6
7.701 6	7.249 7	6.839 9	6.467 4	6.128 0	5.817 8	5.533 9	5.273 2	5.033 3	4.812 2
7.839 3	7.365 8	6.938 0	6.550 4	6.198 2	5.877 5	5.584 5	5.316 2	5.070 0	4.843 5
7.963 3	7.469 4	7.024 8	6.623 1	6.259 3	5.928 8	5.627 8	5.352 7	5.100 9	4.869 6
8.075 1	7.562 0	7.101 6	6.687 0	6.312 5	5.973 1	5.664 8	5.383 7	5.126 8	4.891 3
8.175 7	7.644 6	7.169 5	6.742 9	6.358 7	6.011 3	5.696 4	5.409 9	5.148 6	4.909 4
8.266 4	7.718 4	7.229 7	6.792 1	6.398 8	6.044 2	5.723 4	5.432 1	5.166 8	4.924 5
8.348 1	7.784 3	7.282 9	6.835 1	6.433 8	6.072 6	5.746 5	5.450 9	5.182 2	4.937 1
8.421 7	7.843 1	7.330 0	6.872 9	6.464 1	6.097 1	5.766 2	5.466 9	5.195 1	4.947 6
8.488 1	7.895 7	7.371 7	6.906 1	6.490 6	6.118 2	5.783 1	5.480 4	5.206 0	4.956 3
8.547 8	7.942 6	7.408 6	6.935 2	6.513 5	6.136 4	5.797 5	5.491 9	5.215 1	4.963 6
8.601 6	7.984 4	7.441 2	6.960 7	6.533 5	6.152 0	5.809 9	5.501 6	5.222 8	4.969 7
8.650 1	8.021 8	7.470 1	6.983 0	6.550 9	6.165 6	5.820 4	5.509 8	5.229 2	4.974 7
8.693 8	8.055 2	7.495 7	7.002 7	6.566 0	6.177 2	5.829 4	5.516 8	5.234 7	4.978 9

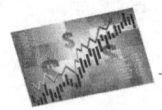

参 考 文 献

［1］张玉英.财务管理［M］.5 版.北京:高等教育出版社,2014.

［2］张海林.财务管理［M］.4 版.北京:高等教育出版社,2014.

［3］杨丹.财务管理［M］.北京:中国人民大学出版社,2009.

［4］苏佳萍.财务管理实用教程［M］.北京:北京交通大学出版社,2010.

［5］赵润华.财务管理［M］.北京:北京交通大学出版社,2009.

［6］王化成.财务管理学［M］.5 版.北京:中国人民大学出版社,2017.

［7］温月振.财务管理学［M］.北京:中国人民大学出版社,2011.

［8］詹姆斯·范霍恩,约翰·瓦霍维奇.现代企业财务管理［M］.郭浩,徐琳,译.北京:经济科学出版社,1998.

［9］全国会计专业技术资格领导小组办公室.财务管理［M］.北京:中国财政经济出版社,2011.

［10］钱智.物流管理经典案例剖析［M］.北京:中国经济出版社,2007.

［11］刘顺仁.财报就像一本故事书［M］.太原:山西出版集团山西人民出版社,2008.

［12］刘桂英,邱丽娟.财务管理案例实验教程［M］.北京:经济科学出版社,中国铁道出版社,2005.

［13］出井伸之.观点:SONY 出井伸之颠覆日本传统的管理手法［M］.刘锦香,译.汕头:汕头大学出版社,2003.

［14］中华人民共和国财政部.企业会计准则［M］.上海:立信会计出版社,2018.

［15］吴菊花.融资有道:中国中小企业融资经典案例解析［M］.北京:中国经济出版社,2009.

［16］中华人民共和国财政部.企业会计准则应用指南［M］.北京:中国财政经济出版社,2006.

［17］王楠,孟梅.成都民间借贷介入融资,地下钱庄利率近 16 倍［N］.天府早报,2011-06-08.

［18］赵承,古文洪.上市圈钱圈住了谁?——"火腿肠双雄"兴衰变局解析［J］.发展,2001(11).

［19］佚名.名人炒股输赢趣闻多,牛顿买错股票损失惨重［N］.中国证券报,2008-01-28.

教学课件索取单

敬爱的老师：

感谢您使用我们出版社的教材。为了方便教学，教材配有相关教学课件。如果您需要，请您填写下面表格中的相关信息，并以电子邮件的形式发到我社，我们在核对您的信息后，即免费向您提供教学课件。

我们的联系方式：

地址：上海市中山西路 2230 号 1 号楼 1507 室　　　　邮编：200235
　　　立信会计出版社　　　　　　　　　　　　　　　　电话：(021)64411223
电子邮件：victoria_tysx@126.com

教材名称				作者姓名	
教师姓名		性　别		身份证号	
学　　校		院系		教研室	
学校地址				邮　编	
职　　务		职称		办公电话	
E-mail		手机		宅　电	
通信地址				邮　编	
所选教材		教材用量			册
委托订购单位					

您对本教材的意见和建议是：